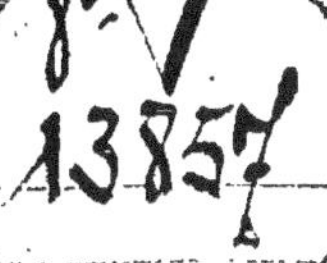

MINISTÈRE DE LA GUERRE

RÈGLEMENT DE MANŒUVRE

DU

TRAIN DES ÉQUIPAGES MILITAIRES

APPROUVÉ PAR LE MINISTRE DE LA GUERRE
LE 23 SEPTEMBRE 1903

DEUXIÈME PARTIE

PARIS

Henri CHARLES-LAVAUZELLE

Éditeur militaire

10, Rue Danton, Boulevard Saint-Germain, 118

(MÊME MAISON A LIMOGES)

RÈGLEMENT DE MANŒUVRE

DU

TRAIN DES ÉQUIPAGES MILITAIRES

MINISTÈRE DE LA GUERRE

RÈGLEMENT DE MANŒUVRE

DU

TRAIN DES ÉQUIPAGES MILITAIRES

APPROUVÉ PAR LE MINISTRE DE LA GUERRE
LE 23 SEPTEMBRE 1903

DEUXIÈME PARTIE

PARIS
Henri CHARLES-LAVAUZELLE
Éditeur militaire
10, Rue Danton, Boulevard Saint-Germain, 118

(MÊME MAISON A LIMOGES)

RÈGLEMENT DE MANŒUVRE

DU

TRAIN DES ÉQUIPAGES MILITAIRES.

DEUXIÈME PARTIE.

TITRE I.

BASES GÉNÉRALES DE L'INSTRUCTION.

CHAPITRE I.

ORGANISATION DU TRAIN DES ÉQUIPAGES MILITAIRES EN TEMPS DE PAIX, EN FRANCE, EN ALGÉRIE ET EN TUNISIE.

1. Les corps de troupe du train des équipages militaires font partie de l'armée au même titre que ceux des autres armes.

Les troupes du train possèdent un étendard confié alternativement à la garde des 19ᵉ et 20ᵉ escadrons, stationnés respectivement à Paris et à Versailles.

Elles comprennent normalement 20 escadrons, tous

stationnés en France. A chacun des 19 corps d'armée de l'intérieur correspond un escadron.

NUMÉRO de L'ESCADRON.	NUMÉRO DU CORPS D'ARMÉE et CHEF-LIEU DE LA RÉGION.	LIEU DE STATIONNEMENT de l'escadron.
1	Lille (1er corps)..............	Lille.
2	Amiens (2e corps)..............	Amiens.
3	Rouen (3e corps)..............	Vernon.
4	Le Mans (4e corps).............	Chartres.
5	Orléans (5e corps).............	Fontainebleau.
6	Châlons (6e corps).............	Camp de Châlons.
7	Besançon (7e corps)............	Dôle.
8	Bourges (8e corps).............	Dijon.
9	Tours (9e corps)...............	Châteauroux.
10	Rennes (10e corps)............	Fougères.
11	Nantes (11e corps)............	Nantes.
12	Limoges (12e corps)...........	Limoges.
13	Clermont-Ferrand (13e corps)...	Moulins.
14	Lyon (14e corps)..............	Lyon.
15	Marseille (15e corps).........	Orange.
16	Montpellier (16e corps).......	Lunel.
17	Toulouse (17e corps)..........	Montauban.
18	Bordeaux (18e corps)..........	Bordeaux.
19	Gouvernement militaire de Paris.	Paris.
20	Nancy (20e corps).............	Versailles.

Chacun des 20 escadrons forme corps de troupe et comprend un état-major (officiers et troupe) et 3 compagnies numérotées 1, 3 et 5.

Le service du train, en Algérie et en Tunisie, est assuré par douze compagnies mixtes, ainsi nommées parce qu'elles sont pourvues à la fois d'animaux de trait et de bât. Elles sont rattachées pour l'administration à 4 escadrons de l'intérieur, savoir :

Les 3 compagnies de la province d'Alger au 17e escadron ;

Les 3 compagnies de la province d'Oran au 18e escadron ;

Les 3 compagnies de la province de Constantine au 5e escadron ;

Les 3 compagnies de la Tunisie au 16e escadron.

Ces unités ont dans leur corps les nos 11, 12 et 13.

Le tableau qui suit fait connaître la composition actuelle des unités élémentaires du train des équipages.

2. Composition d'une compagnie sur le pied de paix.

OFFICIERS.	COMPAGNIES de FRANCE.	COMPAGNIES D'AFRIQUE (mixtes). (a)	OBSERVATIONS.
Capitaine de 1re classe.......	- 1	- 1	Nota. Les chiffres précédés d'un trait — indiquent des officiers ou des hommes montés.
Capitaine de 2e classe.......	- 1	- 1	
Lieutenant de 1re classe.....	- 1	- 1	
Lieutenant de 2e classe ou sous-lieutenant.	- 1	- 1	
Total des officiers.....	4	4	
TROUPE.			(1) 7 brigadiers sont montés et 5 non montés. Le nombre en est réduit à 10 dans les compagnies de France, sauf dans les 6e, 14e, 15e et 19e escadrons.
Adjudant.	- 1	- 1	
Maréchal des logis chef.....	- 1	- 1	
Maréchaux des logis........	- 6	- 8	
Maréchal des logis fourrier.	- 1	- 1	
Brigadier fourrier.	- 1	- 1	
Brigadiers.	- 12(1)	- 16	
Brigadier maître maréchal ferrant.	- 1	- 1	(2) Dont 1 ouvrier tailleur et 1 ouvrier bottier.
Ouvriers en fer et en bois..	4	4	
Aides maréchaux ferrants..	2	- 2	
Bourreliers.	3	4	
Trompettes.	- 3	- 3	(a) En Tunisie il y a : 70 cavaliers montés; 78 non montés; 190 hommes de troupe.
Total des hommes de cadre.	35	42	
Cavaliers montés.	52(2)	75(2)	
Cavaliers non montés......	»	70	
Effectif total des hommes de troupe.	87	187	(b) En Tunisie il y a : 78 mulets de bât. Le nombre total des animaux est de 216.
CHEVAUX ET MULETS.			
Chevaux d'officiers.	4	4	
Chevaux de selle...........	21	34	
Chevaux de trait...........	36	100	
Mulets de bât.............	4	70(b)	
Effectif total des chevaux et mulets.	65	208	

Dans les 14e et 15e escadrons, l'effectif des animaux de trait est fixé à 80 chevaux de trait et 40 mulets de bât, dont 12 à la portion centrale, également répartis entre les 3 compagnies; les 28 autres mulets sont répartis entre les compagnies ou réunis à la 5e compagnie, suivant le cas.

Répartition du personnel de la compagnie
sur le pied de paix.

3. Pour le service en temps de paix, la compagnie est partagée en deux *pelotons* et six *sections*.

Le 1er peloton, comprenant les 3 premières sections, est commandé par le lieutenant de première classe; le 2º peloton, comprenant les 3 dernières sections, est commandé par le lieutenant de deuxième classe, ou sous-lieutenant.

Chaque section est commandée par un maréchal des logis.

Les brigadiers sont répartis à raison de deux par section. Dans les compagnies où le nombre des brigadiers n'est pas au complet, on en met deux de préférence dans les sections commandées par les sous-officiers non rengagés et les moins anciens.

Dans les *compagnies d'Afrique*, qui comprennent à leur effectif 8 maréchaux des logis et 16 brigadiers, le nombre des sections est porté à 8 au lieu de 6 ; chaque peloton se décompose ainsi en 4 sections.

Les soldats ordonnances des officiers sans troupe et assimilés sont rattachés en France à la 5º compagnie de l'escadron du train de leur corps d'armée ; en Algérie, à l'une des compagnies mixtes de chaque province; en Tunisie, à l'une des 3 compagnies. Ces soldats ne comptent pas dans les effectifs portés dans les tableaux ci-dessus. Les cadres administratifs des compagnies auxquelles les ordonnances sont rattachés peuvent être augmentés suivant les besoins du service.

Le **Train de l'armée territoriale** comprend 20 escadrons dont le nombre de compagnies est déterminé par le Ministre de la guerre. Ces escadrons sont rattachés aux escadrons actifs de même numéro pour l'administration, l'instruction et la préparation de la mobilisation.

Chaque escadron du train des équipages est placé sous la haute autorité du général commandant l'artillerie du corps d'armée dont il fait partie.

Le commandement supérieur du 14º escadron, stationné dans le gouvernement militaire de Lyon, est dévolu au général commandant l'artillerie de la place et des forts de Lyon; celui du 19º escadron, au général commandant l'artillerie de la place et des forts de Paris.

En Algérie, le commandement supérieur est exercé par le général commandant l'artillerie.

En Tunisie, le commandement est exercé par un officier supérieur d'artillerie, qui a les mêmes attributions qu'un général commandant l'artillerie d'un corps d'armée.

CHAPITRE II.

SERVICE DU TRAIN EN TEMPS DE PAIX.

---

4. Le service du train des équipages militaires en temps de paix comprend :

1° L'instruction des hommes de l'armée active ;

2° L'instruction des hommes de la réserve et de l'armée territoriale convoqués dans les escadrons de l'arme;

3° L'exécution des transports militaires de toute nature (malades, vivres, fourrages, etc.) lorsque les nécessités de l'instruction ne s'y opposent pas, les ordres à cet effet devant d'ailleurs émaner du commandant d'armes.

En Algérie et en Tunisie, le service du train comprend, outre l'instruction des hommes de l'armée active, de la réserve et de l'armée territoriale :

1° Les transports militaires dans les lieux de garnison ;

2° Les transports militaires de place à place ou à l'extérieur des garnisons ;

3° Les transports à la suite des colonnes.

Ce dernier service n'est autre chose que le service de guerre du train approprié au pays particulier où l'on opère. C'est en raison de l'importance de ces transports que les compagnies mixtes ont des effectifs très élevés en hommes et en animaux.

CHAPITRE III.

ORGANISATION ET SERVICE DU TRAIN EN TEMPS DE GUERRE.

I — SERVICES ASSURÉS PAR LE TRAIN.

5. Les troupes du train des équipages militaires ont pour mission, en temps de guerre, d'effectuer les transports nécessaires à l'armée, tant pour les opérations mêmes que pour son entretien.

Le service du train comprend :

1° Les transports relatifs au *service de santé*, savoir :

a) La conduite des voitures et des animaux de bât des ambulances ;

b) La conduite des voitures des hôpitaux de campagne ;

2° Les transports relatifs au *service des subsistances*, savoir :

a) La conduite des convois administratifs et auxiliaires ;

b) Celle des boulangeries de campagne ;

3° La conduite des voitures de la *trésorerie et des postes* et le service d'estafettes des postes ;

4° Le commandement, l'administration et la conduite des *dépôts de remonte mobile* ;

5° La conduite des équipages dans les quartiers généraux de corps d'armée et d'armée, les services des étapes et des *chemins de fer de campagne* et les formations diverses, lorsque cette conduite n'est pas assurée par des troupes d'autres armes.

6° Le train des équipages militaires fournit, en outre, des soldats ordonnances à diverses catégories d'officiers et assimilés (1).

6. Pour répondre aux besoins de ces divers services, chaque escadron forme, au moment de la mobilisation, 8, 9, 10 ou 12 compagnies, suivant les régions (non compris les compagnies mixtes détachées en Afrique), et une compagnie de dépôt.

Dans *chaque corps d'armée :*

Une compagnie est affectée aux quartiers généraux et aux services divers du corps d'armée (quartiers généraux du corps d'armée et des divisions, états-majors des brigades, hôpitaux de campagne et dépôt de remonte mobile, etc.).

Une compagnie est chargée d'atteler et de conduire toutes les ambulances du corps d'armée.

Une compagnie est affectée à chacune des sections du convoi administratif du corps d'armée.

Une compagnie attelle la boulangerie de campagne et son convoi.

D'autres compagnies, enfin, reçoivent, suivant les ré-

---

(1) En temps de guerre, les ordonnances comptent dans les compagnies de train désignées pour les recevoir. Ceux qui font partie des quartiers généraux et des états-majors sont répartis dans les groupes suivant les prescriptions de l'Instruction ministérielle du 12 janvier 1895.

gions et les besoins, diverses affectations, telles que quartiers généraux d'armée, quartiers généraux et services divers d'une division isolée ou de réserve.

La compagnie du quartier général d'armée fournit également les détachements affectés aux divisions de cavalerie, quand le quartier général d'une ou de plusieurs de ces divisions se mobilise dans la région.

Les 14° et 15° escadrons ont une organisation particulière en temps de guerre.

La compagnie de dépôt, formée à la mobilisation, reçoit les hommes et les animaux qui ne font pas partie des détachements actifs (hommes et animaux en excédent, malades, non exercés, etc.).

Elle est chargée d'envoyer à ces détachements les hommes et les animaux de remplacement et d'instruire les hommes non exercés.

Dès la mobilisation, il est formé au dépôt de chaque escadron un bureau spécial pour l'établissement des comptes des unités administratives qui se séparent de la portion centrale.

II. — COMMANDEMENT DES TROUPES

DU TRAIN DES ÉQUIPAGES MILITAIRES EN CAMPAGNE

7. Les troupes du train des équipages militaires affectées d'une manière permanente ou temporaire aux divers services, groupes ou formations qui viennent d'êtres énumérés, sont placées, pour tout ce qui concerne l'exécution technique de ce service, sous l'autorité du chef du service, du groupe ou de la formation.

Si le chef du service, groupe ou formation, est un officier, il exerce, à l'égard de ces troupes, l'autorité d'un chef de détachement.

Si ce chef est un assimilé, un fonctionnaire ou un agent militarisé, son autorité, à l'égard des troupes du train des équipages, s'étend à tout ce qui est relatif à l'exécution du service spécial dont il est chargé, à la police et à la discipline générales. Ces troupes continuent, toutefois, à relever de leur chef hiérarchique pour ce qui concerne l'administration, la police et la discipline intérieures.

8. En cas d'attaque d'un groupe ou d'une formation comportant un détachement du train, le commandant de ce détachement prend, s'il n'y a pas d'escorte et quel que soit son grade (officier, sous-officier, brigadier ou soldat (1), le commandement du groupe ou de la formation. Il reste seul chargé de toutes les mesures de défense. Toutefois, en cas d'attaque d'une formation sanitaire dans un pays où la convention de Genève est en vigueur, le commandant du détachement du train ne devra, en aucun cas, prendre des mesures qui puissent faire perdre aux malades et aux blessés le bénéfice de la neutralité. Le médecin-chef restera seul juge des mesures de sûreté indispensables à la sécurité des malades et blessés.

9. La marche à suivre pour les rétrogradations, les cassations, les renvois de la 1re à la 2e classe, etc., tracée par le décret portant règlement sur le service intérieur des troupes de l'artillerie et du train des équipages militaires, est applicable en campagne.

Toutefois, les autorités désignées par ce règlement pour l'établissement et la transmission des rapports ou plaintes et pour la décision à prendre sont, en campagne, remplacées respectivement par celles mentionnées au tableau ci-après :

---

(1) En aucun cas, le commandement d'un groupe ou d'une formation ne peut être exercé par un soldat-ordonnance.

AUTORITÉS DÉSIGNÉES pour le temps de paix par le décret du 20 octobre 1892.	AUTORITÉS SUBSTITUÉES A CELLES DÉSIGNÉES DANS LA COLONNE 1 ET COMPÉTENTES POUR LE CAS DE GUERRE, suivant que les détachements dépendent :						OBSERVATIONS.
	du quartier général d'un corps d'armée.	d'une division.	d'une brigade.	du quartier général d'une armée.	du service des chemins de fer.	du service des étapes.	
1	2	3	4	5	6	7	8
Capitaine.	Le Commandant du détachement.						(A) S'il est officier général ; dans le cas contraire, le général commandant le corps d'armée.
Commandant de l'escadron.	Le Commandant de l'escadron.	Le Général commandant la division.	Le Général commandant la brigade.	Le chef d'état-major général de l'armée.	Le Directeur des chemins de fer.	Le Directeur des étapes.	(B) Ou le général de division, si la brigade est placée sous le commandement supérieur d'un général de division.
Général commandant l'artillerie.	Le chef d'état-major du corps d'armée. (A)	Le Général commandant la division.	Le Général commandant la brigade. (B)	Le chef d'état-major général de l'armée.	Le Directeur des chemins de fer. (C)	Le Directeur des étapes. (D)	(C) S'il est officier général, dans le cas contraire, le directeur des chemins de fer et des étapes.
Général commandant le corps d'armée.	Le Général commandant le corps d'armée.			Le chef d'état-major général de l'armée. (E)	Le Directeur général des chemins de fer et des étapes.	Le chef d'état-major général de l'armée. (E)	(D) S'il est officier général ; dans le cas contraire, le chef d'état-major de l'armée.
Ministre de la Guerre.	Le Général commandant l'armée.						(E) S'il est général de division ; dans le cas contraire, le général commandant l'armée.

Les punitions infligées par les sous-officiers et caporaux des sections d'infirmiers et d'administration aux hommes de troupe du train des équipages et celles infligées par les gradés du train aux hommes des sections d'infirmiers et d'administration sont notifiées conformément aux prescriptions de l'article 125 du décret du 4 octobre 1891 sur le service des places, et de l'article 322 du Règlement sur le service intérieur.

Ces prescriptions sont applicables en campagne, mais l'adjudant-major de semaine est remplacé par l'officier de jour et le major de garnison est remplacé, suivant les circonstances, soit par le commandant du cantonnement ou du bivouac, soit par le commandant de la colonne, soit enfin par l'autorité militaire supérieure dont dépend le militaire qui inflige la punition. Le chef de service, de groupe ou de formation donne son avis sur le rapport ou la plainte, lorsque la mesure disciplinaire est proposée sur sa demande.

Le commandant du détachement rend compte au chef de corps de la décision intervenue.

10. Les propositions pour l'avancement ou les décorations en faveur du personnel du train des équipages militaires sont établies par le chef de détachement et annotées par le chef de service, de groupe ou de formation.

11. Les propositions concernant le passage des soldats à la 1ʳᵉ classe et les nominations aux grades de sous-officier et de brigadier, aux différents emplois dans ces grades, ainsi qu'aux emplois de maréchal ferrant, bourrelier, ouvrier et trompette, sont adressées au commandant de l'escadron, qui prononce. Toutefois, en dehors du corps d'armée, ces nominations peuvent être faites en cas d'urgence, par les autorités substituées au commandant de l'escadron d'après le tableau précédent ; le commandant de détachement rend compte à son chef de corps.

Toutes les autres propositions sont transmises suivant la voie hiérarchique indiquée par ce tableau.

Les chefs de service, de groupe ou de formation signalent à l'autorité dont ils relèvent les faits qui leur paraissent motiver une récompense.

III. — FORMATION DES DÉTACHEMENTS DU TRAIN DES ÉQUIPAGES MILITAIRES.

12. Le train forme, en temps de guerre, des détachements affectés chacun à un service spécial.

Le nombre des conducteurs et des animaux affectés à chaque détachement est supérieur à celui qui serait rigoureusement nécessaire à la conduite des équipages auxquels il est attaché. Les hommes et animaux en excédent sont dits *haut-le-pied;* ils servent de réserve en cas d'accident ou de maladie. Les hommes haut-le-pied aident au chargement et au déchargement des voitures; ces derniers se tiennent sur les côtés des voitures dans les mauvais passages. On peut employer aussi une partie des conducteurs. Ceux-ci demeurent, en outre, chargés d'assurer la fixité du chargement qu'ils transportent, de le brêler s'il y a lieu, et de bâcher leurs voitures.

13. Pour l'organisation intérieure des détachements, on se conforme aux principes généraux suivant lesquels est établi le fractionnement intérieur des compagnies du train.

Chaque détachement se divise en sections commandées par des maréchaux des logis (dans certains cas, par des lieutenants ou. sous-lieutenants); en outre, il est bon, surtout pour les marches en pays de montagne, de subdiviser la section en fractions directement commandées par des maréchaux des logis ou des brigadiers, afin que chaque gradé ait un groupe déterminé peu nombreux de voitures ou de mulets à surveiller.

Les hommes du cadre sont répartis dans les sections et fractions de section d'après les ordres du commandant du détachement.

IV. — RELATIONS DU TRAIN AVEC LES CHEFS TECHNIQUES DES DIFFÉRENTS SERVICES DE L'ARMÉE.

1. — Service de santé.

14. Les détachements du train affectés aux diverses formations sanitaires sont commandés par un officier, un sous-officier ou un brigadier.

Le commandant du détachement veille au bon état d'entretien des moyens de transport et à la conservation des attelages et des mulets. Il fait effectuer les réparations urgentes ou provoque les remplacements nécessaires.

Les mutations qui se produisent dans le détachement, et notamment celles relatives à son chef, sont portées à la connaissance du médecin chef de la formation sanitaire par la voie hiérarchique.

Les détachements du train reçoivent du médecin chef de la formation sanitaire à laquelle ils sont rattachés des ordres verbaux ou écrits pour tout ce qui concerne l'exécution du service de la formation sanitaire, tel qu'il est défini ci-après, pour la police et la discipline générales.

Leur service consiste à assurer :

1° Au combat, la conduite des convois de voitures ou de mulets de bât chargés d'évacuer les blessés des postes de secours ou de l'ambulance ;

2° Dans les autres circonstances, la conduite des voitures et des autres animaux de bât des ambulaences et des hôpitaux de campagne.

Les détachements du train qui font partie des formations sanitaires sont neutralisés comme le personnel médical, et portent le brassard de la convention de Genève, brassard qui leur est délivré par les soins du service de santé.

15. Le médecin chef s'adresse à l'autorité militaire dont il relève, pour obtenir la répression des infractions commises par le chef du détachement du train, aux ordres verbaux ou écrits qu'il lui a donnés en ce qui concerne le service du détachement du train tel qu'il est défini ci-dessus, la police et la discipline générales.

16. Renseignements sur le fonctionnement du service. — Les *ambulances du corps d'armée* sont destinées à compléter l'action du service régimentaire en marche et en station et à recevoir les blessés relevés sur le champ de bataille.

En *marche et en station*, elles accompagnent les unités de commandement qu'elles desservent.

Les *ambulances divisionnaires* sont habituellement cantonnées à proximité du quartier général de la division ; chacune d'elles envoie tous les matins un planton à cheval au médecin divisionnaire, pour la transmission des ordres, et détache une grande voiture pour blessés auprès de chacun des régiments d'infanterie.

Au moment du combat, la grande voiture pour blessés, mise à la disposition de chaque régiment, s'arrête lorsque celui-ci prend sa formation de combat et constitue, avec les moyens de transport qui seront envoyés ultérieurement par l'ambulance, le relais d'ambulance qui doit servir de liaison entre le poste de secours établi par le service de santé régimentaire et l'ambulance elle-même.

Les ambulances sont installées à proximité des réserves des divisions. On donne la préférence à des points de facile accès, abrités du feu et reliés aux relais d'ambulance par des chemins praticables.

Un officier monté de chaque ambulance est envoyé par le médecin chef au médecin divisionnaire, dès qu'il en a reçu l'ordre, pour aider celui-ci à reconnaître les postes de secours et assurer leur liaison avec l'ambulance.

Les officiers qui commandent les détachements du train sont chargés de réquisitionner, d'après les ordres des médecins chefs, les voitures et les objets nécessaires à ces voitures pour les adapter au transport des blessés (1).

Les voitures du matériel d'ambulance sont rangées en dehors des chemins. Quant aux voitures pour blessés, aux mulets de cacolets et de litières et aux brancardiers, on les organise en autant de convois qu'il y a de relais d'ambulance à desservir. Ces convois sont dirigés vers ces postes par un officier ou un sous-officier du train.

En règle générale, on évite tout transbordement des blessés; à cet effet, les postes de secours et les ambulances peuvent échanger les brancards.

Après le combat, l'ambulance évacue les blessés transportables sur les hôpitaux d'évacuation à l'aide de convois organisés suivant les besoins.

Les *hôpitaux de campagne* sont destinés à relever les ambulances dans la soirée ou, au plus tard, dès le lendemain du combat; à continuer les évacuations; à traiter sur place les malades et blessés non évacués; à renforcer éventuellement l'action des ambulances sur le champ de bataille. Ils sont relevés soit par des hôpitaux improvisés sur les routes d'étapes au moyen des ressources locales, soit par les hôpitaux auxiliaires des sociétés d'assistance.

En cas de mouvement rétrograde, ils restent avec leurs blessés sous la protection de la convention de Genève. Le matériel laissé en arrière, quoique protégé par cette convention, doit être réduit au strict nécessaire.

2. — Services administratifs.

17. Les officiers du train commandant les convois de subsistances sont placés sous l'autorité des fonctionnaires de l'intendance chefs de service, pour tout ce qui concerne l'exécution technique de ces services.

Les ordres de mouvement émanant du commandement indiquent les heures de départ des convois, la route qu'ils doivent suivre et les points où ils doivent s'arrêter, les heures et lieux assignés pour le ravitaillement des trains régimentaires; ils sont transmis par l'intendance, qui ajoute les ordres complémentaires relatifs à la composition et à la marche des fractions chargées soit de ravitailler les trains régimentaires, soit de se recompléter elles-mêmes ; néanmoins, l'offi-

---

(1) Article 29 du Règlement du 31 octobre 1892, modifié par le décret du 12 avril 1895.

cier supérieur commandant l'escadron du train des équipages reçoit directement de l'état-major les ordres de mouvements du corps d'armée qui lui font connaître la position journalière des divers détachements dont il exerce le commandement supérieur et dont il centralise l'administration.

Ces ordres mettent cet officier supérieur en mesure d'exercer le commandement d'ensemble des sections du convoi administratif lorsque les sections marchent réunies. Nonobstant cette réunion, chaque section, à moins d'ordre spécial, reste, au point de vue de l'emploi des denrées qu'elle transporte, sous l'autorité de l'intendant. Ce dernier transmet à l'officier qui commande en particulier son convoi la portion de l'ordre de mouvement concernant son groupe avec les compléments techniques qui peuvent être utiles.

Les ordres relatifs à la marche de la boulangerie de campagne sont transmis ou donnés, suivant le cas, soit par l'intendant de corps d'armée, soit par le chef de service de l'intendance des étapes, ou, dans l'un et l'autre cas, par le sous-intendant délégué à la boulangerie.

18. Renseignements sur le service. — Les convois administratifs sont formés de voitures régulières et de voitures de réquisition, toutes attelées et conduites par le train des équipages militaires.

Les convois administratifs reçoivent, avant le départ des garnisons, leur chargement complet, sauf pour le pain, lequel n'est chargé qu'à l'arrivée sur la base de concentration.

En principe, au cours des opérations, le chargement des vivres du convoi administratif du corps d'armée est réparti entre les quatre sections de ce convoi de manière que chaque section porte un jour de petits vivres, lard, conserve de viande, potage condensé, avoine et un demi-jour d'eau-de-vie; en ce qui concerne le pain, deux sections portent chacune un jour de pain de guerre et les deux autres chacune un jour de pain.

Un troupeau de ravitaillement, destiné à ravitailler les troupes à défaut de ressources locales, est affecté à chacune des grandes fractions du corps d'armée (divisions, éléments non endivisionnés) et un autre constitue le parc de bétail du corps d'armée.

Chaque troupeau correspond à deux jours de viande.

Une voiture à viande, attelée par le train, est affectée au service des subsistances de chaque division et à celui des éléments non endivisionnés, pour transporter la viande fraîchement abattue, ainsi que l'outillage nécessaire pour abattre le bétail.

La boulangerie de campagne d'un corps d'armée comprend (1) :

1º Un certain nombre de sections organisées de manière à pouvoir fonctionner isolément et composées de voitures régulières;

2º Un convoi de boulangerie formé de voitures de réquisition et qui fait partie intégrante de la boulangerie.

La boulangerie et son convoi peuvent porter, outre le matériel et les ouvriers, les quantités de farine, sel et fleurage nécessaires à un jour de fabrication et, en cas de besoin, environ deux jours de pain de fabrication moyenne.

L'alimentation des armées en campagne ne peut pas être assujettie à des règles fixes.

Pour l'application des mesures prescrites par le commandement, les officiers du train doivent chercher à réduire au strict minimum le nombre des voitures employées aux ravitaillements et les fatigues à imposer aux équipages.

Toutes les fois que les circonstances le permettent, on fait fournir les repas par les habitants ou les communes.

Quand on ne peut pas employer ce moyen, on utilise les approvisionnements portés par les trains régimentaires.

Lorsque les trains régimentaires ne peuvent pas assurer la distribution en temps opportun, on exploite les ressources locales pour distribuer directement aux troupes les denrées qui proviennent de cette exploitation,

Enfin, à défaut de ressources locales ou lorsque ces ressources ne peuvent être réunies en temps utile, on fait consommer les vivres du sac (2).

Lorsque les trains régimentaires ne peuvent pas être ravitaillés par l'exploitation locale, ils sont ravitaillés soit par les voies ferrées directement, soit par les convois administratifs; dans ce dernier cas, les ordres du corps d'armée fixent les points et heures où s'effectuera le ravitaillement. Ces points sont désignés sous l'appellation de « *centres de ravitaillement* ».

L'emplacement et le nombre de ces centres sont déterminés de manière à faciliter et à accélérer les ravitaillements sans imposer de fatigues excessives aussi bien aux trains régimentaires à desservir qu'aux voitures du convoi administratif chargé du ravitaillement.

____

(1) Instruction du 9 juin 1896 sur le fonctionnement des boulangeries de campagne.

(2) Pour les détails concernant l'application de ces procédés, consulter l'Instruction du 14 juin 1900 sur l'alimentation des troupes en campagne et celle du 22 août 1899 sur le service des officiers d'approvisionnement.

D'après les ordres du commandement et les instructions techniques de l'intendant du corps d'armée, le sous-intendant chargé du convoi administratif organise et dirige sur les centres de ravitaillement les voitures du convoi administratif portant les denrées nécessaires aux trains régimentaires.

Suivant l'heure d'arrivée du convoi administratif, le ravitaillement des voitures vides des trains régimentaires s'effectue le soir, pendant la nuit ou dans la matinée du lendemain.

Le ravitaillement en pain est assuré normalement par le service de l'arrière ou encore par la boulangerie de campagne ou par la fabrication locale.

Pour les autres vivres, le ravitaillement du convoi administratif se fait au moyen des ressources locales ou des approvisionnements du service des étapes amenés par les chemins de fer ou les voies navigables, ou encore au moyen des convois auxiliaires.

Pendant les périodes de marche, les convois administratifs ne font pas de marches en retour.

Les *services de l'arrière* comprennent : le *service des chemins de fer* et le *service des étapes*.

Lorsque l'armée s'éloigne des voies ferrées, le service des étapes prolonge les lignes de communication en établissant des routes d'étapes qui relient les voies ferrées à l'armée. Ces routes sont jalonnées par des *gîtes* distants de 20 à 30 kilomètres et par des *gîtes principaux* à 3 ou 4 étapes l'un de l'autre.

Le gîte de chaque route d'étapes le plus rapproché de l'armée est la *tête d'étapes de route*. Elle est au plus à 2 étapes des cantonnements.

Les approvisionnements placés sur roues (convois auxiliaires ou éventuels) (1) a la station tête d'étapes de guerre ou à une de ses annexes, sont poussés en avant et conduits de proche en proche, en passant par les gîtes principaux jusqu'à la tête d'étapes de route, et de là jusqu'aux équipages de l'armée.

3. — Service de la trésorerie et des postes.

19. Le fonctionnement du service de la trésorerie étant essentiellement technique, le train n'y concourt que comme agent de transport du personnel et du matériel.

Les détachements du train affectés au service des

---

(1) On peut encore porter ces approvisionnements en avant au moyen des voies navigables dont on peut disposer.

postes sont placés sous la direction technique des agents des postes chefs de service.

Le service postal dans la *zone occupée par les troupes* est fait au moyen des fourgons de correspondance, des voitures tilburys et des sous-officiers du train estafettes des postes; entre deux quartiers généraux, par le personnel attaché à celui dont l'autre relève; entre le quartier général d'une division et les troupes, par le personnel du quartier général de la division.

Les sous-officiers estafettes des postes sont munis d'une paire de sacoches et d'un portefeuille; il leur est délivré des commissions de vaguemestre par les chefs d'état-major; ils peuvent être chargés du transport de toutes les dépêches, y compris les articles d'argent et chargements entre les bureaux de poste de campagne et les vaguemestres des corps, et réciproquement.

Pendant les périodes de marche, chaque payeur envoie au point initial une estafette chargée, au moment du passage des troupes à ce point, d'échanger avec les vaguemestres des corps, les lettres en instance de distribution et de départ.

Dans la *zone des étapes*, le service de la trésorerie et des postes établit des lignes postales entre les postes établis sur la voie ferrée et les points désignés par les commandants d'armée pour l'échange du courrier postal.

4. — Dépôt de remonte mobile.

20. Le dépôt de remonte mobile est chargé de pourvoir à la remonte des officiers sans troupe et de ceux des corps de troupe à pied, et de prendre en subsistance d'une part les chevaux éclopés et les chevaux de prise, d'autre part les ordonnances appartenant au train qui deviennent disponibles.

Il est commandé par un lieutenant ou sous-lieutenant de réserve du train, et comprend un vétérinaire et un détachement du train pour conduire les animaux et atteler les voitures.

Il compte une centaine d'animaux.

5. — Service des étapes.

21. Le service des étapes, auquel concourent pour une large part les troupes du train, a pour objet principal d'assurer les ravitaillements et les évacuations des armées, et de maintenir l'ordre et la sécurité dans la zone de l'arrière.

Lorsque les armées s'éloignent des voies ferrées, des

convois sont organisés entre elles et les têtes d'étapes
de guerre. Entre la station tête d'étapes de guerre et
la tête d'étapes de route, les routes sont jalonnées par
des gîtes d'étapes à la tête de chacun desquels se
trouve un commandant d'étapes.

A chacun des commandements d'étapes est affecté un
cadre d'embrigadement du train, composé d'un sous-
officier, de brigadiers et soldats, pour la réquisition,
la surveillance et l'administration des convois de réquisition ou des détachements de relais de voitures ou
d'attelages.

A chaque station tête d'étapes de guerre, le détachement du train est commandé par un lieutenant ou
sous-lieutenant de réserve.

Ce cadre est à l'entière disposition du commandant
d'étapes ou, à son défaut, du commandant de gare qui
en remplit les fonctions. Pour la discipline générale,
la police locale, l'installation et les mouvements, il relève, comme tout le personnel des divers services d'étapes, de cet officier supérieur ou capitaine, qui a les
attributions d'un commandant d'armes.

6. — Observations générales.

22. Quelle que soit la nature des ordres donnés par
les chefs de service (médecins, fonctionnaires, etc.), les
officiers du train devront commencer par les exécuter.
Toutefois, lorsque ces ordres seront de nature à engager la responsabilité personnelle de ces officiers, ils
pourront exiger qu'ils leur soient donnés par écrit.
En tous cas, ils rendront compte à leurs supérieurs
hiérarchiques.

Les commandants des convois exécutent sous leur
responsabilité les ordres transmis ou donnés par l'intendance. Les détails de la conduite du convoi, les mesures à prendre pour sa sécurité ne regardent que le
commandant du convoi. Toutefois, ce dernier doit dé-
férer autant que possible aux observations des fonctionnaires de l'intendance, dans les conditions indiquées plus haut. Les chefs de détachements du train
sont seuls commandants militaires de leur troupe; ils
sont, en particulier, responsables de la conservation
des chevaux de selle et des attelages et de l'entretien
du matériel roulant; il leur appartient de prendre toutes les mesures nécessaires pour que les voitures qu'ils
sont chargés d'atteler soient prêtes à partir aux heures indiquées par les chefs des services auxquels ils
sont attachés.

V. — RÉQUISITIONS.

23. Tous les chefs de détachements peuvent, par
délégation, être appelés à exercer le droit de réquisi-

tion pour tous les objets et services dont la fourniture est nécessitée par l'intérêt militaire. (Loi du 3 juillet 1877.)

Ils sont, à cet effet, porteurs d'un carnet à souches d'ordres de réquisition et d'un carnet également à souches des reçus qu'ils doivent délivrer, à chaque réquisition, au maire ou aux municipalités, ou, à leur défaut, aux notabilités locales.

Les réquisitions sont toujours faites par écrit et signées. Exceptionnellement, tout chef de détachement opérant isolément peut, même sans être porteur d'un carnet de réquisition, requérir sous sa responsabilité personnelle les prestations nécessaires aux besoins journaliers de son détachement. Les réquisitions ainsi exercées sont également faites par écrit et signées. Elles sont établies en double expédition, dont l'une reste entre les mains du maire et l'autre est adressée immédiatement par la voie hiérarchique au général commandant le corps d'armée. Il est délivré un reçu.

Les sous-officiers ne doivent exercer ce droit qu'avec la plus grande circonspection et avec tact, en cas de nécessité absolue, ou sur les ordres formels et explicites donnés au moment où ils ont été détachés.

Si les municipalités défèrent aux ordres de réquisition, des corvées accompagnent les voitures pour procéder à l'enlèvement des denrées.

Dans le cas contraire, on fait visiter les maisons par des groupes d'hommes choisis, commandés par des officiers ou des sous-officiers. Des gardes armées sont chargées de contenir les soldats et les habitants. Les maisons où logent les officiers généraux sont exemptes de ces visites; mais les propriétaires ne sont pas dispensés de fournir leur quote-part dans les réquisitions générales.

Les maires qui refusent de recevoir un ordre de réquisition sont signalés à l'autorité supérieure.

Lorsque des détachements de différents corps, ou de troupes de différentes armes, occupent une même commune, les réquisitions ne peuvent être ordonnées que par l'officier du grade le plus élevé.

Dans la zone des étapes, aucune réquisition ne peut être exercée sans l'autorisation du commandant d'étapes, si ce n'est en cas d'urgence et pour les besoins du jour en subsistances et moyens de transport.

La nourriture est due par les chefs de détachement aux guides ou conducteurs requis, ainsi qu'aux chevaux, pendant toute la durée de la réquisition, comme s'ils faisaient partie du détachement.

Quand on requiert des chevaux, des voitures ou harnais pour des transports devant amener un déplacement de plus de cinq jours, retour compris, il est procédé, avant la prise de possession, à une estimation contradictoire faite par l'officier requérant et le maire.

Si des chevaux ou voitures requis sont perdus ou endommagés, le chef du détachement ou du convoi doit fournir un certificat constatant le fait.

Quand il est fait réquisition d'outils, matériaux, machines, bateaux, etc., pour une durée de plus de huit jours, il est de même procédé à une estimation contradictoire.

Les guides, messagers, conducteurs, ouvriers et médecins requis reçoivent, à l'expiration de leur mission, un certificat délivré par le chef du détachement.

Quiconque, en temps de guerre, abandonne le service pour lequel il est requis, est traduit devant le conseil de guerre.

Tout militaire qui abuse des pouvoirs qui lui sont confiés, refuse de donner reçu des quantités, réquisitionne avec violence ou qui réquisitionne sans avoir qualité pour le faire, est puni de la peine d'emprisonnement, sans préjudice des restitutions.

CHAPITRE IV.

MOBILISATION (1).

§ 1er. — CONSIDÉRATIONS GÉNÉRALES.

21. La mobilisation est le passage du pied de paix au pied de guerre.

Armée active. — Certains unités du pied de guerre n'existent pas en temps de paix; ces unités nouvelles reçoivent des unités du pied de paix qui sont désignées pour contribuer à leur formation un certain nombre de gradés, d'hommes et de chevaux appartenant à l'effectif de paix de celles-ci. L'ensemble des éléments actifs ainsi passés à chaque unité de nouvelle formation s'appelle le *noyau* de cette unité.

La mobilisation du train des équipages de l'armée active consiste :

1° A créer les unités de nouvelle formation et à leur passer leur noyau;

2° A porter à l'effectif de guerre toutes les unités,

---

(1) Ce chapitre ne contient que des indications générales sur la mobilisation. Les sous-officiers devront recevoir dans leurs compagnies respectives des instructions sur le détail des opérations qu'ils auront à diriger ou à l'exécution desquelles ils devront coopérer.

aussi bien les unités actives que celles de nouvelle formation, par l'appel à l'activité des officiers, des cadres et des hommes de la réserve et par l'incorporation des chevaux de réquisition.

Armée territoriale. — L'armée territoriale fournit, en cas de mobilisation, des détachements qui sont affectés soit à des formations à créer au moment de la mobilisation, soit à des convois auxiliaires, soit au service des étapes, soit enfin au service des places.

La mobilisation du train territorial consiste à organiser toutes ces unités au complet de guerre, par l'appel à l'activité des officiers, des cadres et des soldats de l'armée territoriale, et par l'incorporation des chevaux de réquisition.

§ 2. — PRÉPARATION DE LA MOBILISATION.

25. Hommes. — Tout Français astreint au service militaire, soit dans la réserve de l'armée active, soit dans l'armée territoriale, est affecté, dès le temps de paix, à l'unité dont il doit faire partie en cas de mobilisation. Cette affectation est mentionnée sur son livret matricule et sur son livret individuel.

En outre, un ordre de route est placé en tête du livret individuel. Cet ordre de route, imprimé sur papier rose pour les hommes voyageant par chemin de fer, et sur papier vert clair pour les hommes voyageant par voie de terre, indique les mesures que doit prendre l'homme pour rejoindre son corps, lorsque la mobilisation est annoncée. Les indications portées sur cet ordre de route font connaître le numéro du jour de la mobilisation et l'heure auxquels l'homme doit être rendu, soit au lieu de mobilisation de son corps, s'il est astreint à voyager par voie de terre, soit à une gare de chemin de fer indiquée sur l'ordre, s'il doit voyager en chemin de fer. Le transport en chemin de fer est gratuit; il suffit de montrer son ordre de route à la gare de départ.

Chaque unité active conserve, dès le temps de paix, les livrets matricules des réservistes qui lui sont affectés en cas de mobilisation, ainsi que ceux des réservistes affectés à celles des unités de nouvelle formation dont elle est chargée de préparer la mobilisation. En outre, il est établi, par classe et pour chaque unité, des listes nominatives extraites des répertoires généraux tenus au bureau du major, et sur lesquelles les réservistes sont portés par grade. Le numéro d'inscription sur le répertoire, précédé d'un zéro, constitue le numéro matricule du réserviste et est reporté sur ces livrets.

L'affectation de chaque homme est préparée à l'avance au moyen des renseignements contenus dans les livrets matricules. Elle est modifiée, s'il y a lieu, et chacun reçoit connaissance de ses fonctions spéciales pour être habillé en conséquence.

Chevaux. — A des époques périodiques, des commissions procèdent, sur toute l'étendue du territoire, au classement des chevaux, désignent ceux qui sont propres au service de guerre et les classent dans différentes catégories. D'après ces données, des tableaux de classement sont établis, et, en cas de mobilisation, les propriétaires des animaux portés sur ces listes doivent les conduire dans des localités déterminées, où ces animaux sont examinés, et, s'il y a lieu, requis par des commissions de réquisition. Des sous-officiers de l'armée active, de la réserve ou de la territoriale sont appelés à exercer les fonctions de secrétaires des commissions de réquisition. Ils sont désignés nominativement dès le temps de paix.

Les chevaux de réquisition sont expédiés sur les différents corps par les soins des présidents des *commissions de réquisition*, qui les forment en détachements ; les animaux sont conduits, soit par des hommes de l'armée territoriale ou des services auxiliaires, convoqués directement par les soins du recrutement, soit, exceptionnellement, par des hommes de l'armée active. Les cadres de conduite sont formés de gradés appartenant soit à l'armée active, soit à la réserve, soit à l'armée territoriale. Les chefs des cadres de conduite, s'ils appartiennent à l'armée active, reçoivent, à leur départ du corps, un ordre de service leur indiquant ce qu'ils ont à faire et une avance de fonds. Avant de mettre leur détachement en route, ils reçoivent les instructions du président de la commission, ainsi que les fonds nécessaires pour assurer le payement des indemnités dues aux conducteurs et pour faire face aux dépenses éventuelles du voyage ; ils reçoivent aussi les bons de fourrage pour les chevaux.

A leur arrivée au corps, les chevaux sont présentés à des *commissions de réception*, qui les livrent aux diverses unités après avoir fait établir leurs livrets matricules et compléter leur marquage. Des sous-officiers sont chargés, dans chaque unité, de conduire auprès des commissions de réception les hommes désignés pour prendre livraison des chevaux et d'assurer la conduite de ces animaux jusqu'au lieu de mobilisation de l'unité. Chacun d'eux reçoit, avant de se rendre auprès de la commission, un ordre de service indiquant la manière dont il doit s'y prendre pour exécuter sa mission.

Réception des voitures de réquisition. — Les voitures sont reçues par les mêmes commissions que les animaux. Elles sont réparties de la même manière entre les compagnies et sont munies d'une plaque indicatrice en tôle qui est touchée avec le matériel.

Matériel. — Le matériel est, en temps de paix, conservé dans les hangars du service de l'artillerie.

Le matériel des équipages militaires mis à la disposition des unités mobilisées est pris en charge, suivant son affectation, par le parc du corps d'armée ou par le grand parc d'armée, et c'est avec ce parc que les capitaines commandants établissent leur comptabilité, au moyen d'un inventaire-journal et d'un registre à souche des mouvements de matériel (Instruction du 24 octobre 1890). L'établissement qui délivre le matériel fait en même temps la remise des imprimés nécessaires à la comptabilité.

Le matériel à toucher comporte les plaques de tôle à fixer aux voitures de réquisition et un approvisionnement de bâches pour celles de ces voitures qui n'en seraient pas pourvues.

Le matériel de campement pour l'attache des chevaux et les accessoires d'embarquement sont délivrés soit avec les voitures, soit en même temps que le harnachement.

Harnachement [1]**, ferrures, armes, vivres du sac et de débarquement, habillement.** — En temps de paix, ces divers approvisionnements sont conservés dans des magasins et classés par unité; les sous-officiers doivent connaître les emplacements de ces magasins et les itinéraires à suivre pour s'y rendre. Ces approvisionnements sont entretenus les uns par les soins des établissements dans lesquels ils sont déposés, les autres par les soins du corps.

Carnets de mobilisation. — Chaque capitaine commandant possède, pour chacune des unités dont il est chargé de préparer la mobilisation, un carnet de mobilisation, sur lequel sont portés les renseignements relatifs à la mobilisation de l'unité et un tableau des opérations à exécuter chaque jour. En outre, les ordres de service nécessaires aux chefs des diverses corvées sont préparés dès le temps de paix et réunis sous écrous. Les détails de ces opérations peuvent donc être facilement étudiés à l'avance par les sous-officiers qui seront chargés de les diriger, et tous les sous-officiers peuvent être exercés à se servir de ces ordres pour exécuter une mission quelconque.

§ 3. — EXÉCUTION DE LA MOBILISATION.

26. Ordre de mobilisation. — Toutes les opérations de la mobilisation sont réglées par jour; il suffit donc de connaître la date du premier jour de la mobilisation.

---

[1] Les effets de harnachement sont de trois tailles, plus une taille dite exceptionnelle.

Cette date est indiquée par l'ordre de mobilisation qui est affiché dans toutes les communes de France.

Opérations de la mobilisation. — Les principales opérations de la mobilisation, à l'exécution desquelles les sous-officiers ont tous à concourir dans les limites de leurs attributions respectives, sont, outre la conduite des détachements de chevaux dont il a été question ci-dessus, et les corvées journalières de vivres et de fourrages :

La distribution de la collection n° 1 des effets d'habillement aux hommes de l'armée active ;

Le remplacement des effets qui ne sont pas en état d'être emportés en campagne ;

L'installation dans le cantonnement de mobilisation ;

La réception des réservistes et leur répartition dans les unités ;

La perception du lot d'habillement de réserve, l'habillement des réservistes et le marquage de leurs effets ;

La perception des armes et des cartouches et leur distribution ;

La réception des chevaux de réquisition, leur classement dans les détachements ;

La mise en état de leur ferrure ;

La perception du harnachement de réserve et son ajustage ;

La perception et le graissage du matériel ;

La perception des vivres du sac et de débarquement ;

La confection des paquetages ;

Le versement au magasin des effets civils des réservistes, s'il y a lieu, et celui des effets de toute sorte qui ne doivent pas être emportés en campagne.

Les sous-officiers d'approvisionnement sont, en outre, employés sous les ordres des officiers d'approvisionnement au chargement des trains régimentaires.

Les vivres du train régimentaire sont constitués au titre des différentes formations, et touchés par l'officier d'approvisionnement de ces formations. Il n'est pas constitué de vivres du train régimentaire pour le personnel des convois administratifs; hommes et chevaux vivent sur le pays ou sur les quatre jours de vivres portés par les convois administratifs pour ce personnel.

CHAPITRE V.

PROGRAMME DE L'INSTRUCTION.

§ 1. PREMIÈRE PÉRIODE.

INSTRUCTION INDIVIDUELLE DE L'HOMME DE TROUPE.

27. Instruction à pied. — 1re et 2e parties, titre II.

Instruction à cheval. — Ecole du cavalier à cheval, 1re partie (Titre III). Présenter un cheval; extérieur du cheval; soins à donner aux chevaux; description, montage, ajustage et entretien du harnachement (2e partie, titre III, chapitres 6, 7, 8 et 9).

Conduite des voitures. — 1re partie, titre IV, chapitres 1 et 2; 2e partie, titre IV (Etude du matériel).

Conduite des mulets de bât. — 1re partie, titre V, chapitres 1 et 2, chapitre 3, article 1er; 2e partie, titre III, chapitre 9 (Description, montage, ajustage et entretien du harnachement des animaux de bât).

Exercices préparatoires d'embarquement en chemin de fer.

Série complète des **instructions intérieures** et des instructions sur le **service dans les places.**

§ 2. DEUXIÈME PÉRIODE.

INSTRUCTION DE LA COMPAGNIE. — INSTRUCTION D'ENSEMBLE.

28. Conduite des voitures. — 1re partie, titre IV, chapitre 3 (Ecole de section).

Conduite des mulets de bât. — 1re partie, titre V, chapitre 3.

Instruction pratique sur le service du train des équipages militaires en campagne. — Marches, cantonnements et bivouacs (1re partie, titre VI; 2e partie, titre VI, chapitres 1, 2 et 3).

Exercices de **mobilisation.** Exercices d'**embarquement en chemin de fer.**

§ 3. FORMATION DES CADRES.

1° ÉLÈVES-BRIGADIERS.

Instruction pratique.

29. Toutes les manœuvres et instructions de la première période.

Instruction théorique.

Bases générales de l'instruction. — 1re partie, titre I, chapitre 1.

Instruction à pied. — 1re partie, titre II, chapitre 1 (Instruction individuelle). 2e partie, titre II, chapitre 1 (Armement); chapitre 2 (Tir).

Instruction à cheval. — 1re partie, titre III, chapitre 1 (Instruction pour harnacher les chevaux); chapitre 2 (École du cavalier à cheval). — 2e partie, titre III, chapitres 6, 7 et 8 (Présenter un cheval, extérieur du cheval, soins à donner aux chevaux); chapitre 9 (Description, montage, ajustage et entretien du harnachement des chevaux).

Conduite des voitures. — 1re partie, titre IV, chapitres 1 et 2.

Conduite des mulets de bât. — 1re partie, titre V, chapitres 1 et 2; chapitre 3, article 1er; 2e partie, titre III, chapitre 9 (Description, montage, ajustage et entretien du harnachement des animaux de bât).

Service intérieur et service dans les places. — Articles concernant les cavaliers et les brigadiers.

2° CANDIDATS SOUS-OFFICIERS.

Instruction théorique et pratique.

30. Revision de l'instruction donnée au peloton des élèves-brigadiers.

Complément.

Instruction à pied. — 1re partie, titre II, chapitre 2, article 2 (Instruction d'ensemble).

Instruction à cheval. — 2e partie, titre III, chapitre 1er (Principes généraux); chapitre 2 (Progression de l'instruction).

Conduite des voitures. — 1re partie, titre IV, chapitre 3; 2e partie, titre IV, chapitre 1er en entier.

Conduite des mulets de bât. — 1re partie, titre V, chapitre 3, articles 2 et 3.

Service intérieur et dans les places. — Articles concernant les sous-officiers.

En outre, les candidats sous-officiers reçoivent, dans leur propre compagnie, des instructions sur :

Le cours spécial ;

Les fonctions et les devoirs des sous-officiers en campagne (marches, cantonnements, bivouacs, alimentation, administration des détachements).

CHAPITRE VI.

RÈGLES D'INTONATION.

---

31. Le ton du commandement doit être animé, distinct et d'une étendue de voix proportionnée à la troupe que l'on commande.

On prononce le *commandement d'avertissement :* GARDE A VOUS, dans le haut de la voix, en appuyant sur la première syllabe, et en prolongeant et baissant sur la dernière.

Les *commandements préparatoires* ne doivent pas être entamés trop haut dans la voix, parce qu'il faut ensuite pouvoir monter pour le commandement d'exécution. Pour déterminer leur intonation on a pris comme types la première partie des commandements : *En avant*=MARCHE; *Cavaliers à droite*=DROITE; *Reposez*=ARME.

Le commandement : *En avant* sert de type à tous les commandements préparatoires terminés par une consonne ou une syllabe pleine. Le ton, d'abord uniforme, s'élève sur la dernière syllabe pleine, sur laquelle on appuie un instant pour descendre ensuite graduellement. Exemples : *Marquez le pas; Demi-tour.*

Le commandement : *Cavaliers à droite* sert de type à tous les commandements préparatoires terminés par une syllabe muette. Le ton, d'abord uniforme, s'élève sur la dernière syllabe pleine, sur laquelle on appuie un instant sans redescendre.

Exemple : *Quatre files à droite; En bataille.*

La première partie du commandement : *Reposez=* ARME sert de type à la première partie des commandements du maniement des armes. Il se prononce sur un ton uniforme, en soutenant la voix sur la dernière syllabe.

Lorsqu'un commandement préparatoire est suivi d'une indication d'allure : *Au trot* ou *Au galop*, la voix s'élève pour attaquer la syllabe *au* et s'infléchit ensuite, en descendant graduellement sur les mots *trot* ou *galop*.

Les *commandements d'exécution* sont prononcés d'un ton plus ferme et dans une note plus haute, mais d'après les mêmes principes d'intonation que les commandements préparatoires. Ils sont plus brefs aux exercices à pied que dans les manœuvres à cheval ; dans ces dernières, on les prolonge parce que, le mouvement qui doit suivre un commandement devant se communiquer des hommes aux chevaux et aux voitures, on évite ainsi les à-coups que produirait une exécution brusque.

Les commandements employés pour les assouplissements et pour certains mouvements de l'école du cavalier à cheval sont prononcés sur le ton d'indication, qui est moins élevé que celui du commandement et ne comporte pas d'intonation.

Exemples : *Élévation des cuisses; Commencez; Doublez.*

CHAPITRE VII.

SONNERIES.

___

1. Le réveil.

2. L'appel.

Allegro

3. Le boute-selle.

Allegretto

4. A cheval.

Prestissimo

5. A l'étendard.

Maestoso

6. L'ouverture du ban.

7. La fermeture du ban.

8. Quatre appels consécutifs.
(*Pour le rassemblement du régiment à pied.*)

9. A l'ordre.

10. Aux officiers.

11. Aux maréchaux des logis chefs.

12. Aux maréchaux des logis de semaine.

13. Aux fourriers.

14. Aux brigadiers de semaine.

15. Aux malades.

16. La soupe.

17. Les corvées.

18. Les distributions.

19. Le rassemblement de la garde.

20. L'appel des consignés.

21. Aux trompettes.

22. La retraite.

23. L'extinction des feux

24. La générale.

25. Garde à vous

26. Sabre à la main.

27. Remettez le sabre.

28. Pied à terre.

29. En avant.

30. Halte.

31. A gauche.

32. A droite.

33. Demi-tour.

34. Le ralliement.

40. Exécution.

35. Au pas.
(Étant au trot ou au galop.)

36. Au trot.

(A pied, au pas gymnastique.)

37. Au galop.

38. Le demi-appel.
(Pour cesser le feu.)

39. Pour mettre les manteaux.

41. La marche (défilé au pas.)

42. Défilé au trot.

Trompettes à l'unisson ou trompette seule.

Emploi du sifflet de signal.

32. Le sifflet de signal ne remplace ni les commandements à la voix, ni la trompette dans le service habituel; il est employé dans les circonstances suivantes, en dehors desquelles on ne doit jamais s'en servir :

1° Dans les séances d'instruction où le chef de corps prescrit de se servir du sifflet pour exercer les cadres à faire les signaux ou à les répéter, et la troupe à les exécuter ;

2° Dans la conduite des convois pour assurer la régularité de la marche et éviter les à-coups. Le commandant du convoi a seul le droit de faire des signaux, sauf le cas où il aurait délégué ce droit à l'un de ses subordonnés ; mais le signal, une fois fait, est aussitôt répété par tous les gradés échelonnés sur le flanc de la colonne ;

3° Le sifflet peut aussi, à proximité de l'ennemi, remplacer la trompette, dont les sonneries révéleraient la présence de la troupe.

Signaux à employer. — Le nombre des signaux devant être aussi restreint que possible, afin d'éviter la confusion qui pourrait résulter de l'emploi de nombreuses sonneries dont le rythme serait forcément peu varié, on se maintient dans la limite de ceux indiqués ci-après :

Les signaux peuvent être représentés par le tableau suivant, dans lequel chaque ligne figure un coup de sifflet et chaque intervalle un silence; le coup de sifflet ou le silence doit être plus ou moins prolongé, selon que la ligne ou l'intervalle qui le représente est plus ou moins long.

Attention..........	
Marche au pas..	
Halte...............	
Au trot............	
A droite..........	
A gauche..........	
Demi-tour........	

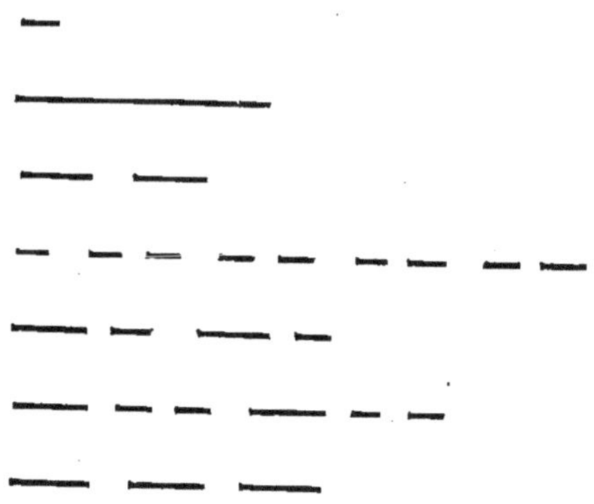

TITRE II.

ARMES PORTATIVES.

CHAPITRE I.

ARMEMENT.

33. L'armement des troupes du train des équipages comprend :

Une *carabine modèle 1890* et un *sabre de cavalerie légère* pour le cavalier et le brigadier.

Un *mousqueton d'artillerie modèle 1892* avec *sabre baïonnette* pour les hommes non montés.

Dans les corps non encore pourvus du nouvel armement, le cavalier et le brigadier reçoivent une *carabine modèle 1874* et un *sabre de cavalerie légère*, et les hommes non montés une *carabine de gendarmerie* avec *sabre-baïonnette*.

Un *revolver* et un *sabre de cavalerie légère* pour les cadres.

34. Il ne sera jamais demandé aux cavaliers aucune récitation de nomenclature de l'armement. Leur instruction à ce sujet doit être exclusivement pratique, et avoir uniquement pour objet de les mettre en état de comprendre les explications relatives au maniement de leurs armes, de les démonter, de les remonter et de les entretenir.

L'instruction intérieure sera généralement dirigée de manière que les cavaliers soient familiarisés avec leurs armes au moment où ils commenceront le travail en armes. Dans tous les cas, avant d'exposer la théorie d'un mouvement, l'instructeur montrera et nommera aux cavaliers les parties de l'arme dont il devra faire mention dans ses explications.

ARTICLE Ier.

Procédés généraux d'entretien des armes.

§ 1. — ACCESSOIRES POUR L'ENTRETIEN DES ARMES.

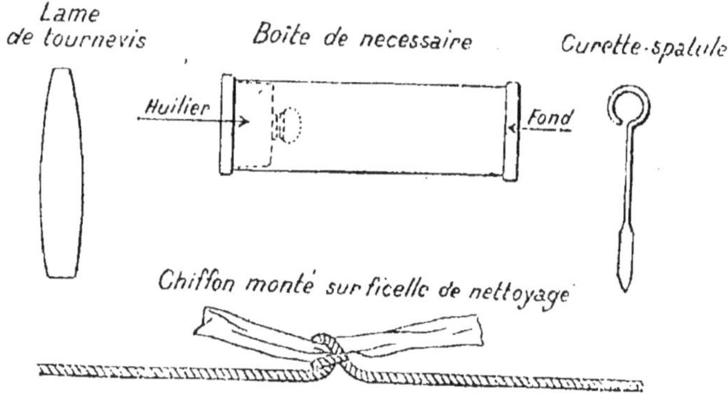

Fig. 1. Nécessaire d'armes.

Fig. 2. Baguette en bois pour revolvers M[les] 1873 et 1874.

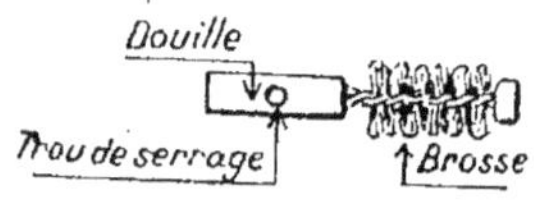

Écouvillon de revolver.

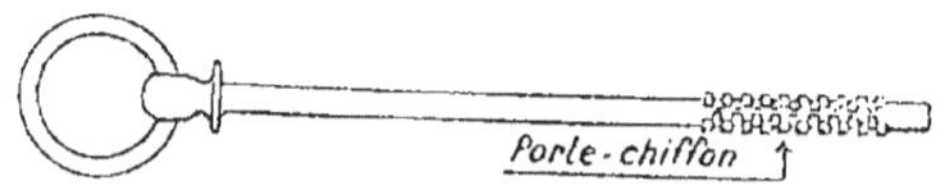

Fig. 3. Baguette pour revolver M[le] 1892.

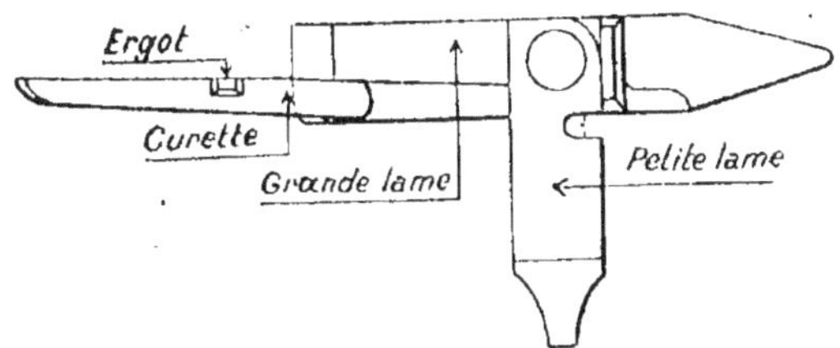

Fig. 4. Tournevis pour revolver Mle 1892.

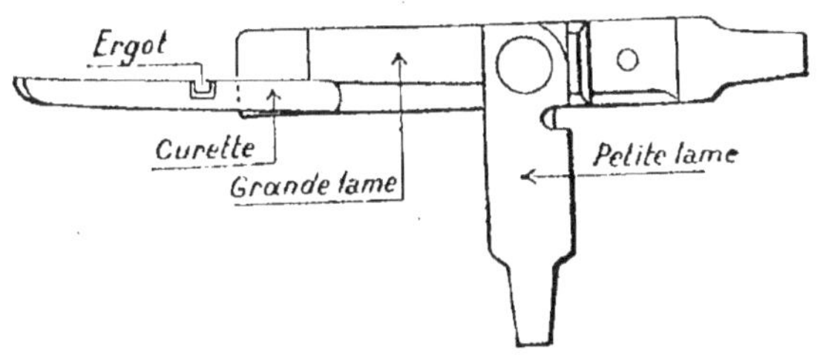

Fig. 5. Tournevis mixte Mle 1898.

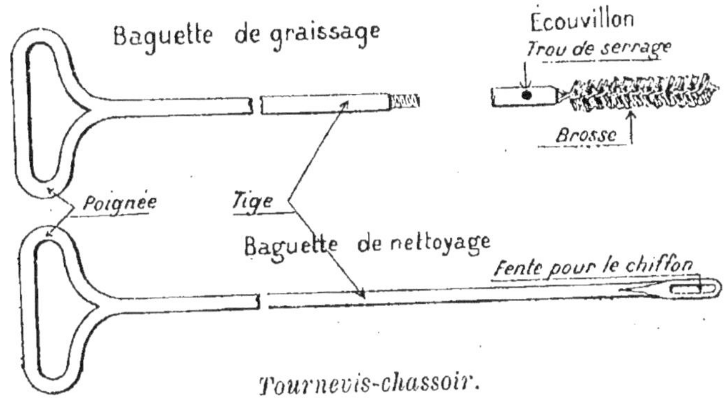

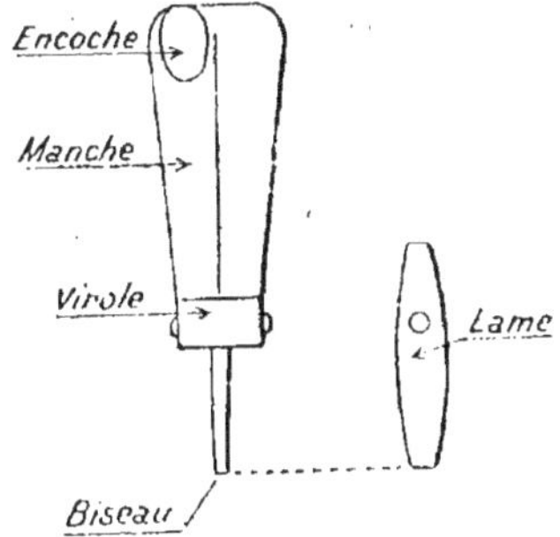

Fig. 6. Nécessaire de chambrée Mle 1896.

L'entretien des armes nécessite les opérations suivantes :

1° *Démontage ;* 2° *nettoyage ;* 3° *graissage ;* 4° *remontage.*

35. Les accessoires que l'on emploie dans tous les cas et avec toutes les armes sont :

La *boîte à graisse*, contenant de la graisse (1) et une pièce grasse ;

La *brosse pour armes ;*

Des *chiffons* de vieux linge et de drap ;

Éventuellement, des *curettes* en bois tendre, de *l'huile* (1), de la *brique pilée* ou de la *brique anglaise.*

Pour l'entretien des armes à feu **en campagne et aux manœuvres** on emploie en outre :

Pour la carabine modèle 1890, le mousqueton modèle 1892 et la carabine modèle 1874 :

Le *nécessaire d'armes* (2) renfermant la *lame-tournevis* et la *curette spatule* réunies dans une *trousse en drap ;*

La *ficelle de nettoyage* (2) dont la longueur ne doit pas descendre au-dessous de 2 mètres.

Pour le revolver modèle 1873 :

Les mêmes accessoires que ci-dessus sauf la ficelle, à la place de laquelle on emploie une *bande de toile* de longueur et de largeur convenables.

Pour le revolver modèle 1892 :

Le *tournevis pour revolver modèle 1892* (officiers) ou le *tournevis mixte modèle 1898* (hommes de troupe) ; une *bande de toile* comme pour le revolver modèle 1873, mais de dimensions plus faibles.

36. Pour l'entretien des armes à feu **dans le service de garnison** on se sert des accessoires d'emploi général.

Pour la carabine modèle 1890 et le mousqueton modèle 1892 : ·

Le *nécessaire de chambrée modèle 1896* (3) compre-

---

(1) On peut employer pour l'entretien des armes : la graisse d'armes réglementaire, les graisses minérales, les huiles minérales, l'huile d'olive épurée, l'huile de pied de bœuf. Les graisses et huiles minérales doivent remplir les conditions fixées par la circulaire ministérielle du 25 octobre 1899. B. O., P. R., 2ᵉ semestre. Nᵒ 68.

(2) Le nécessaire d'armes et la ficelle de nettoyage sont emportés toutes les fois qu'une troupe doit rester en dehors de son casernement plus de quarante-huit heures. En cas de besoin, des ustensiles peuvent être employés dans le service de garnison pour l'entretien des armes, lorsque l'ordre en est donné.

(3) Les nécessaires de chambrée ne sont jamais emportés hors de la garnison.

nant une *baguette de nettoyage*, une *baguette de graissage* avec son écouvillon vissé (1) ; deux *tournevis-chassoirs* identiques.

Pour le revolver modèle 1873 :

Le *nécessaire de chambrée modèle 1896*, ou, pour les unités dans lesquelles ce nécessaire n'est pas en service, le *nécessaire d'armes* et une *baguette en bois* de 8 à 9 millimètres de diamètre et de 20 à 25 centimètres de longueur.

Pour le revolver modèle 1892, on emploie soit le *jeu d'accessoires pour revolver modèle 1892*, comprenant une *baguette pour revolver* munie d'un *écouvillon* et un *tournevis*, soit le *tournevis mixte modèle 1898* et le *nécessaire de chambrée modèle 1896*.

37. Pour l'entretien des armes blanches dans le service de garnison, on utilise avec avantage, en dehors des accessoires d'emploi général, une *brosse dure* et une *planchette de bois* présentant une face légèrement cintrée et recouverte de peau, sur laquelle on étale la brique.

§ 2. PROCÉDÉS GÉNÉRAUX DE NETTOYAGE.

38. Pièces en acier non bronzées. — Lorsque ces pièces ne sont pas rouillées, les frotter fortement avec un linge ou un morceau de drap sec et propre.

Si elles présentent des taches de rouille, répandre d'abord un peu d'huile sur les taches et laisser la rouille s'imbiber quelques instants. Enlever ensuite les taches au moyen d'un linge propre huilé. Les taches qui ne peuvent être enlevées par ce moyen, SAUF TOUTEFOIS CELLES QUI SE TROUVENT A L'INTÉRIEUR DU CANON DES ARMES A FEU (2), doivent être frottées avec de la brique délayée dans la graisse, appliquée suivant le cas, sur un linge, sur une brosse ou sur une curette en bois.

Les pièces étant nettoyées et essuyées, les graisser légèrement.

On ne doit pas, dans cette opération, chercher à obtenir le poli brillant; on s'attachera à conserver le plus possible aux pièces leur poli en évitant d'employer la brique pour leur nettoyage, tant que leur état d'oxydation ne rend pas cette opération indispensable.

39. Pour nettoyer les filets de vis, se servir d'un fil

---

(1) Les cavaliers ne doivent pas séparer l'écouvillon de la baguette; s'il se défait, ils le resserrent fortement au moyen d'une pointe introduite dans le trou de serrage.

(2) Lorsqu'il existe dans un canon des taches de rouille que le linge huilé n'a pu enlever, l'arme doit être portée chez l'armurier.

qu'on enroule de deux ou trois tours dans le filetage ;
pour les ressorts à boudin, employer une bande de linge
très étroite, à laquelle on donne dans les spires un
mouvement de va-et-vient. Avoir soin de ne laisser ni
brique, ni aucune autre substance dans les trous de vis
et dans les encastrements. Mettre une goutte d'huile
sur les filets de vis.

10. Pièces en acier mises en couleur. — Tout
frottement dur ou prolongé ayant pour effet d'enlever
à ces pièces la couche préservatrice, l'emploi de la
brosse dure et de la brique est interdit. On ne doit se
servir que de chiffons de linge ou de morceaux de drap
exempts de poussière.

Si la pièce n'est pas rouillée, la laver au besoin avec
un linge mouillé, puis l'essuyer avec un linge sec. Si
elle est rouillée, la frotter avec un linge ou un morceau
de drap légèrement gras.

Les pièces étant nettoyées et essuyées, les passer à la
pièce grasse.

11. Pièces en bronze ou en laiton. — Ces pièces
se nettoient avec du tripoli ou de la brique anglaise et
un peu de vinaigre ou d'alcool. Frotter avec un linge
ou un morceau de drap, mais jamais avec une brosse
ou une curette. Une fois nettoyées, ces pièces ne doivent être ni graissées, ni huilées ; il suffit de les essuyer avec un morceau de linge ou de drap sec.

12. Pièces en bois. — Lorsqu'elles sont simplement humides ou souillées de poussière, les essuyer
avec un linge sec.

Si elles présentent des taches de rouille, enlever ces
dernières avec un morceau de drap imbibé d'huile.

Si, sous l'action de la pluie, le bois a pris un aspect
rugueux, le frotter avec un chiffon huilé.

§ 3. — OBSERVATIONS GÉNÉRALES.

a) Démontage et remontage.

13. Il est sévèrement interdit aux cavaliers de démonter aucune des pièces qui ne sont pas mentionnées
par les instructions sur le démontage. Ces pièces doivent être nettoyées en place.

Les officiers eux-mêmes ne doivent pas donner l'ordre de séparer ces pièces.

14. Les ustensiles d'entretien et de démontage sont
toujours entretenus en bon état ; ils ne doivent pré-

senter ni bavures, ni déformations graves, ni brèches.
Il est interdit d'employer une lame de tournevis ébré-
chée ou tordue.

45. Pour défaire ou remettre une vis, placer l'arme ou la partie d'arme à plat sur une tableau ou sur
une surface horizontale résistante. Avant de faire effort, surtout pour le démarrage ou le serrage à fond
de la vis, saisir la pièce de la main gauche dans le
voisinage de la vis, et maintenir le tournevis dans la
fente avec le pouce de cette main convenablement tournée.

Il faut, pour remettre une vis, engager à la main
les premiers filets, en tournant au besoin en sens inverse du vissage, si la pièce du filet ne se fait pas
commodément.

*Toutes les vis doivent être serrées à fond. Le plus
grand soin et la plus grande surveillance doivent être
apportés à l'observation de cette prescription, dont
l'oubli peut donner lieu à des défectuosités de fonctionnement, à des dégradations et même à des accidents.*

Pour mettre à découvert ou recouvrir la platine des
revolvers, modèle 1873 et modèle 1892, les cavaliers sont
autorisés à employer comme tournevis une pièce de
5 centimes.

46. Il est interdit de se servir de la boîte du nécessaire d'armes pour frapper sur aucune pièce en bois
ou en métal.

47. On ne doit pas se servir non plus de la lame
des tournevis pour faire levier sur des pièces métalliques, sauf pour soulever la plaque de recouvrement du
revolver modèle 1873.

b) Nettoyage et graissage.

48. Le cavalier doit, toutes les fois que cela est
possible, nettoyer son arme immédiatement après s'en
être servi. Tout retard rend le nettoyage plus long et
plus difficile à exécuter.

Le nettoyage ne doit jamais amener l'usure et, par
suite, un changement de forme ou de dimensions des
pièces.

Toutes les armes ou pièces d'armes qui n'ont pu être
dérouillées par les moyens réglementaires doivent être
portées chez l'armurier.

*L'emploi de l'émeri ou du grès pour le nettoyage de
n'importe quelle pièce d'arme est interdit.*

Les parties des pièces difficiles à atteindre doivent

être nettoyées à l'aide de curettes en bois tendre et de chiffons peu épais, et jamais avec des lames de tournevis ou autres objets métalliques. Il faut nettoyer avec soin les vis et leurs logements, les axes et les trous d'axe, de façon à enlever la rouille, la crasse et les corps étrangers qui peuvent occasionner des duretés de manœuvre.

49. Pendant le nettoyage et le graissage, on doit éviter, pour ne pas les fausser, de placer en porte-à-faux les pièces en acier, telles que les ressorts, les percuteurs des mousquetons, les baguettes, les lames et les fourreaux de sabre, et, en général, toutes les pièces un peu longues par rapport à leur épaisseur.

50. Il est absolument interdit d'employer au nettoyage des canons la baguette de graissage, séparée ou non de l'écouvillon.

Quand on ne dispose pas, pour le graissage, d'une baguette à écouvillon, on remplace le chiffon de nettoyage par un chiffon gras, avec lequel on graisse l'intérieur du canon et la chambre.

Avant de nettoyer le canon avec la ficelle, s'assurer que la surface de cette dernière est exempte de poussières adhérentes.

La substitution de fils métalliques à la ficelle, et l'emploi de la baguette en acier fixée à l'arme, sont interdits.

51. Avant le remontage de toutes les pièces présentant des parties frottantes ou pivotantes, on doit mettre une goutte d'huile sur ces parties. Il en est de même de toutes les vis et de leurs écrous.

Avant de graisser une pièce quelconque, avoir soin d'enlever la vieille graisse.

52. Toutes les pièces en acier des armes remontées doivent toujours être graissées de façon à être légèrement onctueuses, et le cavalier doit, avant de se servir de ses armes, avoir soin de les essuyer avec un linge sec.

Le graissage des armes doit être renouvelé au moins une fois par quinzaine. On ne doit jamais graisser sans avoir préalablement procédé au nettoyage.

53. Les officiers de peloton passent une fois par mois la visite détaillée des armes. Pour ces revues mensuelles, les armes complètement nettoyées, exemptes de graisse et d'huile, sont disposées sur les lits, dans l'état de démontage qui sera indiqué, pour chaque arme, au paragraphe : Nettoyage mensuel.

ARTICLE II.

CARABINE MODÈLE 1890
ET MOUSQUETON MODÈLE 1892.

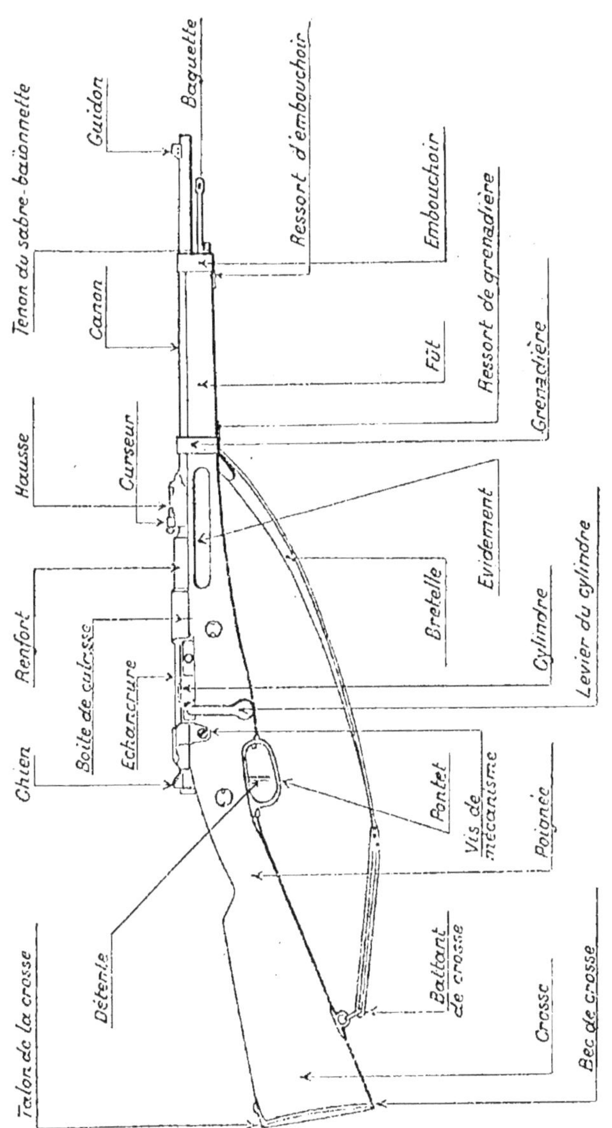

Fig. 7. Mousqueton d'artillerie M^le 1892. (Vue d'ensemble.)

(1) Le tenon du sabre-baïonnette n'existe pas dans la carabine M^le 1890.

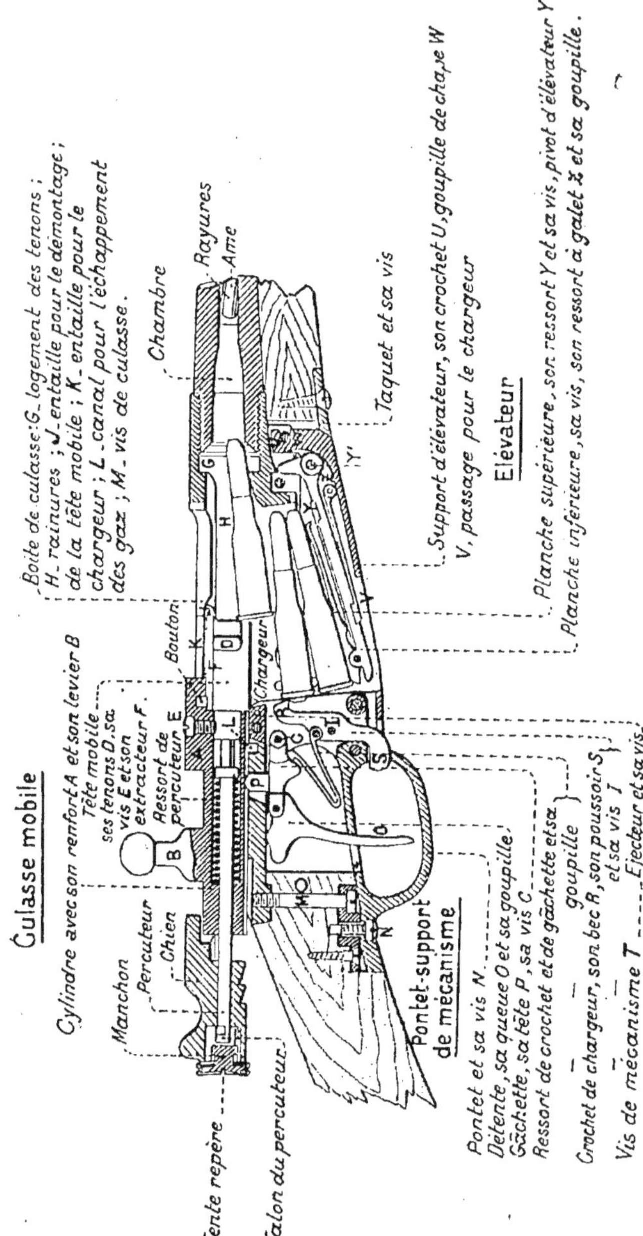

Fig. 8. — Mousqueton d'artillerie modèle 1892 et carabine modèle 1890. (Mécanisme de culasse.)

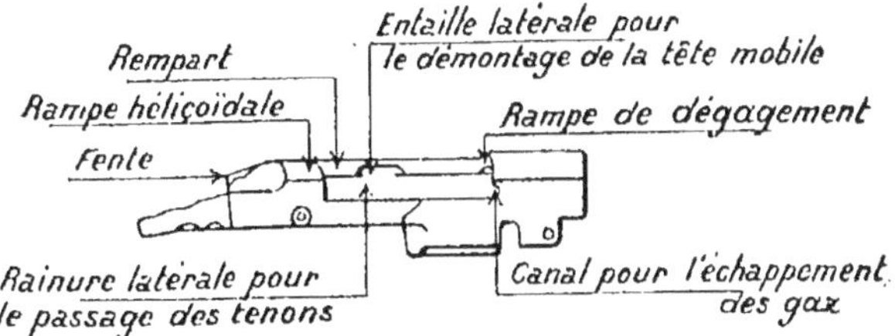

Fig. 9. — Mousqueton d'artillerie modèle 1892
et carabine modèle 1890.
(Boîte de culasse.)

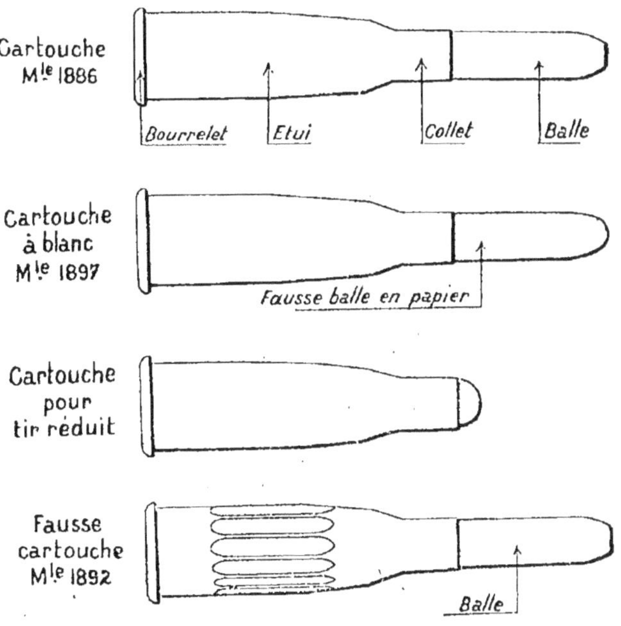

Fig. 10 (1). — Cartouches pour mousqueton modèle 1892
ou carabine modèle 1890.

(1) L'instruction sur les cartouches en service devra être, chaque
année et dans chaque compagnie, donnée par un officier à tout le personnel de troupe, d'après les indications du placard approuvé par le ministre le 10 novembre 1899.

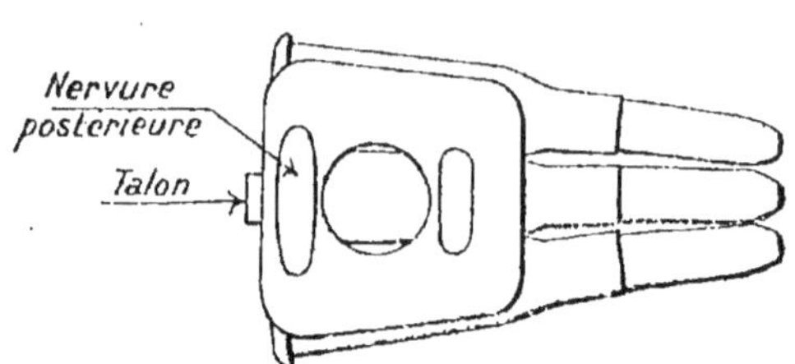

Fig. 11. — *Chargeur modèle 1890.*

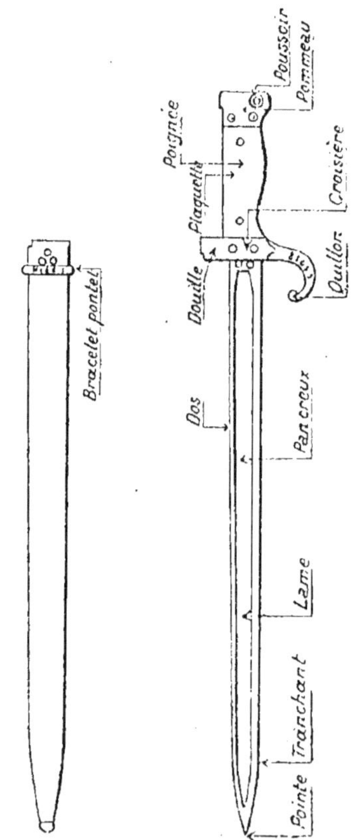

Fig. 12. — *Sabre-baïonnette du mousqueton modèle 1892.*

Renseignements.

54. 1° Carabine modèle 1890 :

Calibre de l'arme......... .... 8 millimètres.

Poids de l'ar- { non chargée. . ... 3 kil.
me. . . .... { chargée avec un chargeur. . . .. 3 kil. 095

2° Mousqueton :

Calibre de l'arme......... .... 8 millimètres.

Poids de l'arme sans sabre - baïonnette. { non chargée. . ...,... 3 kil. 100.
{ chargée avec un chargeur. . . .. 3 kil. 200.

Poids du sabre - baïonnette. { sans fourreau. . .. 0 kil. 425.
{ avec fourreau. . . .. 0 kil. 640.

3° Cartouches :

La carabine modèle 1890 et le mousqueton modèle 1892 emploient quatre sortes de cartouches.

La *cartouche à balle modèle 1886* et la *cartouche à blanc modèle 1897* de la carabine modèle 1890 et du mousqueton d'artillerie modèle 1892 sont les mêmes que celles du fusil d'infanterie modèle 1886.

Dans la cartouche à balle, la balle est formée d'un noyau de plomb durci avec enveloppe de maillechort.

Poids de la balle. . ... 15 gr. 00
Poids de poudre. . ... 2 gr. 75
Poids total de la cartouche. ...... 29 gr. 00 environ.

4° Chargeurs :

Remplissage des chargeurs d'instruction :

Introduire une première cartouche par l'avant du chargeur, le long des arrondis d'un des bords; amener le culot au contact du fond du chargeur et faire descendre la cartouche contre les arrondis de l'autre bord. Introduire successivement de la même manière les deux cartouches suivantes, en ayant soin que les bourrelets soient bien en arrière des nervures postérieures.

§.1. — DÉMONTAGE ET REMONTAGE.

A. Démontage.

55. La bretelle ayant été retirée, le démontage s'opère dans l'ordre suivant :

1° *Culasse mobile;* 2° *mécanisme;* 3° *canon.*

56. Culasse mobile. — Pour retirer la culasse mobile de la boîte, ouvrir la culasse, amener la culasse mobile en arrière jusqu'à ce que le tenon gauche de fermeture soit au milieu de l'entaille pour le démontage de la tête mobile, desserrer la vis d'assemblage du cylindre et de la tête mobile de la quantité nécessaire pour séparer ces deux pièces (la dévisser de trois ou quatre filets jusqu'à ce que la tête de la vis soit complètement visible hors de son trou); rabattre la tête mobile à droite en faisant tourner le manchon uniquement avec la main jusqu'à ce que le bouton soit dégagé de son logement dans le cylindre; faire sortir la culasse mobile de la boîte de culasse; enlever la tête mobile restée dans la boîte.

Il est interdit de dévisser la vis d'assemblage tant que la tête mobile demeure engagée à la position de fermeture dans l'avant de la boîte de culasse.

La culasse mobile étant séparée de la boîte, pour la démonter complètement, mettre le chien à l'abattu, faire tourner avec la main, sans jamais se servir de tournevis, le manchon, de manière à mettre sa fente de repère dans le prolongement de celle du chien; appuyer la pointe du percuteur sur un morceau de bois dur ou dans le trou de la tête de baguette, en maintenant le cylindre aussi verticalement que possible; faire effort sur le levier du cylindre pour comprimer le ressort du percuteur et faire sortir le manchon de son logement; dégager le manchon du T du percuteur et laisser le ressort se détendre librement; séparer le cylindre, le chien, le percuteur et le ressort du percuteur.

57. Mécanisme. — Dévisser la vis du pontet, puis la vis du mécanisme, en maintenant d'une main le pontet dans son logement, pendant que l'on retire la vis du mécanisme avec l'autre main. Saisir le pontet de la main droite et le faire pivoter vers l'avant pour dégager le crochet de support d'élévateur; séparer le mécanisme de la monture.

Pour démonter entièrement le mécanisme (1) :

1° Dévisser la vis pivot d'élévateur et l'enlever, en maintenant la tête d'élévateur en place avec le pouce de la main gauche; retirer l'élévateur;

2° Enlever la vis de gâchette et la gâchette réunie à la détente;

3° Enlever la vis de crochet de chargeur; saisir le ressort de crochet et le retirer en arrière et vers le haut, pour faire sortir le crochet de son logement.

---

(1) Le mécanisme ne doit être démonté qu'exceptionnellement, en cas de mauvais fonctionnement ou d'oxydation des parties engagées dans le corps du mécanisme, et seulement sur l'ordre d'un officier.

58. Canon. — Dévisser et enlever la baguette; dévisser la vis de culasse; enlever l'embouchoir, puis la grenadière.

En garnison, quand l'embouchoir et la grenadière ne peuvent être chassés ou remis en place commodément, on agit sur eux dans le sens convenable avec le manche du tournevis-chassoir, en appliquant l'une des encoches le long du canon.

En campagne ou aux manœuvres, on doit se servir comme chassoirs, de cales en bois, sur lesquelles on agit avec un marteau ou un objet lourd.

Séparer le canon du bois; à cet effet, renverser l'arme dans la main gauche, le canon en dessous; saisir la monture de la main droite à la poignée et donner quelques saccades jusqu'à ce que le canon soit dégagé de son logement.

B. Remontage.

59. Le remontage s'opère dans l'ordre inverse de celui qui vient d'être indiqué pour le démontage, et en tenant compte des recommandations suivantes :

60. Canon. — En remontant le canon, placer l'anneau de grenadière et le canal de baguette de l'embouchoir du côté opposé à l'échancrure de boîte de culasse.

61. Mécanisme. — En remontant la gâchette avec la détente, avoir soin d'engager d'abord la queue de celle-ci dans la fente du pontet. Pour replacer la vis d'élévateur, appuyer fortement sur la tête de la planche inférieure. Pour replacer le mécanisme : introduire l'avant du support d'élévateur de manière que le crochet antérieur vienne emboîter sa goupille dans la boîte de culasse, faire pivoter le mécanisme autour de cette goupille pour le mettre à fond dans son logement, et le maintenir pendant qu'on replace la vis de mécanisme.

62. Culasse mobile. — Assembler sur le cylindre : le percuteur, son ressort et le chien, celui-ci à la position de l'abattu; comprimer le ressort du percuteur comme pour le démontage; engager le manchon sur le T du percuteur; l'amener en face de l'entrée de son logement dans le chien, et laisser le percuteur et le ressort se détendre lentement.

Les pièces de la culasse mobile étant ainsi réunies, à l'exception de la tête mobile, et la vis d'assemblage étant placée sur le cylindre à la position de démontage (engagée de trois ou quatre filets seulement), mettre le chien au cran de l'armé et tourner le manchon de façon que sa fente de repère soit perpendiculaire à celle du chien. Placer la tête mobile dans la boîte de culasse, le bouton à droite appuyé contre le rempart; engager la culasse mobile dans sa boîte, en faisant pénétrer le percuteur dans la tête mobile; faire tourner cette dernière à gauche en tournant le manchon dans le même sens pour amener le bouton dans son logement; serrer à fond la vis d'assemblage du cylindre et de la tête mobile.

§ 2. — ENTRETIEN.

Nettoyage mensuel.

63. Faire le démontage complet, tel qu'il est prescrit au paragraphe précédent : nettoyer et graisser séparément chaque pièce en se conformant aux prescriptions contenues dans l'article 1 et complétées par les suivantes :

64. Canon. — La manière de procéder au nettoyage de l'intérieur du canon est différente suivant que l'on dispose ou non du nécessaire de chambrée.

a) NETTOYAGE A L'AIDE DU NÉCESSAIRE DE CHAMBRÉE. — Pour nettoyer l'intérieur du canon, passer dans la fente de la baguette de nettoyage une bande de toile de 0 m. 10 à 0 m. 15 de longueur et de 5 à 7 centimètres de largeur, suivant l'épaisseur de la bande. L'employer sèche ou imbibée de graisse suivant le cas.

Enlever la culasse mobile et le mécanisme. Introduire la baguette dans l'âme par la bouche du canon. Saisir la poignée de la baguette à pleine main, la tige passant entre l'index et le doigt du milieu; imprimer sans brusquerie à la baguette un mouvement de va-et-vient sur toute la longueur du canon, et la laisser en même temps tourner en suivant le sens des rayures. Avoir soin, à chaque passe, de faire sortir le chiffon hors de l'âme. Cinq ou six passes suffisent ordinairement pour nettoyer l'intérieur du canon.

L'intérieur du canon étant nettoyé, le graisser légèrement à l'aide de la baguette de graissage. A cet effet, imprégner légèrement de graisse la brosse de l'écouvillon; engager l'écouvillon dans l'âme, et faire une seule passe aller et retour.

b) NETTOYAGE A LA FICELLE. — Enlever la culasse mobile et le mécanisme; prendre un chiffon choisi comme il a été dit pour le nettoyage à la baguette, l'engager dans un nœud gansé (voir fig. 1) formé au milieu de la ficelle et l'introduire à forcement dans le canon. Le manœuvrer, en agissant alternativement sur les deux bouts de la ficelle, l'arme étant maintenue aussi immobile que possible, et en faisant sortir le chiffon entièrement du canon à chaque mouvement alternatif.

Cette opération doit, autant que possible, être exécutée par deux cavaliers qui maintiennent l'arme horizontalement. Quand le nettoyage est fait par un homme seul, celui-ci doit soutenir l'arme de la main gauche sous l'arrière du fût, pour tirer le chiffon de la bouche vers la culasse et la faire reposer sur la crosse pour le mouvement inverse. Il est formellement interdit d'attacher un des bouts de la ficelle à un support fixe, et d'exécuter le nettoyage en donnant à l'arme un mouvement de va-et-vient le long de la ficelle.

Pour le graissage, remplacer par un chiffon gras le chiffon employé pour le nettoyage.

Le canon des carabines ou des mousquetons ne doit jamais être lavé à l'eau, même après le tir réduit, qui laisse un dépôt plus adhérent que le tir de la cartouche de guerre.

65. Quand la culasse mobile est remise en place, mettre une goutte d'huile sur la rampe de la tranche postérieure de l'échancrure de la boîte et sur la rampe de dégagement, puis faire marcher plusieurs fois le mécanisme de fermeture.

66. Faire jouer le curseur de la hausse pendant le graissage de la planchette et mettre une goutte d'huile à la charnière.

Nettoyage sommaire après les exercices.

67. Une arme ne doit jamais être replacée au râtelier sans être en parfait état de nettoyage et de graissage. Si l'arme a été nettoyée à fond depuis peu, et si le temps a été beau et sans poussière pendant les exercices, on peut se contenter d'un nettoyage sommaire.

Dans ce cas, le canon n'est pas séparé du fût; la culasse mobile n'est pas retirée; on la graisse légèrement en la déplaçant, de façon à en atteindre toute la surface.

Si l'arme a été mouillée, procéder comme dans le cas du nettoyage mensuel.

En outre, si, pendant la manœuvre, on a retiré le sabre-baïonnette du fourreau, faire égoutter aussi complètement que possible l'eau qui peut avoir pénétré dans ce dernier.

Nettoyage après le tir.

68. Après le tir, procéder comme pour le nettoyage mensuel.

69. Les carabines et les mousquetons remontés et replacés dans les chambres doivent avoir la culasse mobile fermée, le chien à l'abattu, et ne doivent jamais contenir de cartouches. Il en est de même dans toutes les circonstances du service autres que le maniement des armes et le tir.

La bouche du canon ne doit jamais être obturée, ni au râtelier, ni à l'extérieur.

La culasse ne doit jamais être entourée de chiffons, ni de gaines en cuir ou tissu.

§ 3. — INSPECTION DES ARMES.

70. Toutes les fois que la troupe prend les armes, les sous-officiers doivent s'assurer qu'elles sont en bon état, et vérifier, s'il y a lieu, que les cartouches dont les hommes sont détenteurs sont bien du type approprié à l'exercice ou au genre de tir que l'on va exécuter. Avant les tirs, ils doivent vérifier soigneusement l'état du canon et des pièces du mécanisme.

L'attention des gradés qui passent l'inspection se portera particulièrement :

Sur l'*âme*, qui ne doit pas contenir de corps étrangers (1); sur la *chambre*, qui ne doit pas présenter de bavures et doit être très légèrement onctueuse, pour les exercices, et complètement essuyée, si l'on se rend au tir; sur la *vis de culasse* et la *vis inférieure du pontet*, qui doivent être serrées à fond; sur le *percuteur*, qui ne doit pas être émoussé ni présenter de bavures; enfin, sur la *planche supérieure d'élévateur* et sur les *ressorts d'élévateur* : en appuyant sur cette planche en plusieurs points, elle doit s'abaisser et se relever franchement.

Après le tir, on s'assure, en faisant ouvrir la culasse mobile et introduire la baguette, qu'aucune arme n'est chargée, et l'on examine spécialement celles qui n'ont pas fonctionné régulièrement; en règle générale, une arme signalée comme défectueuse doit être sou-

---

(1) A cet effet il faut introduire doucement la baguette dans le canon, jusqu'à ce qu'elle vienne reposer sur la cuvette de la tête mobile, puis, après avoir retiré la baguette, il faut ouvrir la culasse et mettre le chien à l'abattu pour faire sortir le percuteur.

mise à l'examen du commandant de la compagnie et
envoyée, le cas échéant, chez le chef armurier.

ARTICLE III.

REVOLVER MODÈLE 1873.

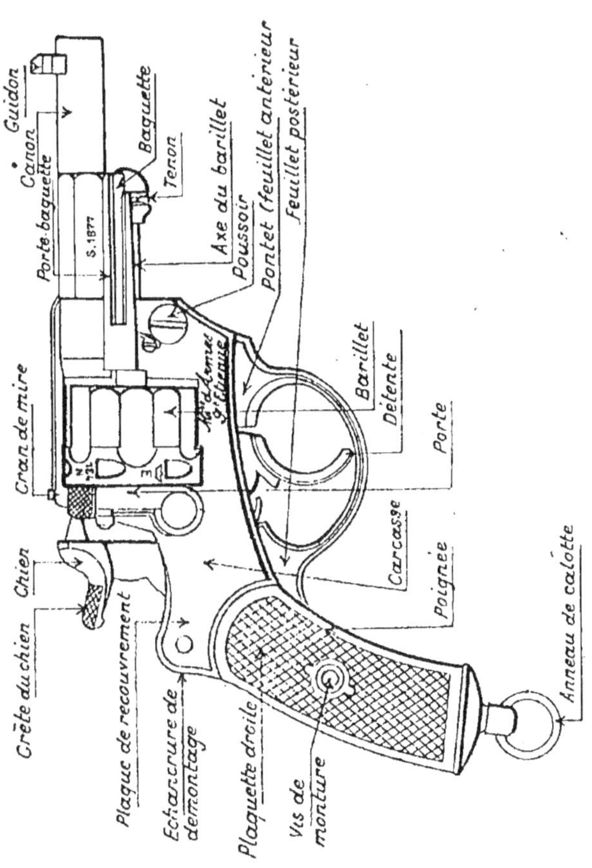

Fig. 13. — Revolver modèle 1873. (Vue de côté.)

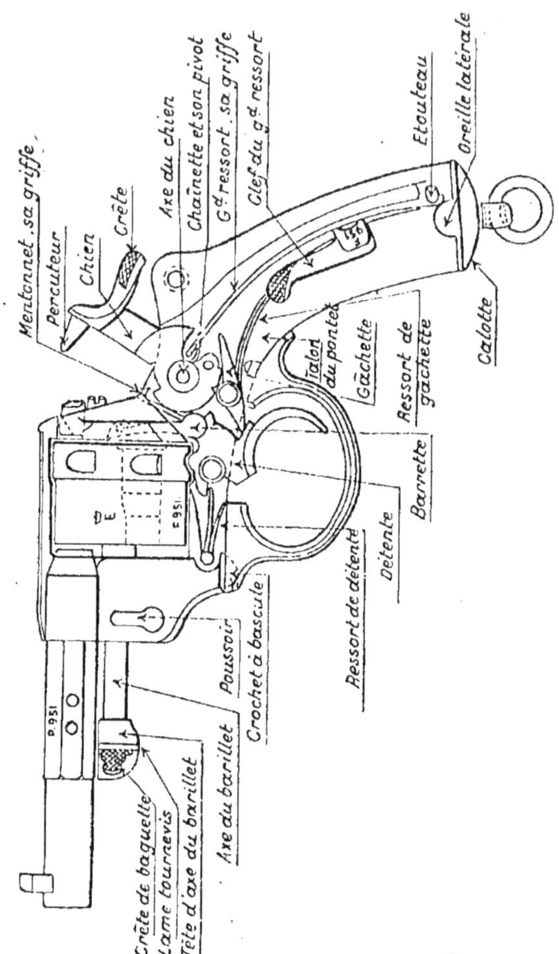

Fig. 14. — Revolver modèle 1873. (Vue du mécanisme.)

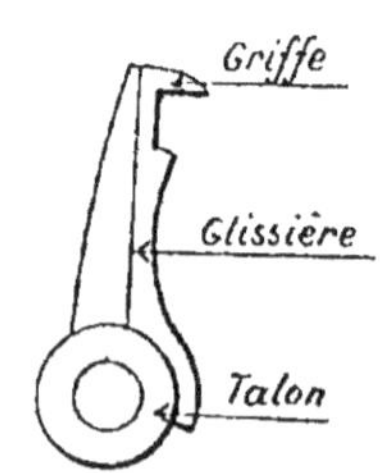

Fig. 15. — Mentonnet.

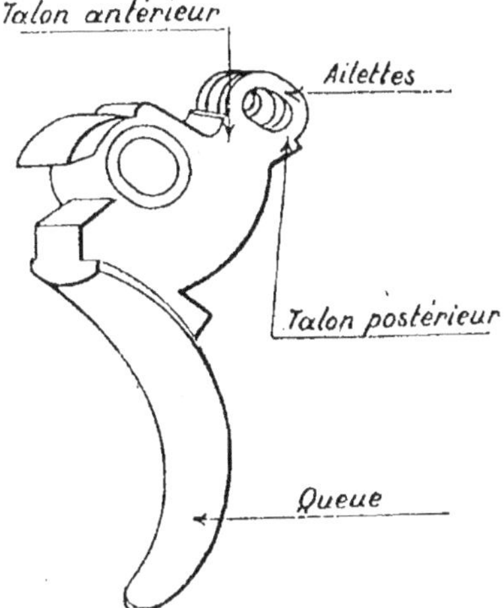

Fig. 16. — Détente.

Cartouche M^le 1873-1890.

Cartouche à blanc M^le 1890-1900.

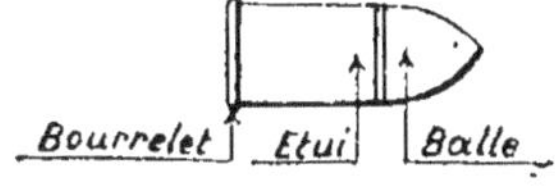

Fig. 17. — Cartouches pour revolver modèle 1873.

Renseignements.

1° Revolver :

71. Calibre de l'arme.................. 11 millimètres.

Poids de l'arme { non chargée. . ... 1 kil. 200.
chargée à 6 cartou-
ches. . . .. 1 kil. 300.

2° Cartouches :

Le revolver modèle 1873 tire deux sortes de cartouches (voir fig. 17).

Poids de la balle. .... 11 grammes.
Poids de la poudre (poudre de
chasse superfine). . . .. 0 gr. 80
Poids de la cartouche de guerre
modèle 1873-90. . . .. 16 grammes.

§ 1ᵉʳ. — DÉMONTAGE ET REMONTAGE.

72. Le démontage s'opère dans l'ordre suivant :

1° *Barillet;* 2° *plaque de recouvrement et plaquette gauche;* 3° *platine;* 4° *porte;* 5° *plaquette droite de la monture;*

De plus, mais seulement en cas de nécessité absolue et sur l'ordre d'un officier ou d'un sous-officier;

6° *Baguette, poussoir, anneau de calotte, clef de grand ressort.*

Barillet.

73. Démontage. — Placer le revolver à plat dans la main gauche, la baguette en dessus, le pouce sur le poussoir; faire effort avec le pouce de la main droite sur la crête de la baguette, la pousser en avant jusqu'à ce que le pivot d'axe du barillet soit dégagé et le rejeter à gauche, presser avec le pouce de la main gauche sur le poussoir, et appuyer en même temps avec le pouce et le premier doigt de la main droite sous la tête de l'axe du barillet pour le dégager de son canal.

Amener la face plane de la tête de baguette au-dessus et contre l'entaille de la lame-tournevis, de manière à faire rentrer complètement la vis de baguette dans son logement. Mettre le chien au cran de sûreté. Ouvrir la porte. Avec le pouce et l'index de la main gauche, soulever le barillet, l'enlever avec la main droite.

Remontage. — Engager l'axe du barillet jusqu'à ce que la griffe du poussoir tombe dans le cran postérieur. Amener la face plane de la tête de baguette au-dessus et contre l'entaille de la lame-tournevis, de manière à faire rentrer complètement la vis de baguette dans son logement. Mettre le chien au cran de sûreté. Ouvrir la porte. Laisser le barillet descendre librement dans sa cage (son canal se place de lui-même dans le prolongement de l'axe, si l'on évite de déranger le barillet avec la main gauche). Pousser l'axe à fond avec la main droite; coiffer le pivot avec la tête de baguette; fermer la porte; mettre le chien à l'abattu.

Nota. — Le simple démontage du barillet n'oblige pas à dégager l'axe entièrement; il suffit de le tirer jusqu'au cran postérieur.

Plaque de recouvrement et plaquette gauche.

74. Pour mettre la platine à découvert, dévisser la vis de plaque de recouvrement; introduire la lame du tournevis dans l'échancrure de démontage; soulever la plaque en maintenant la monture avec la main gauche; enlever la plaquette gauche.

Platine, porte et monture.

75. Démontage. — Pour retirer le grand ressort, mettre le chien à l'abattu, ouvrir doucement la clef de dedans en dehors, en appuyant sur sa crête; dégager le ressort de l'étouteau et la griffe des pivots de chaînette; enlever le ressort.

Conduire le chien au cran de l'armé; appuyer sur la détente, de manière à supprimer tout contact de la gâchette et du mentonnet avec le chien; enlever le chien et cesser d'appuyer sur la détente.

Engager le pouce de la main droite dans le pontet et presser sur le feuillet postérieur pour dégager le T de son logement.

Retirer la gâchette de son axe.

Faire tourner le ressort de gâchette autour de son pivot, pour faire sortir le tenon de son encastrement; enlever le ressort.

La détente étant ramenée en avant contre le corps de platine, tenir l'arme à plat dans la main gauche, la poignée en avant; appuyer sur la barrette, pour retirer sa tête de son logement, et amener en même temps le talon postérieur du nœud de la détente en contact avec le talon du mentonnet; il ne reste plus qu'à soulever la détente pour la retirer. Séparer la barrette et le mentonnet.

La porte étant fermée, desserrer la vis du ressort de trois tours environ, et dégager la porte de son pivot, sans presser sur le ressort.

Dévisser la vis de monture et enlever la plaquette droite, sans chercher à séparer la rosette de monture, qui peut être nettoyée en place.

Remontage. — Remettre en place la plaquette droite et, s'il y a lieu, la rosette de monture (l'oreille postérieure et son logement sont marqués chacun d'un coup de pointeau); replacer la vis de monture.

Replacer la porte sur son pivot, la fermer et resserrer la vis.

Introduire l'œil du mentonnet entre les deux ailettes de la détente, le talon du mentonnet touchant le talon postérieur du nœud de la détente; enfoncer le pivot de barrette dans les trous de la détente et du mentonnet; faire porter le ressort de la barrette contre la glissière du mentonnet, engager la détente sur son axe, la barrette en avant, et le mentonnet en arrière de l'axe du chien; ramener la queue de détente d'abord vers l'avant, ensuite vers l'arrière de l'arme, pour conduire le bec de barrette dans son logement et faire passer le mentonnet en avant de l'axe du chien.

Placer le ressort de détente, les deux branches sous la griffe de la détente.

Le pivot du ressort de gâchette étant mis en place, faire tourner le ressort pour amener le tenon au fond de son encastrement.

Engager la gâchette sur son axe, le cran en avant, la queue en arrière et contre l'axe du chien, et, lorsqu'elle rencontre l'épaulement de la carcasse, la faire tourner en comprimant son ressort, pour la descendre à fond.

Placer la queue de détente dans une direction perpendiculaire à celle du canon, la griffe du mentonnet s'appuyant sur l'axe du chien; introduire le crochet à bascule dans le logement du feuillet antérieur du pontet; presser avec la paume de la main droite sur le corps du pontet pour chasser le T dans son logement.

Saisir la poignée avec la main gauche, le premier doigt sur la détente, pousser en même temps la queue de gâchette en arrière; agir sur la détente de manière à soulever autant que possible la tête de gâchette appuyée sur le talon de départ. Engager le chien sur son axe et le conduire à l'abattu avant d'abandonner la détente.

Maintenir avec le pouce de la main gauche les pivots de chaînette en arrière, pour introduire aisément la griffe du grand ressort; pousser ensuite la chaînette en avant, en agissant sur le ressort, dont l'épaulement vient se placer contre l'étouteau.

Fermer la clef du grand ressort progressivement et sans à-coup, le pouce de la main droite sur le méplat postérieur.

Remettre en état la plaquette gauche, la plaque de recouvrement et la vis de plaque.

Baguette, poussoir, anneau de calotte, clef de grand ressort.

76. Pour ôter ou remettre la baguette, enlever la vis de baguette; à cet effet, conduire la tête de baguette jusqu'au fond de la fente du porte-baguette.

Pour enlever le poussoir, le maintenir avec l'index de la main gauche, les autres doigts embrassant la carcasse, pendant qu'on agit avec le tournevis sur le bouton du poussoir. Dans le remontage, il est essentiel de mettre le bouton bien à fond, pour ne pas diminuer l'action du ressort à boudin.

Pour enlever ou remettre l'anneau de calotte, tourner le pivot de manière que la tête de la vis-goupille soit du côté opposé à l'oreille latérale.

La clef du grand ressort se démonte en chassant sa goupille.

§ 2. — ENTRETIEN.

Nettoyage mensuel.

77. Démonter le barillet, la plaque de recouvrement et, si l'ordre en est donné par un officier, les autres pièces dont le démontage a été indiqué au paragraphe précédent.

Faire le graissage de chaque pièce, en se conformant aux prescriptions contenues dans l'article 1 et complétées par les suivantes :

Prendre une bande de linge de 0 m. 10 à 0 m. 15 de longueur et d'une largeur telle qu'elle ne force que modérément dans le canon. Monter ce chiffon sur la baguette de nettoyage ou sur la baguette en bois. Maintenir le chiffon sec ou l'imbiber d'huile, suivant le cas. Introduire par la bouche l'extrémité entourée du chiffon, imprimer à la baguette un mouvement de va-et-vient sur toute la longueur du canon et la faire en même temps tourner en suivant le sens des rayures.

78. A défaut de baguette, employer simplement un chiffon, qu'on engage dans le canon à l'aide d'une ficelle attachée à l'un de ses coins.

Nettoyer les chambres du barillet comme il vient d'être dit pour le canon.

Employer une curette en bois pour le nettoyage du canal de l'axe et des dents de la crémaillère.

Graisser l'intérieur du canon et les chambre du barillet avec la baguette à écouvillon ou avec un chiffon gras enroulé sur la baguette en bois.

Lorsque la platine est démontée, nettoyer les trous du chien, de la gâchette et de la détente avec un linge humide et les essuyer ensuite avec un linge sec.

Pour huiler l'axe de la porte, ouvrir à moitié celle-ci et la faire jouer ensuite dans les deux sens.

Nettoyage sommaire après les exercices.

79. Après les exercices, le cavalier doit essuyer soigneusement avec un linge sec, puis graisser les parties extérieures, ainsi que la cage du barillet, qu'il enlève à cet effet.

Si l'arme a été mouillée, il doit essuyer également et graisser le canon et les chambres du barillet.

Nettoyage après le tir.

80. Après le tir, le canon et le barillet doivent toujours être lavés à l'eau. A cet effet, exécuter ce qui est prescrit pour le nettoyage mensuel de ces parties de l'arme, mais en se servant d'abord d'un chiffon mouillé, de façon à enlever par lavage les résidus de la poudre. Tant que le chiffon sort sale du canon et des chambres, le rincer dans l'eau et recommencer l'opération. Remplacer le chiffon de lavage par un chiffon propre, pour l'essuyage, et terminer comme il est dit au nettoyage complet.

Quand on exécute le lavage de l'âme du canon, mettre le chien au cran de sûreté, tenir la bouche de l'arme dirigée vers le sol et éviter d'introduire de l'eau dans le porte-baguette.

81. Les revolvers remontés sont suspendus au râtelier dans les chambres par l'anneau de calotte, la bouche du canon en bas, le chien à l'abattu. Ils ne doivent jamais contenir de cartouches. Il en est de même dans toutes les circonstances du service, en dehors du maniement d'armes.

La bouche du canon ne doit jamais être obturée.

§ 3. — INSPECTION DES ARMES.

82. Toutes les fois que la troupe prend les armes, les sous-officiers doivent s'assurer que les revolvers sont en bon état; avant chaque tir, ils doivent vérifier que les armes ne contiennent ni cartouches, ni corps étrangers, et que le mécanisme de la platine fonctionne régulièrement.

A cet effet, chaque homme démonte le barillet et présente à l'instructeur le revolver placé horizontalement dans la main gauche et le barillet dans la main droite. Le barillet est ensuite remonté, et, dans un second passage, l'instructeur fait jouer le revolver plusieurs fois de suite au tir intermittent et au tir continu.

Dans le cas seulement où le fonctionnement n'est pas régulier et facile, mettre la platine à découvert et la faire jouer pour reconnaître les causes qui entravent sa marche. Mais, en général, il faut éviter de manœuvrer la platine sans que la plaque de recouvrement soit en place.

Les opérations que le cavalier peut faire, pour rendre à l'arme son jeu régulier, sont exécutées immédiatement par lui; dans le cas contraire, l'arme est portée chez le chef armurier.

ARTICLE IV.

REVOLVER MODÈLE 1892.

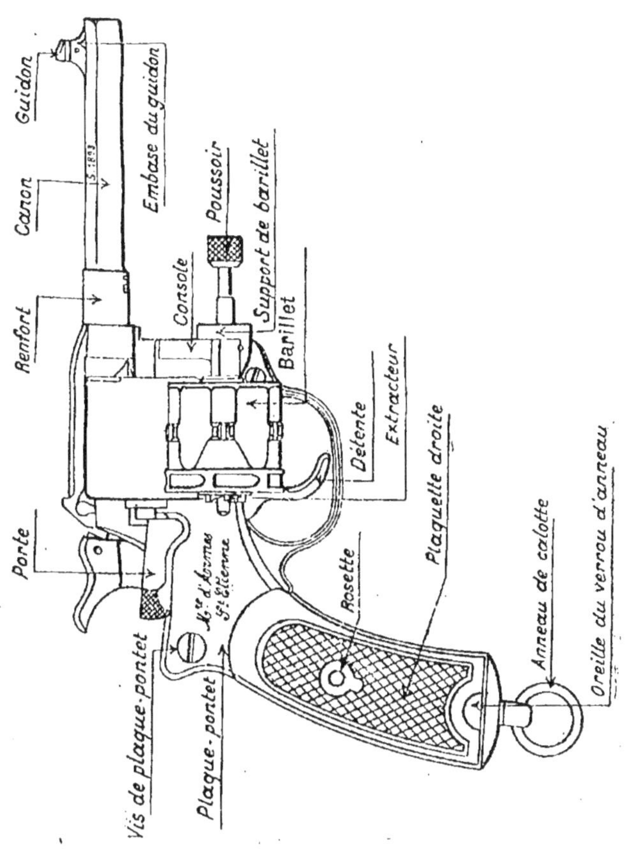

Fig. 18. Revolver M^{le} 1892.

(Vue du côté droit, le barillet rabattu.)

Fig. 19. — Cartouches pour revolver modèle 1892.

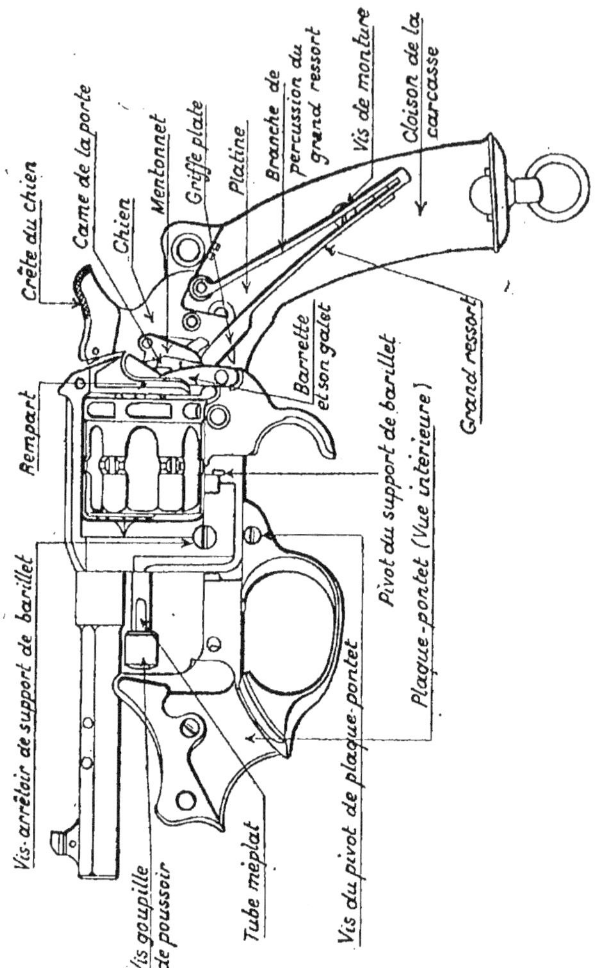

Fig. 20. — Revolver modèle 1892.
(*Vue du côté gauche, la platine à découvert.*)

Renseignements.

1° Revolver :

83. Calibre de l'arme............................ $8^{m/m}$

Poids   { non chargée. . . .. 0^k840
de l'arme { chargée à 6 cartouches.............. 0^k915

2° Cartouches :

Le revolver modèle 1892 tire deux sortes de cartouches (voir fig. 19).

Dans la cartouche à balle, la balle est formée d'un noyau de plomb durci et d'une enveloppe de cuivre.

Poids de la balle.................................... 8ᵍ
Poids de la poudre (poudre noire spéciale).. 0ᵍ75
Poids de la cartouche de guerre.................. 12ᵍ

§ 1. — DÉMONTAGE ET REMONTAGE.

84. Le démontage (1) s'opère dans l'ordre suivant : 1° *Plaquette gauche* (mise à découvert de la platine); 2° *Platine;* 3° *Support du barillet;* 4° *Extracteur* (démontage complet du barillet); 5° *Plaquette droite* et *anneau de calotte;* 6° *Plaque-pontet. Vis de plaque-pontet.*

Mise à découvert de la platine.

85. Démontage. — Dévisser la vis de plaque-pontet jusqu'à ce que la plaque soit complètement dégagée; rabattre la plaque-pontet vers le bout du canon; enlever la plaquette gauche.

Remontage. — Engager la plaquette sous l'oreille du verrou d'anneau; l'appliquer contre la cloison, rabattre la plaque-pontet vers la poignée et la maintenir appuyée contre la vis de plaque pendant qu'on visse celle-ci.

Platine.

86. Démontage. — La platine étant à découvert, *ouvrir la porte;* disposer la plaque-pontet à peu près perpendiculairement à la face gauche de l'arme, pour dégager la console; faire reposer le revolver à plat dans la main gauche, la platine en dessus, le pouce par-dessus la console, les deux premiers doigts sous le barillet, les deux derniers doigts contre l'arrière de la détente. Enlever ensuite les pièces de la platine dans l'ordre des numéros qu'elles portent, saisir le grand ressort, un peu en avant du tenon, entre le pouce et les deux premiers doigts de la main droite; le pousser à droite en le soulevant légèrement pour dégager le

---

(1) Les vis sont démontées et remontées uniquement avec le tournevis pour revolver modèle 1892 ou le tournevis mixte modèle 1898. Le biseau large sert pour la vis de plaque-pontet, le petit biseau pour les autres vis, à l'exception de la vis-poussoir, qui ne doit être démontée que par l'armurier.

Pour se servir d'un de ces tournevis, ouvrir la curette en appuyant sur l'ergot, mettre la petite lame en croix sur la grande et ramener la curette dans son logement.

tenon de son encastrement; laisser le ressort se détendre librement et l'enlever. Chasser en arrière la crête du chien, enlever le chien. Pousser la détente en avant, dégager la barrette de son logement, la séparer de la détente; enlever la détente. (On peut retirer à la fois ces deux pièces en agissant sur la queue de la détente.)

Remontage. — *La porte étant ouverte*, engager la détente sur son axe et replacer la barrette sur la détente, ou remettre les deux pièces en place à la fois, après avoir d'abord assemblé la barrette sur la détente. Engager le bec de barrette dans son passage en arrière du rempart, et ramener la queue de la détente le plus possible vers l'arrière; remettre le chien en place en pressant un peu, s'il y a lieu, sur le mentonnet pour éviter la came de la porte. Placer ensuite le revolver dans la main gauche, comme il est dit pour le démontage du grand ressort, en ayant soin de ramener vers l'avant le plus possible, avec les doigts qui les maintiennent, la détente et le chien. Saisir le grand ressort par-dessus et en avant du tenon avec la main droite, engager la griffe plate dans son logement, en l'appuyant contre le galet de barrette; comprimer la branche de percussion avec les deux premiers doigts, de manière à amener son galet au contact du chien dans l'évidement d'appui; en même temps, pousser le ressort à droite jusqu'à ce que le tenon rentre dans son encastrement. Fermer la porte.

On observera que, lorsque la porte est ouverte, le barillet restant dans sa cage, la détente fait tourner le barillet sans actionner le chien.

Support de barillet.

87. Démontage. — *La porte étant ouverte*, dévisser la vis-arrêtoir de support de barillet; retirer cette vis; rabattre un peu le barillet, en plaçant le bras du support en demi-à droite par rapport à la console. Pousser le barillet vers l'avant de deux millimètres environ, jusqu'à ce qu'on sente un arrêt; à ce moment, mettre le bras du support en croix sur la console. Saisir à pleine main le barillet et son support, pour les maintenir réunis, et achever de faire sortir le pivot de support de barillet. Enlever le ressort de support.

Remontage. — La vis-arrêtoir de support de barillet étant enlevée et *la porte ouverte*, prendre de la main droite le barillet réuni à son support, l'axe complètement enfoncé dans son canal. Engager le bout du pivot de support dans son logement, le méplat contre la partie externe de la grande branche du ressort; faire glisser le barillet en arrière le long de son axe jusqu'à l'arrêt du mouvement (1); à ce moment, faire tourner l'ensemble du barillet et de son support en engageant le barillet dans sa cage, jusqu'à ce que le bras du support se trouve en demi-à droite par rapport à la console. Le ressort étant ainsi bandé, enfoncer complètement le pivot de support de barillet, en appuyant sur le bras du support et en maintenant le barillet de la main gauche.

Si l'on éprouve quelque résistance, faire varier un peu l'angle du bras du support de la console jusqu'à ce qu'on sente le pivot céder à la pression.

Rabattre complètement le barillet dans sa cage et remettre en place la vis-arrêtoir.

Barillet et extracteur.

88. Démontage. — Dévisser et retirer la vis-goupille de poussoir; dévisser le poussoir, retirer le support de barillet, puis le tube relié au ressort d'extracteur, faire sortir par l'arrière du barillet l'extracteur goupillé sur sa tige.

Remontage. — Exécuter en ordre inverse les opérations du démontage; avoir soin d'appliquer les méplats du tube contre ceux de la tige, et d'arrêter le poussoir quand on le revisse, de façon que les trois trous de la vis-goupille se correspondent.

Plaque-pontet et sa vis.

89. Dévisser la vis-goupille du pivot et dégager la plaque-pontet. Dévisser la vis-arrêtoir de plaque-pontet et retirer cette dernière vis.

Plaquette droite et anneau de calotte.

90. Démontage. — Le grand ressort étant enlevé, dévisser la vis de monture, enlever la rosette et la plaquette. Pour retirer la rosette de son encastrement, utiliser, au besoin, la vis de monture, que l'on visse par l'extérieur.

Faire glisser le verrou d'anneau de gauche à droite, en frappant, s'il est nécessaire, à petits coups sur l'oreille gauche avec un manche en bois, jusqu'à ce que

---

(1) Dans les revolvers de première fabrication, qui ont le méplat postérieur plus long, faire glisser le barillet en arrière, le long de son axe, jusqu'à la butée de barillet, et éviter soigneusement de laisser cette butée s'engager dans une entaille du renfort.

l'épaulement du pivot corresponde au trou rond. Enlever l'anneau et achever de retirer le verrou par la droite.

Remontage. — Quand on remonte la plaquette, la maintenir contre la cloison de carcasse pendant le vissage des premiers filets dans la rosette.

91. La mise à découvert de la platine, jointe au rabattement du barillet sur le côté, est ordinairement suffisante pour l'entretien courant de l'arme, et même pour le nettoyage après le tir.

Les autres pièces ne sont démontées que sur l'ordre des officiers.

En particulier, le démontage complet du barillet, le démontage de la plaque-pontet et de sa vis, de la plaquette droite et de l'anneau de calotte, doivent être aussi rares que possible.

§ 2. — ENTRETIEN.

92. Le revolver modèle 1892 doit être nettoyé, entretenu et suspendu au râtelier, d'après les mêmes principes que le revolver modèle 1873; on remarquera toutefois que le mouvement de rabattement du barillet hors de sa cage donne de grandes facilités pour l'entretien du revolver modèle 1892.

Ainsi, après le tir, on pourra laver et nettoyer l'âme du canon et les chambres du barillet, nettoyer et graisser l'extracteur, sans faire aucun démontage. Il n'y aura lieu de démonter le barillet que s'il a été fortement encrassé et si son mouvement de rabattement ne s'exécute pas avec facilité.

De même, il n'y aura pas lieu, en général, de démonter la platine, soit après le tir, soit après les exercices. Il suffira de nettoyer les pièces en place et de mettre une goutte d'huile aux galets de barrette et de grand ressort, pour assurer le bon fonctionnement du mécanisme.

§ 3. — INSPECTION DES ARMES.

93. Procéder comme pour le revolver modèle 1873, sauf que la préparation à l'inspection du canon et du barillet se fait en exécutant la première opération du chargement : ouvrir la porte et rabattre le barillet à droite hors de sa cage.

L'homme présente le revolver placé horizontalement dans la main gauche.

ARTICLE V.
CARABINE MODÈLE 1874.

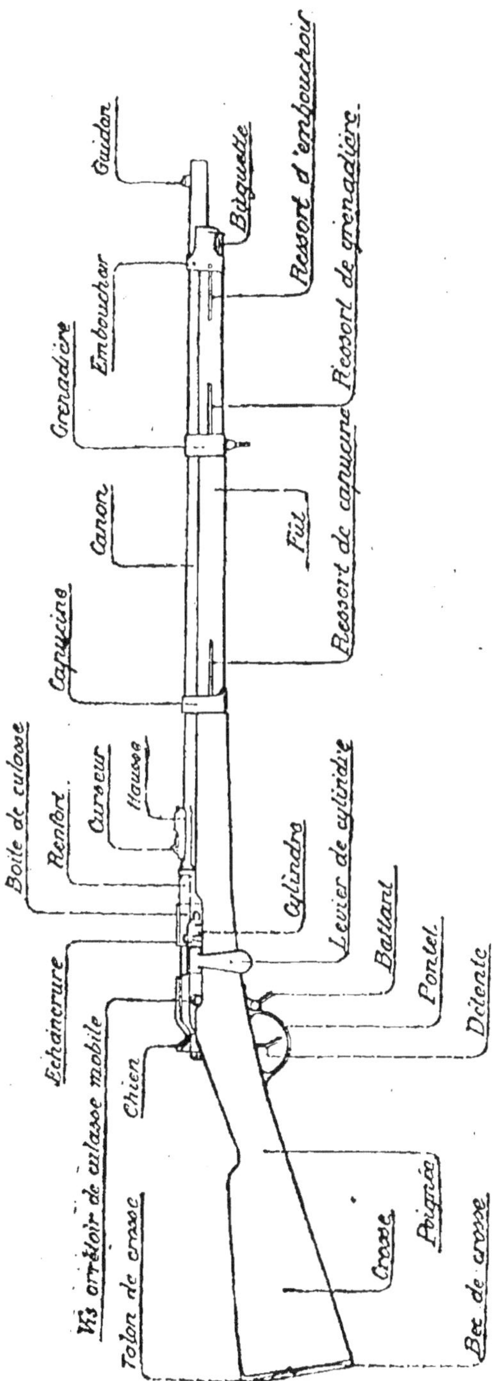

Fig. 21. — Vue d'ensemble de la carabine modèle 1874.

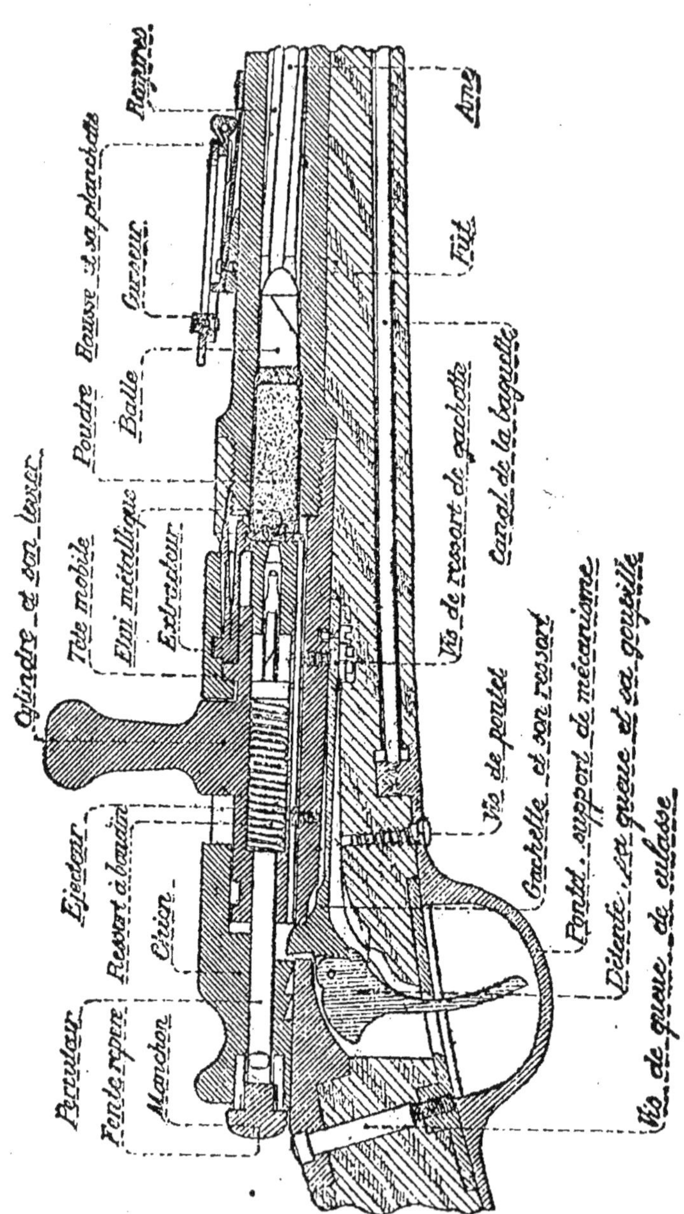

Fig. 22. — *Carabine modèle 1874. Mécanisme de culasse.*

Renseignements.

94. 1° Carabine de cavalerie, modèle 1874.

Calibre de l'arme.......................	11 millimètres.
Poids (non chargée.	3 kil. 560.
de l'arme (chargée.	3 kil. 603.

2° Carabine de gendarmerie, modèle 1874.

Calibre de l'arme.......................	11 millimètres.
Poids (sans baïonnette.	3 kil. 590.
de l'arme (avec baïonnette sans fourreau.	4 kil. 245.

3° Cartouches.

La carabine de cavalerie et la carabine de gendarmerie, modèle 1874, tirent trois modèles de cartouches : cartouches à balles, modèle 1874, modèle 1879 et modèle 1879-83.

Poids de la balle en plomb comprimé...	25 grammes.
Poids de la charge de poudre...........	5 gr. 25.
Poids total de la cartouche..............	43 grammes.

§ 1. — DÉMONTAGE ET REMONTAGE.

95. Le démontage de l'arme s'opère dans l'ordre suivant :

1° [*Sabre-baïonnette*] (1) ;

2° *Bretelle* ;

3° *Baguette* ;

4° *Vis-arrétoir* du *cylindre*, qui ne doit être desserrée que de trois filets ;

5° *Culasse mobile* ; il faut presser sur la *détente* quand on retire la culasse mobile de la *boîte* ; elle doit être retirée avec précaution de la *gâchette*, suffisamment abaissée, pour ne pas être rencontrée par la *tête mobile* ;

6° *Vis de culasse* ;

7° *Embouchoir* ;

8° *Grenadière* :

9° *Capucine* ;

---

(1) Les mots entre crochets s'appliquent à la carabine de gendarmerie.

De plus, dans les circonstances exceptionnelles et sur l'ordre d'un officier ou d'un sous-officier :

11° *Vis du ressort-gâchette ;*

12° *Ressort-gâchette, détente* (ces deux pièces ne doivent jamais être séparées) ;

13° *Deux vis de sous-garde ;* la vis postérieure est marquée d'un coup de pointeau ;

14° *Pontet ;*

15° *Pièce de détente.*

Les pièces non indiquées dans cette nomenclature ne doivent jamais être démontées par le cavalier ; elles sont nettoyées en place.

Le remontage s'opère en ordre inverse du démontage. Avoir soin de mettre à fond les vis du *ressort-gâchette.*

Ordre à suivre pour démonter la culasse mobile.

96. 1° Mettre le chien à *l'abattu ;*

2° Enlever la tête mobile ;

3° Presser avec le pouce sur la *griffe* de l'extracteur, en tirant à soi, pour faire sortir le pivot de son trou ; dégager l'extracteur. En cas de difficulté seulement, appuyer la lame du tournevis contre la griffe de l'extracteur, et presser sur le fond de l'entaille pour faire sortir le pivot de son trou ;

4° Amener la fente de repère du manchon exactement dans le prolongement de la fente de repère du chien ; maintenir l'arme verticalement, le pontet en avant, la monture serrée entre les deux jambes, le canon appuyé contre le corps ; embrasser la culasse mobile avec la main gauche, le petit doigt sur le levier ; placer la pointe du percuteur dans le trou de la tête de baguette, le levier à droite ; embrasser la main gauche avec la main droite prenant appui sur le levier ; faire effort des deux mains pour comprimer le *ressort à boudin.* Aussitôt que le manchon se trouve complètement en dehors du chien, dégager le manchon du T, laisser le ressort se détendre librement ;

5° Séparer le chien, le percuteur et le ressort.

Observations.

97. Avant de presser sur le ressort, s'assurer que les deux fentes de repère sont bien dans le prolongement l'une de l'autre.

En cas de désaccord entre les fentes de repère, tourner convenablement, en même temps que l'on comprime le ressort, le manchon avec la main droite, jusqu'à ce qu'il commence à se dégager du chien.

On peut, au lieu d'appuyer la pointe du percuteur sur la tête de baguette, l'appuyer sur un morceau de bois dur ; mais on ne doit jamais se servir d'une pierre ou de tout autre corps dur susceptible de dégrader la pointe du percuteur.

Remontage de la culasse mobile.

98. Le remontage s'opère dans un ordre inverse, en observant les recommandations suivantes :

Assembler le cylindre, le ressort à boudin, le percuteur et le chien, la tranche antérieure du chien en contact avec la tranche postérieure du cylindre.

Maintenir l'arme verticalement, le pontet en avant, la monture serrée entre les deux jambes, le canon appuyé contre le corps. Placer la pointe du percuteur dans le trou de la tête de baguette le levier à droite, la main gauche embrassant la culasse mobile, le petit doigt sur le levier ; prendre le manchon entre le pouce et l'index de la main droite ; faire effort des deux mains pour comprimer le ressort à boudin ; la main droite prenant appui sur la main gauche et le levier. Dès que le T du percuteur se trouve en dehors du chien, engager le manchon dans le T, faire tourner le manchon, pour l'amener en face de son entrée dans le chien, et laisser celui-ci remonter lentement.

Introduire l'extracteur dans le logement de la tête mobile, le pivot du côté de son trou. Tenir la tête mobile entre le pouce et les deux premiers doigts de la main droite, le second doigt appuyant sur le plan incliné de la branche supérieure de l'extracteur pour le maintenir à fond dans son logement. Enfoncer le collet de la tête mobile dans le cylindre, tourner la tête pour amener son renfort dans le prolongement du renfort du chien.

Pour replacer la culasse mobile dans la boîte : mettre le chien au cran de l'armé ; amener, si cela est nécessaire, le renfort de la tête mobile dans le prolongement de renfort du cylindre et du chien ; introduire la culasse mobile dans la boîte, en appuyant sur la détente pour faire descendre la gâchette, rabattre le levier à droite, mettre le chien à l'abattu et serrer la vis-arrêtoir.

Règles générales à observer.

99. Pour détacher le canon du bois, quand on a enlevé la vis de culasse, l'embouchoir, [la capucine] et la grenadière, il faut renverser l'arme de la main gauche, la sous-garde en dessus, la bouche du canon vers la terre, frapper avec la main droite sur la poignée jusqu'à ce que le canon soit dégagé de son logement, et le maintenir avec les doigts de la main gauche ; enlever le bois de la main droite.

Dans le démontage et le remontage des boucles, éviter avec soin les frottements qui pourraient enlever le bronzage du canon.

Le cavalier ne doit jamais frapper aucune pièce de ses armes avec la virole du manche de tournevis ou avec tout autre objet en fer, parce qu'il occasionnerait ainsi des mutilations.

Le ressort-gâchette et la sous-garde ne sont démontés que sur l'ordre d'un officier ou d'un sous-officier ; cet ordre n'est donné que lorsque le nettoyage de la gâchette ou celui du taquet-écrou est reconnu indispensable.

Il est essentiel, en replaçant le ressort-gâchette sous le canon, de bien serrer à fond les deux vis du ressort; en négligeant cette recommandation, on court le risque de diminuer la saillie de la gâchette sur le fond de la boîte de culasse et de ne plus donner un arrêt suffisant au chien.

Il est essentiel de bien serrer à fond la vis de culasse, afin d'éviter les dégradations à la monture qui pourraient se produire pendant le tir ; en général, toutes les vis doivent être serrées à fond.

Il est absolument interdit de chercher à séparer le canon de la boîte de culasse dans l'intérieur des compagnies, sous quelque prétexte que ce soit.

La *plaque de couche*, le *battant de sous-garde*, le *battant de crosse*, la *hausse*, l'*éjecteur*, les *ressorts de garnitures* doivent toujours être nettoyés en place.

Il est interdit d'ôter les vis de plaque, les vis de sous-garde, de battant de crosse, la goupille de détente, les vis et la goupille de hausse.

§ 2. — NETTOYAGE ET GRAISSAGE.

100. Canon. — Après le tir, lorsque le cavalier lave son arme, il sépare le canon de la monture ; après avoir fixé au bout fileté de la baguette le lavoir, dans lequel il passe une bande de linge de 3 centimètres environ de largeur, il plonge la bouche du canon dans de l'eau contenue dans un baquet en bois, si c'est possible, pour ne pas dégrader le canon ; il lave l'arme en enfonçant le lavoir par le tonnerre et en imprimant à la baguette un mouvement de va-et-vient; il change l'eau jusqu'à ce que tous les résidus de poudre soient enlevés. Il fait ensuite égoutter le canon, la bouche en bas; il enlève le linge mouillé, qu'il remplace par un linge sec, et il essuie l'âme jusqu'à ce qu'il ne reste plus d'humidité. Il graisse ensuite le canon intérieurement et extérieurement avec un morceau de drap imprégné de graisse ; il met une goutte d'huile à la charnière de la hausse, à la goupille de détente et à la tête de gâchette, à toutes les pièces qui éprouvent des frottements.

On prendra les précautions suivantes :

Lorsqu'on introduit le lavoir dans le canon par le tonnerre, éviter avec le plus grand soin de toucher les bords du chanfrein, et particulièrement ceux de l'aminci de l'entrée de la chambre ; en négligeant cette précaution, on occasionnerait à l'entrée de la chambre des bavures qui nuiraient à la facilité du chargement et au retrait des étuis après le tir.

Le logement de l'extracteur dans le canon et dans la boîte de culasse doit être nettoyé avec soin, afin d'assurer le fonctionnement régulier de l'extracteur.

Il faut éviter que l'eau n'atteigne la hausse, à cause de la difficulté de l'essuyer convenablement à l'intérieur ; pour nettoyer la hausse, enlever la vieille graisse avec un linge et des curettes.

Il est interdit, pour nettoyer le ressort-gâchette, d'amener, par une pression sur la détente ou par tout autre moyen, la tête de gâchette à sortir de son logement ou à venir s'appuyer sur la paroi inférieure de la boîte. On doit, pour nettoyer le ressort-gâchette, démonter les vis et séparer le ressort du canon ; cette opération ne doit être faite que rarement.

101. Culasse mobile. — La culasse mobile doit être l'objet des soins soutenus et attentifs du cavalier, et de la surveillance incessante des officiers et des sous-officiers.

Après le tir, le cavalier démonte entièrement la culasse mobile. La tête mobile et le cylindre ne sont lavés à l'eau que dans le cas où des crachements accidentels auraient rendu cette opération indispensable. Essuyer complètement ces pièces intérieurement et extérieurement avec un linge sec, jusqu'à ce qu'il ne reste plus trace d'humidité. Nettoyer les logements de la tête mobile et du cylindre avec des curettes en bois, ou, s'il est nécessaire, avec la spatule-curette ; graisser légèrement ensuite les parties extérieures et intérieures de la culasse mobile ; mettre de l'huile aux pièces qui éprouvent des frottements, notamment à la griffe et au plan incliné de la branche inférieure de l'extracteur, au canal intérieur de la tête mobile, aux rampes du cylindre et du chien, et au cran du chien.

Quand la culasse mobile est entièrement remontée, mettre une goutte d'huile à la rampe de la boîte de culasse et faire marcher le mécanisme.

Les autres procédés généraux de nettoyage indiqués à l'article 1er sont applicables à la carabine modèle 1874.

§ 3. — INSPECTION DES ARMES.

102. Les prescriptions du n° 70 sont applicables à la carabine modèle 1874.

L'attention des gradés qui passent l'inspection se portera particulièrement :

1° Sur *l'âme;* on s'assurera qu'il n'y reste ni chiffons ni corps étrangers ;

2° Sur la *chambre*, qui doit être onctueuse au toucher et ne pas présenter de bavures à l'entrée ;

3° Sur le *logement de l'extracteur* dans le canon ; il doit être parfaitement propre ;

4° Sur la *vis-arrêtoir ;* elle doit être serrée à fond ; l'extrémité de la tige ne doit pas frotter sur le fond de la *rampe latérale ;*

5° Sur la *rampe latérale du cylindre;* son point de rencontre avec la *vis-arrêtoir* ne doit être ni bavuré ni refoulé, pour ne pas gêner la *marche du cylindre* dans la *boîte de culasse ;*

6° Sur les *rampes hélicoïdales du rempart*, de la *boîte du cylindre* et *du chien;* elles doivent toujours être bien graissées, afin d'éviter les grippements nuisibles à la facilité de la manœuvre ;

7° Sur le *percuteur;* il doit avoir environ 2 millimètres de saillie hors de la *tête mobile*, quand le chien est à l'abattu ;

8° Sur la marche du *chien* et de la *gâchette*.

On armera et l'on fera partir le chien plusieurs fois de suite, afin de s'assurer que le percuteur joue librement dans son canal ; que le *ressort à boudin* ne frotte pas, soit dans son logement, soit sur le percuteur ; que la gâchette appelle franchement, et qu'il n'existe aucun frottement pouvant gêner le départ ou la manœuvre de l'arme.

ARTICLE VI.

SABRE.

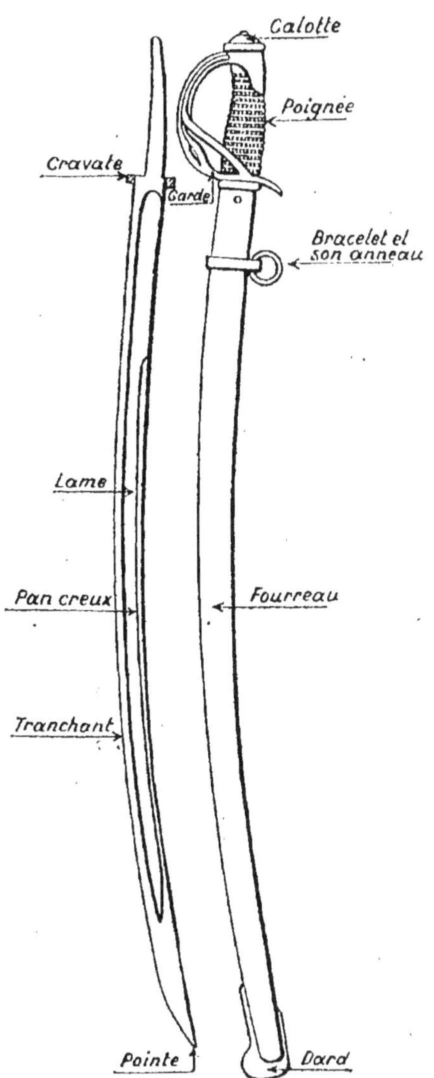

Fig. 22 bis. — Sabre de cavalerie légère.

Entretien.

103. Les pièces en acier et cuivre sont nettoyées comme il a été dit à l'article 1.

La cravate en buffle ne doit jamais être blanchie.

La basane qui recouvre la poignée du sabre doit être simplement essuyée avec un linge.

CHAPITRE II.

TIR.

ARTICLE I.

CARABINE MODÈLE 1890 ET MOUSQUETON MODÈLE 1892.

104. Les tirs avec la carabine et le mousqueton sont exécutés par les gradés et les hommes armés de l'une ou l'autre de ces deux armes.

Chaque soldat doit, en principe, tirer avec l'arme dont il est détenteur.

§ 1ᵉʳ. — TIR RÉDUIT.

105. Le tir réduit est exécuté au moyen de ces armes, conformément aux prescriptions qui suivent :

La charge et le tir de chaque arme avec la cartouche de tir réduit s'exécutent comme avec la cartouche réglementaire ; toutefois, la cartouche de tir réduit ne permet pas le tir avec chargeur.

Si, pendant le tir, une balle reste dans le canon, on l'enlève avec la baguette et, avant de reprendre le tir, on passe dans l'âme un chiffon gras. Après le tir, on nettoie les armes en se conformant aux prescriptions réglementaires.

Il est alloué annuellement :

36 cartouches de tir réduit à chaque homme de l'armée active;

12 cartouches de tir réduit à chaque homme de la réserve de l'armée active ou de l'armée territoriale, ayant ce même armement et convoqué pour une période d'instruction.

106. Les tirs doivent être exécutés, conformément

au tableau ci-après, sur des visuels carrés de 18 centimètres de côté, présentant deux cercles de 6 et de 10
centimètres de diamètre. Ces visuels sont collés sur les
cibles de 2 mètres servant aux tirs d'instruction. Les
cibles sont disposées conformément aux prescriptions
de l'Instruction sur l'organisation du tir réduit pour
armes de 8 millimètres du 18 février 1902.

N° du TIR.	DIS- TANCE.	POINT A VISER.	OBSERVATIONS.
1	15	Bas du cercle de 10°.	Ligne de mire de 200 mètres : 6 cartouches à chaque tir.
2	15	Bas du cercle de 10°.	
3	15	Bas du cercle de 10°.	
4	30	Centre de la cible.	N. B. — Le tir réduit doit tou- jours être exécuté avant le tir à la cible.
5	30	Centre de la cible.	
6	15	Bas du cercle de 10°.	

Les hommes de la réserve et de l'armée territoriale
exécutent les 1er et 4° tirs.

107. On marque une unité quand l'homme a mis
une balle dans le cercle de 10 centimètres à 15 mètres,
ou dans le carré de 18 centimètres à 30 mètres.

Le résultat de chaque séance est inscrit et conservé
jusqu'au moment de l'exécution des tirs à la cible ;
mais il n'est tenu aucune comptabilité du tir réduit.

§ 2. — TIR A LA CIBLE.

108. Le nombre des cartouches allouées pour le
tir à la cible est fixé chaque année par le Ministre de
la guerre.

Les exercices de tir s'exécutent conformément aux
indications du tableau suivant :

Le chargement est toujours exécuté avec des chargeurs (1).

N° du TIR.	DIS- TANCE.	GENRE DE TIR.	NOMBRE de car- touches.	OBSERVATIONS.
1	100ᵐ.	Tirs préparatoires sur appui à bras francs.	3	On ne doit jamais tirer plus de 12 balles dans la même séance.
2	100ᵐ.		3	
3	200ᵐ.		6	Le 6° tir ne sera pas exécuté si l'allocation n'est pas supérieure à 24.
4	200ᵐ.	Tirs d'instruction....	6	
5	200ᵐ.		6	
6	200ᵐ.		6	

(1) Si on ne dispose que de cartouches libres en paquets, on emploiera
les chargeurs d'instruction.

109. Les tirs sont exécutés sur des cibles de 2 mètres de côté, à cadre en bois, sur lesquelles on trace deux axes, l'un horizontal et l'autre vertical, de 5 centimètres de largeur, se coupant au centre de la cible.

Pour le tir à 100 mètres, on trace au centre de la cible deux circonférences ayant respectivement 25 et 50 centimètres de diamètre. Le cercle de 25 centimètres est complètement noirci (1).

Pour le tir à 200 mètres, on trace deux circonférences, l'une de 50 centimètres, l'autre de 1 mètre de diamètre.

110. Le tir à la cible est individuel ; il s'exécute par compagnie, sous la direction des capitaines commandants.

Une demi-heure avant la séance, la retraite est sonnée sur le terrain, un pavillon rouge est hissé au sommet de la butte, les cibles sont mises en place.

Deux marqueurs sont affectés à chaque cible, savoir : un porte-fanion et un tamponneur. Un sous-officier est chargé de la surveillance des marqueurs dans la tranchée.

Tous les hommes qui sont dans la tranchée sont munis d'une paire de lunettes de cantonnier.

Avant de faire commencer le feu, le capitaine fait sonner la *retraite ;* à ce signal, les marqueurs rentrent dans la tranchée, les porte-fanions lèvent leurs fanions pour montrer qu'ils se tiennent prêts.

Quand tous les fanions sont en vue, le capitaine fait sonner un *demi-appel,* puis *exécution ;* les fanions sont immédiatement abaissés.

La compagnie est fractionnée suivant son effectif et le nombre des cibles qui lui sont affectées. Un gradé est préposé à la surveillance du tir de chaque fraction. La fraction qui doit tirer demeure, l'arme au pied, en arrière de l'emplacement réservé au tireur. Les fractions qui attendent leur tour sont maintenues plus en arrière et forment les faisceaux.

A l'avertissement du chef de fraction, le cavalier désigné se dirige vers l'emplacement réservé au tireur, charge son arme, et tire de suite ses balles dans la même position, en s'attachant à constater le résultat de son tir après chacun de ses coups ; il se retire après avoir ouvert la culasse et s'être assuré qu'il ne reste pas de cartouches dans la chambre; puis il va s'établir, l'arme au pied, en arrière de la fraction à laquelle il appartient.

Le sous-officier chef de fraction est placé près du tireur pour rectifier avec calme les irrégularités de sa position, pour prévenir toute maladresse de sa part et inscrire le résultat de son tir.

---

(1) Viser au bas du cercle pour la distance de 100 mètres.

Dès qu'une balle arrive dans la cible, le fanion se lève. Le porte-fanion l'agite de droite à gauche et de gauche à droite, lorsque la balle a frappé dans le cercle intérieur. Si la balle a touché dans le cercle extérieur, le fanion est agité de haut en bas et de bas en haut. Enfin, le fanion est levé, mais maintenu immobile, si la balle a frappé la cible en dehors de la surface à atteindre.

Les trous de balle sont bouchés immédiatement et indiqués à l'aide du tampon; tant que dure cette opération, le signal fait par le porte-fanion doit continuer. Le tampon ne doit donc jamais être sorti de la tranchée sans être accompagné du fanion.

Les marqueurs reconnaissent les balles mises par ricochet à la forme irrégulière et allongée des empreintes qu'elles produisent dans la cible, et ne les signalent pas. Ces empreintes ne sont bouchées qu'à la fin de la séance de tir.

Les cartouches qui ont donné lieu à des ratés, même après plusieurs percussions, sont remplacées.

Si, pendant la durée du tir, un accident ou toute autre cause oblige les marqueurs à demander la suspension du feu, le chef des marqueurs fait lever les fanions. A ce signal, le capitaine fait sonner :

CESSEZ LE FEU (1),

le feu cesse et les armes sont déchargées. Le capitaine fait sonner ensuite un second demi-appel ; à cette sonnerie seulement, les marqueurs peuvent sortir de la tranchée.

Les fanions rouges ne sont abaissés que lorsque l'incident qui arrêtait le tir a pris fin, ou que le capitaine a fait sonner successivement : la *retraite*, puis : un *demi-appel* et *exécution*.

Afin d'éviter toute confusion pouvant amener des accidents, les sonneries dont il vient d'être parlé sont seules permises pendant le tir. On s'abstiendra également de toute sonnerie aux abords du champ de tir, soit à l'arrivée, soit au départ.

§ 3. — CLASSEMENT DES TIREURS.

111 Les tirs préparatoires ont pour but de confirmer les recrues dans l'exactitude du pointage, de les habituer à la détonation et au recul, et de donner à chaque homme une idée des déviations particulières à son arme.

Ces tirs ne sont ni comptés pour le classement des tireurs, ni mentionnés sur les livrets.

A la fin des tirs d'instruction, dans chaque compa-

_____

(1) Un demi-appel.

gnie, les sous-officiers, brigadiers et cavaliers sont répartis en trois classes de tireurs.

On prend pour base de ce classement les règles suivantes :

1° On marque deux points pour toute balle ayant atteint la zone intérieure de chaque cible ;

2° Un point pour toute balle ayant touché dans la zone extérieure ;

3° Zéro pour toute balle ayant frappé la cible en dehors des cercles.

La balle ayant touché le trait de séparation de deux zones est considérée comme étant dans la zone intérieure.

Les balles mises par ricochet sont notées zéro.

La première classe se compose des tireurs qui ont obtenu un nombre de points égal ou supérieur au nombre des cartouches allouées à chacun d'eux pour les tirs d'instruction.

La deuxième classe se compose des tireurs qui ont obtenu un nombre de points égal ou supérieur à la moitié du nombre de cartouches allouées à chacun d'eux pour les tirs d'instruction, et qui ne sont pas compris dans la première catégorie.

La troisième classe se compose des tireurs qui ont obtenu un nombre de points inférieur à la moitié du nombre de cartouches allouées à chacun d'eux pour les tirs d'instruction.

Les tireurs qui ont tiré la moitié de leurs cartouches sont classés, d'après le nombre de points obtenus, comme s'ils avaient fait tous les tirs. Ceux qui n'ont pas tiré la moitié de leurs cartouches ne sont pas classés.

§ 4. — MIROIR DE POINTAGE (1).
POUR CARABINE MODÈLE 1890
OU MOUSQUETON MODÈLE 1892.

112. Pour disposer le miroir de pointage sur l'arme, on fait glisser de l'avant vers l'arrière les deux

---

(1) L'emploi du miroir de pointage permet de proscrire d'une façon absolue le procédé qui consiste, au cours des exercices préparatoires de tir, à viser dans l'œil de l'instructeur pour permettre à celui-ci de reconnaître si le cavalier pointe correctement.

branches du ressort à fourche (voir fig. 23), le long des faces latérales du pied de hausse, jusqu'à ce que le coude du ressort vienne buter contre l'arrière du pied.

L'emploi de cet appareil permet de contrôler le pointage dans les exercices préparatoires. Le cavalier prend la position prescrite pour pointer et diriger la ligne de mire sur le but; l'instructeur, placé sur le flanc gauche du pointeur, face à la carabine ou au mousqueton, cherche dans le miroir les images réfléchies du cran de mire, du guidon et du but, suit des yeux les mouvements imprimés à la ligne de mire par le cavalier, et constate si ce dernier la dirige correctement sur le but et l'y maintient au moment du départ du coup.

Miroir monté sur la carabine ou le mousqueton.

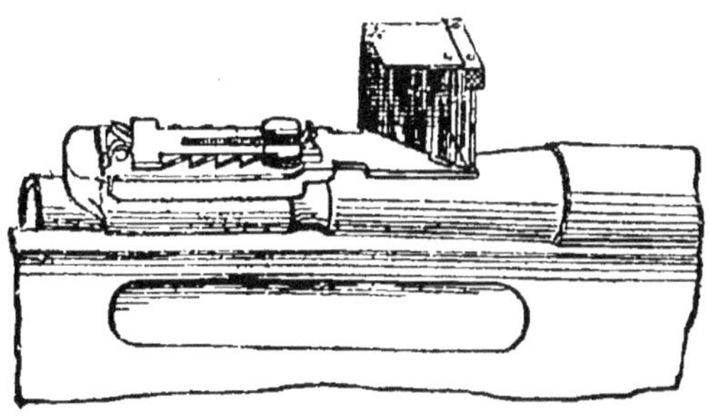

Miroir vu en perspective.

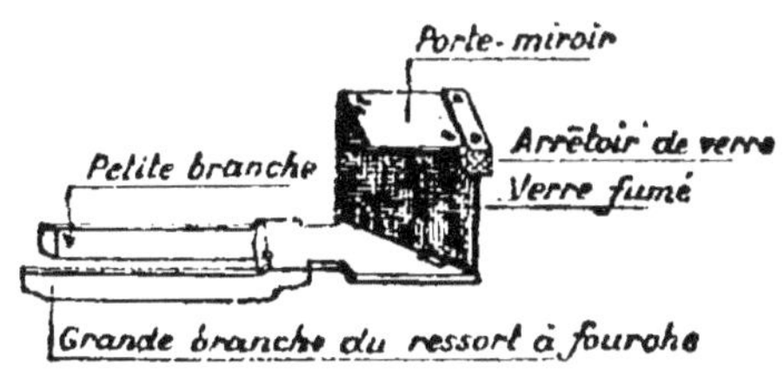

Fig. 23. — Miroir de pointage pour carabine modèle 1890 ou mousqueton modèle 1892.

Il y a lieu de remarquer que la position relative des objets vus dans le miroir est inversée dans le sens latéral, c'est-à-dire que, si le cavalier pointe bas et à gauche, l'instructeur apercevra bas et à droite le point où aboutit la ligne de mire.

ARTICLE II.

ARMEMENT MODÈLE 1874.

CARABINE.

---

§ 1. — TIR RÉDUIT.

113. Il est alloué annuellement : 48 cartouches de tir réduit aux hommes de l'armée active armés de la carabine, et 12 cartouches de tir réduit aux hommes de la réserve de l'armée active et de l'armée territoriale armés de la carabine.

Les tirs doivent être exécutés conformément au tableau ci-après :

N° du TIR.	DIS-TANCE	LIGNE de MIRE.	POINT A VISER	NATURE DU TIR.	NOMBRE de car-touches	OBSERVA-TIONS·
1	15	200	Bas du cercle de 10 cent.	Debout.	6	Le tir réduit doit toujours être exécuté avant le tir à la cible.
2	15	200	Idem.	Idem.	6	
3	15	200	Idem.	Idem.	6	
4	30	300	Bas du cercle de 25 cent.	Idem.	6	
5	45	400	Idem.	Idem.	6	
6	15	200	Bas du cercle de 10 cent.	Idem.	6	
7	30	300	Bas du cercle de 25 cent.	Idem.	6	
8	45	400	Idem.	Idem.	6	

114. Les hommes de la réserve et de l'armée territoriale exécutent les 1er et 3e tirs.

On marque une unité lorsque l'homme a mis une balle dans le cercle de 10 centimètres de diamètre à 15 mètres, dans le cercle de 25 centimètres à 30 mètres, et dans le cercle de 50 centimètres à 45 mètres.

Le résultat de chaque séance est inscrit et conservé jusqu'au moment de l'exécution des tirs à la cible; mais il n'est tenu aucune comptabilité du tir réduit.

§ 2. — TIR A LA CIBLE.

115. Les mesures prescrites pour la carabine modèle 1890 ou le mousqueton modèle 1892 sont applicables au tir à la cible avec l'armement modèle 1874.

ARTICLE III.

REVOLVER.

§ 1. — TIR A LA CIBLE.

116. Les tirs avec le revolver sont exécutés par les gradés et les hommes armés du revolver.

Le nombre des cartouches allouées pour le tir à la cible est fixé chaque année par le Ministre de la guerre.

Les tirs sont exécutés à 20 mètres. On ne doit jamais tirer plus de 12 balles dans la même séance.

On emploie des cibles de 2 mètres de côté, au centre desquelles on trace un cercle noir plein de 5 centimètres de diamètre et deux circonférences ayant respectivement 25 et 40 centimètres de diamètre.

117. Les observations relativs à la pratique du tir avec la carabine ou le mousqueton sont applicables au tir avec le revolver.

Le tireur de chaque fraction se porte à l'emplacement réservé pour le tir et prend la position de *haut le revolver*. Lorsque tous les tireurs sont en place, l'officier qui dirige le tir commande :

COMMENCEZ LE FEU.

A ce commandement, chaque tireur exécute son tir conformément à ce qui est prescrit par le règlement (première partie). Quand il croit avoir tiré ses six coups, il fait un tir continu de six coups, en continuant à viser la cible et en comptant à haute voix : 1, 2, 3, 4, 5, 6, et prend la position de *haut le revolver*. Puis, en conservant l'arme dans cette position, il se rend à l'emplacement qui a été désigné pour décharger les armes, et décharge son revolver sous la surveillance d'un gradé.

Dès que tous les tireurs d'une même série ont terminé leur tir, l'officier qui dirige le tir commande :

CESSEZ LE FEU ;

les marqueurs se portent aux cibles, constatent et annoncent à haute voix les résultats obtenus, bouchent rapidement les trous et reviennent en arrière des fractions qui doivent tirer.

On recommence la même opération pour chaque série de tireurs.

§ 2. — CLASSEMENT DES TIREURS.

118. A la fin des exercices, les tireurs sont répartis en trois classes, conformément aux principes admis pour le tir avec la carabine ou le mousqueton, sauf que le nombre de points (balles mises) afférents à chaque classe, est réduit de moitié.

ARTICLE IV.

INSCRIPTIONS RELATIVES AU TIR.

119. Pour chaque séance de tir et pour chaque distance, le commandant de compagnie fait préparer autant de situations qu'il y a de cibles affectées à la compagnie ; ces situations sont conformes au modèle A. On y inscrit les noms de tous les hommes comptant à l'effectif de chaque fraction, mais on barre les noms de ceux qui, pour un motif quelconque, ne peuvent assister au tir, et l'on indique en regard, dans la colonne *Résultats*, la cause de l'absence.

Les résultats obtenus sont inscrits sur les livrets individuels.

MODÈLE A.
—

FORMAT :
1/4 de feuille
de
papier écolier.

ESCADRON
DU TRAIN.
—

COMPAGNIE.

Tir *individuel à* 200 *mètres, le*   190   .

Tireurs :   . — Indisponibles :

NOMS.	GRADES.	RÉSULTATS EN POINTS.						TOTAUX DES POINTS.
		1	2	3	4	5	6	

En outre, il est tenu dans chaque compagnie un registre modèle B, sur lequel on inscrit les résultats du tir.

MODÈLE B.

FORMAT
du registre
de
comptabilité.

REGISTRE DE COMPAGNIE.

CONTROLE pour l'inscription des tirs individuels.

Carabine ou *Mousqueton* — Distance 200 mètres. — Position debout.

NOMS.	GRADES	NOMBRE DE BALLES MISES et de points.								TOTAUX des		CLASSEMENT.
		1er tir.		2e tir.		3e tir.		4e tir.				
		Balles.	Points.	Balles.	Points.	Balles.	Points.	Balles.	Points.	Balles.	Points.	

Des situations et des tableaux analogues sont établis pour le tir au revolver.

TITRE III.

INSTRUCTION A CHEVAL.

CHAPITRE I.

PRINCIPES GÉNÉRAUX.

---

120. Le présent chapitre constitue le corps de doctrine destiné à servir de base à l'instruction à cheval; il contient l'exposé de la méthode d'équitation réglementaire, dont il doit être fait application aux exercices de l'instruction élémentaire et de l'instruction spéciale.

ARTICLE I.

DE LA POSITION A CHEVAL.

121. Dans la position décrite à la première partie (n° 188), les parties du corps représentées par le buste et les jambes sont mobiles et doivent agir à la volonté du cavalier, soit comme aide, soit comme moyen d'adoucir les réactions ou de combattre les défenses du cheval.

La cuisse doit, au contraire, rester immobile et adhérente à la selle, toutes les fois que les réactions n'obligent pas le cavalier à céder à l'impulsion qu'il reçoit; mais, dans ce cas même, le genou doit se fixer, comme un pivot autour duquel les parties voisines peuvent se mouvoir.

Si le cavalier a les *fesses trop en arrière,* il ne peut se lier aux mouvements du cheval, il est exposé à se blesser sur le troussequin et à porter le haut du corps en avant; on combat ce défaut en recommandant au cavalier de *chasser les fesses en avant,* de *chercher le fond de la selle* et d'exécuter fréquemment le mouvement d'élévation des cuisses.

Les *cuisses doivent être tournées sur leur plat,* afin que leur forme soit mise en rapport avec la convexité du corps du cheval. Si les cuisses sont tournées trop en dehors, l'éperon, peut agir sans la volonté du cavalier, le genou est ouvert, l'adhérence de la cuisse est diminuée. On fait disparaître ce défaut de position au moyen de la rotation des cuisses.

Si la cuisse est trop rapprochée de l'horizontale, on dit que la cavalier est *raccroché;* les genoux remontent facilement et la puissance d'enveloppe du cavalier est diminuée. Ce défaut est fréquent chez les commençants ; on y remédie par un exercice prolongé sans étriers et par la rotation des cuisses.

Si la cuisse est trop rapprochée de la verticale, on dit que le cavalier est *sur l'enfourchure.* Le cavalier ainsi placé a souvent de la puissance, mais peu d'aisance; il a moins de facilité pour se lier aux mouvements du cheval; on remédie à ce défaut par l'élévation des cuisses.

En résumé, le cavalier doit être assis, tout en ayant la cuisse descendue.

Si le cavalier prend un *trop grand appui sur les étriers,* cet appui dérange son assiette ainsi que la position des jambes et nuit à la facilité de leur action.

Si le cavalier ne chausse pas les étriers jusqu'au tiers, il risque de les perdre, et s'il les chausse trop, les jambes ne tombent plus naturellement.

Si le pied ne présente pas légèrement la semelle en dehors, le genou peut être écarté de la selle.

Le talon doit être plus bas que la pointe du pied, afin que le pied puisse conserver l'étrier sans effort et sans raideur, que le jeu de son articulation avec la jambe reste libre, et que le cavalier ne risque pas d'employer l'éperon mal à propos.

122. Quand le cavalier monte sans étriers, la pointe des pieds doit tomber naturellement, afin de ne pas amener de raideur dans les jambes.

123. La position indiquée doit être recherchée toutes les fois que le cheval est de pied ferme; mais elle est susceptible d'être modifiée dans différents cas, soit d'une manière intermittente, soit d'une manière continue.

Ainsi, le cavalier modifie cette position d'une manière intermittente lorsque les réactions naturelles du cheval, se produisant à intervalles égaux, l'obligent à céder à chaque réaction pour reprendre aussitôt après sa position normale. Exemple : le cavalier étant au trot est projeté à chaque battue diagonale; le cavalier étant au galop est légèrement chassé sur le côté à chaque temps; mais, dans l'un et l'autre cas, il reprend sa position dans l'intervalle de chaque battue ou de chaque temps.

Le cavalier modifie sa position d'une manière continue lorsqu'il veut disposer de son poids pour charger soit l'avant-main, soit l'arrière-main, et produire tel ou tel effet; il la modifie accidentellement en portant le corps soit en arrière, soit en avant, pour résister aux défenses d'un cheval qui rue ou se cabre.

Le buste doit suivre avec souplesse le mouvement du cheval, de manière à rester bien d'aplomb par rapport au cheval; dans la marche circulaire, le cavalier doit s'attacher à conserver le même degré d'inclinaison que son cheval, sans laisser en arrière le côté du corps qui se trouve en dehors du cercle.

Dans certains exercices (tels que le trot enlevé) et dans l'emploi des armes, le cavalier, par exception aux principes ci-dessus, sent l'appui sur les étriers et les chausse plus ou moins complètement; il doit encore les chausser pour tous les sauts et passages d'obstacles.

ARTICLE II.

DES ALLURES.

124. Les allures réglementaires sont susceptibles d'être allongées ou ralenties, à un degré variable avec l'habileté du cavalier et la qualité du cheval.

Les allures sont franches quand les battues des membres s'effectuent avec régularité et que le cheval est droit, c'est-à-dire lorsqu'il a la tête, l'encolure et le corps placés dans la direction de la marche.

L'égalité et la régularité de l'allure garantissent le bon ordre dans les mouvements en troupe et conduisent à ménager le cheval.

Les variations d'allure doivent se faire progressivement, quel que soit le degré d'énergie apporté dans l'emploi des jambes et la brièveté de la transition.

A l'arrêt, le cheval doit être droit et poser, en outre, d'aplomb sur ses quatre membres.

125. Du pas. — Le pas est une allure lente que le cheval peut soutenir très longtemps. Les pieds se lèvent successivement et posent dans l'ordre de leur lever. Ainsi, par exemple, si le pied droit de devant entame l'allure, les autres pieds se lèvent dans l'ordre suivant : gauche de derrière, gauche de devant, droit de derrière; ils se posent dans le même ordre et de telle manière qu'il y en a toujours deux levés et deux à l'appui.

126. Du trot. — Le trot régulier est une allure dans laquelle le cheval fait entendre des battues également espacées et exécutées successivement par chaque bipède diagonal.

Le cheval peut soutenir le trot plus longtemps que

le galop; c'est l'allure la plus propre aux parcours rapides et étendus.

127. Du trot assis. — Le cavalier est au trot assis lorsqu'il essaye de conserver son assiette sans éviter aucune des réactions provenant de la succession des battues.

Le corps, projeté verticalement par une première battue, reçoit, au moment où il retombe, la réaction d'une nouvelle battue; ces chocs, se reproduisant à intervalles égaux, communiquent au cavalier un mouvement alternatif d'élévation et d'abaissement.

Le cavalier doit s'efforcer de réparer les écarts qu'il éprouve, beaucoup moins par la force que par l'équilibre; il s'attache à adoucir les réactions au moyen de la souplesse du rein, et épargne au cheval les saccades de rênes en maintenant les poignets fixes.

128. Du trot enlevé. — Le cheval marchant au trot, le cavalier, pour prendre le trot *enlevé*, commence par incliner légèrement le corps en avant, de manière à céder plus facilement à la réaction qui doit lui faire quitter le fond de la selle; puis, prenant un léger appui sur les étriers, tout en conservant l'adhérence des genoux et des jambes légèrement portées en arrière, il maintient son assiette isolée de la selle pendant que la réaction suivante se produit; il continue dans cet ordre, en évitant toujours une réaction sur deux.

La bonne exécution exige : que l'assiette s'éloigne le moins possible; que le contact de la selle se reprenne moelleusement, sans choc; que l'appui sur les étriers soit léger, et que le talon soit maintenu plus bas que la pointe du pied.

Si le cavalier a les étriers trop chaussés, l'articulation du pied n'a pas l'élasticité suffisante pour se lier en mesure aux mouvements du cheval.

Si le cavalier enlève trop l'assiette, les mouvements sont disgracieux, et le cavalier se fatigue sans profit pour le cheval.

Si le cavalier n'enlève pas assez l'assiette, il retombe en selle avant que la réaction à laquelle il doit échapper soit terminée, et perd la cadence du trot.

Le trot enlevé doit être le seul employé en dehors des exercices de manège.

129. On dit que le cavalier trotte sur le bipède diagonal droit (gauche), au trot enlevé, lorsque son corps retombe sur la selle au moment de la battue du bipède diagonal droit (gauche).

Le cavalier reconnaît qu'il trotte sur un bipède diagonal déterminé, par le déplacement plus marqué du genou et du corps du côté du membre antérieur de ce bipède.

Le cavalier change de bipède en évitant de céder à la réaction qui doit l'enlever dans le rythme adopté et en cédant à la réaction suivante.

La fatigue des membres n'est pas la même dans les deux cas; il est donc bon, pour ménager les chevaux, d'alterner le trot de chaque bipède.

130. Du galop. — Le galop est l'allure la plus rapide et la plus fatigante. Le cavalier doit éviter de l'employer pour de longs trajets et notamment pour les routes, surtout lorsque le cheval est chargé. Au travail de manège, la régularité obtenue dans un *galop très ralenti* peut servir de contrôle à l'habileté du cavalier.

Un cheval *galope sur le pied droit*, lorsque le membre antérieur droit dépasse le membre antérieur gauche et que le membre postérieur droit dépasse aussi le membre postérieur gauche. Le mécanisme de cette allure s'opère en trois temps. Le premier temps est marqué par le membre postérieur gauche, qui pose le premier à terre; le deuxième par le bipède diagonal gauche et le troisième par le membre antérieur droit.

Le galop sur le pied gauche s'effectue d'après les mêmes principes.

Un cheval *galope juste*, lorsqu'il galope sur le pied droit en travaillant ou tournant à main droite, et sur le pied gauche en travaillant ou tournant à main gauche.

Un cheval *galope faux*, lorsqu'il galope sur le pied gauche en travaillant ou tournant à main droite, et sur le pied droit en travaillant ou tournant à main gauche.

Un cheval est *désuni*, lorsqu'il galope à droite des pieds de devant et à gauche des pieds de derrière, ou inversement.

Le cavalier doit, sans se pencher, reconnaître sur quel pied galope son cheval, par les indices suivants :

Dans le galop à droite, tout le côté droit du cavalier est porté en avant; la fesse gauche ressent une réaction plus marquée que la fesse droite; la jambe droite éprouve un balancement plus sensible que la jambe gauche; le genou droit frotte sur la selle, tandis que le genou gauche reste facilement adhérent et fixe.

Dans le galop à gauche, les effets inverses se manifestent.

Il est essentiel, pour la sécurité du cavalier et la facilité du mouvement, que le cheval galope sur le pied droit pour tourner à droite, et sur le pied gauche pour tourner à gauche.

131. Lorsqu'un cheval est désuni, il peut être *faux de devant* ou *faux de derrière*. Dans le premier cas, la ligne d'appui du bipède latéral du dehors est très étendue, tandis que les membres du bipède latéral du dedans sont très rapprochés ; le passage des coins rend la chute imminente.

Dans le deuxième cas, les bipèdes latéraux ont une attitude inverse de celle qui vient d'être indiquée, et le tourner devient d'une exécution difficile.

On dit que le cheval *galope à quatre temps*, lorsque le bipède diagonal gauche (en galopant à droite) fait entendre deux battues successives, au lieu de les opérer simultanément. Cette allure est défectueuse et provient souvent de faiblesse de rein ou de ruine ; le cavalier doit combattre cette défectuosité par un soutien plus accentué des mains et des jambes, et chercher à accorder ses aides de façon à régulariser la cadence de l'allure.

ARTICLE III.

DU TRAVAIL DE MANÈGE.

---

§ 1. — CONDUITE EN BRIDON.

132. La tenue des rênes de bridon est détaillée au n° 185 de la 1re partie. Dans cette tenue, deux doigts seulement, le pouce et l'index, sont fermés sur les rênes d'une façon invariable, pour en limiter la longueur ; les autres doigts peuvent à volonté, suivant qu'on les étend ou qu'on les resserre, produire la diminution ou l'augmentation de tension de chaque rêne.

133. Des aides. — On entend par *aides* les moyens au pouvoir du cavalier pour agir sur le cheval.

Les aides principales sont les jambes et les rênes. L'action des jambes est complétée par l'éperon.

134. Des jambes. — Lorsque le cavalier ferme la jambe droite, il exerce une pression à laquelle le cheval répond en déplaçant ses hanches vers la gauche.

L'action isolée de la jambe gauche se traduit par un effet inverse.

L'action simultanée des deux jambes produit une double pression à laquelle le cheval doit répondre par le mouvement en avant. Il est essentiel d'entretenir chez le cheval cette manifestation indispensable de docilité.

L'action des jambes varie suivant son intensité et selon les parties du corps sur lesquelles elle s'exerce ; à égale intensité, la pression des jambes a d'autant plus d'effet qu'elle est exercée plus en arrière.

L'action des jambes, qui doivent donner l'impulsion

nécessaire à l'exécution de tout mouvement, précède toujours celle des rênes.

135. De l'éperon. -- Le coup d'éperon doit être sec, rapide et appliqué en arrière et près de la sangle.

L'action de l'éperon est d'autant plus nette qu'elle est plus normale au cheval.

136. Des rênes. -- Les rênes de bridon servent à transmettre à la bouche du cheval les actions de la main du cavalier, de façon à régler et à diriger l'impulsion fournie par les jambes.

Le cavalier *règle* l'impulsion en modifiant à propos la tension des rênes pour retenir plus ou moins le cheval. Cet effet peut s'obtenir :

Soit en exerçant sur les rênes une traction plus ou moins forte par un mouvement de tout le haut du corps ;

Soit en élevant ou baissant les poignets;

Soit en serrant simplement les doigts sur les rênes (ce qui s'appelle *fixer la main*) ou, au contraire, en relâchant les doigts, pour laisser les rênes glisser dans la main ;

Soit en agissant par un mouvement alternatif des poignets, ou simplement des doigts, ce qui s'appelle *scier du bridon*. (Ce procédé est d'une grande puissance pour retenir le cheval.)

L'expression : *rendre la main* signifie : Diminuer la tension des rênes.

Le cavalier *dirige* l'impulsion en attirant ou en poussant la tête et l'encolure du cheval du côté où il veut le conduire, par des déplacements latéraux de ses mains :

1° Lorsque le cavalier ouvre la rêne droite, en portant franchement la main à droite, la tête et l'encolure du cheval sont attirées vers la droite (*rêne directe*).

2° Lorsque le cavalier appuie la rêne droite contre l'encolure, la tête est attirée vers la droite, et la masse de l'encolure est poussée vers la gauche (*rêne d'appui* ou *rêne opposée*).

Lorsque ces actions de rênes ne sont pas accompagnées d'une action des jambes, elles produisent un léger mouvement rétrograde, si le cheval est de pied ferme, un ralentissement d'allure, s'il est en marche.

137. De l'accord des aides. -- Toutes les fois que, pour obtenir un mouvement, on est obligé de faire intervenir plusieurs aides à la fois, il devient indispensable de les employer assez judicieusement pour que leurs effets se prêtent un mutuel secours, au lieu de se contrarier. En outre, même lorsqu'une aide doit, à elle seule, déterminer un mouvement, il faut que les autres aides soient prêtes à intervenir, au besoin, pour régulariser ou seconder son action qui a pu être imparfaite, ou donner lieu, de la part du cheval, à une obéissance incomplète. Dans ce cas, il peut arriver qu'une aide régulatrice puisse acquérir plus d'importance que l'aide ayant produit le mouvement lui-même.

La façon plus ou moins adroite dont le cavalier emploie ses différentes aides et combine leurs effets pour mettre au point l'exécution d'un mouvement s'appelle *l'accord des aides*.

Si compliqué que soit l'accord des aides, on doit toujours chercher à obtenir l'obéissance du cheval par des actions très correctes et aussi légères que possible des mains et des jambes. Mais la main, si légère qu'elle soit, ne peut se tenir en rapport constant avec la bouche du cheval que par une certaine tension des rênes. C'est ce que l'on exprime en disant que le cheval s'appuie légèrement sur la main.

L'appui doit être continu, mais moelleux, pour ne pas rebuter le cheval et pour lui conserver cette tendance permanente au mouvement en avant qui s'appelle la *franchise*.

Le cheval franc cherche de lui-même l'appui sur la main, son impulsion le portant à allonger son encolure pour tendre ses rênes. Si l'appui vient à cesser, le cavalier cherche à le rétablir en portant le cheval en avant par une action modérée des jambes, mais non en reprenant ses rênes pour les tendre par un mouvement rétrograde de la main.

Si, malgré l'action des jambes, le cheval refuse de se porter sur la main pour chercher l'appui, on dit *qu'il est en arrière de la main*.

138. Avertir et préparer le cheval. — Avant de commencer un mouvement, que le cheval soit à l'arrêt ou en marche, il faut qu'il soit *averti* et *préparé*.

Pour cela, le cavalier commence par rapprocher ses jambes et ajuster ses rênes assez doucement pour ne provoquer aucun mouvement, si le cheval est de pied ferme, ou aucune modification d'allure, s'il est en marche. Néanmoins, en sentant les aides se rapprocher de lui, le cheval témoigne par une attitude un peu plus soutenue qu'il devient attentif. On dit alors qu'il est averti.

Si le contact des aides se prolonge et s'accentue, mais sans que l'action d'aucune devienne prédominante, le cheval, sans changer d'allure, modifiera son attitude d'une façon appréciable. Sollicitée par les jambes, l'arrière-main s'avancera un peu; mais l'avant-main, retenue par les rênes, ne se conformera pas à l'impulsion reçue. Le cheval se grandira un peu du devant, cédera de la mâchoire en mâchant son mors, et se trouvera comme ramassé sur lui-même ou *rassemblé*.

Le cavalier reconnaîtra alors que son cheval est *préparé* pour n'importe quel mouvement, car il le sentira mobile entre ses jambes et disposé à se déplacer facilement, quelle que soit l'aide qui vienne à prédominer.

Cette préparation du cheval par un *effet d'ensemble* de toutes les aides est très utile pour le rendre léger et maniable, mais à la condition expresse qu'elle ne provoque ni mouvement rétrograde, si le cheval est de pied ferme ; ni ralentissement, s'il est en marche.

L'attitude que prend le cheval ainsi préparé pour un mouvement est exactement l'opposé de celle du cheval détendu qui, au contraire, baisse son encolure, s'affaisse du devant, éloigne son arrière-main, au lieu de l'engager, et, par suite, s'allonge dans son ensemble, au lieu de se ramasser sur lui-même.

Il est important que le cavalier sache obtenir à volonté l'attitude détendue, qui convient aux routes et aux longs parcours, ou l'attitude rassemblée, qui permet de manier le cheval avec aisance dans un espace restreint.

139. Du placer. — Quand le cheval est préparé et qu'il mâche son mors, le cavalier peut le *placer à droite* ou *à gauche* suivant qu'il se dispose à demander un mouvement à main droite ou à main gauche.

Pour placer le cheval à droite (gauche), le cavalier augmente un peu la tension de la rêne droite (gauche) tout en maintenant l'encolure avec la rêne gauche; le cheval incline légèrement la tête à droite (gauche) et regarde le terrain qu'il va parcourir.

Les jambes interviennent, s'il y a lieu, pour l'empêcher de ralentir ou de se traverser.

140. De la marche en ligne droite. — La marche en ligne droite oblige le cavalier à faire constamment usage de ses aides, pour maintenir le cheval droit dans ses allures; elle contraint en même temps le cheval à une soumission de tous les instants.

La marche en ligne droite vers un point de direction bien défini, constitue donc un excellent exercice et peut servir de critérium à la fois à l'habileté du cavalier et au dressage du cheval.

L'application des principes relatifs à l'emploi des rênes et des jambes permet au cavalier d'obtenir le résultat cherché. Par exemple :

Si le cheval jette ses épaules à droite, il faut porter les poignets à gauche et tenir la jambe droite près;

Si le cheval jette ses épaules à gauche, il faut porter les poignets à droite et tenir la jambe gauche près;

Si le cheval jette ses hanches à droite, il faut fermer la jambe droite et sentir la rêne gauche;

Si le cheval jette ses hanches à gauche, il faut fermer la jambe gauche et sentir la rêne droite.

141. Des variations d'allure au pas et au trot.
— Ces exercices ont pour but de donner au cavalier la première notion de l'accord entre les mains et les jambes et consistent à obtenir à volonté une augmentation ou une diminution de vitesse.

La position de la tête et de l'encolure est un des moyens de contrôle de la bonne exécution des variations d'allure demandées. Suivant que la tête est plus ou moins en avant de la verticale, suivant que l'encolure s'étend ou revient sur elle-même, la quantité de poids entraîné vers les épaules ou rejeté sur les hanches permet l'augmentation ou la diminution de la vitesse. L'appui que le cheval prend sur la main fournit un autre moyen de contrôle.

Cet appui doit être léger, bien que constant, aux allures normales. Il augmente en général avec la vitesse.

142. Les augmentations et diminutions de vitesse se font d'après les principes suivants :

Dans les augmentations de vitesse, le cheval ne doit jamais passer brusquement d'une allure à une autre, mais être engagé peu à peu dans l'allure commandée. Les jambes doivent agir avec d'autant plus de gradation que la différence est plus grande entre la vitesse déjà acquise et celle à acquérir.

Dans les diminutions de vitesse, le reflux produit par la main doit se faire progressivement, être maîtrisé par les jambes, et limité de manière à ne point dégénérer en mouvement rétrograde.

Le pas doit toujours servir de transition entre l'immobilité et le trot, mais il doit être limité à quelques foulées.

Dans tous les arrêts, les jambes du cavalier doivent rester au contact, le cheval droit, la mâchoire mobile.

143. Du pas allongé et ralenti. — Le cheval, en allongeant le pas, augmente peu à peu le balancement de l'encolure, à mesure qu'il augmente l'étendue du pas; il accélère le mouvement de l'encolure, à mesure qu'il précipite la cadence du pas; enfin, si le cheval prend le trot, il précipite l'action d'un membre postérieur en même temps que celle du membre antérieur opposé, afin d'arriver à l'appui diagonal qui caracérise le trot.

Le cavalier doit par conséquent, pour allonger le pas, diminuer graduellement la tension des rênes, afin de laisser à l'encolure une liberté croissante sans pourtant abandonner le cheval, accorder son assiette avec le bercement du cheval et faire refluer le poids du corps en arrière, en cessant l'action des jambes, aussitôt qu'il sent que le cheval va prendre le trot.

Pour ralentir, le cavalier doit faire en sorte que le cheval marche à pas comptés, sans se traverser; il doit sentir ainsi le lever et le poser de chaque membre antérieur.

144. Du trot allongé et ralenti. — Le cheval, en allongeant le trot, étend légèrement son encolure; le cavalier doit donc baisser les mains et solliciter peu à peu le cheval avec les jambes, tout en maintenant les rênes également tendues.

Si le cheval ne *chasse* pas assez activement, le cavalier le stimule par l'action énergique des jambes.

Si le cheval est *froid des épaules*, le cavalier soutient davantage les poignets.

Lorsque le ralentissement du trot doit faire descendre l'allure au-dessous de son degré normal, le cavalier, tout en élevant les poignets, doit augmenter l'action des jambes, afin que le ralentissement soit compensé par un soutien plus marqué et que le cheval ne prenne pas l'habitude de *trottiner*.

145. Du reculer. — Le reculer exige l'interversion du jeu habituel des membres et une action plus énergique du rein.

Il est bien exécuté quand les membres de la même paire diagonale se lèvent et se posent presque en même temps, que le mouvement se fait avec calme, l'encolure moyennement soutenue, la mâchoire mobile.

Pour obtenir le reculer, préparer son cheval comme pour le déterminer en avant; élever les poignets par degrés, en assurant le corps au moment où le mouvement en avant va se produire, rendre en baissant un peu les poignets dès que le premier pas est obtenu, reprendre aussitôt l'action des rênes pour obtenir un second pas, et ainsi de suite, en rendant après chaque pas.

Le cavalier doit assurer le corps, pour qu'il ne penche pas en avant par l'effet du mouvement du cheval, et éviter de prolonger l'effet des rênes, afin que le cheval ne se mette point *sur les jarrets*.

Si le cheval jette les hanches de côté, fermer la jambe du même côté; si ce moyen ne suffit pas pour remettre le cheval droit, ouvrir, puis tirer la rêne du côté où le cheval jette les hanches; ce qui s'appelle *opposer les épaules aux hanches*.

Si le cheval résiste au reculer, faire quelques pas en avant et fermer ensuite une jambe pour déplacer les hanches, profiter de ce déplacement pour reprendre l'action des mains.

Si le cheval recule trop vite, diminuer l'action des rênes, et, au besoin, fermer les jambes.

Pour cesser de reculer, cesser l'action des rênes et se servir des jambes.

Le reculer pouvant prédisposer les chevaux à se mettre en arrière de la main, il est bon de le faire suivre d'une allure vive, où le cheval cherche de nouveau l'appui voulu.

On dit que le cheval *s'accule* lorsque, portant avec trop de précipitation son poids en arrière, il surcharge ses jarrets à l'excès et ne peut plus les mouvoir avec aisance.

146. De la marche circulaire. — Dans le travail en cercle, il faut que le cheval avance d'un mouvement régulier et que ses pieds de derrière passent exactement sur le terrain que ceux de devant viennent de quitter.

Il faut, pour cela, que le corps du cheval soit infléchi suivant la courbure même du cercle qu'il décrit; c'est ce qu'on appelle le cheval *ployé sur le cercle*.

Cette incurvation du corps du cheval est obtenue principalement par la jambe du dedans, qui agit près des sangles. Le placer achève de ployer le cheval dans toute sa longueur sur le cercle qu'on veut lui faire décrire. La rêne et la jambe du dehors interviennent comme aides régulatrices et achèvent d'encadrer le cheval pour maintenir son attitude invariable.

Quant ce résultat n'est pas obtenu, le cheval décrit non pas une courbe régulière, mais des éléments de ligne droite entrecoupés de légers changements de direction ou de pas de côté plus ou moins irréguliers. Dans ces conditions, son allure reste difficilement coulante et uniforme.

147. Des demi-tours et de l'appuyer (1). — L'appuyer est un mouvement dans lequel les épaules et les hanches parcourent deux pistes parallèles, de manière qu'en appuyant à droite, les membres du bipède latéral gauche croisent, en avant, ceux du bipède latéral droit, ou réciproquement en appuyant à gauche.

Ce mouvement est utile pour confirmer le cavalier dans la connaissance des effets que peut produire la combinaison des aides, ainsi que pour assouplir le cheval.

L'appuyer procède à la fois d'un déplacement latéral de l'avant-main et de l'arrière-main, et il est bon de le décomposer, en apprenant séparément au cavalier, d'abord à faire ranger les hanches de son cheval autour des épaules, puis les épaules autour des hanches.

148. *Demi-tour sur les épaules.* — Le demi-tour sur les épaules consiste à faire parcourir aux han-

---

(1) L'appuyer, le demi-tour sur les épaules et sur les hanches, le départ au galop ne s'exécutent qu'à l'instruction spéciale d'équitation.

ches un demi-cercle autour du membre antérieur gauche, quand on est à main droite, autour du membre antérieur droit quand on est à main gauche.

Le cheval étant sur la piste à main droite, glisser et presser la jambe gauche en arrière, en élevant plus ou moins les poignets pour maintenir les épaules en place; agir modérément de la jambe droite maintenue près des sangles, afin d'empêcher le cheval de reculer ou de précipiter le déplacement des hanches, ainsi que de la rêne droite, pour empêcher les épaules de dévier à gauche.

L'utilité et la rectitude du mouvement exigent qu'il soit fait très lentement, afin que le cavalier apprenne à graduer ses aides et que le cheval obéisse avec précision.

Pour le demi-tour à gauche, mêmes principes et moyens inverses.

149. *Demi-tour sur les hanches.* — Le demi-tour sur les hanches consiste à faire parcourir au cheval un demi-cercle autour du membre postérieur droit quand on est à main droite, autour du membre postérieur gauche quand on est à main gauche.

Le cheval étant sur la piste à main droite, porter les poignets à droite et tenir les jambes près pour contenir les hanches et empêcher l'acculement ; agir de la jambe gauche en arrière des sangles pour empêcher les hanches de dévier à gauche, et de la rêne gauche pour régler et terminer le mouvement.

Le mouvement des poignets vers la droite ayant pour conséquence de rejeter les hanches du côté opposé, il est souvent nécessaire que l'action de la jambe du dehors soit plus puissante que celle des aides déterminant le mouvement lui-même.

Le mouvement doit être fait pas à pas, et il est essentiel que le cheval croise les membres antérieurs et pivote avec calme et régularité.

Pour le demi-tour à gauche, mêmes principes et moyens inverses.

Pour préparer les cavaliers et les chevaux au demi-tour sur les hanches, on leur fait faire quelques demi-voltes de plus en plus serrées.

150. Les demi-tours sur les épaules et sur les hanches sont répétés sur la ligne du milieu, afin que le cavalier soit mis en situation d'agir sans le secours que peut lui prêter la piste ou le mur du manège. On les exécute alternativement dans tous les sens pendant le travail, jusqu'à ce qu'ils soient devenus familiers aux cavaliers (1).

---

(1) Les mouvements sur place ci-dessus décrits ont le grand inconvénient de rendre les chevaux froids aux jambes; il est urgent, pour combattre ce défaut, de les entremêler de marches au pas, au trot ou au galop succédant directement ou non aux demi-tours.

151. *Appuyer.* — Lorsque les demi-tours s'exécutent correctement, l'instructeur apprend aux cavaliers à appuyer, en appliquant les principes prescrits pour ranger les épaules et les hanches.

Ce mouvement s'exécute en employant d'abord les aides latérales (rêne droite et jambe droite pour appuyer à gauche, ou inversement) ; la jambe pousse le cheval du côté vers lequel on appuie ; la rêne, par son appui sur l'encolure, pousse les épaules du même côté; le cheval se trouve infléchi du côté opposé.

Lorsque l'appuyer s'exécute facilement avec les aides latérales, le cheval cède à des actions de plus en plus légères et, par suite, s'infléchit de moins en moins.

Le cavalier peut alors accorder ses aides de manière à maintenir le cheval du côté vers lequel il appuie.

Dans tous les cas, les jambes doivent entretenir le mouvement, de manière qu'il n'y ait pas de ralentissement sensible.

152. Au début, et pour faciliter l'exécution du mouvement, l'appuyer peut se faire sur la diagonale du changement de main ou de la demi-volte, ou encore parallèlement au mur du manège.

Quand le cheval appuie en suivant le mur du manège, il est avantageux que les hanches restent sur la piste et que les épaules tracent une piste intérieure (croupe au mur). Dans ce cas, en effet, si le cheval devient froid aux jambes et se retient, le cavalier peut lui faire reprendre l'appui en le portant vigoureusement en avant. Il n'en est pas de même quand le cheval appuie la croupe en dedans (tête au mur). En outre, ce dernier mouvement a l'inconvénient d'habituer le cheval à appuyer plutôt par routine que par obéissance.

153. La direction oblique du cheval dans le mouvement d'appuyer la croupe au mur se prend par le déplacement des épaules en dedans du manège. Les épaules ne doivent être que très légèrement déplacées sur le côté (l'épaisseur du cheval environ).

Quand le cheval appuie sur le cercle, c'est ordinairement en portant ses épaules en dedans de la circonférence parcourue par les hanches. Le déplacement des hanches en dedans du cercle est plus difficile et ne doit être demandé qu'exceptionnellement.

154. Du galop. — Le cavalier obtient l'allure du galop de deux manières distinctes :

1º Par l'allongement d'allure, c'est-à-dire en poussant le cheval dans les jambes jusqu'à ce qu'il prenne de lui-même le galop ;

2º En faisant exécuter au cheval, à l'instant précis

indiqué par les aides, le changement d'allure particulier qui constitue le départ au galop.

155. *Du galop par allongement d'allure.* — Le galop obtenu par allongement progressif du trot est le seul employé dans les manœuvres.

Quand le galop se rapproche de son maximum de vitesse, l'encolure est complètement étendue, la tête basse, la bouche prenant sur les rênes l'appui nécessaire à la direction. Au galop ralenti, le cheval est ramassé sur lui-même, les membres postérieurs s'engagent en avant, tandis que la tête se ramène vers l'encolure. Les variations de vitesse au galop doivent se faire en passant par tous les degrés ; l'encolure doit s'étendre ou se raccourcir régulièrement de manière que sa position corresponde toujours au degré de vitesse obtenu. Le cheval doit rester droit d'épaules et de hanches et prendre peu d'appui, tout en conservant une certaine tendance à s'allonger, pour peu que le cavalier rende la main.

Pour obtenir ce résultat, le cavalier place son cheval du côté du pied sur lequel il galope, soutient un peu les poignets et rapproche ses jambes, pour obliger le cheval à s'asseoir et l'empêcher de se traverser.

On ne doit pas chercher, d'ailleurs, à ralentir le galop au delà de la vitesse du trot réglementaire.

Le cavalier doit se lier par l'assiette aux mouvements du cheval et tenir ses mains à peu près fixes, l'élasticité des doigts suffisant pour modérer l'appui.

156. *Du départ au galop.* — Le départ au galop constitue un *enlever* à la suite duquel le cheval conserve le jeu des membres et la vitesse correspondant à l'allure du galop. Cet enlever suppose un placer préalable et une impulsion donnée au moment voulu. Le cheval étant préparé, il suffit d'augmenter un peu l'action des jambes sans rendre la main, pour que le cheval engage un peu plus ses hanches et marque un léger enlever du devant. Le cavalier saisit ce temps, et n'a qu'à rendre la main à propos pour obtenir l'allure du galop.

Le départ se produira sur le pied droit (gauche) si le cheval a été préalablement placé à droite (gauche), c'est-à-dire disposé comme il convient pour le travail à main droite (gauche) [n° 139].

Si le cheval, au lieu de s'enlever au galop, allonge l'allure, c'est que le cavalier a rendu trop tôt la main et laissé l'encolure se détendre comme pour un départ par allongement d'allure.

Si le départ est brusqué, c'est que le cavalier a surpris l'obéissance du cheval par l'emploi immodéré des jambes.

Si le cheval part à faux ou désuni, le cavalier passe au pas aussitôt et recommence son départ en augmentant un peu l'action de la jambe gauche (droite), autant que possible sans traverser le cheval.

157. Le départ au galop régulier ne doit être demandé que quand le cheval y a été convenablement préparé. Les exercices qui contribuent le plus à faciliter le mouvement sont : le travail en cercle, le reculer, l'appuyer et le ralentissement de l'allure du galop, obtenue au début par allongement du trot.

Quand le cheval obéit sans effort à des actions d'aides très légères, le cavalier est en mesure d'obtenir le départ au galop régulier.

§ 2 — CONDUITE EN BRIDE.

158. Le travail en bride a pour but de mettre entre les mains du cavalier un nouvel instrument de conduite, le mors de bride, plus puissant que celui de bridon, dont le maniement demande plus de justesse et de tact dans l'emploi des aides, et dont les effets lui permettent d'être plus complètement maître de sa monture.

Le cheval dressé doit accepter avec franchise les effets du mors de bride et témoigner de sa légèreté, non pas par son manque d'appui, mais par la façon précise dont il obéit aux actions légères de la main.

159. La tenue des rênes est détaillée aux n°s 259 et suivants de la 1re partie. Le cavalier doit se servir de ses deux mains pour conduire son cheval, toutes les fois qu'il en a le libre usage ; mais, comme il doit être très souvent appelé à se servir de la main droite pour manier ses armes, conduire un cheval de main, ou un sous-verge, etc., il faut l'exercer à conduire son cheval avec la main gauche seule.

On dit que le cavalier *sent l'appui des quatre rênes* lorsque celles-ci sont également tendues. On dit qu'il *conduit son cheval sur le filet* ou *sur la bride* quand les rênes du filet (ou celles de la bride) sont notablement plus tendues que les deux autres.

160. De l'usage et de l'effet de la bride et du filet. — Les effets isolés de chaque rêne de *bride* sont analogues à ceux du bridon, mais plus accentués, alors même qu'ils sont produits par des actions plus légères de la main. Ils sont accompagnés d'un influence rétrograde plus marquée, le cheval étant plus sensible à une action sur les barres qu'à une action produite sur les lèvres ; ils tendent à rapprocher la tête de la verticale.

Les effets du *filet sont* identiques à ceux du bridon, mais un peu plus marqués par suite de la moindre grosseur de l'embouchure.

161. Pour bien faire comprendre au cavalier l'usage et l'effet des rênes de bride employées seules ou en combinaison avec celles du filet, l'instructeur l'exerce, au début, à se servir momentanément et pour l'exécution de mouvements simples, soit des quatre rênes avec prédominance des rênes du filet, soit des quatre rênes également ajustées, soit même des rênes de bride employées seules. Il l'exerce aussi à manier rapidement ses rênes pour faire prédominer à volonté soit l'action de la bride, soit celle du filet.

En principe, le cavalier doit conduire son cheval de préférence sur le filet, toutes les fois qu'il dispose de ses deux mains et que le cheval ne s'appuie pas trop brutalement. L'emploi de la bride, dont l'action sur les barres est toujours sévère, doit être réservé au cas où le cavalier monte un cheval qui tire fort, ou doit exécuter un mouvement très serré en ne disposant que d'une seule main, parce que ces cas nécessitent de la part de l'homme une dépense de force parfois considérable.

Les effets d'ouverture de rênes se font toujours sur le filet.

ARTICLE IV.

DU TRAVAIL DE CARRIÈRE.

162. Ainsi que le travail de manège, le travail de carrière commence par la conduite en bridon et se termine par la conduite en bride.

163. Réglage d'allures. — Les marches effectuées le long des routes kilométrées, ou d'une piste jalonnée entourant le terrain de manœuvre, doivent amener progressivement le cavalier à posséder assez le sentiment des allures réglementaires pour qu'il puisse plus tard régler les allures sans le secours de repères ; dans ces conditions, les durées des temps de pas, de trot, doivent indiquer avec précision les distances parcourues.

164. Longs parcours. — Les longs parcours fournissent aux cavaliers l'occasion d'appliquer les principes de conduite qui devront les guider lorsqu'ils seront abandonnés à eux-mêmes.

Ces principes consistent à varier les allures sans jamais les pousser jusqu'à la limite extrême des moyens du cheval, et en évitant les fluctuations de vitesse ; à marcher au pas en quittant l'écurie, pendant un temps plus ou moins long, pour mettre le cheval en haleine ; à ne trotter qu'en terrain plat, les montées et les descentes nécessitant de plus grands efforts chez le cheval et l'exposant aux blessures du harnachement ; à suivre une progression ascendante dans l'étendue des temps de trot et à subordonner la durée des temps de pas intermédiaires au degré de rapidité avec lequel le cavalier doit effectuer sa course totale ; à rechercher en toutes circonstances les terrains doux, qui fatiguent moins le cheval et ménagent ses membres, et à le maintenir, par conséquent, sur les bas côtés plutôt que sur le milieu de la chaussée; à terminer la course par un temps de pas d'autant plus prolongé que la course aura été plus longue et plus fatigante.

165. Du galop allongé. - L'allongement du galop s'exécute à l'extérieur sur une piste rectiligne de bon terrain ou sur le pourtour du terrain de manœuvre, dont on jalonne quelques points par des signaux très apparents, pour qu'il n'y ait jamais d'incertitude sur la direction à suivre.

L'instructeur indique aux cavaliers le parcours à effectuer, leur prescrit de chausser les étriers à fond et de bien rester dans leur selle en baissant les mains, pour permettre aux chevaux de s'appuyer franchement. Il les groupe de préférence par deux ou trois, de façon que, sans se gêner, ils profitent de l'émulation que communique aux chevaux le galop d'un cheval voisin.

La pratique du galop allongé donne au cavalier de la hardiesse et du sang-froid, développe ses poumons, et lui apprend à juger de l'emploi de ses aides sans se laisser étourdir par la rapidité de l'allure.

En même temps, ce travail habitue les chevaux à faire usage de tous leurs moyens sans s'affoler. Toutefois, on ne doit faire marcher au galop allongé que des chevaux suffisamment légers et énergiques. Les chevaux de trait doivent en général être exclus de ce travail.

166. Passage en terrain varié. — Les parcours à travers champs développent au plus haut point la solidité du cavalier, par la variation incessante de la nature du terrain et des surprises qu'il présente ; ils obligent le cavalier à une attention continuelle en dehors des préoccupations de tenue et, par suite, le mettent en selle sans qu'il en ait souci.

Les recommandations suivantes visent les principaux accidents de terrain qui se présentent.

En passant sous bois, il faut, pour éviter les branches, se pencher toujours en avant ou de côté, jamais en arrière. L'obstacle jugé, incliner franchement la tête en avant pour masquer les yeux, et se garantir par l'encolure du cheval.

Pour gravir une pente raide, il faut rendre complètement la main dès qu'on a donné au cheval sa direction, porter le haut du corps en avant et saisir au besoin la crinière près du garrot, par-dessous les rênes.

Pour descendre une pente de même nature, il faut rendre la main et laisser au cheval toute liberté de prendre la position de tête qui peut lui être nécessaire; porter le corps en arrière, et, pour ne pas glisser vers le garrot, saisir au besoin le troussequin avec la main droite.

Les pentes rapides doivent toujours être gravies avec d'autant plus de calme qu'elles sont plus longues, et il faut éviter de les suivre obliquement, soit en les montant, soit en les descendant, quand le sol est glissant.

Si le terrain est très inégal, avoir les aides vigilantes, sans toutefois enlever au cheval son initiative. L'initiative doit être rendue au cheval toutes les fois qu'il se trouve en présence de difficultés matérielles pouvant éveiller son instinct, qui devient, en pareil cas, un guide infiniment plus sûr que les aides du cavalier.

Si le terrain est lourd ou profond, rendre la main et, si l'on est forcé de prendre une allure rapide, s'enlever sur les étriers afin de moins charger l'arrière-main.

Si l'on a à traverser un terrain marécageux, marcher très lentement et éviter de se placer en file; si le cheval enfonce, s'inquiète, et cherche à sortir du marais par bonds, mettre pied à terre et conduire le cheval en main.

Pour passer un cours d'eau, suivre le gué ou couper la rivière obliquement, en choisissant sur la rive opposée un point qu'on ne perd pas de vue.

Pour passer un fossé, le plus commun des obstacles qui se rencontrent en rase campagne, il faut se conformer aux principes indiqués pour descendre et gravir des pentes rapides.

167. Sauts d'obstacles. — Les obstacles à franchir se rapportent à deux types principaux :

1º Ceux qui comportent des sauts en hauteur, tels que haies, barrières, murs gazonnés, murs en pierres, banquettes, etc.;

2º Ceux qui comportent des sauts en largeur, tels que fossés, douves, etc.

Les dimensions maxima des obstacles destinés à la troupe peuvent être limitées à 90 centimètres pour les obstacles en hauteur et à 2 mètres pour ceux en largeur.

Les obstacles peuvent être abordés aux différentes allures; il est de règle habituelle d'aborder les obstacles à un train modéré pour les sauts en hauteur, et à un train un peu plus allongé pour les sauts en largeur.

168. Quand on aborde l'obstacle à une allure modérée, le saut est caractérisé par la grande extension que le cheval est obligé de donner brusquement à l'encolure au moment du saut pour faciliter le passage de l'arrière-main. Avant de sauter, chausser les étriers, ajuster les rênes et relâcher légèrement les rênes de bride, de manière à faire prédominer l'action des rênes du filet, se diriger très droit sur l'obstacle. En arrivant près de l'obstacle, s'asseoir, envelopper le cheval, l'assurer dans le mouvement en avant, et rendre la main en la maintenant basse. Au moment où le cheval s'élance, se lier à ses mouvements en s'asseyant le plus possible ; au moment du saut, desserrer les doigts pour faciliter l'extension de l'encolure, en laissant glisser les rênes sans perdre le contact ; enfin, lorsque le cheval se reçoit, opérer une retraite de corps sans déplacer les poignets. Puis, ajuster les rênes en ayant soin d'éviter toute saccade.

169. Si le cheval aborde l'obstacle à une allure allongée, le saut est caractérisé par ce fait que, l'encolure étant presque entièrement étendue, son mouvement d'extension est faible, et que le cheval saute en marquant seulement un peu plus sa foulée de galop. Dans ce cas, s'asseoir à 15 ou 20 mètres de l'obstacle, assurer l'appui par une intervention énergique des jambes, conserver les mains basses, liées au mouvement de l'encolure, et sauter bien assis.

Le saut doit toujours être précédé d'une marche assez longue pour que le cavalier soit complètement d'accord avec son cheval avant d'aborder l'obstacle.

170. Si le cheval hésite en arrivant près de l'obstacle, surprendre et devancer ses résistances en le stimulant vigoureusement par l'action des jambes.

Si le cheval se dérobe obliquement en gagnant à la main, reprendre le pas, replacer le cheval dans la direction voulue, le ramener à cette allure le plus près possible de l'obstacle, et le stimuler au moment de franchir.

Si le cheval se dérobe par un *tête-à-queue* à droite, séparer ses rênes, le ramener au pas par un demi-tour à gauche dans la direction de l'obstacle, en le tenant vigoureusement dans les jambes et en opposant au besoin les épaules aux hanches ; aborder de nouveau l'obstacle à une allure modérée.

Employer les moyens inverses si le cheval se dérobe par un *tête-à-queue* à gauche.

Si le cheval s'arrête court devant l'obstacle, reculer lentement sans tourner bride, afin de ne pas révéler au cheval un moyen de fuir l'obstacle, prendre un peu de champ pour le déterminer à s'élancer et le ramener ainsi jusqu'à ce qu'il se décide à franchir.

Si le cheval bourre et gagne à la main, reprendre le pas ou ralentir, jusque près de l'obstacle, sans toutefois contrarier le cheval, au moment où il doit prendre son élan.

Si le cheval s'obstine à refuser de sauter, l'instructeur peut employer la chambrière ; s'il résiste encore, il faut revenir aux procédés indiqués dans le dressage.

171. Le cavalier doit, dans tous les sauts, s'attacher à aborder l'obstacle carrément, et tenir ses rênes de manière à maintenir la tête de son cheval dans la direction voulue. Il doit d'ailleurs être convaincu que l'énergie avec laquelle il mène le cheval sur l'obstacle, avant le saut, constitue la seule action efficace exercée par lui sur la qualité du saut.

172. Le travail sur les obstacles fournit à l'instructeur un excellent moyen d'assouplissement de l'homme, à qui il donne d'abord de la confiance, puis de la hardiesse et de l'à-propos dans l'action de ses aides. Il y a donc intérêt à commencer le saut de bonne heure et à en perfectionner l'exécution le plus possible.

Il ne faut pas oublier cependant que, le saut nécessitant un violent effort de la part du cheval, le cavalier soucieux de la conservation de sa monture a intérêt à passer les obstacles plutôt qu'à les sauter, toutes les fois que les conditions générales le permettent.

CHAPITRE II.

PROGRESSION DE L'INSTRUCTION.

ARTICLE I.

INSTRUCTION ÉLÉMENTAIRE.

173. La progression à suivre doit être déterminée uniquement en raison des progrès constatés ; elle ne doit résulter ni de la classification même du règlement, ni d'époques fixées à l'avance ; seule, l'époque où l'instruction à cheval doit être totalement achevée est fixée dès le début.

Le travail préparatoire, qui donne à l'homme la position, la souplesse, et un peu d'assiette est une des parties fondamentales de l'instruction. On ne doit pas craindre d'y consacrer un temps suffisamment long, car il importe de graduer avec soin les exercices du début, et de donner de bonne heure au cavalier la confiance qui rend ses progrès plus rapides.

Le travail en bridon et le travail en bride, qui forment deux chapitres distincts, ont été divisés chacun en travail de manège et travail de carrière. La première classification ne vise qu'une progression dans l'emploi des moyens de conduite ; la dernière correspond au contraire à deux idées fondamentales du règlement :

Travail de manège : maniabilité, instruction individuelle ;

Travail de carrière : résistance du cheval et du cavalier ; instruction d'ensemble.

Le travail de manège a pour objet d'apprendre au cavalier à se servir adroitement de ses aides. C'est un enseignement essentiellement individuel, qui ne doit être donné que par un instructeur particulièrement expérimenté.

Le travail de carrière est surtout destiné à développer la solidité, la résistance et la hardiesse des cavaliers, tout en les confirmant par la pratique dans l'application des principes de conduite qui leur sont enseignés concurremment au travail de manège.

Les leçons du travail de manège peuvent être beaucoup moins nombreuses que celles du travail de carrière.

174. Pour l'organisation des classes d'instruction d'une compagnie, il y a lieu de tenir compte de la nature et du nombre de terrains dont on dispose, ainsi que du temps pendant lequel on peut employer chacun d'eux. Toutes les fois que les circonstances le permettront, il y aura avantage à partager les hommes de recrue en classes comprenant au plus huit cavaliers, chacune d'elles recevant isolément les leçons du travail de manège, les autres étant réunies, en totalité ou en partie, pour le travail de carrière, si la pénurie des gradés l'exige.

175. Les programmes et les progressions des diverses parties du règlement sont indifféremment applicables au développement de l'instruction équestre du cavalier ou du dressage du cheval.

Dans l'un et l'autre cas, les exercices les plus simples doivent être abordés avant les plus compliqués, et l'exécution de plus en plus correcte des premiers constitue l'unique moyen de rendre possible, puis facile, l'exécution des suivants.

La correction du travail est l'indice de sa judicieuse conduite. Au contraire, son exécution défectueuse prouve toujours qu'on a abordé trop tôt une difficulté incomplètement aplanie. Elle oblige à revenir en arrière, pour reprendre avec une application plus méthodique les exercices dont la progression a été brusquée.

ARTICLE II.

INSTRUCTION SPÉCIALE.

176. La valeur d'un instructeur d'équitation consistant beaucoup plus dans son habileté personnelle que dans la connaissance ou la récitation d'un texte, les exercices pratiques destinés à développer l'instruction équestre des officiers et des cadres doivent être l'objet d'une attention spéciale. Ils ne peuvent porter de fruit que s'ils sont poursuivis avec une grande continuité et pendant une période de quatre mois au moins.

L'instruction spéciale est donnée aux candidats sous-officiers par les soins du capitaine qui remplit les fonctions de capitaine instructeur.

Pour les sous-officiers des compagnies, cette instruction est reprise tous les ans pour l'escadron, sous l'autorité du chef de corps et sous la direction du capitaine qui remplit les fonctions d'instructeur; un lieutenant ou sous-lieutenant est chargé de faire l'instruction.

Les exigences du service ne peuvent, en aucun cas, être un obstacle à cette instruction, pour laquelle on peut se contenter, au besoin, de séances extrêmement courtes; quelle que soit la durée à laquelle il est nécessaire de les réduire, elles donnent toujours de bons résultats quand elles présentent un caractère de continuité. On ne doit jamais, sous prétexte d'épuiser le programme de l'instruction spéciale, aborder des exercices que les cavaliers, ou leurs chevaux, ne seraient pas encore en état d'exécuter correctement.

177. L'instruction spéciale a pour but de perfectionner et de compléter les résultats obtenus à l'instruction élémentaire.

Elle les perfectionne en amenant le cavalier et le cheval à une exécution plus correcte et plus aisée des mêmes exercices.

Elle les complète en apprenant au cavalier à obtenir de son cheval des mouvements plus difficiles.

L'instruction spéciale comprend donc :

1° Une revision de l'instruction élémentaire;

2° Des exercices spéciaux (chap. III, n°⁸ 179 à 183).

Au début de toute séance, on doit commencer par faire détendre les chevaux; ceux-ci, aussi peu contraints que possible, arrivent à allonger leurs foulées au lieu de les précipiter, et à baisser l'encolure en l'allongeant à mesure qu'ils se détendent.

Les cavaliers, ne demandant à leurs chevaux que des allures régulières et coulantes, obtiennent bientôt le calme nécessaire pour que ceux-ci ne tirent plus à la main. Ils laissent alors les rênes s'allonger à la demande de l'encolure. De leur personne, ils se laissent aller sans raideur et font à volonté quelques assouplissements pour se mettre bien en selle.

L'instructeur prolonge cette période autant qu'il est nécessaire pour que ces résultats soient obtenus. On ne saurait y attacher trop d'importance, car cette gymnastique rend chevaux et cavaliers dispos pour le reste de la séance.

Le travail se continue par l'exécution attentive d'exercices faciles, déjà connus, et on ne passe, peu à peu, à des mouvements plus difficiles, que si l'harmonie établie et conservée entre le cavalier et son cheval en garantit le succès.

CHAPITRE III.

EXERCICES SPÉCIAUX.

178. Les exercices suivants, qui ne sont pas mentionnés dans la première partie du règlement, ne s'exécutent qu'à l'instruction spéciale.

179. Demi-tour sur les épaules. — Le cavalier marchant à main droite (gauche), au commandement :

Demi-tour sur les épaules,

faire décrire aux hanches un demi-cercle autour du membre antérieur gauche (droit), en se conformant aux principes prescrits (n° 148).

180. Demi-tour sur les hanches. — Le cavalier marchant à main droite (gauche), au commandement :

Demi-tour sur les hanches,

faire décrire aux épaules un demi-cercle autour du membre postérieur droit (gauche), en se conformant aux principes prescrits (n° 149).

181. Appuyer. — Le cavalier marchant sur la piste, sur la diagonale de la demi-volte ou du changement de main, ou sur le cercle, au commandement :

Appuyez à droite (gauche),

disposer le cheval en oblique à gauche (droite), par

rapport à la ligne qu'il suit, en se conformant aux principes exposés n°s 151, 152 et 153 et le maintenir dans cette attitude de manière que les épaules et les hanches parcourent deux pistes parallèles, le cheval gagnant du terrain vers la droite (gauche).

Au commandement :

Redressez,

replacer le cheval dans la direction suivant laquelle il marche.

182. Départ au galop. — Le cheval marchant à main droite (gauche), au commandement :

Sur le pied droit (gauche). — Partez au galop,

placer le cheval à droite (gauche), et partir au galop en se conformant aux principes exposés (n° 156).

183. Travail à la longe. — L'instructeur exerce les cavaliers au maniement de la longe et de la chambrière en leur faisant conduire d'abord un cheval dressé, en vue de l'exercer, puis en vue d'en faire un cheval de voltige (n° 189).

CHAPITRE IV.

DRESSAGE DES CHEVAUX.

ARTICLE 1er.

PHASES DU DRESSAGE DES CHEVAUX AU TRAIT.

184. Quel que soit l'âge d'un cheval reçu par le corps, il est prudent de ne le mettre en service au trait qu'après l'avoir fait passer par toutes les phases que comporte normalement un dressage complet. Cette précaution permet d'éviter bien des mécomptes, les chevaux d'âge livrés par les régiments de cavalerie ou provenant de la réintégration par des officiers sans troupe, ayant rarement subi un dressage au trait; fût-elle accidentellement superflue, elle est sans inconvénient, car, si le cheval est réellement prêt à être mis en service, il suffira de très peu de temps pour lui faire parcourir toutes les phases de ce stage d'épreuve.

185. Premier dressage au trait. — Le premier

dressage au trait a pour but d'apprendre au cheval à tirer comme sous-verge sur les routes.

On commence par habituer le cheval au harnais dans l'écurie.

Si un cheval présente des difficultés particulières et fait craindre des accidents pour l'habituer au harnais à l'écurie, on le tient en main au caveçon, on lui présente le harnais doucement en le caressant beaucoup; puis, en le lui étendant sur le dos, on évite de le surprendre et on lui parle, la voix de l'homme calmant le cheval et le rassurant. Il ne faut pas négliger de relever et de fixer les traits, qui pourraient battre les flancs du cheval et provoquer de sa part des résistances. Si le cheval fait des difficultés, on peut enlever les traits. On doit boucler la sous-ventrière aussitôt que possible et ne mettre la croupière, du reste fort lâche, qu'en dernier lieu. On promène ensuite le cheval en main. Cette leçon est continuée pendant quelques jours, selon la sagesse et la confiance de l'animal.

Pour habituer les chevaux à marcher avec le harnais sur le dos, on les conduit fréquemment à la promenade harnachés (1).

On profite aussi des promenades des chevaux pour leur apprendre à obéir au fouet. Chaque cavalier ayant en main un cheval portant la bride du sous-verge le conduit à la manière d'un sous-verge.

Si, au courant de la promenade, au lieu de marcher à la même hauteur que le porteur, le cheval reste en arrière, le cavalier l'active modérément du fouet, de manière à ne pas provoquer de mouvements violents de sa part, et à lui donner peu à peu l'habitude de chercher à devancer le porteur (2).

Ces promenades, toujours conduites à des allures réglées, ont l'avantage de faire prendre au cheval des allures sages et régulières et de le dresser au service du sous-verge.

On commence ensuite les leçons de tirage en procédant de la manière suivante :

Le cheval étant tenu en main, au caveçon, s'il y a lieu, on prolonge les traits au moyen de longes en cordes, puis on les fait tendre par un homme placé derrière le cheval; cet homme agite les traits avec précaution et les appuie légèrement contre les flancs du cheval pour l'habituer à ce nouveau contact. On met ensuite le cheval en mouvement au pas, en le tirant

---

(1) Pour tous ces exercices, les chevaux doivent être harnachés avec des harnais de derrière, avec lesquels on peut mieux fixer les traits qu'avec des harnais de devant.

(2) Cette partie du dressage doit être surveillée de très près, en vue d'éviter que, par désœuvrement ou pour toute autre cause, les conducteurs abusent de leur fouet et aillent ainsi contre le but qu'on se propose, en donnant aux sous-verges l'habitude de se dérober à son action par des écarts ou par l'acculement.

au besoin en avant avec la longe du caveçon, et l'on prescrit à l'homme qui tient les traits d'opposer une résistance progressive. Lorsque cette résistance est insuffisante, on adjoint un homme ou deux à celui qui tient les traits. Si, comme il arrive parfois, le cheval refuse de tirer et s'arrête, il faut diminuer la tension des traits et ne remettre le cheval en mouvement que lorsqu'il a repris confiance.

Dans les premières leçons, le fouet doit être employé avec la plus grande réserve, car il peut être la cause de mouvements précipités et violents qui augmentent la sensibilité des épaules et retardent le dressage.

Lorsque, au bout de quelques jours, le cheval tire en se livrant, on l'attelle en sous-verge à une voiture, sur un terrain roulant, avec un porteur vigoureux, mais calme, qui puisse au besoin l'entraîner (1).

L'instructeur fait exécuter de longues marches en ligne droite, afin de confirmer le cheval dans le mouvement en avant, et, autant que possible, il ne le soumet à un travail nouveau pour lui qu'au moment de la rentrée, c'est-à-dire au moment où le cheval peut être récompensé immédiatement de son obéissance par son renvoi à l'écurie.

Ce travail, commencé avec une voiture vide, se continue avec une voiture chargée en guerre. Lorsque le cheval est devenu sage, on le fait entrer comme sous-verge dans un attelage complet, en ayant toujours soin de ne lui adjoindre que des chevaux calmes et dressés.

186. Deuxième dressage au trait. — Le deuxième dressage au trait a pour but d'amener le cheval à exécuter correctement, soit comme sous-verge, soit comme porteur dans un attelage complet, tous les mouvements de la conduite des voitures.

De fréquentes marches en ligne droite, exécutées sur une piste jalonnée ou sur une route kilométrique, complètent le dressage des chevaux.

Le trot allongé est proscrit d'une façon absolue de toutes les séances de dressage.

187. Attelage conduit en guides. — Les chevaux destinés à l'attelage en guides ne reçoivent de dressage spécial qu'après avoir terminé le dressage de l'attelage monté.

Pour les premières séances de dressage, on a soin d'atteler chaque cheval alternativement en porteur et

---

(1) Si le cheval est un peu irritable et marque des tendances à s'emporter, on peut commencer le dressage en l'attelant d'abord comme porteur avec un sous-verge calme et vigoureux.

Le bruit fait par les voitures en roulant est souvent une cause d'excitation pour les chevaux. On doit, autant que possible, commencer les leçons sur un terrain un peu mou, de manière à éviter le bruit.

en sous-verge, et toujours en compagnie d'un cheval docile et bien dressé.

On fait exécuter progressivement les mouvements les plus simples de l'école de la conduite en guides.

Un conducteur exercé monte sur le siège de la voiture; il donne l'impulsion au moyen d'un appel de langue et ne se sert du fouet qu'avec beaucoup de réserve. Pour habituer les chevaux à l'action des guides, il se fait aider au besoin par un homme à pied, qui se tient à la tête des chevaux, de manière à les obliger, s'il y a lieu, à exécuter dans tous les cas les mouvements en avant, à droite, à gauche ou en arrière que veut obtenir le conducteur.

Lorsque le cheval comprend bien les appels de langue et obéit régulièrement à l'action des guides sans l'aide d'un homme à pied, on lui fait répéter à un trot modéré les mouvements précédemment exécutés au pas.

Plus tard, on l'exerce à augmenter progressivement l'allure, à la soutenir et à la modérer. On termine le dressage des chevaux en les réunissant par attelages.

ARTICLE II.

PROCÉDÉS DE DRESSAGE.

§ 1. — PROCÉDÉS GENÉRAUX.

188. Les procédés de dressage sont généralement basés sur l'exploitation habile, envers le cheval, de l'appât des récompenses ou de la crainte des châtiments, et sur une gradation méthodique des exercices telle qu'une action déjà connue serve toujours d'interprète pour inculquer au cheval l'obéissance à une action nouvelle pour lui.

L'appât des récompenses et la crainte des châtiments sont d'un usage constant dans le dressage. Les caresses, le repos succédant au moindre signe d'obéissance, l'abandon des rênes, le relâchement des jambes, l'action de passer au pas après une allure vive sont les moyens les plus usités pour récompenser le cheval. La persistance dans l'emploi des aides, l'usage énergique des jambes ou l'emploi de l'éperon, et, enfin, dans des cas exceptionnels, les corrections de la cravache, de la chambrière et du caveçon servent à le châtier. Ces moyens se recommandent spécialement au tact de l'instructeur et ne peuvent être l'objet de règles positives.

Les fautes d'exécution doivent être rectifiées avec d'autant plus de douceur, de patience et de persévérance que les seuls moyens de démonstration résident dans l'application des deux principes fondamentaux cités plus haut. On s'attache à exécuter les divers mou-

vements pendant longtemps dans le même ordre et de
la même manière, jusqu'à ce que le cheval soit con-
firmé dans la connaissance des actions du cavalier par
l'effet de la répétition, et que son obéissance, d'abord
laborieuse, soit transformée peu à peu en habitude
presque instinctive.

189. Il existe toutefois, en dehors du cadre de travail tracé précédemment, certaines préparations destinées à servir de trait d'union entre quelques phases
consécutives du dressage.

Ces préparations ne sont pas indispensables avec
tous les chevaux, mais il est quelquefois très utile d'y
avoir recours pour prévenir l'inquiétude ou les défenses du jeune cheval. Ainsi, lorsque le cheval n'est
pas docile au montoir, se tracasse, résiste sur place,
l'instructeur ou un aide à pied doit venir en aide au
cavalier et opérer de manière à faciliter les actions de
celui-ci en tenant le cheval, le mettant en confiance, ou
l'acheminant dans la direction voulue, selon le cas.

Pour amener le cheval à répondre à la pression des
jambes, le cavalier fait usage d'une cravache (1); pour
lui apprendre à céder à l'action d'une jambe, il peut
l'habituer, en se plaçant d'abord à pied, à ranger les
hanches à droite et à gauche, par de légers attouche-
ments de la cravache sur le flanc gauche et sur le flanc
droit.

Pour apprendre au cheval à reculer, le cavalier doit
aborder ce mouvement très lentement, en se plaçant
d'abord à pied. Il n'exige pas, dès le début, que le reculer s'exécute droit.

Lorsque le cheval reçoit la bride, on l'initie, en se
plaçant d'abord à pied, aux effets du mors, par de légères actions des rênes.

Enfin, tous les mouvements possibles à toutes les
allures dérivent de quatre actions élémentaires qu'il
est nécessaire de faire comprendre parfaitement et séparément au jeune cheval avant de les associer, de manière à produire des effets combinés; ces actions sont :
se porter en avant à la pression des jambes; reculer à
la traction des rênes; ranger les épaules et ranger les
hanches.

Ces éléments étant bien compris du jeune cheval,
l'achèvement de son dressage ne réside que dans les
exercices ordinaires d'équitation, appropriés judicieusement à ses moyens, à la maturité de son développement et à son état de santé.

____

(1) Quand le cavalier est à cheval, il tient la cravache de la main droite,
près du gros bout et la mèche en bas. Au moment de s'en servir, il prend
les rênes dans une seule main et frappe le flanc du cheval, un peu en arrière des éperons.

Les coups de cravache sur l'encolure doivent, en principe, être interdits, dans la crainte qu'ils n'atteignent les yeux du cheval; d'ailleurs, ils
pourraient être plus tard la cause de difficultés sérieuses, lorsqu'on vou-
drait habituer le cheval aux gestes faits par le cavalier avec le sabre.

§ 2. — DRESSAGE A LA LONGE.

190. Le travail à la longe est d'une grande utilité
pour exercer un jeune cheval, pour dépenser les forces
d'un cheval qui ne peut être monté, pour calmer un
cheval trop vigoureux, et, enfin, pour dompter un
animal vicieux.

Le cheval muni d'un caveçon est tenu au moyen d'une
longe par l'instructeur. Il est essentiel que le caveçon
soit bien ajusté au-dessous des joues et que la muse-
rolle soit suffisamment serrée, afin que les montants
ne puissent offenser l'œil du côté du dehors dans le
travail en cercle, et que le caveçon ne vienne pas comprimer les naseaux si le cheval tire sur la longe.

Le cheval est acheminé en cercle à gauche par un
aide qui l'accompagne, l'attire avec la rêne du bridon
et le chasse en agitant la chambrière, qu'il tient en
arrière du cheval.

A mesure que le cheval s'avance sur le cercle, l'aide
s'éloigne peu à peu, jusqu'à ce qu'il se trouve près de
l'instructeur qui occupe le centre du cercle décrit par
le cheval. Il remet alors la chambrière à l'instructeur.

Si le cheval s'échappe brusquement, on résiste de la
longe, tout en cédant légèrement à son écart, et on le
ramène peu à peu.

Si le cheval tire avec violence sur la longe quand il
travaille aux allures vives, on le met souvent au repos,
après l'avoir ramené sur un cercle étroit.

Si le cheval s'arrête on se sert de la chambrière pour
le stimuler; au besoin, l'aide va se placer derrière lui,
pour le déterminer à se porter en avant.

On répète le même travail à main droite, par les
mêmes procédés, en ayant soin de faire travailler le
cheval autant à main droite qu'à main gauche.

On peut faciliter le travail à la longe en faisant décrire au cheval un cercle dans un des coins du manège.

La voix est employée pour habituer le cheval à répondre de la même manière aux mêmes intonations
prononcées distinctement et sans élever la voix.

La chambrière stimule le cheval et sert aussi à l'éloigner du centre du cercle.

La longe communique la volonté de l'instructeur par
des oscillations ou de légères saccades, soit pour modérer le cheval, soit pour le châtier.

Ces trois moyens combinés ou appliqués séparément doivent concourir aux résultats suivants, qui
sont l'indice du succès du travail :

Le cheval doit être calme et régulier à toutes les allures, et ne pas jeter les hanches au dehors; la longe
ne doit pas être tendue, ni cependant flottante;

Quand l'instructeur prononce sans élever la voix le mot : *Holà*, le cheval doit s'arrêter droit sur le cercle;

Si l'instructeur prononce le mot : *Viens*, le cheval doit venir à lui; une caresse et une poignée d'avoine le récompensent de son obéissance.

§ 3. — DRESSAGE A LA VOLTIGE.

191. Le cheval est dressée pour la voltige d'après les moyens énoncés plus haut pour le travail à la longe.

Il importe de faire choix pour ces exercices d'un cheval froid, calme et non chatouilleux.

Les seules allures employées pour la voltige sont le pas et le galop.

Afin d'abréger les tâtonnements tendant à obtenir facilement les départs au galop et le galop lent, on peut faire monter le cheval par un cavalier dont les moyens ordinaires d'équitation servent d'interprète, pour apprendre au cheval les indications de l'instructeur. Les actions du cavalier sont ensuite peu à peu supprimées, et le cheval est exercé jusqu'à ce qu'il soit blasé complètement sur le contact des jambes et devienne insensible à tous les mouvements de l'homme qui voltige, en n'accordant l'obéissance qu'à l'instructeur qui dirige le travail.

§ 4. — LEÇON DE L'ÉPERON.

192. La leçon de l'éperon a pour but d'habituer le jeune cheval à répondre à l'application franche de l'éperon par le mouvement en avant.

Cette leçon se donne à l'extérieur, à la fin de la période d'entraînement. A ce moment, le jeune cheval a pris confiance sur le mors, et se livre franchement pendant le temps de galop qui termine le travail; dès lors, l'attaque de l'éperon ne peut être suivie que d'un allongement d'allure, ce qui donne le résultat cherché.

Lorsque la leçon de l'éperon donnée de cette manière n'a pas réussi, on a recours à l'emploi du caveçon. Tenant la longe de la main droite, l'instructeur, après avoir ajusté le caveçon, se place à quelques pas en avant du cheval et commence à l'attirer doucement à lui, en tendant la longe, puis il ordonne au cavalier de fermer les jambes de manière à faire sentir simultanément les deux éperons en rendant suffisamment de la main.

Si le cheval recule, l'instructeur le détermine en avant avec la longe; si le cheval se cabre, rue ou fait une autre défense quelconque, il lui donne une saccade sur le chanfrein et renouvelle les saccades jusqu'à ce que le cheval se porte franchement en avant.

Aussitôt que le cheval a obéi et s'est porté droit devant lui, l'instructeur le caresse et le flatte.

Cette leçon demande une très grande prudence, beaucoup de tact et un égal mélange de douceur et de fermeté; elle est renouvelée jusqu'à ce que le cheval se porte franchement en avant à l'action de l'éperon et ne témoigne aucune velléité de ruer à la botte.

Pendant tout le cours de cette leçon, la longe est tenue par un instructeur très expérimenté.

§ 5. — DRESSAGE A L'OBSTACLE.

193. Le passage et le saut des obstacles exigent chez le cheval deux qualités essentielles : la franchise et l'adresse.

La franchise dépend de son caractère et du soin que l'on apporte à graduer les différents obstacles qu'il doit sauter. L'adresse s'acquiert par l'habitude et le souvenir des fautes que le cheval a faites dans les commencements.

Par son poids, par ses actions involontaires sur les rênes, par ses déplacements d'assiette, le cavalier gêne le cheval dans le saut; il est donc naturel de faire passer d'abord ou sauter le cheval sans cavalier.

Le cheval doit déjà avoir reçu la leçon de la longe; c'est au moyen de la longe et du caveçon qu'on le dresse au passage et au saut des obstacles.

En principe, on doit faire passer tous les obstacles qu'il n'est pas indispensable de sauter; on commence donc le dressage en habituant le cheval à suivre le cavalier dans des terrains variés et présentant quelques accidents, tels que sillons, ornières, fossés, etc., et qu'il est possible de traverser sans sauter.

Le cheval ayant instinctivement moins de répulsion pour les obstacles naturels que pour les obstacles artificiels, et, d'autre part, les obstacles en largeur demandant plus d'adresse pour être franchis que les obstacles en hauteur et se présentant plus souvent, on amène d'abord le cheval devant un fossé naturel peu large et peu profond, à talus très nets, un fossé de route, par exemple.

Les chevaux étant rangés en face du fossé, à une certaine distance, et les cavaliers étant pied à terre et ayant mis le caveçon à leurs chevaux (ou ayant pris les dispositions indiquées au n° 194), on se conforme aux prescriptions suivantes :

Le cavalier, tenant la longe, se fait suivre de son cheval au pas; en arrivant au fossé, il le saute et continue de marcher sans se retourner. Si la longe ne se tend pas, cela prouve que le cheval le suit; il le caresse dès qu'il a franchi. (On doit veiller pendant tout le dressage à l'exécution de cette prescription.)

Si le cheval ne saute pas derrière le cavalier, il peut soit hésiter devant l'obstacle, sans se jeter ni à droite ni à gauche, soit se jeter à droite ou à gauche pour se dérober, soit reculer.

Par des oppositions de caveçon, le cavalier empêche le cheval de se jeter de côté ou de reculer, et le force à rester carrément devant l'obstacle.

Il rend ensuite de la longe, afin que le cheval puisse baisser la tête, voir l'obstacle, le juger et se servir de son encolure pour aider au saut, tandis que l'instructeur agite un peu la chambrière pour lui faire comprendre qu'il doit se porter en avant.

L'instructeur emploie la chambrière très sobrement, afin que l'animal ne saute pas avec précipitation. Il est essentiel que le cheval ne soit pas trop excité et qu'il puisse sauter à sa guise.

On choisit ensuite un fossé plus large et plus profond, puis un fossé avec de l'eau, un fossé couvert, un double fossé, un fossé avec talus, etc., en observant qu'il faut graduer très sagement les obstacles et ne pas trop demander dans une seule séance, afin de ne pas fatiguer le cheval ni le rebuter.

Lorsque le cheval est devenu franc et qu'il saute sans hésitation, le cavalier, après avoir sauté, reste près du fossé, donne de la longe, met le cheval en cercle et lui fait sauter le fossé plusieurs fois.

Lorsque le cheval a été ainsi rendu non seulement franc, mais encore adroit, on recommence le travail, le cheval étant monté, en suivant la même progression.

Les cavaliers les plus légers doivent être employés de préférence pour les chevaux qui ont manifesté des tentatives de résistance dans le travail précédent.

Le cavalier quitte les rênes et prend le pommeau de la selle, tandis qu'un autre cavalier, tenant la longe à pied, passe l'obstacle devant le cheval comme il est dit plus haut. La chambrière ne remplit plus qu'un rôle secondaire. Le cavalier, avec ses jambes, au besoin avec ses éperons, détermine le cheval en avant; toutefois, il doit se servir des jambes avec modération, afin de laisser le cheval sauter de lui-même.

On saute de même les obstacles en hauteur : barre, talus et haie.

Ces exercices doivent être pratiqués dès la première période de dressage à la selle, mais dirigés avec prudence, de peur de fatiguer prématurément les articulations; il est bon, toute question d'âge réservée, de ne faire monter les chevaux pour le saut que dans la deuxième période.

Ce dressage présente plus de difficultés avec les vieux chevaux qu'avec les jeunes, mais, s'il est mené pa-

tiennent, il donne d'aussi bons résultats. On doit y
soumettre tout cheval qui fait des difficultés devant
l'obstacle.

194. Quand le cheval a été complètement dressé à
la longe, il est possible de suppléer à l'insuffisance du
nombre de caveçons et de longes, en se servant simplement d'une corde (corde à fourrage) fixée au mors
de bridon.

Il faut alors avoir la précaution d'arrêter la corde
à chacun des anneaux du mors, de peur qu'elle ne fasse
nœud coulant et n'occasionne une compression violente
des canons sur les barres.

Les rênes de bridon permettent, à la rigueur, de cons-
tituer rapidement une longe en faisant passer les
rênes par-dessus l'encolure et tirant sur une des olives.

On peut se servir de cette longe pour faire passer
au jeune cheval des obstacles très faciles placés dans la
cour du quartier, quand le terrain ne se prête pas à la
progression ci-dessus décrite.

On choisit, pour l'y amener, le moment de l'abreuvoir, afin que sa franchise trouve immédiatement sa
récompense.

§ 6. — DES CHEVAUX RÉTIFS OU DIFFICILES.

195. La rétiveté d'un cheval peut engendrer une
quantité de dérèglements qu'il importe de maîtriser,
aussi bien pour la conservation de l'animal que pour la
sécurité du cavalier; mais la solution de cette difficulté
réside plutôt dans l'habileté équestre du cavalier que
dans des procédés particuliers applicalbes aux cas très
nombreux ou imprévus qui peuvent surgir.

Cette étude comprend donc seulement des conseils
utiles et dignes d'être médités, mais non des règles
absolues.

196. Des chevaux ignorants. — Lorsqu'un cheval
désobéit par ignorance de ce qui lui est demandé, en
manifestant seulement un certain trouble ou une résistance passive, les connaissances les plus élémentaires
indiquent qu'on doit le rappeler à l'obéissance depuis
le point où son dressage est en défaut, en suivant, à
partir de ce point, la série des exercices indiqués pour
compléter son éducation.

197. Des chevaux peureux. — Lorsqu'un cheval se
dérobe ou se défend à l'aspect d'un objet quelconque,
on doit s'efforcer de le ramener et l'approcher fréquemment de cet objet, sans insister avec ténacité au
moment de la défense, ni le contraindre obstinément à
regarder ou à flairer l'objet. On doit surtout s'abstenir
de toute correction dont la coïncidence avec l'image

qui effraye tendrait encore à augmenter la peur en faisant attribuer les mauvais traitements à l'objet lui-même.

198. Des chevaux mal conformés. — Le cheval mal conformé subit naturellement les conséquences de la faiblesse des organes déshérités, et résiste à l'exécution des mouvements qui font spécialement appel au travail de ces organes. On doit donc éviter les exigences immodérées, qui auraient pour résultat de provoquer des défenses si le cheval est impuissant, ou de ruiner davantage les parties défectueuses si le cheval se soumet.

199. Des chevaux qui pointent ou se cabrent. — Les chevaux s'arrêtent et pointent le plus souvent soit parce qu'ils refusent l'action des jambes, soit parce qu'ils craignent la main.

Cette habitude vicieuse tend d'autant plus facilement à devenir invétérée chez le cheval que le cavalier qui le monte devant, par prudence, cesser toute action des aides au moment où le cheval veut se défendre, ce dernier peut être amené à considérer cette absence des aides comme une récompense de son indocilité. Il en est de même si le cavalier se laisse désarçonner; aussi, lorsque celui-ci doute de sa solidité, il est préférable, dans l'intérêt du dressage, et pour ne pas tirer sur les rênes, de saisir une poignée de crins, sans abandonner les rênes.

Il importe surtout de prévenir le cabrer; le cavalier doit, dans ce but, dès que le cheval tend à s'arrêter pour pointer, le surprendre par l'agitation des jambes contre les flancs, ou des rênes contre l'encolure, de manière à obtenir immédiatement le mouvement progressif qui affaiblit la défense ou la paralyse. Aussitôt que le cheval cède en se portant en avant, il faut éviter de le châtier, mais au contraire le flatter pour l'encourager.

Si ces moyens ne suffisent pas pour prévenir les défenses, et si le cheval se révolte obstinément contre les jambes, il faut lui apprendre à pied à céder à l'action de la cravache; cette action remplit le double but de donner une plus grande facilité pour dominer le cheval et de développer, en quelque sorte, une aide artificielle dont l'emploi est d'un grand secours pour inculquer la connaissance de l'emploi des jambes.

Enfin, les corrections de la chambrière employée d'accord avec les éperons, peuvent servir utilement pour réprimer ces défenses.

200. Des chevaux qui ruent. — Certains chevaux contractent l'habitude de ruer, soit parce que le poids du cavalier est une cause de souffrance pour les reins ou les jarrets, soit parce qu'ils sont chatouilleux et ripostent par cette défense à l'impression désagréable que leur cause le contact des jambes ou de l'éperon.

Dans le premier cas, on peut chercher à fortifier par l'exercice les organes défectueux, et à les soulager pendant le travail en évitant les arrêts subits ou les allures raccourcies, qui réagissent péniblement sur l'arrière-main.

Il est essentiel de rendre le cheval très souple aux actions de la main, afin que la rigidité de l'encolure ne s'oppose pas à la décomposition des allures rétrogrades transmises par le mors.

Si le cheval rue à l'approche des jambes, on amortit cette sensibilité en l'accoutumant peu à peu à les supporter; mais il convient de ne pas s'obstiner outre mesure, sous peine d'accroître les difficultés et de rendre le cheval plus irritable.

Le cavalier a soin, en outre, de chasser vigoureusement le cheval en avant, en faisant usage de la cravache sur les épaules, et de relever brusquement la tête et l'encolure au moment où le cheval médite ou exécute la ruade.

201. Des chevaux irritables. — Les chevaux irritables ressentent plus vivement les impressions communiquées par le cavalier, et il convient de ménager cette susceptibilité, afin de ne pas aigrir le cheval ni le troubler par la crainte. On doit s'efforcer de familiariser le cheval avec les aides en employant la plus grande patience, et de perfectionner son dressage en faisant en sorte de l'amener à obéir sans développer par trop sa sensibilité.

Le cavalier doit agir avec plus de finesse et de modération que sur un cheval froid, et surtout éviter les surprises de main ou de jambes qui exaspèrent le cheval.

Enfin, il est utile de ne pas ajouter à l'irritabilité du cheval la fougue qui serait la conséquence d'un repos trop prolongé.

202. Des chevaux qui s'emportent. — Les chevaux s'emportent sous l'empire de causes très diverses, soit parce qu'ils ont un tempérament trop irritable, soit parce qu'ils sont exaspérés par la brutalité du cavalier qui les monte, soit parce qu'en raison de leur masse ils éprouvent des difficultés à ralentir et que ce ralentissement fait éprouver aux chevaux qui ont l'arrière-main faible ou tarée une souffrance à laquelle ils cherchent à échapper. Enfin, la plupart des chevaux qui ont, pour un motif quelconque, tenté de ce genre de résistance sont encouragés, par la liberté dont ils ont joui pendant ces échappées, à le renouveler.

Pour réprimer ces écarts, le cavalier doit d'abord étudier la cause qui les a provoqués et éviter de la faire naître. Il y parviendra le plus souvent en appliquant exactement les moyens de conduite qui lui ont été enseignés, en évitant de rechercher le cheval et de l'exciter par le désaccord des aides et l'incertitude de l'assiette.

Certains chevaux, lorsqu'on commence à les mettre aux allures vives, s'emportent parce qu'ils sont étourdis par la rapidité de leur allure; il suffit de les exercer suffisamment pour compléter leur éducation.

Ces leçons sont données, autant que possible, dans un manège, afin que le cheval soit plus attentif et qu'il soit éprouvé dans un terrain circonscrit avant d'être livré à un espace plus étendu.

Si le cheval porte au vent, baisser la main en tirant sur les rênes.

Si le cheval s'encapuchonne, le relever brusquement, au moyen de la bride ou en sciant du bridon.

Si le cheval a les barres offensées au point d'avoir perdu toute sensibilité, il faut avoir recours au filet.

Si, malgré toute la vigilance du cavalier, le cheval persiste à gagner à la main, on a recours à la force pour l'arrêter, en observant les principes suivants :

Tirer avec énergie sur les rênes, en portant le corps en arrière et en s'arc-boutant sur les étriers; cesser et renouveler alternativement les mêmes efforts, en évitant de contracter la lassitude.

Lorsque le cavalier se sent impuissant à arrêter le cheval, il doit chercher seulement à le diriger s'il a du champ devant lui, ou à le mettre en cercle, si le terrain le permet.

203. Observations générales. — Le cheval est rarement doué d'instincts vicieux qui le portent à être rétif, mais il apprend vite à résister lorsqu'il est monté par un cavalier qui le craint ou le maltraite. Certains chevaux cherchent à tâter leur cavalier; lorsque celui-ci n'ose pas réprimer leurs caprices, ils sentent que l'homme a peur et n'est pas le plus fort, et dès lors tout ce qu'on cède à l'animal ne fait qu'encourager ses défenses.

Les mauvais traitements infligés sans discernement ont également les conséquences les plus funestes, car le cheval, ignorant la cause des châtiments qu'il reçoit, ainsi que les moyens d'y échapper, témoigne une appréhension constante, cherche à secouer le joug, et enfin contracte l'habitude de se révolter et d'entreprendre une lutte dans laquelle le cavalier n'est pas toujours victorieux.

Enfin, l'impuissance du cheval à répondre à des exigences ou à comprendre des actions auxquelles il n'a pas été suffisamment initié, engendre souvent des désordres qui dégénèrent en défenses sérieuses et difficiles à réprimer.

En un mot, le talent du cavalier consiste beaucoup plus dans l'art de prévenir les défenses du cheval que dans la puissance capable de les maîtriser, et le cachet d'une saine expérience réside surtout dans l'aptitude à éluder toutes les occasions susceptibles de provoquer une lutte entre le cavalier et sa monture.

CHAPITRE V.

DRESSAGE DES MULETS DE BAT.

201. Autant que possible, on ne doit prendre pour les transports à dos que des mulets bien conformés, à rein court et près de terre, qui n'aient pas moins de cinq ans et dont la taille soit comprise entre $1^m,45$ et $1^m,55$.

Les mulets à dos ensellé ou à rein long peuvent rendre de bons services au trait, mais ne font jamais de bons mulets de bât.

Lorsque les mulets arrivent dans les corps, on doit les habituer au bât et au transport des chargements. On commence d'abord à les bâter dans l'écurie même, ayant soin de ne jamais les approcher qu'après les avoir prévenus de la voix. On les habitue en même temps à se laisser bridonner.

Lorsqu'ils se laissent bridonner et bâter, on en réunit un certain nombre que l'on conduit à la promenade sans les charger. On exige que les conducteurs marchent constamment à hauteur de leurs mulets en les tenant par les rênes dégagées de l'encolure.

Lorsque les mulets sont habitués à marcher seuls, on continue les mêmes promenades en les accouplant, et ensuite, en les chargeant d'une manière progressive depuis 40 jusqu'à 150 kilogrammes.

Dans ces promenades, on fait souvent des haltes; mais elles doivent être courtes, et les conducteurs doivent surveiller leurs mulets avec soin pour les empêcher de se coucher et de se rouler.

Le dressage du mulet doit être fait avec beaucoup de douceur et de sagesse. Le mulet est extrêmement sensible aux caresses; il devient promptement rétif et méchant lorsqu'on le maltraite.

205. Mulets difficiles à bâter. — Lorsqu'un mulet fait des difficultés pour se laisser bâter, il faut agir avec douceur pour l'y habituer.

On le fait d'abord bridonner; les rênes sont passées par-dessus l'encolure et la longe est enroulée autour du cou. Un conducteur se place devant le mulet, le tient avec la main droite par les rênes du bridon, à 10 centimètres de la bouche, les ongles en dessous, caresse de la main gauche le front du mulet et peut même le gratter pour le mettre en confiance.

Un autre conducteur, portant un bât, s'approche du mulet en le lui faisant voir et flairer, prévient l'animal de la voix en se plaçant à sa gauche, élève progressivement le bât et le pose doucement sur le dos du mulet. Il le fait glisser en arrière avec précaution pour que l'on puisse placer la croupière et l'avaloire.

Le conducteur qui est à la tête du mulet le tient ferme, tout en continuant de le caresser, et baisse ou élève la main, selon qu'il cherche à s'enlever du devant ou du derrière. Lorsque le mulet s'est laissé bâter, on lui donne une poignée d'orge ou d'avoine.

206. Mulets difficiles à charger. — Les mêmes précautions doivent être prises pour les animaux se laissant charger difficilement. Le mulet est tenu comme il vient d'être expliqué, et deux conducteurs bien exercés posent doucement et en même temps les deux chargements sur le bât, en prévenant le mulet de la voix. Le conducteur qui tient le mulet, tout en le caressant de la main gauche, l'empêche avec la main droite de s'enlever du devant ou de ruer, de se porter en avant ou de reculer ; lorsque le mulet est chargé, on lui donne une poignée d'orge ou d'avoine, et l'on prend les mêmes précautions pour le décharger.

Dans aucun cas, on ne doit crier ou avoir recours aux mauvais traitements; on n'obtiendrait d'autre résultat que de rendre le mulet rétif ou méchant pour l'homme.

CHAPITRE VI.

PRÉSENTER UN CHEVAL, L'ATTACHER, LUI TENIR LE PIED.

§ 1. — MANIÈRE DE PRÉSENTER UN CHEVAL.

207. Amener le cheval en tenant les rênes du bridon avec la main droite, à 15 centimètres de la bouche du cheval, les ongles en dessous, la main haute et ferme pour empêcher le cheval de sauter, la main gauche tenant l'extrémité des rênes du bridon.

Se diriger de manière à passer à 4 mètres devant la personne à qui le cheval est présenté.

Quand on est à sa hauteur, s'arrêter, exécuter un

demi-tour à droite sur la pointe du pied droit, de manière à se placer devant le cheval, lui faisant face ; prendre ensuite dans la main gauche la partie de la rêne droite qui était dans la main droite, et tenant les poignets élevés, placer le cheval bien droit, la tête haute.

A l'indication : *Marchez*, reprendre la rêne droite dans la main droite, se replacer face en tête par un demi-tour à gauche sur la pointe du pied droit, et se mettre en mouvement au pas, marchant droit devant soi, sans regarder le cheval, auquel on laisse la liberté nécessaire en faisant au besoin glisser plus ou moins les rênes dans la main droite.

A l'indication : *Au trot*, marcher au pas gymnastique, déterminer progressivement le cheval à prendre le trot et s'efforcer de courir assez vite pour lui permettre d'allonger librement ses foulées.

A l'indication : *Demi-tour*, exécuter avec le cheval un demi-tour à droite au pas, revenir à l'allure prescrite et passer à cette allure devant la personne à qui l'on présente le cheval.

A l'indication : *Arrêtez*, s'arrêter et se placer face au cheval dans la position détaillée plus haut.

Lorsque le cheval hésite à se porter en avant, il ne faut pas se tourner vers lui, ni même le regarder, mais l'attirer avec fermeté et sans saccade, en l'encourageant de la voix.

Si, au contraire, le cheval se montre trop ardent, prendre une rêne de chaque main, à 30 centimètres de la bouche du cheval, éloigner les mains l'une de l'autre, et scier du bridon, en se maintenant le plus près possible de l'épaule.

Si le cheval jette ses hanches en dehors, faire prédominer l'action de la rêne du dehors.

Si le cheval résiste au demi-tour à droite, lever vivement la main gauche à hauteur de l'œil du cheval, pour lui faire porter la tête et l'encolure à droite.

Quand le cheval doit être activé, le sous-officier qui tient la chambrière se place toujours du côté où se tient le cavalier qui présente le cheval.

§ 2. — MANIÈRE D'ATTACHER UN CHEVAL.

208. Déboucler la sous-gorge du bridon ;

Introduire dans l'anneau, de dessus en dessous, l'extrémité des rênes, en les tenant à pleine main ;

Les ressaisir au-dessous de l'anneau, également à pleine main ;

Engager la sous-gorge entre les rênes ;

Reboucler la sous-gorge.

Nota. — *Les cavaliers ne doivent jamais, en attachant un cheval, introduire les doigts entre les rênes ; sans* *cette précaution, ils s'exposeraient à des blessures graves, au cas où le cheval tirerait au renard.*

§ 3. — LEVER, TENIR ET POSER A TERRE LE PIED D'UN CHEVAL ; METTRE LES CRAMPONS.

209. 1° **Pied de devant.** — Pour *lever le pied* gauche (droit) de devant, se placer en face de l'épaule du même côté, en regardant le cheval, poser la main droite (gauche) au garrot et glisser la main gauche (droite) le long du membre ; arrivé au paturon, le tirer à soi en exerçant une poussée contre l'épaule, de manière à rejeter le poids du corps sur le membre opposé. Le pied levé, prendre par un demi-tour à droite (gauche) la place qu'on doit occuper pour tenir le pied.

Pour *tenir le pied*, appuyer le genou du cheval sur la cuisse gauche (droite), porter la jambe droite (gauche) en arrière, puis réunir les deux mains sous le paturon.

Si le cheval s'effraye, quitter la position et lui donner confiance par des caresses de la voix et de la main.

En tenant le pied, ne pas s'appuyer sur le cheval et ne pas le faire souffrir en serrant trop le paturon, en élevant le pied outre mesure ou en le portant trop en dehors.

Pour *poser le pied à terre*, le reconduire doucement jusqu'à terre.

210. 2° **Pied de derrière.** — Pour *lever le pied* gauche (droit) de derrière, se placer en face de l'épaule du même côté; poser les deux mains sur le dos, les glisser lentement vers la croupe, en flattant le cheval et en lui parlant; s'il reste tranquille, appuyer la main gauche (droite) sur la hanche, tandis que la main droite (gauche) glisse peu à peu le long du membre en dehors et en arrière jusqu'au paturon. Pousser doucement le cheval de la main gauche (droite) pour rejeter l'appui sur le côté opposé; en même temps, avec la main placée au paturon, avertir l'animal par une légère pression qu'on veut lui lever le pied.

Pour *tenir le pied* ainsi soulevé, se tourner peu à peu à droite (gauche), toucher légèrement avec la cuisse gauche (droite) la jambe du cheval, et l'y appuyer tout à fait si le cheval ne se défend pas. Retirer alors la main appuyée à la hanche pour la porter au paturon, en entourant le jarret avec le bras.

Si le cheval s'effraye, quitter la position, faire face à la hanche en y appuyant une main et donner de la confiance à l'animal en le caressant de la voix et de la main restée libre.

Comme pour le pied de devant, il faut toujours évi-

ter de s'appuyer contre le cheval, de serrer trop le paturon, d'élever outre mesure le pied ou de le porter
trop en dehors.

Pour *poser le pied à terre*, tourner à gauche (droite)
sur le pied droit (gauche), poser la main gauche (droite) sur la hanche du cheval, retirer la jambe gauche
(droite) qu'on rapproche de la droite (gauche) et poser doucement le pied à terre.

METTRE EN PLACE LES CRAMPONS A GLACE.

Lever successivement les pieds du cheval et visser un
crampon dans chacune des quatre mortaises d'attente
de chaque fer.

Pour visser un crampon : débarrasser la mortaise
de la terre ou des corps étrangers qui ont pu s'y introduire, à l'aide de la pointe de la clef; faire disparaître, s'il y a lieu, avec le taraud de la clef, les bavures qui ont pu se former dans la mortaise pendant la
marche; visser un crampon jusqu'à refus, à l'aide d'une
des clefs.

§ 4. — TENIR UN CHEVAL.

211. Lorsqu'un cavalier non monté doit tenir un
cheval, il se conforme à ce qui·est prescrit pour la position du cavalier qui a amené son cheval sur le terrain
(1re partie, n° 184).

Au moment où le cheval doit être monté, le cavalier
exécute un demi-tour à droite sur la pointe du pied
droit, lâche les rênes de filet, qu'il saisit de nouveau
de la main droite du côté droit de la ganache, et, prenant l'étrivière de droite de la main gauche, il pèse sur
elle jusqu'à ce que le cavalier soit en selle.

Il tient le cheval de la même manière lorsque le cavalier doit mettre pied à terre.

Lorsqu'un cavalier montant un cheval de selle reçoit
l'ordre de tenir un autre cheval, il vient se placer à la
gauche de celui-ci en évitant de passer près de sa
croupe.

Sauf ordre contraire, il met pied à terre, se porte à
la tête des deux chevaux, se place entre eux, face en
arrière, saisit les rênes de filet de son cheval avec la
main droite comme il est prescrit pour les rênes de
bridon (1re partie, n° 185) et saisit de la même façon
avec la main gauche les rênes de filet du cheval qu'il
doit tenir.

S'il a reçu l'ordre de rester à cheval, il saisit avec la
main droite la rêne gauche du filet du cheval qu'il
doit tenir (1re partie, n° 313).

CHAPITRE VII.

EXTÉRIEUR DU CHEVAL.

§ 1. — DESCRIPTION SOMMAIRE.

212. Le corps du cheval peut être considéré comme divisé en trois parties : l'avant-main, le corps et l'arrière-main.

L'avant-main comprend les parties du corps du cheval qui se trouvent en avant du cavalier lorsque le cheval est monté : la tête, l'encolure, les épaules, les membres antérieurs.

Le **corps** est la partie du cheval au-dessus de laquelle se trouve le cavalier. Il comprend : le dos, le rein, le ventre, les flancs.

L'arrière-main comprend les parties du cheval situées en arrière du cavalier : la croupe, les membres postérieurs.

§ 2. — NOTIONS SUR LES ROBES.

213. Le mot **robe** s'applique à l'ensemble des poils et des crins qui revêtent la surface du corps du cheval.

Les robes que l'on rencontre le plus communément sont : l'alezan, le bai, le gris.

L'alezan est *d'un seul poil*, dont la couleur peut varier depuis le jaune clair jusqu'au brun foncé; les jambes et les crins sont de la même couleur et parfois plus clairs.

Le *bai* est caractérisé par la couleur noire de la crinière, de la queue et de l'extrémité des membres ; le fond de la robe est d'un seul poil, dont la couleur rougeâtre peut être plus ou moins foncée jusqu'au brun.

Le *gris* est une robe formée de poils blancs et de poils noirs, en mélange plus ou moins régulier.

Les chevaux dont la robe est composée de poils blancs et de poils alezans mélangés sont dits *aubères*. Ceux dont la robe comprend des poils blancs, noirs et alezans sont *rouans*. Ces derniers ont souvent l'extrémité des membres et les crins noirs.

Un cheval est *noir* lorsqu'il a tous les poils et les crins noirs.

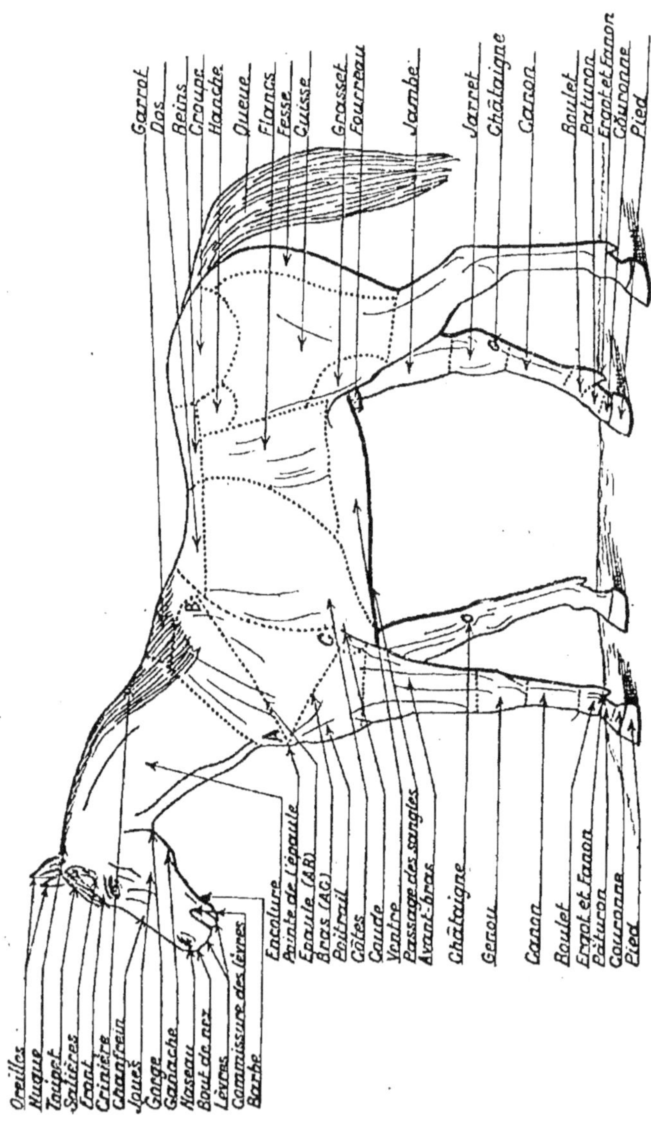

Fig. 24. — *Extérieur du cheval.*

On appelle *rubican* un cheval qui a quelques poils blancs disséminés sur une robe alezane, baie, noire.

On appelle *balzane* une région blanche à l'extrémité d'un membre.

On appelle *en tête* une marque blanche sur le front ou sur le chanfrein.

Le *ladre* est une tache rosée, dépourvue de poils, qui se trouve souvent entre les naseaux, et qui peut se voir également autour des yeux.

§ 3. — NOTIONS SUR LES APLOMBS ET SUR LES TARES.

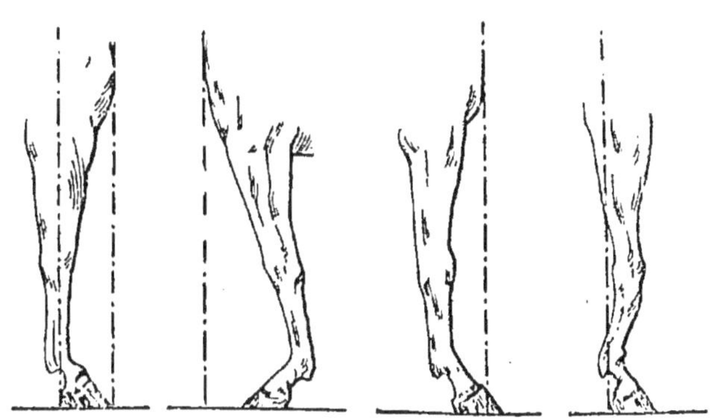

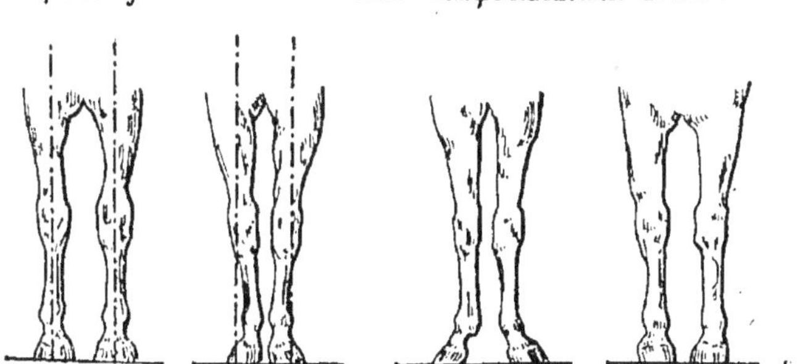

Fig. 25. — Aplombs des membres antérieurs.

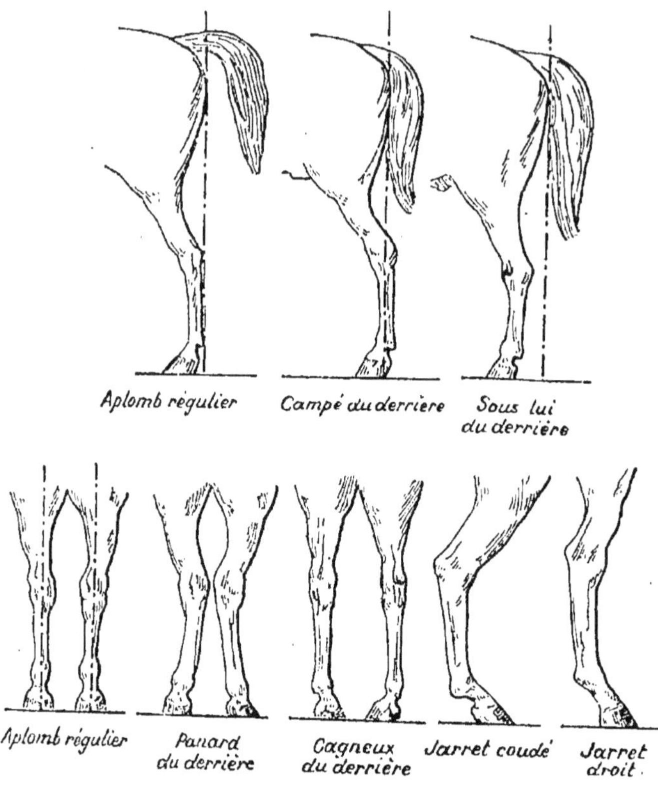

Fig. 26. — *Aplombs des membres postérieurs.*

214. On appelle **tare** une tumeur dure ou molle placée le long des membres du cheval, qui gêne plus ou moins ses mouvements, et souvent le rend boiteux.

Les tumeurs dures ou osseuses sont situées sur les os du cheval ; elles constituent les **tares dures.** Les principales tares dures sont :

Le *suros*, qui se trouve sur l'os du canon, plus souvent en dedans, généralement peu grave ;

La *forme*, qui se trouve sur l'os du paturon ou sur la couronne, ou à leur intersection, toujours très grave ;

La *jarde*, qui se trouve à la partie inférieure et postérieure de la face externe du jarret, généralement peu grave ;

L'*éparvin*, qui se trouve à la partie inférieure de la face interne du jarret (à l'opposé de la jarde), toujours grave.

Les **tares molles** sont des tumeurs se présentant sous forme de petites poches remplies de liquide, de volume variable, placées au pourtour des articulations ou sur le trajet des tendons. Les principales tares molles sont :

La *molette*, qui se trouve à la partie inférieure des membres, sur le pourtour, et au-dessus des boulets ;

Le *ressigon*, qui se trouve sur le jarret ;

Le *capelet*, situé exactement à la pointe du jarret ;

L'*éponge*, à la pointe du coude. (Cette tare résulte des froissements prolongés que le cheval se fait lui-même avec le fer des pieds de devant lorsqu'il est couché.)

Les tares molles sont toujours moins graves que les tares dures.

§ 4. — NOTIONS SUR LE PIED ET LA FERRURE.

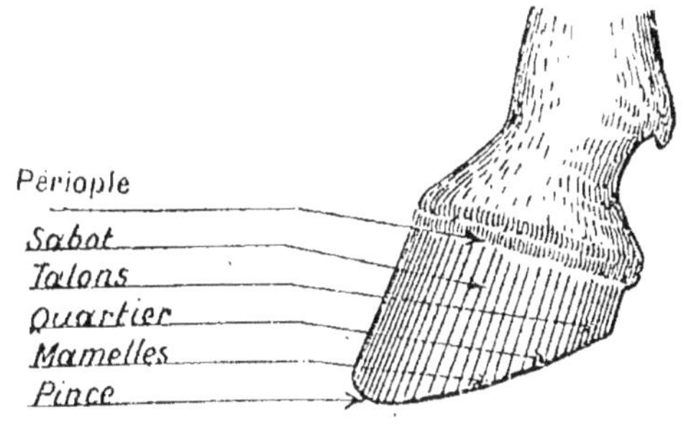

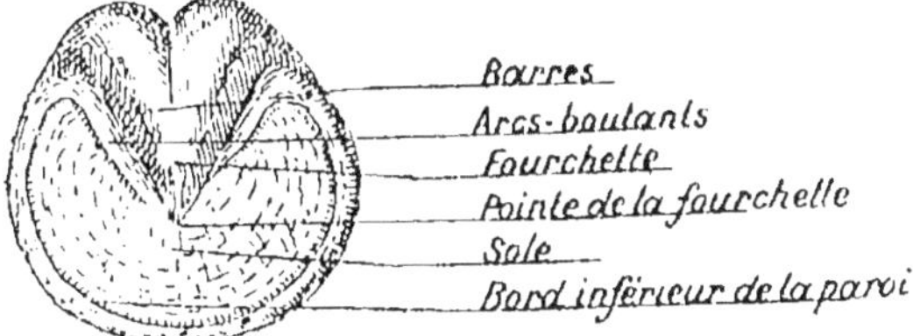

Fig. 27. — Pied du cheval.

215. On ferre les chevaux pour éviter l'usure prématurée du sabot, ce qui les rendrait inutilisables.

Les noms des principales parties du fer correspondent, en général, aux noms des parties du pied sur lesquelles elles s'appliquent.

Le fer a deux *faces*, l'une *supérieure*, qui est en contact avec le bord inférieur de la paroi ; l'autre *inférieure*, qui repose sur le sol; deux *branches* AB, AB' (*externe* et *interne*), deux *rives* (*externe* et *interne*).

Avant de recevoir le fer, le pied subit une préparation qui consiste à assurer son aplomb et son contact parfait avec le fer.

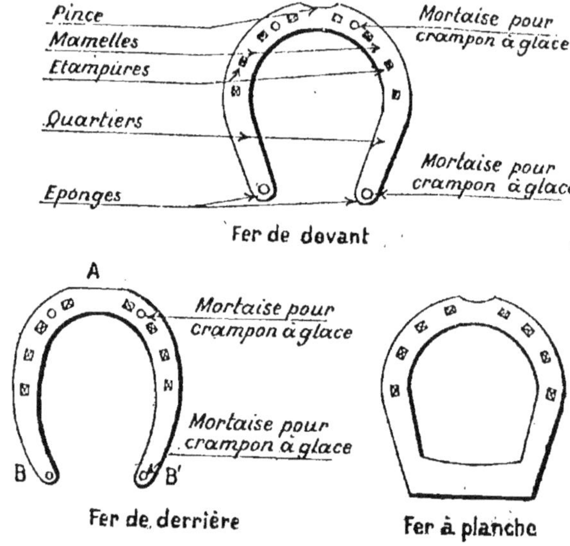

Fig. 28. — *Ferrure*.

On reconnaît qu'un cheval a besoin d'être ferré :

1° Quand le fer est usé ;

2° Quand le pied est trop long.

Un cheval doit être ferré des quatre pieds au moins une fois par mois.

Les *étampures d'attente* qui sont sur le fer, deux en mamelles, deux en talons, servent à y fixer, s'il y a lieu, les *crampons* qui empêchent le cheval de glisser sur le terrain glacé.

CHAPITRE VIII.

SOINS A DONNER AUX ANIMAUX.

§ 1. — ANIMAUX MALADES.

216. Ceux qui sont chargés de la surveillance des animaux doivent connaître les indices par lesquels se traduit chez eux un état maladif. Des soins immédiats peuvent, dans certains cas, enrayer le mal. On reconnaît qu'un cheval ou mulet est malade :

Quand il ne mange pas, ou qu'il mange moins qu'à l'ordinaire ;

Quand il est triste, qu'il porte la tête basse ou se tient éloigné de la mangeoire, au bout de sa longe ;

Quand il tousse, qu'il a la respiration accélérée ;

Quand il s'agite, se tourmente, ou enfin lorsqu'il y a dans sa manière d'être quelque chose d'extraordinaire.

Dès qu'un animal présente un ou plusieurs de ces signes de maladie, il faut : le sortir du rang, l'isoler dans la partie la mieux abritée de l'écurie, le tenir chaudement en le couvrant, lui faire boire de l'eau blanchie avec de la farine d'orge, lui supprimer l'avoine et le foin, ne lui donner à manger que de la paille et du barbotage, ne pas le sortir et le surveiller.

Si la tristesse persiste, si les yeux sont rouges ou pâles, si le flanc est agité et la température du corps élevée ou abaissée, l'animal est gravement malade ; il lui faut les soins du vétérinaire.

Quand l'animal tousse seulement, tout en conservant son appétit et sa gaieté, il faut se borner à le tenir chaudement, ne le sortir que couvert et par le beau temps, ne lui donner à manger que de la paille et du barbotage et, si l'on a un peu de miel à sa disposition, lui en faire avaler une cuillerée ou deux, matin et soir.

Si l'animal est triste, a de la peine à manger, s'il a la bouche chaude et baveuse et rejette des parcelles d'aliments par les naseaux, c'est le signe d'une inflammation de la gorge ; le cas peut devenir très grave ; il y a urgence d'appeler le vétérinaire, et, en attendant, il faut tenir chaudement l'animal, lui envelopper la gorge avec une peau de mouton ou avec toute autre chose capable de maintenir la chaleur dans cette région, et ne lui donner que de l'eau blanchie avec de la farine d'orge.

Lorsque l'animal s'agite, se couche, se roule sur le sol,

se relève pour se recoucher de suite, regarde son flanc, se plaint et se campe comme pour uriner, c'est l'indice qu'il est affecté de coliques ; on doit, jusqu'à l'arrivée du vétérinaire, le faire bouchonner vigoureusement, le bien couvrir, le promener, lui donner quelques lavements tièdes, le réchauffer par des breuvages chauds d'infusion de foin, de plantes aromatiques, de vin ou de bière.

§ 2. — SOINS A DONNER EN ROUTE.

217. Pendant les marches et les manœuvres, l'état des animaux dépend, sauf accident, des soins qui leur sont donnés au gîte et de l'entretien et de l'ajustage du harnachement.

Mesures préparatoires. — Quelques jours avant le départ, on doit faire mettre le harnachement en parfait état, porter son attention sur la qualité des couvertures et sur le rembourrage des panneaux des selles, des sellettes et des bâts et vérifier avec soin l'ajustage du harnachement et particulièrement celui des selles et des bâts.

On exécutera des marches préparatoires qui permettront de reconnaître, par l'examen des animaux, les harnachements qui ont besoin d'être modifiés ou changés.

Soins à l'arrivée au gîte. — Si les animaux sont couverts de poussière, on éponge de suite les yeux, les naseaux, les lèvres, les organes génitaux, l'anus ; on lave les jambes des animaux en ayant soin de ne pas les mouiller au-dessus du genou ou du jarret et de sécher ensuite les paturons avec l'éponge.

Les pieds de chaque animal doivent être l'objet de l'attention constante du cavalier ; celui-ci doit visiter les pieds, s'assurer que le fer n'est ni cassé, ni ébranlé, qu'il ne manque pas de clous, qu'il n'y a pas de corps étrangers dans le pied, que les rivets ne dépassent pas la paroi. Toute négligence dans ces prescriptions peut rendre l'animal boiteux ou tout au moins lui occasionner un surcroît de fatigue ou des blessures aux membres. L'animal risque également de se déferrer en cours de route.

On desselle ou on débâte de suite et l'on déharnache les animaux ; on les masse en frappant légèrement le dos avec la paume de la main sur toute l'étendue de l'emplacement de la selle ou du bât, afin de prévenir les tumeurs. On les bouchonne (1) jusqu'à ce qu'ils soient

---

(1) Dans le cas où les cavaliers ne disposeraient ni de foin ni de paille pour bouchonner leurs chevaux, l'ordre doit être donné de ne desseller que lorsque le dos des chevaux a eu le temps de sécher sous la couverture (environ 1 heure 1/2 après la rentrée aux écuries).

Le même ordre doit être donné par les temps de pluie dans les bivouacs.

secs ; si l'on ne peut arriver à les sécher, on étend sur
eux la couverture en plaçant entre celle-ci et le dos de
l'animal une couche de paille sèche.

Après ce pansage sommaire, qui doit durer environ
une demi-heure, les cavaliers sortent des écuries, où ils
ne doivent pas rentrer avant le pansage du soir, afin de
laisser aux animaux le repos maximum.

Les harnais, les selles et les couvertures doivent être
suspendus et placés dans un endroit couvert. Aussitôt
après avoir dégarni, passer l'éponge humide sur toutes
les parties du harnachement imprégnées de sueur et
souillées par la boue ou la poussière. Lorsque ces soins
ne seront pas suffisants, laver avec l'éponge, essuyer
ensuite et frotter avec une pièce de laine ou de drap,
principalement le corps de bricole pour lui conserver
toute sa souplesse. Exposer les couvertures et les panneaux de selle ou de bât à l'air, lorsqu'ils sont mouillés
ou imprégnés de sueur ; les battre ensuite avec des baguettes pour leur conserver leur souplesse.

Pendant le pansage du soir (1), on examine soigneusement toutes les parties du corps de l'animal qui sont
en contact avec les harnais, en y passant la main. La
moindre tumeur négligée peut mettre un animal hors
de service ; il est donc indispensable d'y porter remède
dès le début, comme il est dit aux numéros suivants.

§ 3. — ANIMAUX BLESSÉS.

218. Si, après avoir enlevé la selle ou le bât, on a
observé une grosseur (*tumeur*) plus ou moins volumi-
neuse, il faut de suite appliquer dessus et maintenir
avec le surfaix une éponge ou même un gazon mouillé
avec de l'eau vinaigrée ou salée, ou rendue astringente
avec un peu d'extrait de Saturne, et, à défaut d'autre
chose, avec de l'eau pure. On entretiendra cette éponge
ou ce gazon constamment humide en l'arrosant souvent
avec le même liquide.

On peut encore faire disparaître ces tumeurs par le
massage ; pour cela, il faut enduire les poils de savon,
afin de les rendre glissants, puis, avec la main, frotter
très longtemps, en appuyant sur la tumeur et toujours
dans le sens des poils. Quand ceux-ci sont secs, il faut
les mouiller de nouveau pour continuer le massage. Si
la fatigue oblige le cavalier à suspendre l'opération, il

---

(1) Voir le service intérieur, article 388.

devra la recommencer un peu plus tard, jusqu'à disparition complète de la tumeur.

Lorsque la blessure est avec *plaie*, il faut l'arroser très souvent avec de l'eau pure, ou mieux avec de l'eau rendue astringente au moyen d'extrait de Saturne, et la couvrir avec de la poudre de charbon.

Les tumeurs ou grosseurs plus ou moins étendues, dures, chaudes, douloureuses, qui se forment au sommet ou sur les côtés du garrot (*mal de garrot*), sur les reins (*mal de rognon*) ou sur les côtés, sont dues, le plus souvent, à un pli de la couverture ou à la trop grande tension de celle-ci sur le garrot ou sur le rein, à un rembourrage inégal des panneaux ou à une liberté de garrot trop étroite ou trop grande. Les tumeurs peuvent être occasionnées par le refroidissement brusque de la peau, lorsque l'animal a été dessellé ou débâté à l'arrivée et n'a pas reçu les soins prescrits.

Il peut encore se former sur les côtes une mortification de la peau, dure, insensible (*cor*). Il faut respecter les cors autant que possible, pour ne pas rendre momentanément les animaux qui en sont atteints inaptes à tout service.

§ 4. — MODIFICATIONS A FAIRE AU HARNACHEMENT POUR EMPÊCHER LES BLESSURES DE S'AGGRAVER.

219. Lorsque les blessures, tumeurs, cors, plaies sont légères, l'animal qui en est atteint n'est pas hors de service, mais il est nécessaire de faire à son harnachement certaines modifications, pour les empêcher de s'aggraver.

Si l'animal se blesse sur le garrot, il faut élever la selle ou le bât par le rembourrage de la partie des panneaux qui ne porte pas sur la blessure ; garnir la partie de la couverture qui frotte sur la blessure d'un morceau de toile cirée dépassant de beaucoup la circonférence de la lésion, et l'enduire avant le travail d'une légère couche de vaseline simple ou boriquée, en la tenant constamment dans le plus grand état de propreté ; placer la selle ou la sellette un peu plus en arrière et réduire, ou au besoin, supprimer momentanément la charge de devant.

Si l'animal se blesse sur les côtes, il faut repousser la matelassure du panneau tout autour de la blessure, de manière à former une chambre au-dessus de celle-ci, et à éviter ainsi tout appui sur la partie malade ; de plus, il faut, comme ci-dessus, garnir la couverture d'un morceau de toile cirée à l'endroit qui repose sur la blessure.

Si l'animal est blessé par la croupière, on desserre celle-ci et on la garnit d'un linge ; si ces précautions ne suffisent pas, on ôte la croupière.

Si l'animal est blessé par les sangles, cela provient

toujours de ce que la selle est trop en avant ou de ce que les sangles sont sèches et dures. Il faut donc, dans ce cas, seller ou bâter plus en arrière, si c'est possible, ou graisser les sangles et les garnir de toile ou d'autres corps doux, tels que peau de mouton, etc.

Si l'animal se blesse à la bouche, on fait cesser la cause de la blessure en modifiant en conséquence l'ajustage de la bride, en supprimant momentanément le mors de bride, etc.

Si l'animal se blesse à la barbe, on entoure la gourmette d'un linge ou d'une peau de mouton, on la double d'une bande de cuir bien souple, et l'on graisse la partie malade.

Le dessus de tête de la bride, lorsque celle-ci est mal ajustée ou que les cuirs sont sales et durs, provoque quelquefois l'apparition, dans la région de la nuque, d'une tumeur (*mal de taupe*) ; il faut alors déplacer le dessus de tête.

Enfin, on arrête l'aggravation des blessures qui se sont produites par les harnais en déplaçant jusqu'à guérison complète la partie des harnais cause de la blessure, de manière à éviter tout contact. Si ce moyen ne peut être employé, il faut faire usage de coussinets en toile rembourrés de crin, d'une consistance moyenne, ou, à défaut de crin, rembourrés de foin ; on en place un seul près de la blessure, ou l'on en met deux, un de chaque côté.

On peut aussi employer un morceau de toile cirée ou de peau de mouton.

Toutes les fois que cela est possible, on doit atteler en sous-verge un porteur ou un cheval de selle blessé par la selle, ou employer comme cheval de selle un cheval de trait blessé par le harnais.

CHAPITRE IX.

DESCRIPTION, MONTAGE, AJUSTAGE ET ENTRETIEN DU HARNACHEMENT.

ARTICLE 1.

DESCRIPTION ET MONTAGE DU HARNACHEMENT DES CHEVAUX.

220. Le harnachement des chevaux du train des équipages militaires comprend le *harnachement du cheval de selle* et le *harnachement du cheval de trait*. La composition de ce dernier varie en raison de la place que le cheval occupe dans l'attelage (porteur ou sous-verge de l'attelage de devant ou de derrière).

Le cheval de selle est garni de manière à pouvoir être attelé accidentellement, si le besoin l'exige.

Le harnachement est divisé ainsi qu'il suit :

1° *Garnitures de tête ;*

2° *Selle,* commune à tous les chevaux montés ;

3° *Harnais d'attelage monté ;*

4° *Harnais pour la conduite en guides à deux chevaux ;*

5° *Harnais pour la conduite en guides à trois chevaux de front ;*

6° *Harnais de limonière ;*

7° *Harnais de circonstance ;*

8° *Harnais pour la voiture-poste dite tilbury.*

§ 1. PARTIES ÉLÉMENTAIRES.

221.   **Anneau.**

Boucle.

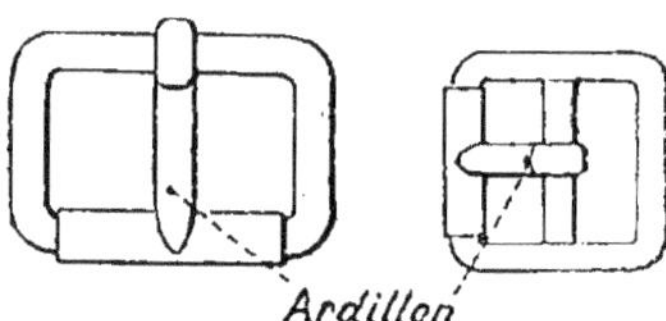

Chape. — Sert à réunir deux pièces, à l'une desquelles elle est fixée à demeure.

La chape est aussi formée d'un morceau de cuir replié sur lui-même ; lorsque la chape en cuir sert à fixer une boucle ou un anneau à une courroie, elle prend le nom d'**enchapure.**

Enchapure.

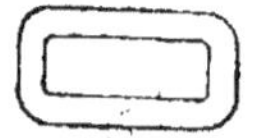

Crampon.   **Maille.**

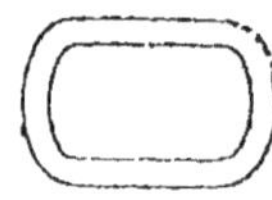

Dé.   **Té.**

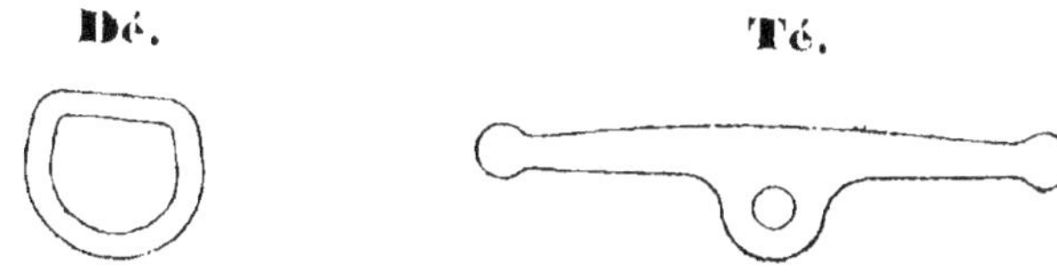

Touret. — Composé de deux parties, le mâle pouvant tourner dans la femelle.

Femelle.

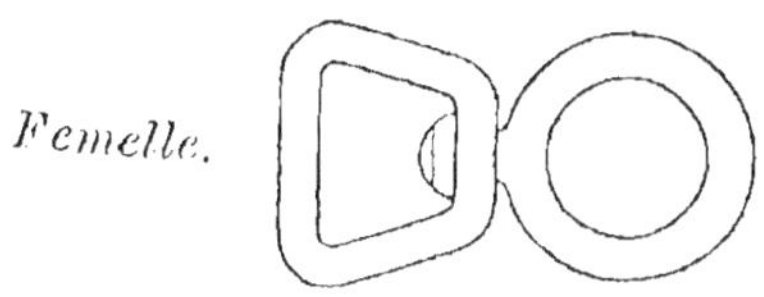

Chair du cuir, côté opposé à celui où se trouvait le poil.

Fleur du cuir, côté de la peau d'où le poil a été enlevé.

Blanchet, pièce de cuir cousue sur une autre pièce de cuir pour lui donner plus de solidité.

Boucleteau, courroie ou partie de courroie qui porte une boucle.

Contre-sanglon, courroie ou partie de courroie qui porte, de distance en distance, des trous destinés à recevoir l'ardillon de la boucle dans laquelle elle doit s'engager.

Feutre, pièce de cuir destinée à atténuer le contact contre le corps du cheval, d'une boucle ou de certaines parties du harnachement.

Passant-coulant, anneau de cuir qui peut se mouvoir le long d'une pièce de cuir et sert à la maintenir contre une autre.

Passant fixe, anneau de cuir, destiné au même usage que le précédent, et fixé entre les deux parties de la courroie qui forment l'enchapure d'une boucle.

Passe, gaine de cuir dans laquelle glisse une courroie.

Épissure, assemblage de deux bouts de corde par l'entrelacement de leurs torons.

Fleuron, ornement de cuivre fixé sur un effet de harnachement.

§ 1. — GARNITURES DE TÊTE.

222. Les garnitures de tête se composent en principe d'une têtière, d'un mors et d'une ou deux paires
de rênes.

Licol d'écurie.

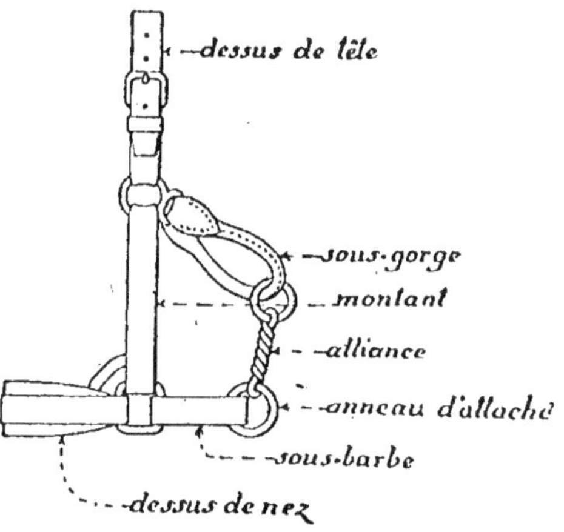

Fig. 29. — Licol d'écurie.

Bridon d'abreuvoir.

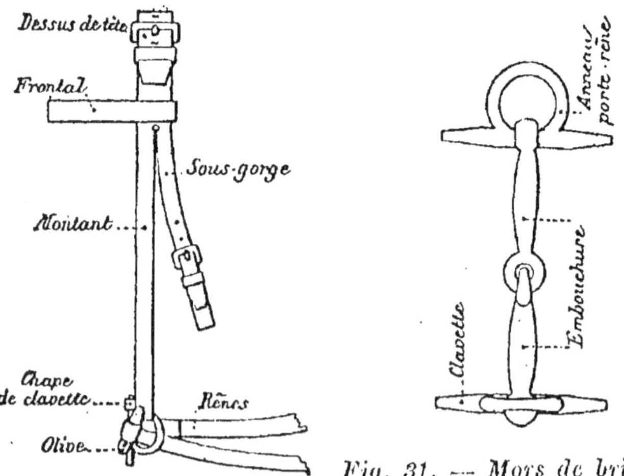

Fig. 30. — Bridon d'abreuvoir.

Fig. 31. — Mors de bridon.

GARNITURE DE TÊTE, MODÈLE 1861.

223.   **Bride de porteur.**

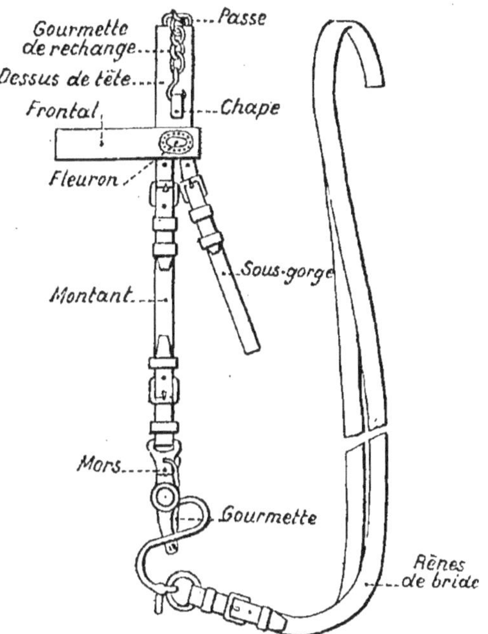

Fig. 32. — Bride de porteur.

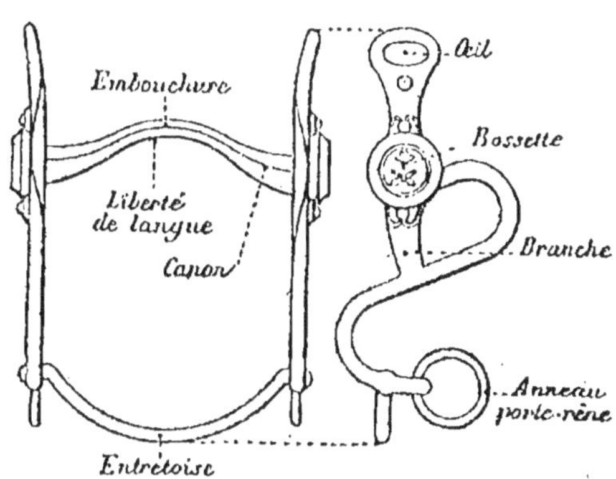

Fig. 33. — Mors de bride.

Bridon-licol de porteur.

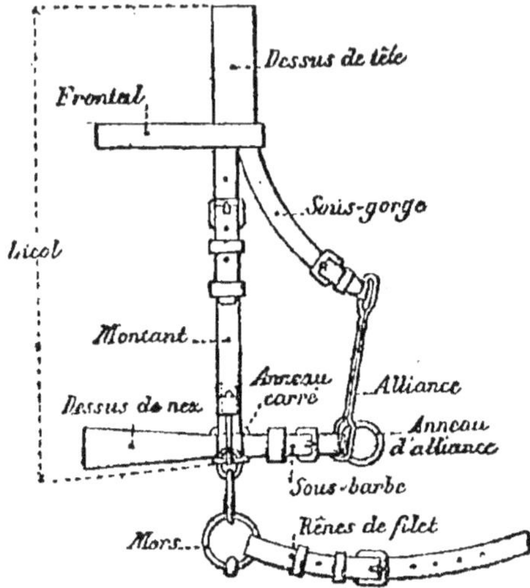

Fig. 34. — Bridon-licol de porteur.

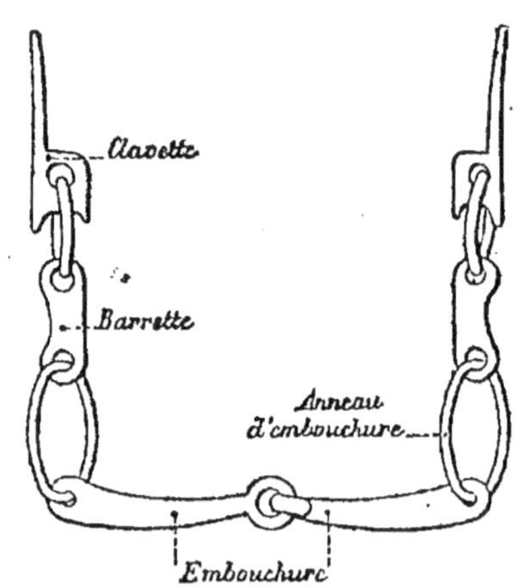

Fig. 35. — Mors de bridon-licol.

La longe en chaîne s'attache à l'anneau d'alliance ;
passer le té dans l'anneau d'alliance, puis dans le premier anneau rond de la chaîne.

Bride-licol de sous-verge.

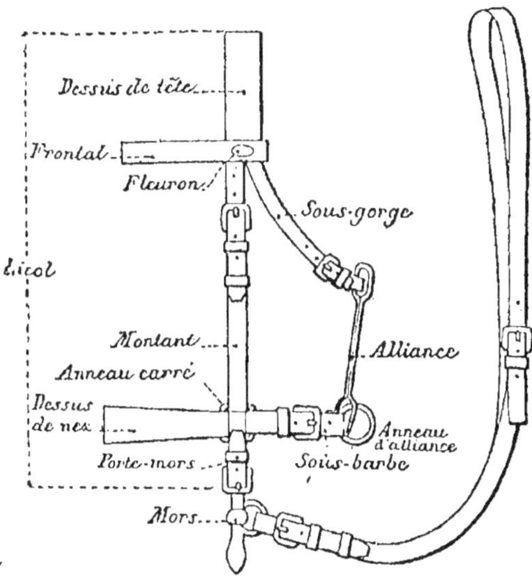

Fig. 36. — Bride-licol de sous-verge.

Mors de sous-verge.

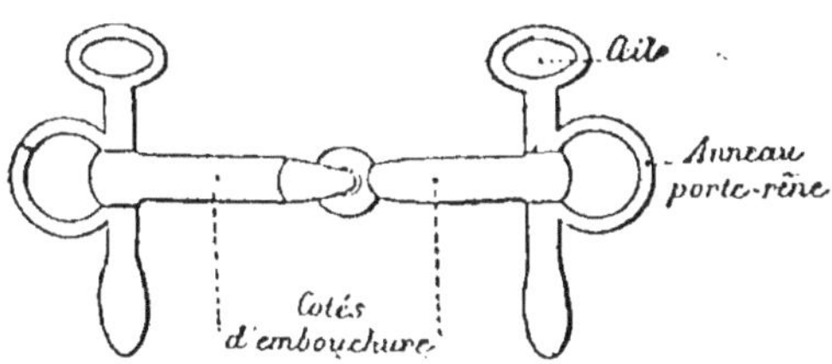

Fig. 37. — Mors de sous-verge.

GARNITURE DE TÊTE, MODÈLE 1874.

224.   **Bride de porteur.**

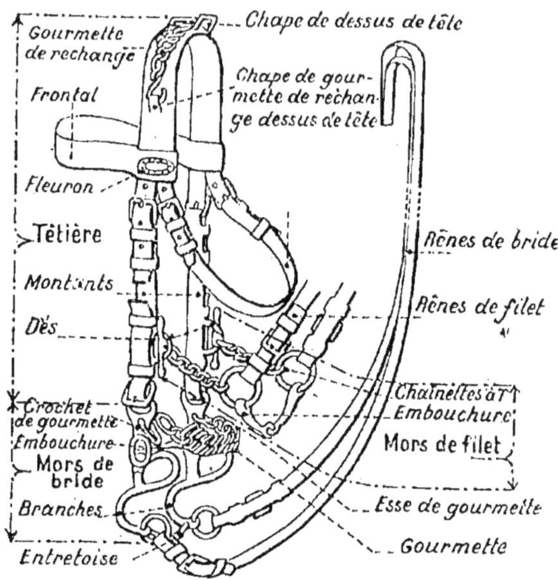

Fig. 38. — Bride de porteur.

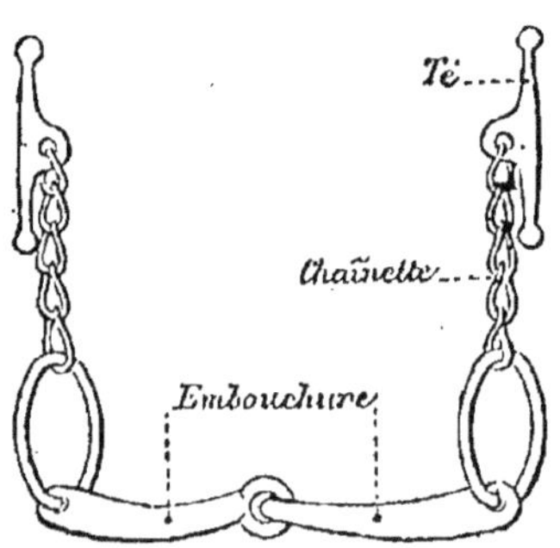

Fig. 39. — Mors de filet.

Pour réunir à la bride le mors de filet, on engage les tés du mors dans les dés des montants, de dedans en dehors, les chaînettes sur leur plat, les parties convexes de l'embouchure en dessous.

Bride de sous-verge.

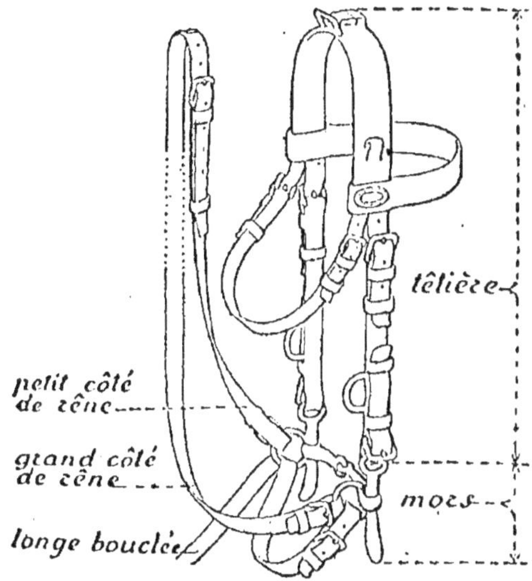

Fig. 40. — Bride de sous-verge.

Collier d'attache.

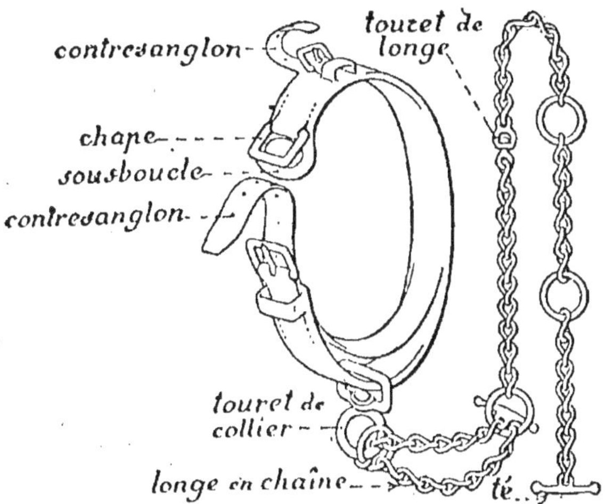

Fig. 41. — Collier d'attache.

Après avoir placé le collier d'attache au cou du cheval, on engage le contre-sanglon dans la sous-boucle et dans la chape, puis on boucle.

Pour fixer la longe en chaîne au collier, engager l'un

de ses tés dans le touret du collier, et le passer dans le premier, puis dans le deuxième anneau rond de la chaîne.

§ 2. — SELLE.

225.   **Corps de la selle.**

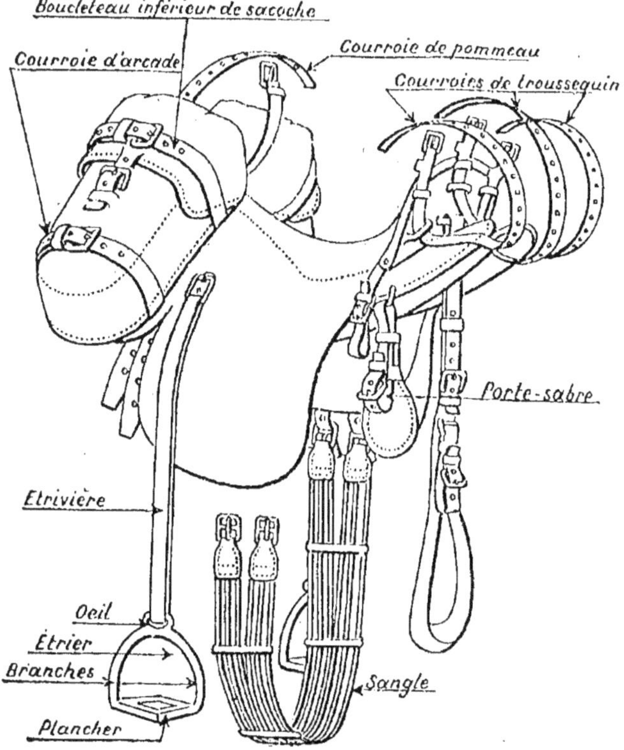

Fig. 42. — Selle montée (selle d'homme de cadre).

Le corps de la selle renferme à l'intérieur une charpente en bois nommé *arçon*.

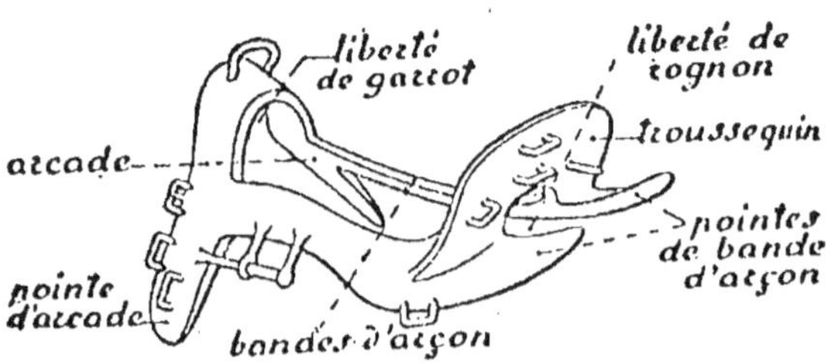

Fig. 43. — Arçon.

Il est recouvert par des parties en cuir dont les principales sont : le *siège*, les *quartiers*, les *faux-quartiers*.

(1)

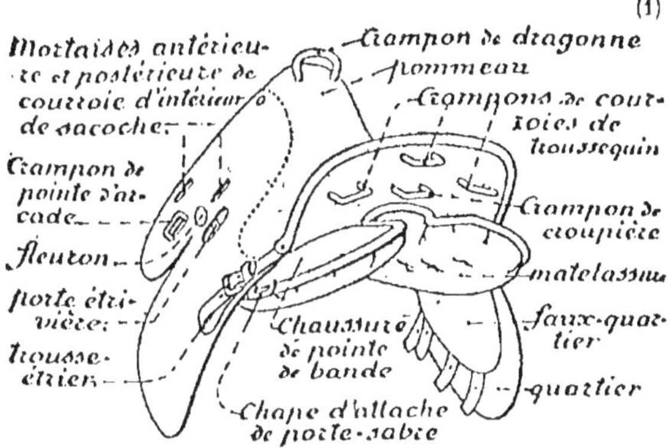

Fig. 44. — Selle vue par derrière.

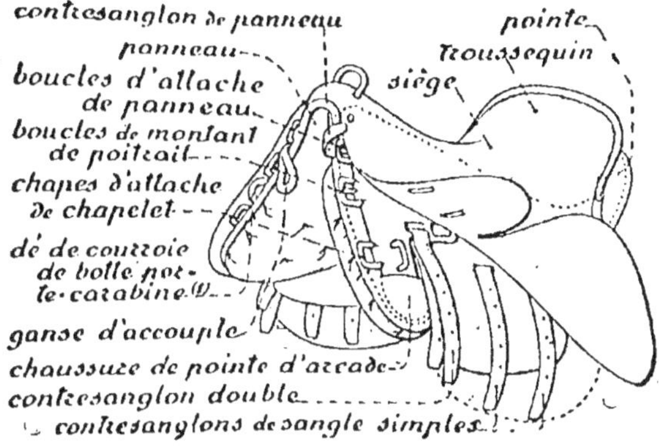

Fig. 45. — Selle vue par devant.

Panneaux.

Les panneaux se fixent sous la selle au moyen de deux *chaussures de pointe de bande*, de deux *chaussures de pointe d'arcade* et de deux *contre-sanglons de panneau*.

---

(1) Le crampon de dragonne sera remplacé par un dé de pommeau.

Paire de sacoches.

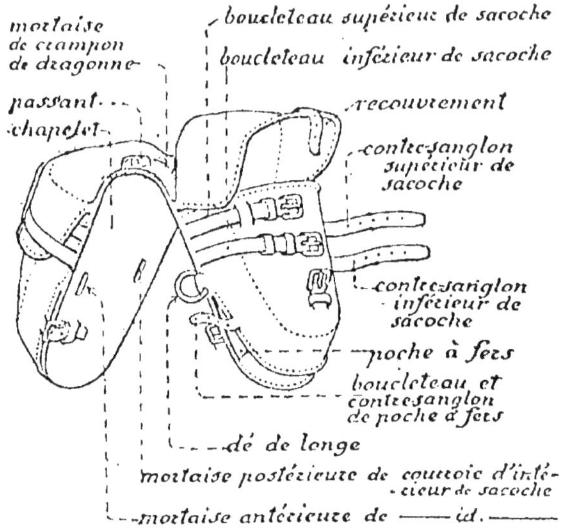

Fig. 46. — Paire de sacoches.

Sangle.

La sangle est en tresse. (*Voir fig. 42.*) Pour certains chevaux de taille exceptionnelle, on adapte à la sangle deux *courroies d'allongement.*

Étrier (*Voir fig. 42*).

L'étrier est suspendu à la selle par une étrivière.

Porte-sabre.

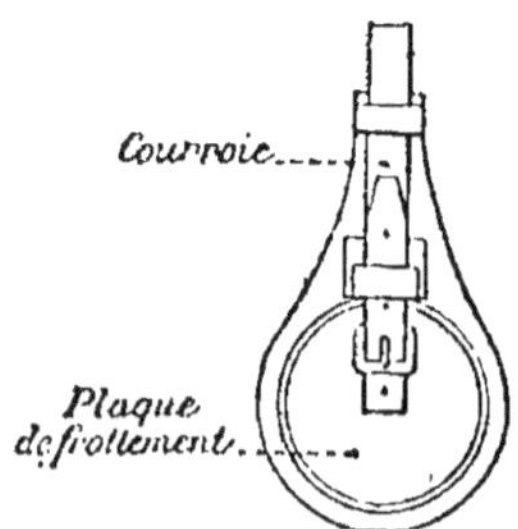

Fig. 47. — Porte-sabre.

Botte porte-carabine.

La botte porte-carabine se compose de : un *corps*, dans lequel on engage le bout du canon de la carabine ; une *courroie de crosse*, qui sert à maintenir l'arme appliquée contre la selle.

Couverture, surfaix de couverture.

Lorsque le cheval n'est pas sellé, la *couverture* se fixe sur son dos au moyen du *surfaix de couverture*, formé d'une sangle munie d'une boucle, d'un contre-sanglon et d'une passe.

Courroies de paquetage.

Les courroies de paquetage servent à arrimer différents effets à l'extérieur de la selle ; elles sont au nombre de 6, savoir : 1 courroie de pommeau, 2 courroies d'arcade et 3 courroies de troussequin.

Bissac.

Le bissac est destiné à porter l'avoine et divers objets sur la selle (ou sur la sellette du sous-verge).

Il se compose de deux poches, recouvertes par deux patelettes et réunies par deux sangles, une fixe et une libre.

Poitrail de cheval de selle.

Le poitrail de cheval de selle (*fig. 48*) comprend :
1 corps de poitrail ;

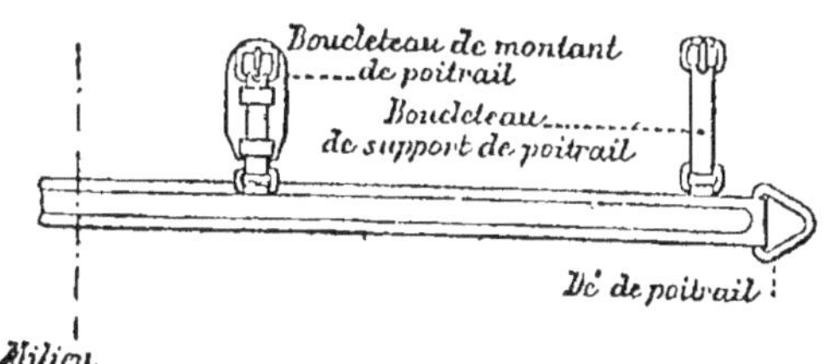

Fig. 48. — Corps de poitrail.

2 montants de poitrail.
Les boucleteaux de support s'attachent aux contre-sanglons de derrière de la selle.

Les montants de poitrail s'attachent, d'une part,

aux boucleteaux de montant de poitrail ; d'autre part,
aux boucles de montant de poitrail de la selle.

Le *trait de cheval de selle* porte à une extrémité une
maille de bout de trait servant à atteler, et à l'autre,
une ganse servant à fixer le trait au dé de poitrail par
un nœud coulant.

Croupière de porteur.

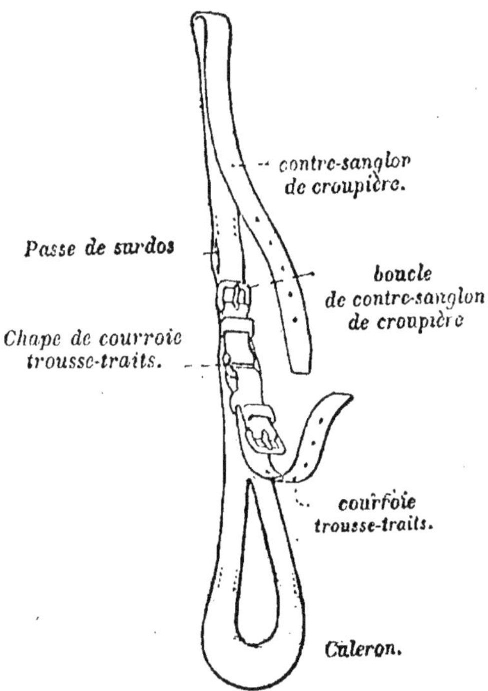

Fig. 49. — Croupière.

Monter la selle (1).

226. Panneaux. — Engager les pointes de bande,
puis celles d'arcade, dans les chaussures correspondan-
tes portées par les panneaux, et fixer les contre-sanglons aux boucles d'attache portées par le devant de
l'arcade.

---

(1) Les différentes pièces du harnachement sont supposées placées sur
le cheval.

Les expressions : avant, arrière, droite, gauche, dessus, s'appliquent
aux côtés correspondants du cheval; interne s'entend de la partie du
harnachement qui touche le corps du cheval; externe de la face opposée.

Les contre-sanglons, après avoir été bouclés, doivent toujours être
arrêtés dans les passants destinés à les recevoir.

Les mêmes observations s'appliquent aux détails : monter la bricole,
monter la sellette, le colleron, l'avaloire, la plate-longe, le surdos, etc.

Sacoches. — Placer les sacoches, les ouvertures des poches à fers en avant, sur la partie antérieure de la selle, en engageant le dé de pommeau dans la mortaise du chapelet. Fixer ensuite la partie inférieure des sacoches à l'aide des courroies d'intérieur de sacoche. A cet effet, engager chacune de ces courroies par son bout libre, la chair en dessus, de dedans en dehors, dans la mortaise arrière du chapelet, puis successivement dans la mortaise arrière du quartier, dans la chape d'attache de ce chapelet, dans la mortaise avant du quartier, enfin dans la mortaise avant du chapelet, et boucler la courroie dans l'intérieur de la sacoche.

Porte-sabre. — Engager la courroie du porte-sabre dans le passant supérieur de la plaque de frottement, de bas en haut, la fleur en dehors ; la passer dans la chape d'attache de porte-sabre de dessus en dessous, puis dans les deux passants de la plaque, et boucler.

Sangle. — Boucler la sangle à droite aux deux contre-sanglons simples (1).

Étrivières. — Engager le bout libre de l'étrivière, la chair en dessus, dans l'œil de l'étrier, puis dans le porte-étrivière, de dessous en dessus, à travers la mortaise du quartier, la chair en dehors ; entourer le rouleau ; boucler l'étrivière et engager le bout libre au-dessous de la traverse de la boucle, de manière à le placer entre les deux cuirs de l'étrivière ; remonter la boucle jusqu'au porte-étrivière et relever l'étrier.

Courroies de paquetage. — Engager la courroie de pommeau par son bout libre, la chair en dessus, d'arrière en avant dans le crampon de dragonne et dans le passant fixe du chapelet.

Engager de même les courroies d'arcade d'avant en arrière, dans les crampons de pointe d'arcade, au-dessus du quartier et en dessous du chapelet.

Passer les courroies de troussequin, la fleur contre le troussequin et la boucle en dessus dans leurs crampons (2).

Poitrail de cheval de selle. — Relier les montants de poitrail à la selle, en les bouclant par celui de leurs bouts qui porte plusieurs trous d'ardillon, à la boucle correspondante fixée à la partie antérieure de la selle. Boucler l'autre bout de chaque montant au boucleteau correspondant du poitrail, en l'engageant d'abord dans la mortaise pratiquée à la partie supérieure du feutre.

Fixer les boucleteaux de support de poitrail au con-

---

(1) Cette règle n'est pas absolue.
(2) Ces courroies servent à fixer le manteau sur la selle.

tre-sanglon simple d'arrière de la selle et relever les traits en les suspendant par la maille de bout de trait au trousse-étrier correspondant.

Croupière de porteur. — La croupière étant placée la boucle en dessus, introduire le contre-sanglon de dessous en dessus dans le crampon de croupière, le rabattre et le boucler.

Courroie trousse-traits. — L'introduire de dessus en dessous dans sa chape, la boucle en dessus et en arrière ; engager le bout libre dans le passant fixe du dessous, puis boucler la courroie.

Botte porte-carabine. — Engager le contre-sanglon de la courroie de botte porte-carabine, de dessous en dessus, dans le dé de courroie de botte porte-carabine, fixé au-dessous de la sacoche droite, et boucler le plus près possible du dé.

Engager le contre-sanglon de la courroie de crosse d'arrière en avant, la fleur du cuir en dessous, dans la chape mobile, par-dessus le chapelet ; tirer sur le contre-sanglon après l'avoir passé dans le passant fixe de la courroie qui se trouve du côté de la chair.

Pour placer l'arme, engager le bout du canon dans le corps de la botte, la bretelle en dessous et débouclée, ramener la crosse en arrière, l'enrouler par deux tours de la courroie de crosse et boucler cette courroie.

§ 3. — HARNAIS D'ATTELAGE MONTÉ.

(MODÈLE 1861.)

227.   **Bricole et traits.**

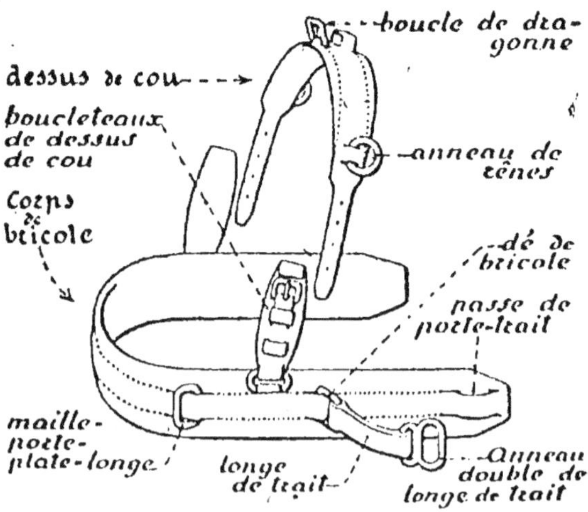

Fig. 50. — Bricole.

Monter la bricole.

Rabattre les deux bouts de la bricole l'un vers l'autre, les extrémités en arrière, le feutre à l'intérieur, les boucleteaux en dessus.

Dessus de cou. — Placer le dessus de cou, le feutre en dessous, la boucle de dragonne en avant ; le boucler aux boucleteaux de dessus de cou, en ayant soin d'engager d'abord les contre-sanglons dans les passants fixes cousus à l'extrémité de chaque boucleteau.

Traits. — Engager les traits dans les anneaux doubles, de dehors en dedans, par le touret de trait, et les placer la partie plate du crochet tournée vers le corps du cheval.

Disposer la rallonge de manière que le passant soit placé vers le milieu de la longueur du cordage ; engager la ganse de l'une des extrémités dans l'anneau à piton de la chaîne de bout de trait et l'arrêter par un nœud coulant ; opérer de la même manière pour fixer la rallonge au touret porté par le trait en cuir.

On obtient ainsi la longueur du trait de devant.

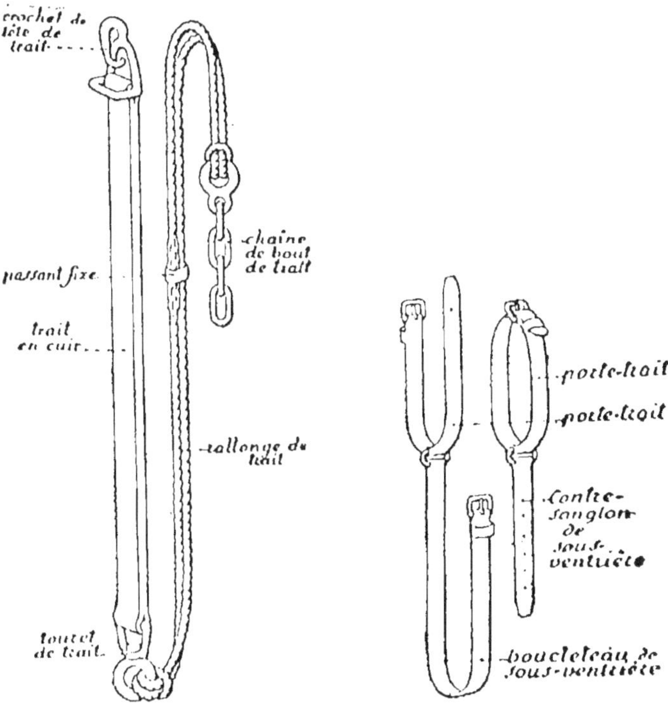

Fig. 51. — Trait.   Fig. 52. — Sous-ventrière.

Sous-ventrière. — Disposer la sous-ventrière, le boucleteau à droite et le contre-sanglon à gauche. A cet effet, engager le bout libre du porte-trait, la chair en dehors, de dessous en dessus, dans la passe de porte-trait de la bricole en entourant le trait, le boucler et le rabattre dans le passant fixe.

Sellette de sous-verge.

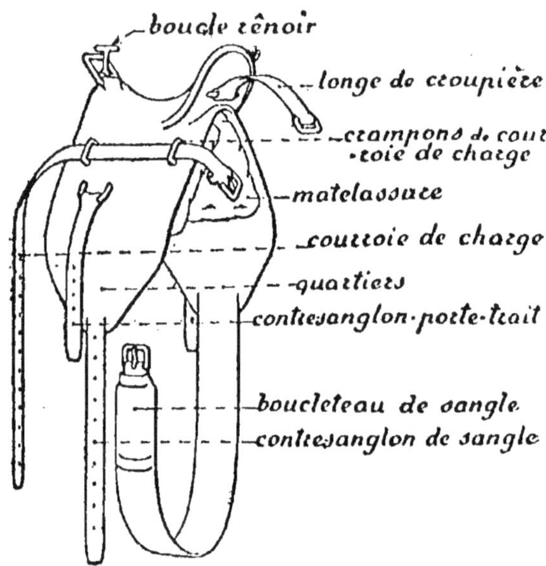

Fig. 53. — Sellette.

Sur la sellette sont fixées les deux *poches à fers*, réunies par un chapelet, et portant chacune en dessous une passe de courroie de charge.

La sellette comprend deux *courroies de charge* et une *courroie de paquetage*.

Monter la sellette.

Placer les poches à fers en travers de la sellette, l'ouverture en dessus. Engager chacune des courroies de charge d'arrière en avant, par le bout libre, la chair en dessus, dans le crampon postérieur de son côté, dans la passe de la poche, puis dans le crampon antérieur ; la passer ensuite d'arrière en avant sous le chapelet, au-dessus de la poche, et la boucler par-dessus la poche.

Disposer la croupière comme il a été dit pour la

selle, en engageant le contre-sanglon de croupière dans la chape de la longe de croupière. Placer la courroie trousse-traits comme il a été dit pour la selle.

Surdos.

(Chevaux de devant.)

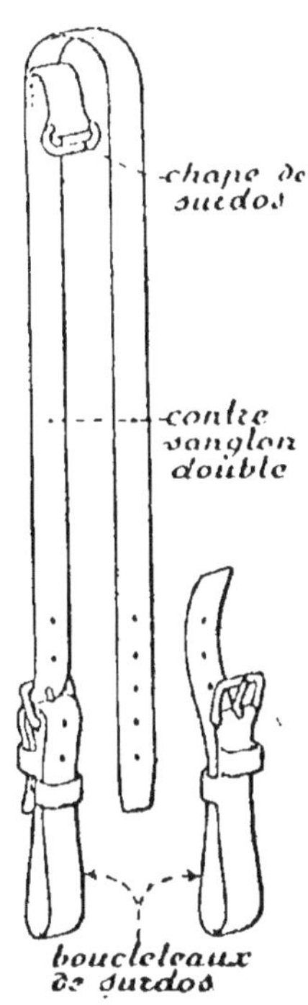

Fig. 54. — Surdos.

Monter le surdos.

Placer le surdos à plat, la chape en dessous et à gauche ; engager la chape de droite à gauche dans la passe de surdos de la croupière ; faire passer le contre-sanglon libre du surdos entre les deux cuirs du contre-sanglon de croupière, et l'engager de dessus en dessous dans la chape.

Entourer chaque trait avec le boucleteau de surdos correspondant, la boucle en haut et en dehors ; engager le bout libre du boucleteau dans le passant de dessous, puis le boucler et le rabattre dans le passant de dessus.

Fixer les contre-sanglons du surdos aux boucleteaux de surdos, en les engageant dans la boucle et dans le passant, par-dessus le bout libre du boucleteau.

Avaloire.

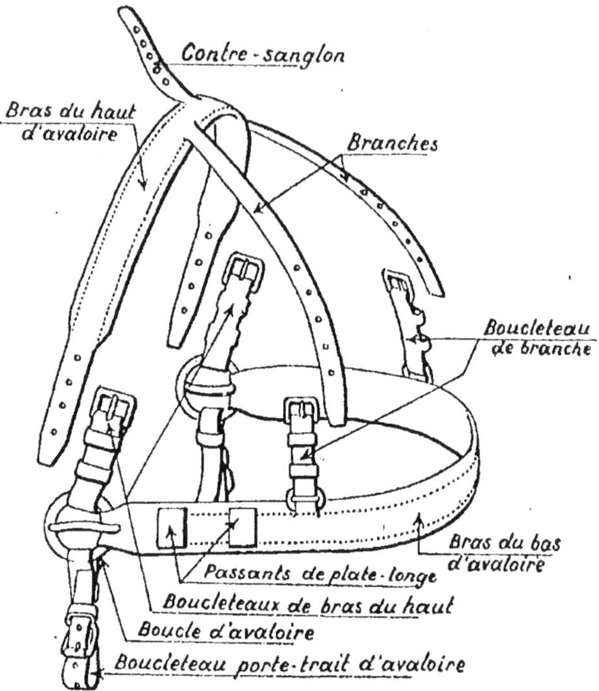

Fig. 55. — Avaloire.

Monter l'avaloire.

Replier l'un vers l'autre les deux bouts de bras du bas, les extrémités en avant, le feutre à l'intérieur, les boucleteaux en dessus; placer le bras du haut à plat, le feutre en dessous, le contre-sanglon en avant; le boucler à ses boucleteaux; boucler les branches à leurs boucleteaux.

Suspendre les boucleteaux porte-traits aux boucles d'avaloire en les disposant la boucle en dehors.

Plate-longe.

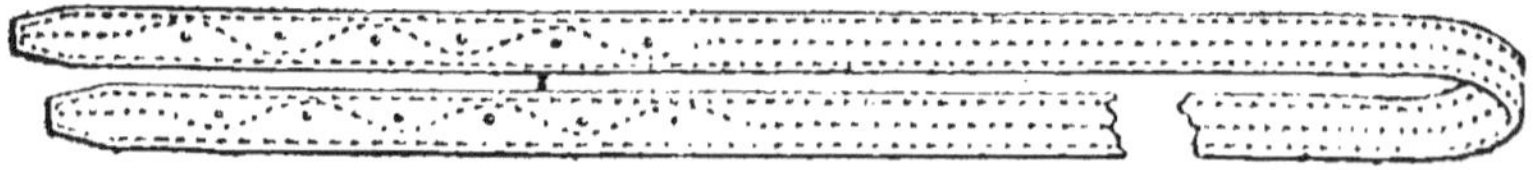

Fig. 56. — Plate-longe.

Monter la plate-longe.

Engager la plate-longe par l'un de ses bouts, d'arrière en avant dans le porte-trait de gauche, entre le trait et la bricole ; la faire passer de dedans en dehors dans le dé de bricole de gauche, puis dans la maille porte-plate-longe du même côté ; l'engager dans l'anneau du *crochet de plate-longe* en disposant le crochet, la pointe du bec en dessus et en avant ; faire passer la plate-longe dans la maille porte-plate-longe de droite, puis, de dehors en dedans, dans le dé de bricole du même côté, et enfin dans le porte-trait de droite, entre le trait et la bricole ; tirer sur la plate-longe, pour la disposer le milieu correspondant au milieu de la bricole, la boucler par ses deux bouts aux boucles d'avaloire.

Fouet de conducteur (1).

Le fouet de conducteur comprend : un *manche* avec *cordon de poignet* et une *accouple*, terminée par une mèche en ficelle.

§ 4. — HARNAIS POUR LA CONDUITE EN GUIDES A DEUX CHEVAUX.

228.

Garniture de tête, modèle 1874.

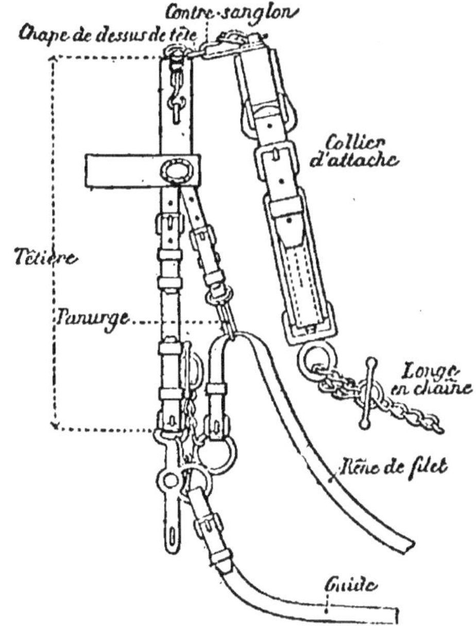

Fig. 57. — Garniture de tête pour la conduite en guides.

(1) Effet de petit équipement.

Guide de main.

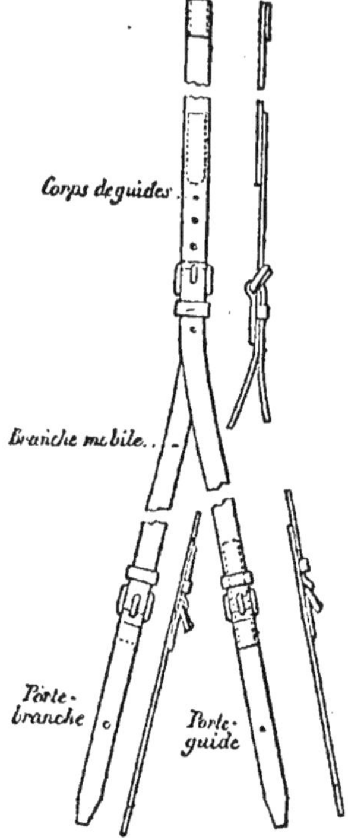

Fig. 58. — Guide de main.

Harnais.

Il comprend : une bricole avec dessus de cou, une paire de traits, une sous-ventrière, une avaloire, une plate-longe légère, une croupière, semblables à ceux des harnais d'attelage ; en outre, pour le porteur, un panneau de porteur (*fig. 59*); pour le sous-verge, une courroie de croupière (*fig. 60*) et un surdos (*fig. 61*).

Le dessus de cou porte en plus une *chape de courroie de croupière.*

Le surdos est un contre-sanglon double dont chaque bout se boucle au porte-trait correspondant de la sous-ventrière.

Pour monter le harnais destiné à la conduite en guides, on se conforme, d'une manière générale, à ce qui a été dit à cet égard pour la selle et le harnais de l'attelage monté.

Fouet.

Il comprend : un *manche* en bois flexible, une *accouple*, une *lanière* et une *mèche*.

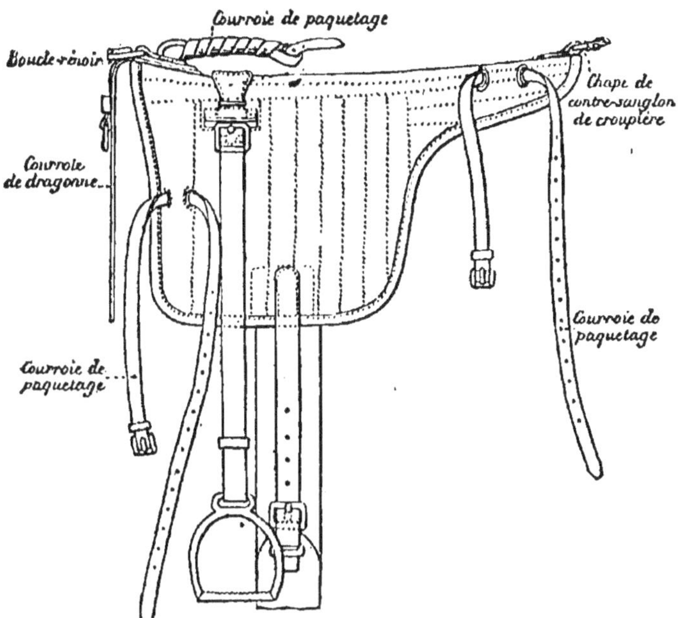

Fig. 59. — *Panneau de porteur.*

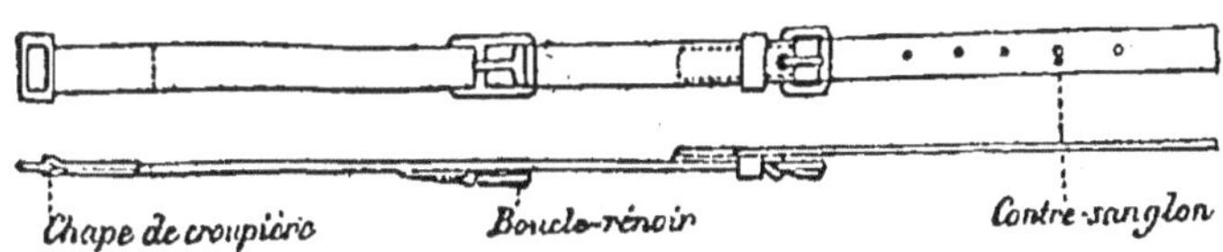

Fig. 60. — *Courroie de croupière.*

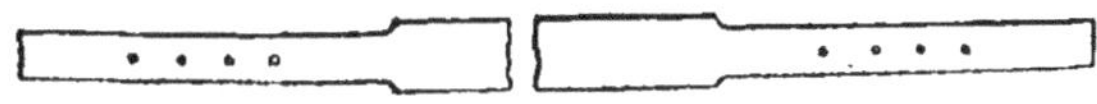

Fig. 61. — *Surdos.*

Harnacher et déharnacher.

Mêmes principes que pour harnacher le sous-verge de derrière de l'attelage monté, avec les différences suivantes : la couverture, pour le porteur, est pliée et placée comme il est prescrit pour le cheval monté ; le panneau, pour le porteur, remplace la sellette et doit être placé sur le dos du cheval, de manière que la couverture en dépasse également les bords antérieur et postérieur ; le sous-verge ne porte pas de couverture et la sellette est remplacée par la courroie de croupière et le surdos.

Les guides, pliées en huit, sont placées en travers sur le panneau du porteur et maintenues par les courroies de paquetage de derrière.

On fixe les traits suivant les principes prescrits pour fixer les traits de derrière dans l'attelage monté.

Brider et débrider.

Pour brider, mêmes principes que pour le sous-verge de l'attelage monté ; la bride étant placée, accrocher la gourmette, déboucler les rênes ; les engager dans les panurges et dans les anneaux du dessus de cou ; les reboucler et les fixer à la boucle-rênoir.

Fixer la longe du porteur dans l'anneau gauche du dessus de cou et celle du sous-verge dans l'anneau droit.

Pour débrider, exécuter les opérations inverses.

§ 5. — HARNAIS POUR LA CONDUITE EN GUIDES A TROIS CHEVAUX DE FRONT (1).

229. Le harnachement des chevaux attelés à trois de front directement à l'avant-train ne diffère du précédent que par les points suivants :

Les trois chevaux sont garnis d'un harnais de derrière de sous-verge à bricole pour la conduite en guides avec plate-longe modèle 1889.

La guide de main comprend :

Un *corps de guide*, dont chaque extrémité porte :
Une *branche externe mobile ;*
Une *branche interne mobile.*

§ 6. — HARNAIS DE LIMONIÈRE.

(MODÈLE 1878.)

230. Le harnais de limonière modèle 1878 est destiné à l'attelage des voitures à deux roues de tous modèles ; il peut aussi servir pour atteler en flèche un deuxième cheval à l'extrémité des bras de limonière ; il suffit pour cela de développer les rallonges de trait.

Une *bride modèle 1874*, munie de panurges et d'un mors à branches droites (*fig. 57*).

---

(1) Attelage du chariot-fourragère et du chariot de parc, modèle 1900.

Une *guide de main* (sans branches mobiles).

Un *harnais de sous-verge de derrière*, modèle 1861, dans lequel on a supprimé la plate-longe, remplacé la sellette par une *sellette spéciale (fig. 62)* et ajouté une *dossière (fig. 63)* et deux *courroies de retraite*.

Un *fouet* pour la conduite en guides.

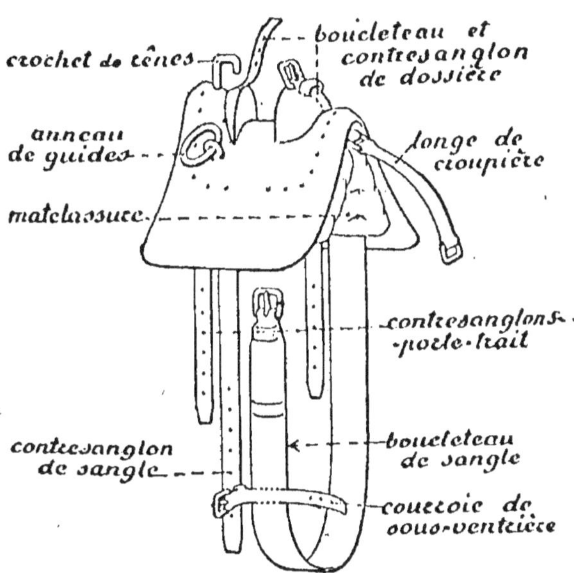

Fig. 62. — Sellette.

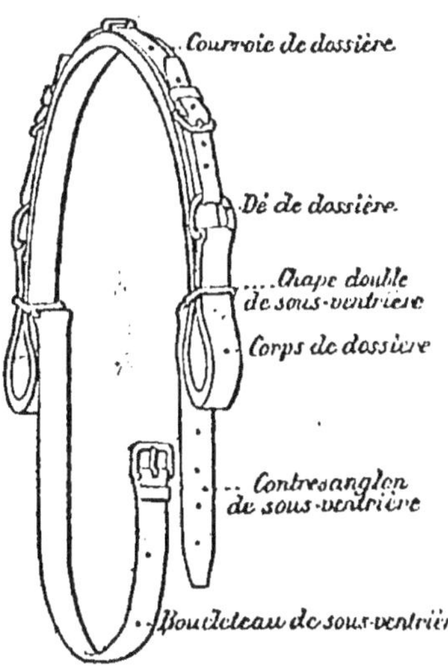

Fig. 63. — Dossière.

Courroies de retraite.

Les courroies de retraite portent chacune une boucle et deux passants fixes. Elles sont engagées dans les boucles de l'avaloire par le passant fixe de dessous.

Pour monter le harnais de limonière, on se conforme, d'une manière générale, à ce qui a été dit à cet égard pour le harnais d'attelage.

§ 7. — HARNAIS DE CIRCONSTANCE.

231. Il existe encore, pour certaines voitures (1) un harnais dit *harnais de circonstance* (2) composé de : une *garniture de tête*, un *harnais à bricole avec avaloire*, une *sellette avec dossière*.

Garniture de tête.

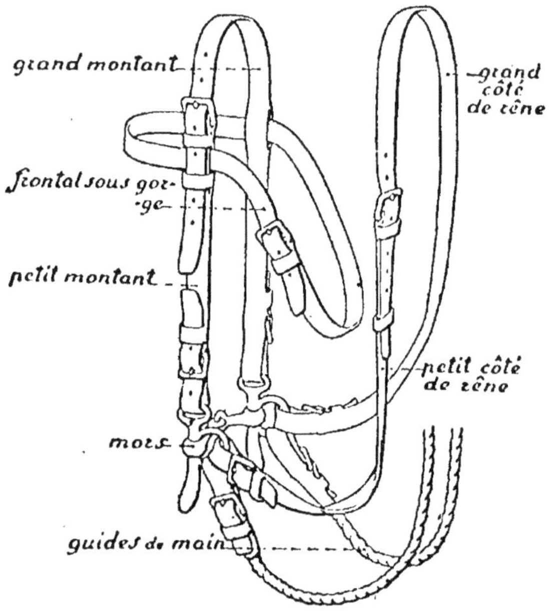

Fig. 64. — Bridon.

Le mors et les rênes sont semblables à ceux de la bride de sous-verge.

---

(1) Voitures médicales, voitures légères d'ambulance.
(2) Ce harnais sera remplacé par le harnais de limonière.

Le collier d'attache (*fig. 65*) est muni d'un *dé* auquel on fixe : 1° une *longe en cordage* ; 2° une *courroie d'agrafe*.

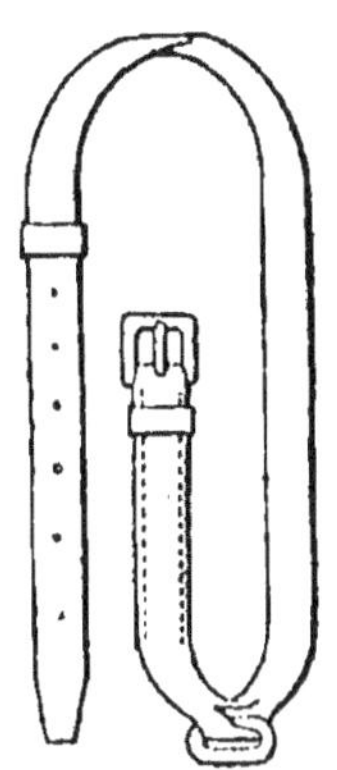

Fig. 65. — Collier d'attache.

Harnais à bricole avec avaloire.

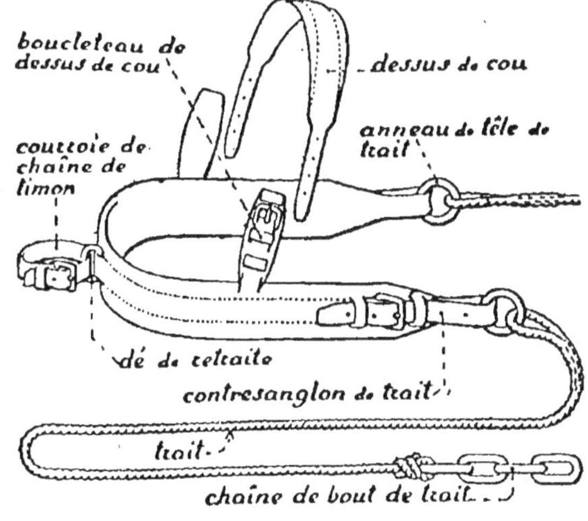

Fig. 66. — Bricole, dessus de cou, courroie de chaîne
de timon et traits.

Lorsqu'on emploie le harnais de circonstance pour la conduite des voitures à timon, on relie l'avaloire à la bricole au moyen des courroies de retraite, de manière à suppléer à l'absence de plate-longe.

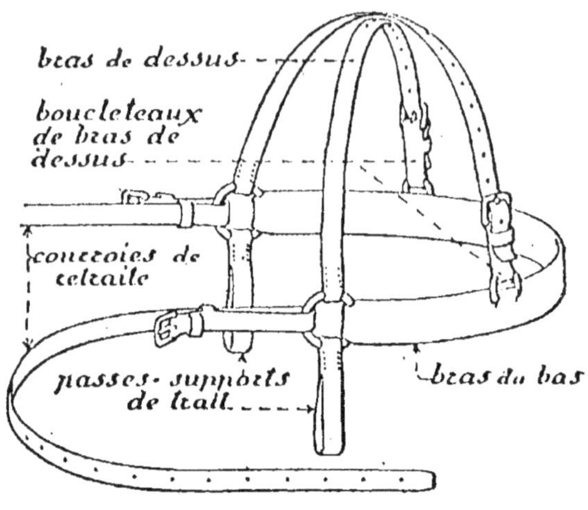

Fig. 67. — Avaloire.

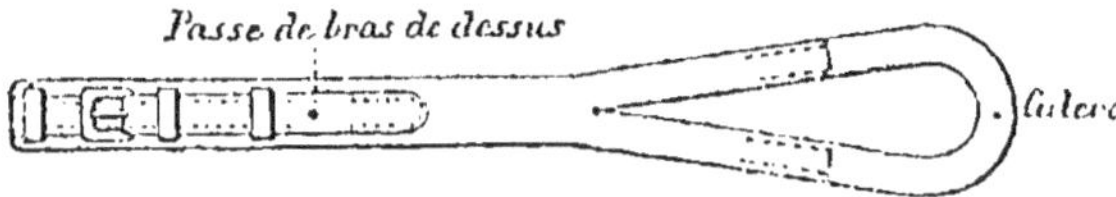

Fig. 68. — Croupière.

Sellette avec dossière.

La *sellette* du harnais de circonstance est à peu près semblable à celle du harnais de limonière (*fig. 69*) ; les

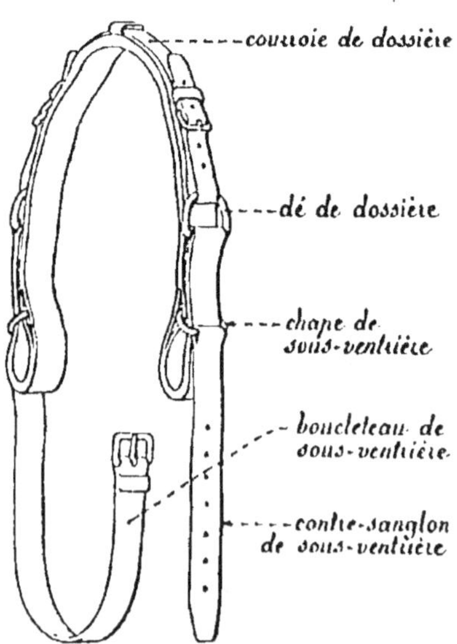

Fig. 69. — Dossière.

contre-sanglons porte-traits sont remplacés par des *supports de bricole* fixés en arrière de la sangle ; la longe de croupière se termine par un contre-sanglon.

La dossière (*fig. 69*) diffère de celle du même harnais par le mode de réunion de la sous-ventrière avec le corps de dossière.

§ 8. — HARNAIS POUR LA VOITURE-POSTE
DITE TILBURY.

232. Le harnais pour la voiture-poste dite tilbury (1) se compose de :

1° Une *bride-licol de sous-verge* modèle 1861 (*fig. 70*) modifiée comme dans le harnais d'attelage en guides (voir n° 228) ; elle est munie de *panurges* et porte un *mors à branches droites*.

2° Une *guide de main* semblable à celle du harnais de limonière modèle 1878.

3° Un *harnais de sous-verge de derrière* modèle 1861, dans lequel on a supprimé la *plate-longe* et les *rallonges de trait*, remplacé les chaînes de bout de trait par des *chaînes* plus longues, la sellette par une *sellette* spéciale *avec dossière* et auquel on a ajouté deux *courroies de retraite* (*fig. 71, 72* et *73*).

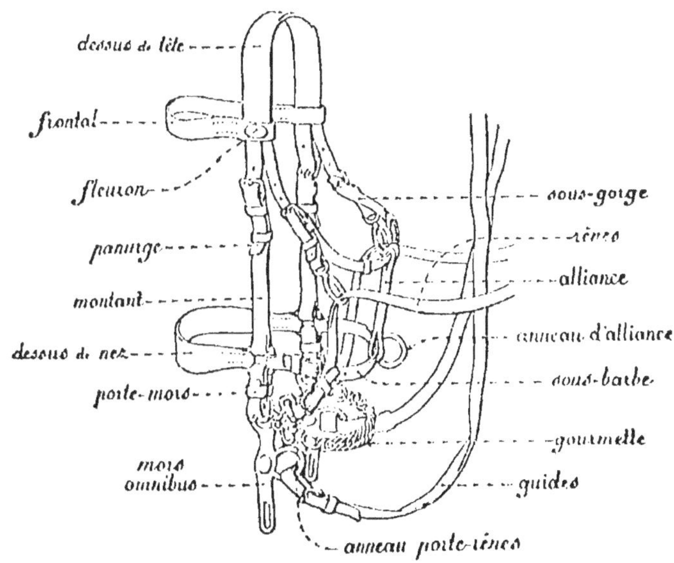

Fig. 70. — Bride-licol.

La sellette est à peu près semblable à celle du harnais de limonière modèle 1878 ; le *boucleteau de sangle* de la

---

(1) Ce harnais sera remplacé par le harnais de limonière.

sellette n'est pas pourvu de courroie de sous-ventrière, mais elle porte en plus une *passe*.

4° Un *fouet*, celui du harnais d'attelage en guides.

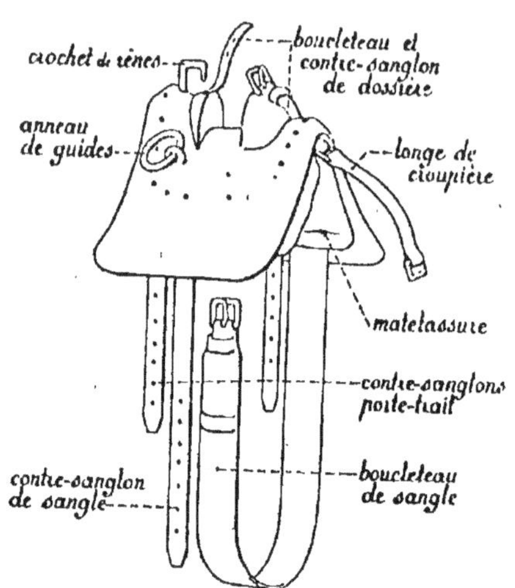

Fig. 71. — *Sellette.*

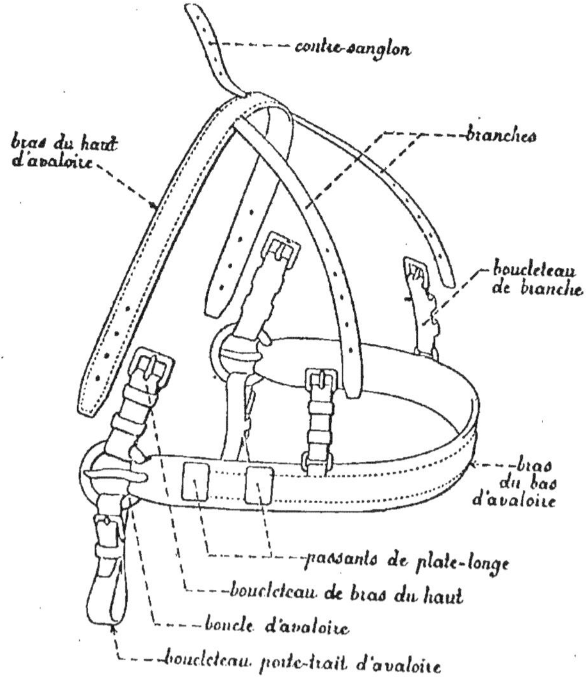

Fig. 72. — *Avaloire.*

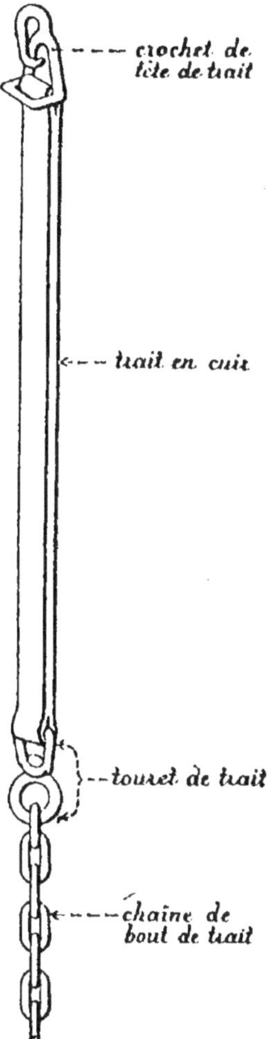

Fig. 73. — Trait.

ARTICLE II.

AJUSTAGE DU HARNACHEMENT.

AJUSTER UNE BRIDE.

233. Le **frontal** doit être ajusté de manière à s'appliquer exactement sur le front du cheval et à maintenir le dessus de tête en arrière des oreilles sans les comprimer.

Les **montants** doivent être ajustés de manière que le mors soit bien placé dans la bouche du cheval.

La **sous-gorge**, sans être trop lâche, ne doit pas être serrée; car alors elle gênerait la respiration du cheval. On doit pouvoir aisément passer la main à plat entre la sous-gorge et la ganache.

Pour que le **mors** soit bien ajusté, il faut :

1° Que les *canons* portent sur les barres (1) sans toucher les dents ;

2° Que l'*embouchure* ne soit ni trop étroite ni trop large et que le haut des branches ne comprime pas les joues ;

3° Que la *gourmette* soit mise à plat et de telle sorte que l'on puisse passer très facilement le doigt entre elle et la barbe.

Si les canons portent plus haut qu'il n'est indiqué, ils agissent sur des parties moins sensibles, et leur effet est amoindri; de plus, le mors du bridon-licol ou du filet comprime la commissure des lèvres et n'a pas le jeu nécessaire à son emploi.

Si les canons portent plus bas, ils butent contre les crochets et gênent le cheval.

Si l'embouchure est trop étroite, les branches plissent les lèvres et peuvent les blesser.

Si l'embouchure est trop large, le contact des canons avec les barres n'est plus assuré et le mors est sujet à basculer d'un côté ou de l'autre.

Si la gourmette n'est pas assez serrée, le mors bascule, les branches se placent dans le prolongement des rênes, le bras de levier disparaît, et le cheval, moins contenu, obéit avec moins de précision.

Si la gourmette est trop serrée, le contact permanent du mors émousse la sensibilité des barres, la barbe est endolorie, le cavalier ne peut graduer l'effet du mors et le cheval devient sourd aux indications qu'il reçoit.

Pour adoucir l'action de la gourmette sur les chevaux qui ont la barbe trop sensible on peut placer un morceau de feutre ou de cuir entre la gourmette et la barbe.

Le *mors de filet* agit sur la commissure des lèvres ; il doit être placé au-dessus de l'embouchure, de manière à ne pas gêner les effets du mors de bride, sans toutefois comprimer la commissure des lèvres.

Le *mors de sous-verge* doit porter sur le milieu des barres. Les *rênes* ne doivent pas être flottantes. La *longe* doit reposer à plat et du côté de la chair sur la barbe du cheval.

Le **collier** (garniture de tête modèle 1874) doit être

---

(1) Les barres s'entendent de la partie libre de dents de la mâchoire inférieure du cheval.

tenu assez lâche pour ne pas gêner la respiration du cheval, et être cependant assez serré pour ne pas permettre au cheval de s'en dégager.

AJUSTER UNE SELLE.

231. Placer la selle sur le dos du cheval sans couverture et sans panneaux, afin de bien voir si elle se rapporte à la conformation du dos du cheval, puis faire monter un homme afin de juger comment la pression se répartit.

Les **bandes,** au moins à deux travers de doigt de la colonne vertébrale, doivent porter bien à plat, sans comprimer les côtes, de manière que la pression se répartisse le plus possible sur l'ensemble et non sur une portion de ces bandes.

L'**arcade** ne doit pas gêner le garrot, soit en le pinçant latéralement, soit en le comprimant dans sa partie supérieure.

Le **troussequin** doit être assez dégagé pour laisser une grande liberté aux reins.

Le **siège** doit être bien tendu, afin que l'homme ne produise pas de pression sur l'épine dorsale du cheval.

Si l'arçon est trop large, les bandes baissent du devant, la pression est irrégulière, l'épine dorsale du cheval peut être touchée.

Si l'arçon est trop étroit, les bandes sont relevées du devant, et elles produisent promptement des cors sur la partie des côtes qu'elles compriment.

Les **panneaux** doivent être suffisamment rembourrés, la matelassure répartie régulièrement, mais sous une plus forte épaisseur vers le milieu des panneaux qu'à leurs extrémités, et de façon à laisser complètement libre le logement de la colonne vertébrale.

Si le cheval est bas du devant ou du derrière, on donne plus d'épaisseur aux panneaux en avant ou en arrière pour remédier à ce vice de conformation.

La **selle** doit être placée de manière à reposer sur la partie la plus forte de la ligne du dos, c'est-à-dire sur la partie voisine du garrot, mais sans gêner le mouvement de l'épaule, et pour cela la pointe antérieure de la bande doit être à trois doigts en arrière de la partie postérieure de l'épaule.

La **croupière** ne doit pas être tendue pour ne pas blesser le cheval sous la queue ou le faire ruer.

La **sellette** doit être placée d'aplomb sur le dos du cheval dans la partie voisine du garrot. La croupière ne doit pas être tendue.

AJUSTER LES HARNAIS.

235. Pour que la **bricole** soit bien ajustée, il faut qu'elle soit à peu près horizontale, son bord inférieur étant de quelques centimètres au-dessus de la pointe de l'épaule, plus ou moins selon la conformation du cheval.

Si la bricole est trop descendue, elle gêne le mouvement des épaules du cheval; si elle est trop remontée, elle peut comprimer les voies respiratoires, surtout lorsque le cheval baisse la tête pour monter ou pour tirer dans un terrain difficile.

Le bord inférieur du feutre de la bricole, qui pose sur le poitrail, doit toujours dépasser le bord extérieur, afin que l'épaule ne soit pas coupée par le tranchant du cuir.

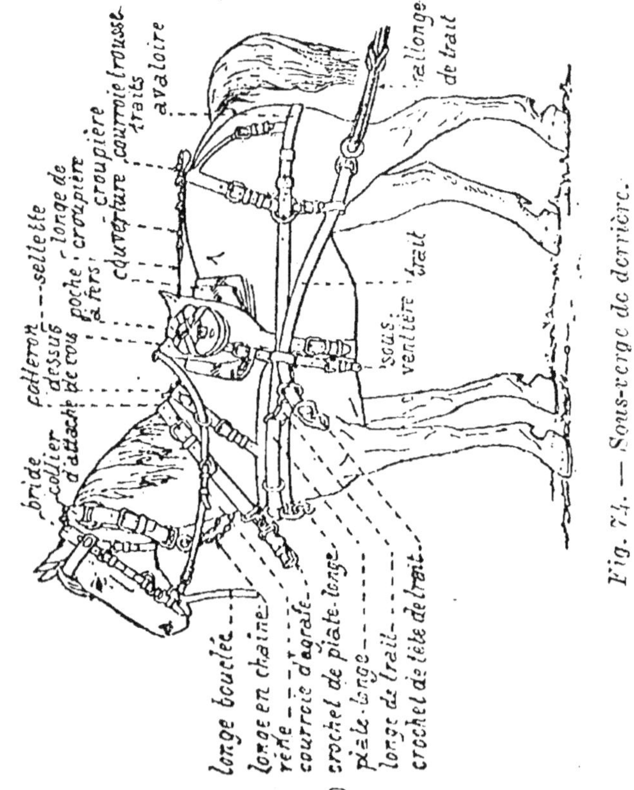

Fig. 74. — Sous-verge de derrière.

La **sous-ventrière** doit être bouclée de manière que l'on puisse passer un doigt entre elle et la sangle.

____

(1) Employé seulement avec les voitures à suspension pour les chevaux de derrière.

Pour que l'**avaloire** soit bien ajustée, il faut que le bras du bas soit placé normalement à la partie du cheval située immédiatement un peu au-dessous de la pointe de la fesse.

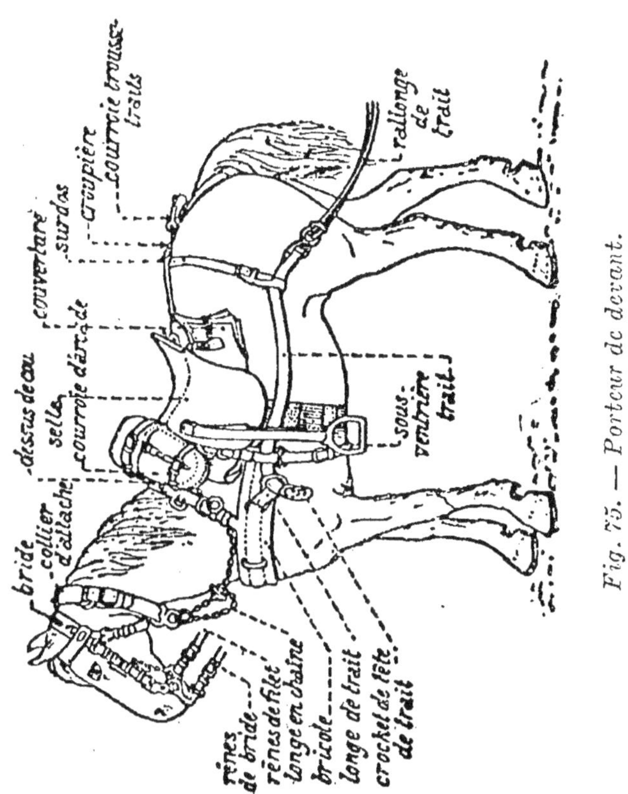

Fig. 75. — Porteur de devant.

Si le bras du bas de l'avaloire est trop descendu, le cheval a moins de force pour arrêter ou pour faire reculer la voiture; s'il est trop remonté, il passe facilement au-dessus de la pointe de la fesse, blesse le cheval à la queue, le fait ruer, et n'est d'aucune efficacité dans les arrêts et dans les reculs.

La **plate-longe** doit être bouclée à l'avaloire, de manière à laisser au cheval une aisance suffisante dans ses mouvements.

ARTICLE III.

ENTRETIEN DU HARNACHEMENT.

236. Les harnais en service doivent être maintenus dans un état constant de propreté et de souplesse. Ils sont, à cet effet, l'objet de soins journaliers et de soins hebdomadaires.

On doit veiller tout particulièrement à ce que les feutres de bricole et de dessus de cou soient toujours parfaitement souples.

SOINS JOURNALIERS.

On se conforme aux prescriptions données au n° 216 (soins à l'arrivée au gîte).

SOINS HEBDOMADAIRES.

Chaque samedi, les divers effets de harnachement sont visités et nettoyés à fond.

Toutes les parties en cuir sont lavées, s'il est nécessaire, avec une éponge légèrement humide, puis frottées avec une pièce enduite de graisse Dubbing.

Les harnais en cuir noir sont cirés.

Les parties en fer qui ne sont ni vernies ni étamées doivent être tenues propres et exemptes de rouille.

Les fleurons en cuivre et les bossettes sont nettoyés avec du tripoli.

Indépendamment des soins que l'on vient de décrire, les harnais en cuir fauve sont graissés, à l'aide de la graisse Dubbing, aussi souvent que l'exige leur état. Quatre graissages complets par an sont généralement suffisants.

Les harnais en cuir noir sont graissés à l'huile de pied de bœuf quatre fois par an, aux époques indiquées par le chef de corps.

ARTICLE IV.

MANIÈRE DE PLACER LES HARNAIS DANS LES SELLERIES.

Harnais d'attelage monté.

237. Dans les selleries, où les chevilles sont disposées verticalement par trois, les harnais, en commençant par celui du sous-verge, sont suspendus à la cheville supérieure par la bricole, toutes les autres parties tombant librement.

Placer la sellette du sous-verge sur la cheville intermédiaire, puis, sur cette sellette, disposer les dessus de cou de champ, celui du sous-verge en dessus. Soutenir les avaloires en appuyant le bras du haut sur la cheville inférieure, et laisser pendre la croupière du sous-verge en avant des chevilles. Replier les traits sur eux-mêmes, afin qu'ils ne traînent pas sur le sol, et accrocher la dernière maille de la chaîne de bout de trait au crochet de tête de trait. La selle du porteur est placée sur la cheville supérieure et posée sur la bricole.

On agit de la même manière pour placer les harnais de devant ; ils n'exigent pas l'emploi de la cheville inférieure.

Les selles des chevaux de selle sont placées dans une partie de la sellerie réservée à cet usage (1).

Harnais pour la conduite en guides.

238. Les disposer comme il vient d'être dit, en commençant par celui du porteur, les dessus de cou en avant ; appliquer au panneau ce qui est indiqué pour la sellette de sous-verge de l'attelage monté.

---

(1) Dans le cas où, pour l'instruction, les sacoches ont été enlevées des selles, elles sont garnies d'un bottillon de paille et toujours entretenues bien graissées. On les dispose sur la cheville intermédiaire et sur la cheville inférieure en les faisant reposer par la partie du chapelet comprise entre les recouvrements de sacoche.

S'il y a du harnachement sur ces chevilles, on place une paire de sacoches sur la cheville intermédiaire, en arrière de la sellette, et deux paires sur la cheville inférieure, en arrière du bras du haut des avaloires.

ARTICLE V.

DESCRIPTION DU HARNACHEMENT
DES MULETS DE BAT.

239. Le harnachement des mulets de bât comprend : la *garniture de tête*, le *bât*, le *harnais* et les *accessoires de transport* à dos de mulet.

§ 1. — GARNITURE DE TÊTE.

240. La garniture de tête se compose de : un *bridon à œillères* et un *collier d'attache*.

Bridon à œillères.

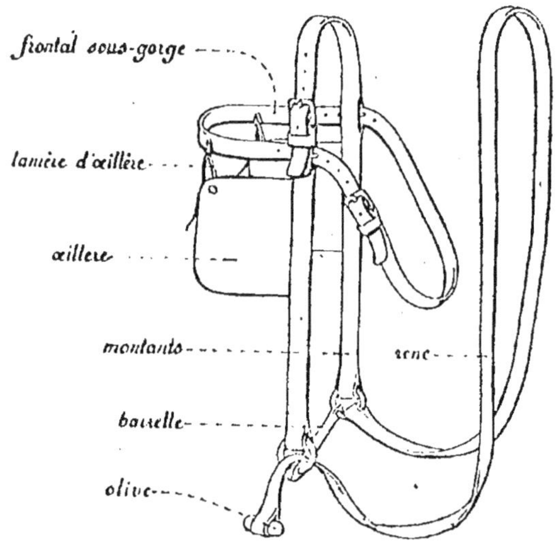

Fig. 76. — *Bridon à œillères.*

Collier d'attache.

Le collier d'attache (*fig. 77*) sert à attacher le mulet dans toutes les circonstances où l'on n'emploie pas le licol d'écurie.

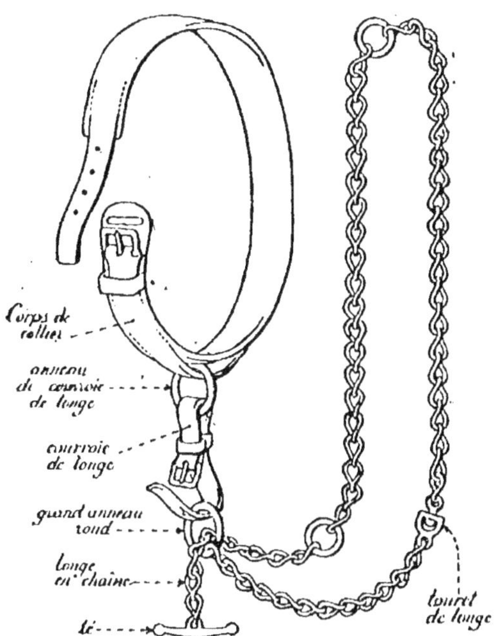

Fig. 77. — Collier d'attache.

§ 2. — BAT.

241. Le bât *(fig. 78)* est destiné au transport des fardeaux à dos de mulet; il sert de point d'appui pour l'arrimage de ces fardeaux, et il est organisé de façon à répartir convenablement leur poids sur le dos du mulet.

Le bât se compose de : *l'arçon*, les *garnitures*, une paire de *panneaux*, le *surfaix de bât*, la *poche à fers*.

L'arçon en bois, renforcé par des ferrures, forme l'ossature ou la charpente du bât.

Les **garnitures** sont destinées à relier au bât le harnais ou les parties accessoires du bât.

Sous l'arçon sont fixés deux **panneaux**, un de chaque côté, destinés à préserver le mulet du contact direct de l'arçon et à répartir sur le dos de l'animal le poids du bât et de la charge. Les panneaux sont réunis aux aubes par des *lanières d'attache*.

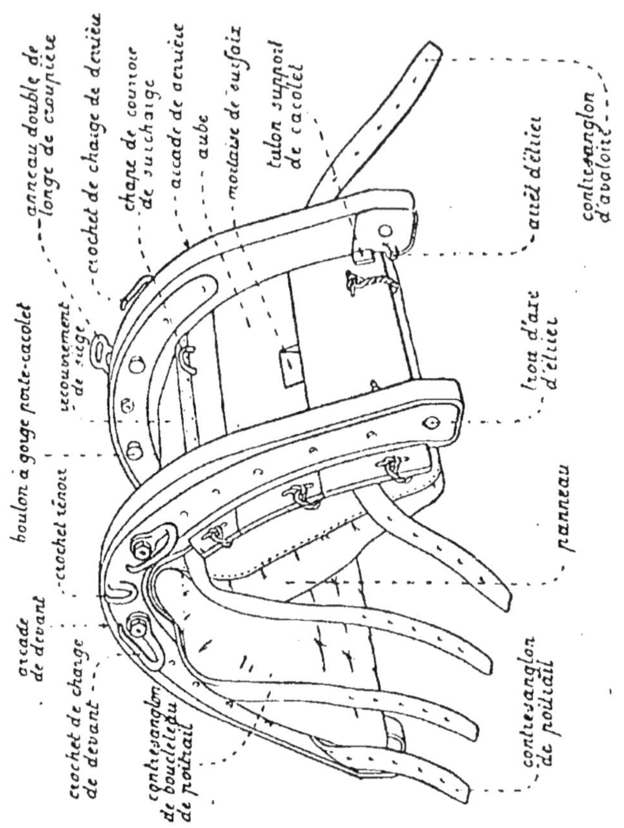

Fig. 78. — Bât.

Le **surfaix de bât** (*fig. 79*, page 187) sert à appliquer et à fixer le bât sur le corps du mulet.

La **poche à fers** (*fig. 80*) peut contenir 4 fers et 40 clous de rechange.

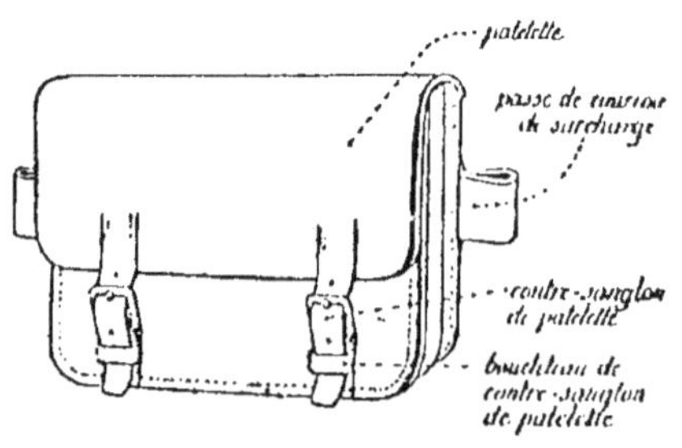

Fig. 80. — Poche à fers.

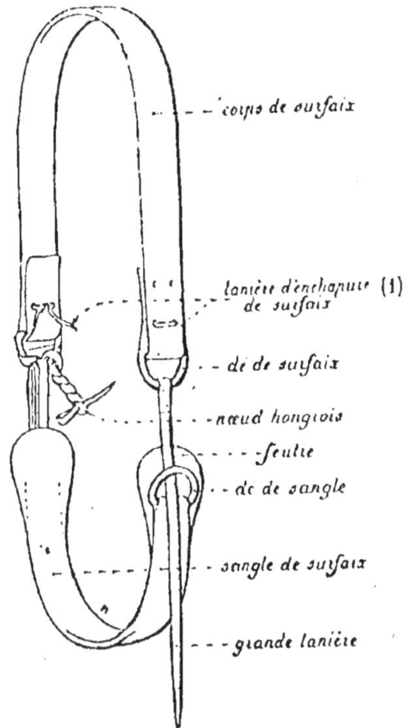

Fig. 79. — Surfaix de bât.

La **couverture** et le **surfaix de couverture** sont les mêmes que ceux du harnachement de selle.

Les **courroies de surcharge** permettent de fixer les objets que l'on peut avoir à placer en surcharge sur le sommet du bât. Les courroies se fixent sur le dessus du bât, les boucleteaux à droite ; à cet effet, on les engage de droite à gauche, la fleur du cuir en dessous, dans les chapes de courroies de surcharge.

Les **cordes de charge** (longueur 6^m,80) servent à attacher au bât divers fardeaux. Quand elles ne servent pas, elles sont accrochées aux crochets de charge de derrière.

Le **surfaix de charge.**

La **bâche de bât** en toile (2 mètres environ de largeur sur 2^m,50 de longueur).

Les **deux cordes de bâche** (2^m,30 de longueur).

Les bâts sont tous fabriqués aux mêmes dimensions ; on les met en rapport avec la taille et la conformation

____

(1) Le nombre de trous de lanière, réglementairement percés, est un minimum qui peut être augmenté pour faciliter l'ajustage du surfaix.

des mulets, soit en remaniant le rembourrage des panneaux, soit en augmentant le nombre des piqûres.

§ 3. — HARNAIS DE BAT.

242. Le harnais de bât se compose de : un *poitrail*, une *avaloire*, une *croupière*.

Le **poitrail** (*fig. 81*) sert à empêcher le bât de glisser en arrière.

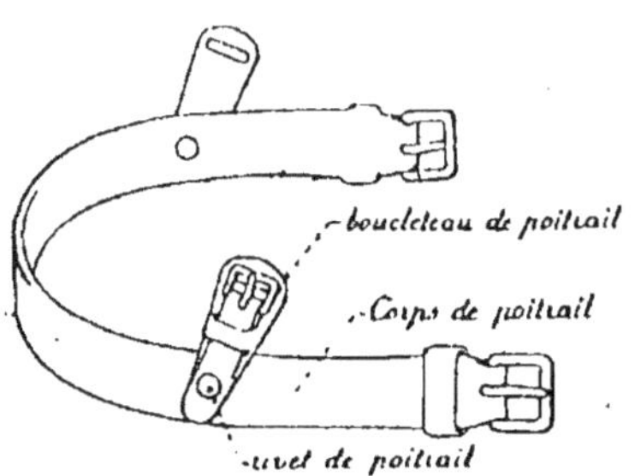

Fig. 81. — Poitrail.

L'**avaloire** (*fig. 82*) sert, ainsi que la croupière, à empêcher le bât de glisser en avant.

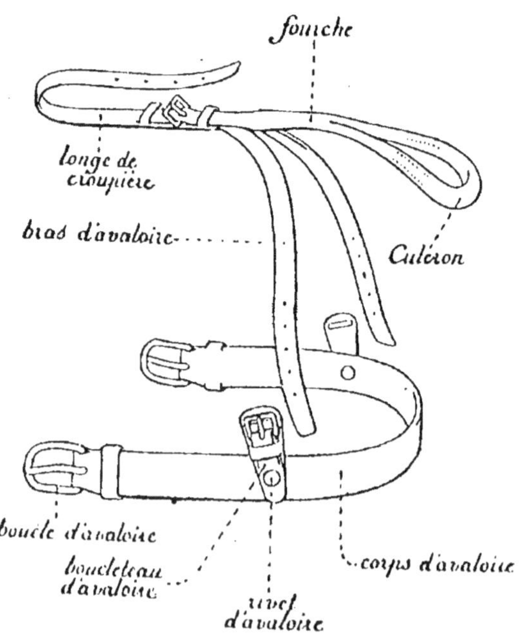

Fig. 82. — Avaloire et croupière.

§ 4. — ACCESSOIRES DE TRANSPORT A DOS
DE MULET.

243. Les accessoires de transport à dos de mulet sont : le *cacolet en fer*, la *litière en fer*, l'*étrier de bât* et la *chaise en fer* du service des subsistances.

Dans les compagnies d'Afrique, on fait encore usage de la *cantine régimentaire*, bien que cet accessoire ne soit plus réglementaire.

CACOLET EN FER.

244. Le cacolet (*fig. 83*) sert à transporter à dos de mulet un homme dans la position assise.

Il peut également être utilisé comme étrier pour le transport du matériel.

Il se compose de : un *corps de cacolet*, un *dossier*, un *coussin de siège*, un *marchepied*.

Corps de cacolet.

Le corps de cacolet est en fer et comprend le *siège*, les deux *montants à crochet* et l'*accotoir*.

Le **siège** est formé d'un cadre sur lequel sont fixées des *bandelettes* destinées à supporter le coussin; il présente *4 mortaises de courroie de marchepied* et *2 encastrements* pour les coulisses de l'accotoir.

Les **montants à crochet** sont reliés par une *traverse de montants à crochet ;* chacun d'eux se termine par un crochet servant à suspendre le cacolet aux boulons à gorge du bât et présente une *mortaise* destinée à recevoir un des deux contre-sanglons du dossier.

Les *cales à talons*, qu'on ne doit pas laisser pendre, sont engagées, les talons en dessous, entre le coussin et les bandelettes du siège.

L'accotoir est formé de deux *montants d'accotoir* reliés par une *traverse d'accotoir ;* chacun d'eux est percé d'une *mortaise* destinée à recevoir un des deux contre-sanglons du dossier, et porte à sa partie inférieure une *coulisse* et un *talon*.

Les montants à crochet et l'accotoir sont reliés au siège par des articulations à charnière, ce qui permet de replier le cacolet et de le relever contre le bât lorsqu'il ne doit pas servir.

Le corps de cacolet est symétrique, ce qui permet de le placer à volonté à droite ou à gauche du bât.

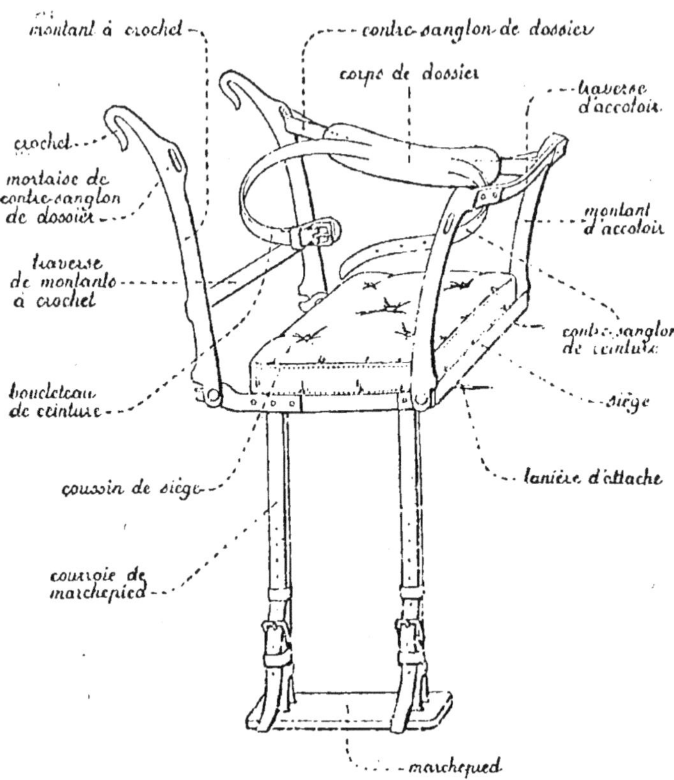

Fig. 83. — Cacolet.

(disposé pour être placé à gauche du mulet).

Mode d'ajustement
du cacolet et de sa garniture.

245. Les cacolets se placent indifféremment à gauche ou à droite du bât, si l'on n'envisage que leur construction tout en fer ; mais il est indispensable de les disposer par paire lorsqu'il s'agit d'y adapter la garniture, tant à cause de la position du marchepied, qui doit être en avant, que de celle du dossier, qui doit être en arrière.

Les *courroies de marchepied* s'engagent dans le marchepied de dessus en dessous, la boucle en avant, et ensuite de dessous en dessus. Elles passent dans le passant fixe opposé à la boucle, puis dans le passant mobile, contournant les supports de marchepied, de manière à retomber en avant, passent une deuxième fois dans le passant coulant et sont bouclées à environ 15 centimètres du marchepied.

Le *coussin* s'attache sur le fond du siège à l'aide de ses *lanières d'attache*, qui sont doubles, chacune de celles-ci embrassant les bandelettes disposées en croix qui leur correspondent, et se nouant sur celles-ci par un nœud droit gansé.

Le *dossier* est placé à l'opposé du marchepied, ses contre-sanglons en arrière. Un des contre-sanglons s'engage dans la mortaise du montant à crochet ; c'est celui qui correspond au contre-sanglon de ceinture, s'il s'agit du cacolet de droite, et celui qui correspond au boucleteau de ceinture, s'il s'agit du cacolet de gauche.

Les *montants à crochet* se relèvent et se replient sur le fond ; il en est de même de l'*accotoir*. Lorsque ce dernier est relevé, on presse sur sa traverse assez fortement pour que les talons des montants viennent porter sur le siège. On agit en sens inverse sur la traverse d'accotoir, c'est-à-dire en la soulevant, lorsqu'on veut replier l'accotoir. Dans ce cas, on fait effort jusqu'à ce que le fond des coulisses de montants porte sur les tiges des clous rivés.

L'*accotoir* se replie le premier et les montants à crochets par-dessus. En cet état, le paquetage du cacolet se complète en relevant le marchepied sur le dessous du siège dans le sens des courbes, et en bouclant le contre-sanglon libre du dossier, après l'avoir passé dans la mortaise du montant à crochet de devant. On arrange les courroies de ceinture et celles du marchepied de manière qu'elles soient contenues le mieux possible par le dossier.

Ainsi paquetés, les cacolets s'accrochent au bât entre les arcades de ce dernier, du côté pour lequel ils ont été préparés, à l'aide de leurs crochets. Les bouts de ceux-ci s'engagent dans les gorges des boulons à gorge porte-cacolet.

Lorsque le cacolet doit être développé pour être employé, on déboucle le contre-sanglon de dossier, engagé dans la mortaise de la courbe à crochet de devant, pour le boucler à la mortaise du montant de derrière de l'accotoir, après que celui-ci a été relevé et assuré par les talons de ses montants.

Pour que le cacolet soit bien paqueté, il faut que le dossier soit bouclé d'abord de très près au montant à crochet. Dans l'usage, on lâche assez le contre-sanglon fixé à ce montant pour qu'après avoir bouclé l'autre contre-sanglon, le cuir large du dossier corresponde au milieu du siège.

Transformation du cacolet en étrier.

246. Pour transformer en étrier le cacolet disposé comme il est dit ci-dessus :

Enlever le coussin ;

Laisser tomber librement les cales à talons suspendues à leurs chaînettes ;

Fixer le coussin sous les bandelettes de siège au moyen de ses quatre lanières d'attache ;

Déboucler complètement le dossier et rabattre l'accotoir sur le siège ;

Appliquer le marchepied en le tendant contre le coussin ; engager, de dessous en dessus et aussi en arrière que possible, le boucleteau de ceinture entre la traverse du haut de l'accotoir et le côté intérieur du cadre ; engager, de dessous en dessus, le contre-sanglon de dossier opposé au boucleteau de ceinture, entre le côté extérieur du cadre et la bandelette voisine ; boucler ces courroies de façon à assujettir le marchepied contre le coussin et engager les contre-sanglons de dossier et de ceinture demeurés libres entre le coussin et les bandelettes.

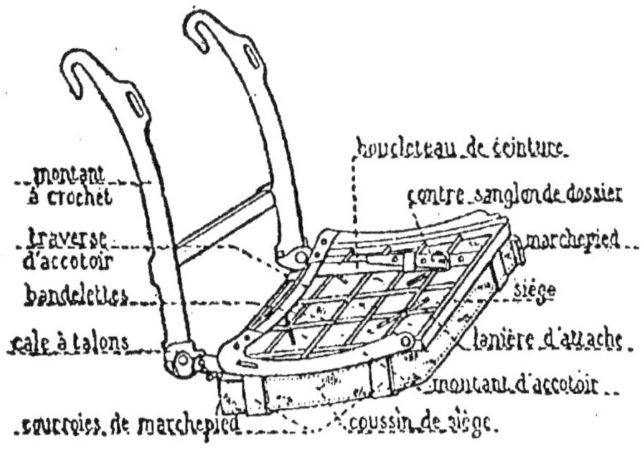

Fig. 84. — Cacolet transformé en étrier,
(disposé pour être placé à gauche du mulet).

En éloignant légèrement le cacolet du bât, appliquer les cales à talons sur les faces extérieures des montants à crochet, de telle façon que leurs talons viennent s'interposer entre les talons de ces montants et de leurs plaques.

Dans le cas où le chargement comporterait des objets susceptibles d'être détériorés par les arêtes du siège, disposer sur celui-ci une couche de paille ou une planchette.

La transformation de l'étrier en cacolet s'opère par les moyens inverses de ceux qui sont indiqués ci-dessus.

LITIÈRE.

247. La litière (*fig. 85*) sert à transporter à dos de mulet un blessé dans la position couchée ; elle se compose de : un *corps de litière*, ses *garnitures* et ses *accessoires*.

Les litières réglementaires ont un corps de litière en fer, mais il existe aussi en service des litières d'un ancien modèle, dont le corps est en partie confectionné avec du bois.

1° LITIÈRE EN FER.

Corps de litière.

248. Le corps de litière comprend : une **traverse de tête** et une **traverse de pieds**, réunies par trois entretoises de traverses, dont l'une, extérieure, forme accotoir.

Deux **montants à crochet**, réunis aux traverses par une *entretoise de traverses et de montants à crochet*, formant une articulation à charnière qui permet de relever la litière et de l'appliquer contre le bât lorsqu'elle ne sert pas.

Un **châssis mobile de tête**, réuni à la traverse de tête par une articulation qui permet de la replier à volonté; deux *trous de chevillette*, percés à la demande de ceux de la traverse de tête, permettent de relever plus ou moins la tête du blessé ; le châssis de tête porte deux *cerceaux de capote* destinés à soutenir le rideau

Un **châssis mobile de pieds** réuni à la traverse de pieds par une articulation semblable à celle du châssis de tête.

Garnitures de litière.

Les garnitures comprennent :
Un **fond de litière** en toile, garni tout autour d'œillets, dans lesquels passe le *cordeau lacet de fond de litière*, qui sert à le fixer sur le corps de litière.
Un **crellier** muni de *quatre attaches* à bouton.
Un **rideau** en coutil.

Accessoires de litière.

Chaque paire de litières est pourvue d'une *sangle sous-ventrière* (long. : 1 m. 53) et d'une *sangle dossière* (long. : 1 m. 70).

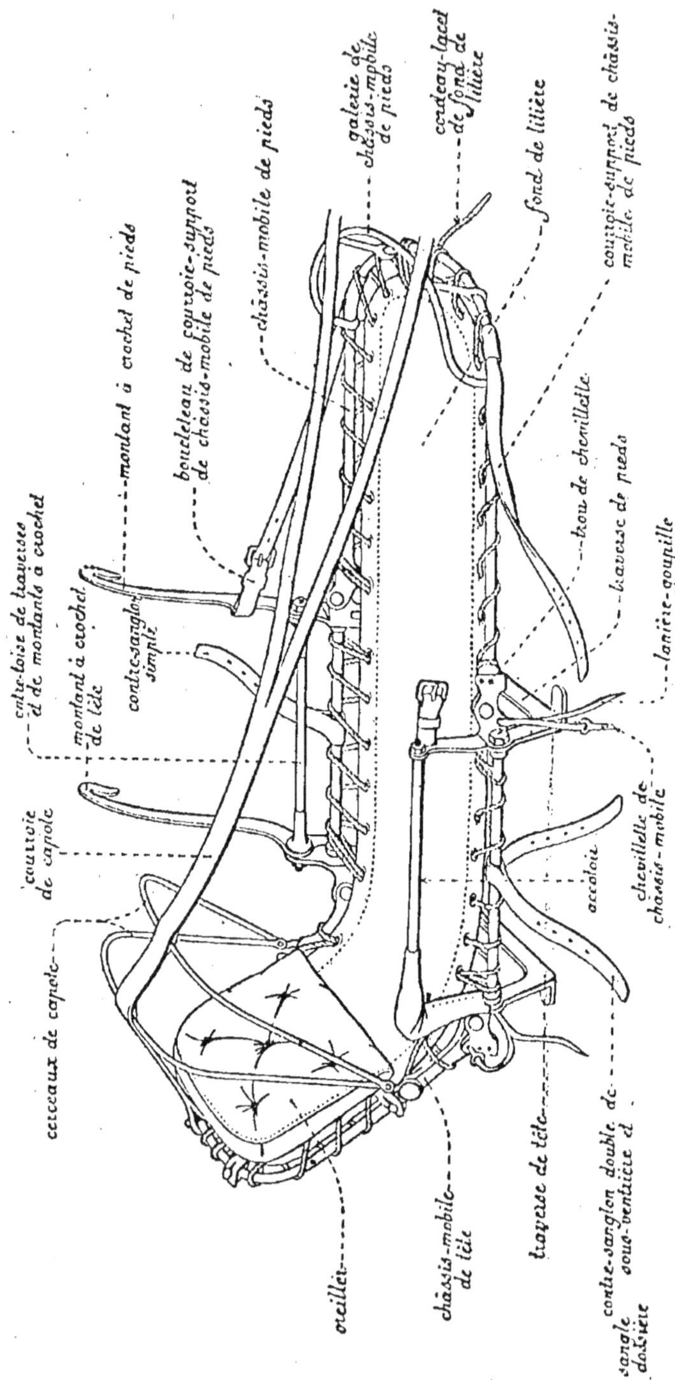

Fig. 85. — Litière en fer (Litière de gauche).

Mode d'ajustement des litières en fer,
avec leurs garnitures et leurs accessoires.

249. Les litières sont établies par paires pour être chargées l'une à droite, l'autre à gauche du bât, à l'aide de leurs crochets.

Le fond est marqué de la lettre T à celui de ses bouts qui doit être placé du côté de la tête. Il est indispensable d'observer cette marque lorsqu'il s'agit de lacer le fond, parce que les trous dont il est percé sont disposés en raison de la position des crochets par rapport aux deux extrémités de la litière.

On *lace le fond* sur le cadre formé par les châssis mobiles et les traverses du milieu, en s'y prenant de la manière suivante :

On engage simultanément les deux bouts du lacet jusqu'à la marque faite au milieu de sa longueur dans les deux trous accouplés qui sont au milieu de la bordure du fond du côté de la tête. Ils embrassent le fer du châssis de dessus en dessous et passent une deuxième fois dans les mêmes trous, mais de dessous en dessus.

Le lacet étant ainsi disposé et partagé en deux portions égales, on lace le fond simultanément des deux côtés, chaque brin du lacet embrassant le cadre de la litière de dessus en dessous et passant successivement dans les trous du fond de dessous en dessus ; mais lorsqu'il s'agit de franchir les montants à crochet, le lacet doit passer seulement en dessous de la toile du fond, pour aller du trou qui précède le crochet au trou qui est au delà. Dans ce but, on fait passer le lacet une deuxième fois dans le premier des deux trous, mais de dessus en dessous. Le lacet passe aussi une deuxième fois de dessus en dessous dans les deux trous accouplés du bout du fond opposé à la tête. Il est noué et arrêté en dessous par un nœud droit.

On a soin de faire serrer le lacet de manière à laisser un vide égal, tout autour, entre le fond et le cadre de la litière.

L'oreiller s'attache au châssis de tête par ses lanières à boutons. Les châssis sont fixés au moyen des chevillettes maintenues par leur lanière-goupille. Les courroies-supports de châssis de pieds sont tendues et bouclées.

Les chevillettes étant placées et maintenues par leur lanière-goupille, la litière a toute la rigidité désirable pour être soulevée et chargée sur le mulet avec le blessé étendu dessus.

La *courroie de capote* s'attache par ses branches à la galerie du châssis mobile de pieds. Ainsi fixée et tendue, elle tient le soufflet développé et soutient le rideau. Ce dernier s'attache par ses lanières à boutons aux deux châssis mobiles.

Lorsque les litières sont placées sur le bât et développées, la sangle sous-ventrière est bouclée au bout inférieur et la sangle dossière au bout supérieur du contre-sanglon double de chaque litière.

Lorsque les litières sont fermées sur le bât, la sangle sous-ventrière demeure fixée par l'une de ses extrémités au contre-sanglon double de la litière de droite, et l'on attache l'autre au contre-sanglon simple de la litière de gauche. La sangle dossière est bouclée, du côté gauche, à la partie supérieure du contre-sanglon double de la litière de ce côté, puis, à l'aide de son extrémité libre, on entoure de dehors en dedans l'entretoise supérieure de la litière de droite, et de dedans en dehors l'entretoise supérieure de la litière de gauche ; enfin, on la ramène vers la droite et on la boucle, suivant les dimensions du paquetage, soit au contre-sanglon simple, soit au bout libre du contre-sanglon double de la litière de ce côté.

2o LITIÈRES EN BOIS.

250. Les litières en bois ont ne disposition analogue à celle des litières en fer ci-dessus décrites ; elles présentent, toutefois, avec ces dernières, les différences suivantes :

Les traverses sont en bois et se prolongent, du côté du bât, par des *grands montants*, et, du côté opposé, par des *montants d'accotoir*, réunis par une *traverse d'accotoir* en fer. Les grands montants présentent la même forme que le bât, de manière à pouvoir s'y appliquer exactement, et sont terminés par des *chaînes de suspension* que l'on accroche aux crochets de charge du bât. Ces montants faisant corps avec les traverses, on ne peut pas replier celles-ci pour les appliquer contre le bât.

Chaque montant est muni d'un *piton* et d'une *chape-piton*.

La rigidité de la litière est assurée au moyen de quatre *arcs-boutants à crochet* portés par les châssis mobiles, que l'on engage dans les pitons des montants.

Chaque litière est munie de quatre *courroies de support*, qui se bouclent dans les chapes-pitons et maintiennent les châssis mobiles, et de deux *courroies de guindage*.

Chaque paire de litières est pourvue d'une *sangle* et d'une *sous-ventrière*.

Mode d'ajustement des litières en bois,
avec leurs garnitures et leurs accessoires.

251. Le fond de litière et l'oreiller s'ajustent comme il a été expliqué pour les litières en fer.

Les *arcs-boutants* s'engagent chacun par leur crochet dans les pitons, et y sont maintenus par l'introduction de la goupille en cuir, que porte la chape-piton correspondante, dans le trou pratiqué au bout du crochet.

Ainsi placés, ils donnent à l'ensemble du système de la litière toute la rigidité désirable pour que cette dernière puisse être soulevée et chargée avec le blessé étendu dessus.

Les *courroies de support*, au nombre de quatre, sont employées à raison de deux par châssis mobile.

Elles s'engagent, de dessus en dessous, dans les chapes-pitons jusqu'au passant fixe opposé à la boucle et dans ce même passant ; elles embrassent ensuite, de dessous en dessus, les bouts du châssis, entre les boucles du lacet du fond, près des coins, le passant coulant serrant contre la tringle de fer. Ainsi doublées, les courroies passent sous les coins des châssis mobiles, et leur bout vient se boucler dessus près des chapes-pitons.

Les deux *courroies de guindage* s'attachent, chacune par un moyen analogue, du milieu des traverses au milieu des bouts des châssis mobiles, contre lesquels on fait serrer les passants coulants. Celles du côté de la tête passent entre les deux branches cousues de courroies de capote.

Une paire de litières en bois chargée sur le bât a ses deux contre-sanglons en dedans ; ceux-ci se bouclent avec la sangle. Les litières chargées sont reliées, en outre, en dehors par la sous-ventrière, qu'on boucle sur les deux traverses du bas qui correspondent à celles d'accotoir.

ÉTRIER DE BAT.

252. L'étrier de bât (*fig. 86*) sert à soutenir, par leur partie inférieure, les fardeaux qui ne sont pas munis d'un dispositif permettant de les suspendre aux crochets de charge du bât.

Montage des étriers de bât.

Les étriers de bât sont établis par paire pour être fixés l'un à droite, l'autre à gauche du bât.

Placer les étriers entre les arcades, de manière que les trous d'axe des branches correspondent avec les trous ronds des arcades. Engager les axes d'étrier dans ces trous, de l'extérieur à l'intérieur des arcades, leurs pitons placés verticalement ; visser les écrous ; enga-

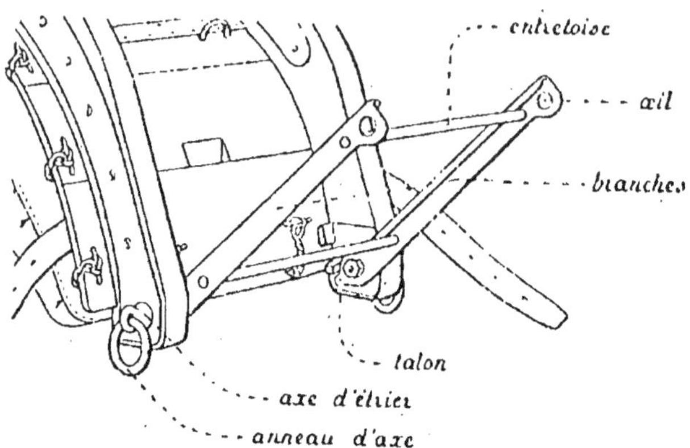

Fig. 86. — Etrier de bât.

ger les goupilles dans le trou du bout du taraudage des axes, et les ouvrir légèrement pour éviter qu'elles ne se perdent.

CHAISES EN FER.

253. Les chaises en fer servent à transporter à dos de mulet, dans les boulangeries légères de campagne, les fours et les pétrins.

Les chaises employées sont de 3 modèles numérotés I, II et III. Le modèle n° I sert pour les travées de voûte ; le modèle n° II pour les fonds et les accessoires; le modèle n° III pour le pétrin.

Chaque chargement nécessite une paire de chaises.

Pour mettre ces chaises en place sur le bât, il suffit d'engager les deux boulons à gorge du bât d'avant ou d'arrière dans les trous ovalisés destinés à les recevoir, de manière que les lettres A et B qui sont marquées sur chaque paire de chaises se trouvent l'une en face de l'autre.

/ § 5. — HARNACHEMENT DES CHEVAUX DE BAT.

254. Le harnachement des chevaux de bât se compose de : une *garniture de tête*, un *bât*, un *harnais de bât.*

La **garniture de tête** du cheval de bât est à peu près semblable à celle du mulet de bât ; elle présente avec cette dernière les différences suivantes : le bridon contient cinq *cales*, une au-dessus et une au-dessous de chaque œillère, et une au-dessus de la passe de frontal sous-gorge, sur le montant de droite ; il porte un fleuron en cuivre sur le montant de gauche. La rêne du bridon est formée de deux parties : un *grand côté* fixé à l'anneau de droite du mors, un *petit côté* portant une *boucle* à une extrémité, et à l'autre une *olive*.

Le bât de cheval *(fig. 87)*, est, dans son ensemble, à peu près semblable au bât de mulet ; il est toutefois un peu plus long et plus relevé du devant.

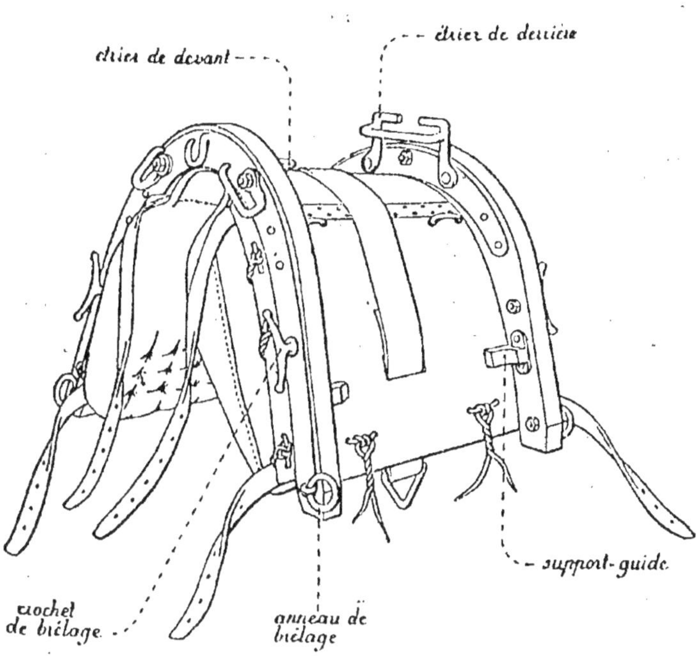

Fig. 87. — Bât de cheval.

Les principales différences, qui existent entre le bât de cheval et le bât de mulet sont les suivantes :

Les boulons à gorge porte-cacolet sont remplacés par deux étriers fixés à la partie supérieure des arcades, savoir : un *étrier de devant* et un *étrier de derrière*.

Les quatre supports de cacolets sont remplacés par quatre *supports-guides*.

Le bât est muni de quatre *crochets de brélage* et quatre *anneaux de brélage* fixés aux arcades.

Le bât de cheval ne comporte ni surfaix de charge, ni bâche, ni cordes de bâche.

Le harnais est semblable à celui des mulets de bât, sauf que la longe de croupière est plus longue.

ARTICLE VI.

ENTRETIEN DU HARNACHEMENT DE BAT.

255. Les harnais en service doivent être maintenus dans un état constant de propreté et de souplesse. Ils sont, à cet effet, l'objet de soins journaliers et de soins hebdomadaires.

Soins journaliers.

On se conforme à ce qui est prescrit n° 216 (soins à l'arrivée au gîte).

Soins hebdomadaires.

On se conforme à ce qui est prescrit pour l'entretien du harnachement des chevaux, n° 236.

TITRE IV

DESCRIPTION DU MATÉRIEL DES ÉQUIPAGES MILITAIRES.

---

256. Le matériel des équipages militaires comprend :

1° Le matériel roulant, c'est-à-dire des voitures avec leurs accessoires, rechanges et outils ;

2° Le matériel de transport à dos, c'est-à-dire des bâts avec leurs accessoires.

CHAPITRE PREMIER.

ARTICLE I.

MATÉRIEL ROULANT.

257. Le matériel attelé et conduit par le train comporte des voitures irrégulières et des voitures régulières.

Voitures irrégulières. — Les voitures irrégulières proviennent de la réquisition. Elles sont suspendues ou non suspendues, à deux ou à quatre roues, et toujours attelées de un ou deux chevaux (les chevaux et les harnais sont également fournis par la réquisition). Elles sont conduites par des conducteurs non montés.

Leur poids, leurs dimensions, leur chargement sont essentiellement variables.

Voitures régulières. — Les voitures régulières sont prêtes en tout temps et emmagasinées sur roues dans les hangars appartenant au service de l'artillerie, qui est chargé de leur entretien. Toutefois, les voitures techniques des services médical et télégraphique, les fours roulants et autres voitures spéciales sont en dépôt dans les établissements dépendant des divers services auxquels ces voitures sont attachées ou auxquels elles appartiennent, ou bien dans des hangars de l'artillerie. Lorsque les voitures techniques ne ressortissant pas au service de l'artillerie, telles que : fours roulants, chariots-fournils, sont tenues en dépôt dans les magasins de l'artillerie, ce matériel roulant reste sous la surveillance du service auquel il appartient et est entretenu par ce service.

CHARGEMENT DES VOITURES RÉGULIÈRES. — Le chargement des voitures régulières, attelées et conduites par le train, varie avec l'espèce et le modèle des voitures.

Dans le chargement, il faut expressément distinguer :

1° Les objets afférents au matériel des équipages proprement dit ;

2° Les approvisionnements spéciaux des divers services, subsistances, santé, télégraphie, trésorerie et postes, etc.

Les premiers seuls sont pris en charge par les compagnies du train, ainsi que les voitures elles-mêmes. Quant aux seconds, ils appartiennent à chacun des services intéressés, et ne font pas partie du matériel dont la gestion incombe au train.

Les officiers et sous-officiers du train ne doivent pas, toutefois, se désintéresser de la manière dont s'exécutent sur leurs équipages les chargements des divers approvisionnements ; ils doivent, au contraire, s'assurer que les chargements sont bien faits. Ils ont, en effet, pour devoir de faire arriver à temps et en bon état les convois qu'ils sont chargés de conduire, et le commandant de chaque détachement qui attelle et conduit un convoi est responsable non seulement de ses voitures, mais encore de leur chargement et des hommes et des chevaux qu'il a sous son commandement direct.

ACCESSOIRES, RECHANGES, OUTILS. — Les objets afférents au matériel des équipages militaires se composent :

1° Des accessoires et des outils nécessaires à l'entretien des voitures, à l'attache et au ferrage des chevaux ;

2° De divers rechanges ;

3° Des accessoires pour l'embarquement en chemin de fer.

La plupart de ces objets sont, pour le transport, fixés à l'aide de ferrures ou de courroies ; d'autres sont placés dans des coffres.

Accessoires portés par les voitures. — Les accessoires portés par les voitures comprennent :

1° Des bâches pour garantir les équipages contre la pluie, la neige ou simplement la rosée ; il y en a à peu près autant de modèles qu'il y a de voitures différentes en comportant ;

2° Des boîtes à graisse, qui sont de deux espèces : les grandes, qui contiennent 2 kilogrammes environ, sont suspendues aux crochets porte-boîte à graisse ; leur nombre, dans chaque formation, est égal à environ la moitié de celui des voitures ; les petites, qui contiennent 500 grammes, sont suspendues aux brides de boîte à graisse fixées contre le côté gauche de la voiture, et sont destinées aux voitures à deux roues, qui en sont toutes pourvues, à l'exception toutefois des petites voitures pour blessés ;

3° Des cadenas (2 modèles, 34 et 54 millim. de largeur) pour fermer les coffres de quelques voitures, savoir : les grandes voitures pour blessés, celles de chirurgie et d'administration (service de santé) ; les fourgons du service de santé et du service des subsistances, les voitures du transport du personnel, les voitures de transport du matériel, du service de la trésorerie et des postes, les voitures-postes, enfin les forges et les chariots de parc et fourragères du service du train ;

4° Des clefs à écrous d'essieu n° 1 et n° 2 (2/3 environ du nombre des voitures par formation). La clef n° 1 est affectée aux petites voitures pour blessés ancien modèle, aux voitures de pharmacie vétérinaire et aux voitures pour chef d'état-major ; la clef n° 2 aux autres voitures. Les clefs sont fixées à des ferrures spéciales ou placées avec les écrous dans les coffres ou coffrets installés sur la voiture ;

5° Des coussins de siège, pour certaines voitures telles que : transport du personnel, tilbury, fourgons de correspondance, voiture d'imprimerie, etc. ;

6° Des échelles qui, fixées aux étriers de dessous des grandes voitures pour blessés à quatre roues, permettent de monter avec facilité sur ces voitures.

7° Des lanternes, savoir : des lanternes pour voitures fixées à l'extérieur et des lanternes claires, dites falots, placées dans des caisses. Les lanternes pour voitures sont des lanternes à huile : il y en a une par voiture ; toutefois un certain nombre de voitures, les fourgons, les chariots de parc, les chariots fourragères, la forge modèle 1852, en particulier, n'en sont pas dotées. Les falots sont également à huile. Certaines voitures transportant des agents sont dotées d'appareils d'éclairage intérieur à bougies;

8° Des bidons à huile avec ciseaux et mèches, dans presque toutes les voitures munies de lanternes. Ces bidons à huile peuvent contenir 1 kilogramme d'huile; ils renferment, en outre, dans un compartiment inférieur, une paire de ciseaux et un petit approvisionnement de mèches (1 mètre environ);

9° Des seaux d'abreuvoir en tôle (1 pour 8 à 10 chevaux dans chaque formation). Ils sont suspendus soit au crochet porte-boîte à graisse des voitures à 4 roues, soit à un crochet spécial ;

10° Des réservoirs d'eau spéciaux aux voitures du service de santé et à certaines voitures du service de la télégraphie;

11° Des objets de campement pour l'attache des chevaux; chaque collection comprend une corde de 16 mètres, une masse, deux grands et deux petits piquets. Ces objets sont suspendus à des ferrures ou placés en vrac dans les voitures.

Le nombre de collections est proportionné à celui des chevaux dans chaque formation;

13° Des cordes de brêlage de chariots-fourragères, des faux avec jeux d'accessoires, pour récolter éventuellement du fourrage sur pied. Ces objets sont dans le tiroir du coffret de chaque fourragère. Le jeu d'accessoires comprend ; une enclumette, un marteau, une pierre à aiguiser et son étui, une ceinture de faucheur;

14° Des chevrettes et des crics, qui servent notamment à soulever les essieux pour le graissage. Ces objets sont placés sur le fond des chariots de parc du service du train;

15° Des caisses aux lanternes, petites. Le chargement comprend 3 lanternes claires, dites falots, et 3 verres de rechanges; il comprend, en outre, un bidon à huile avec ciseaux et mèches, un marteau-rivoir, des tricoises, un burin de serrurier, un poinçon de serrurier et une collection de menus approvisionnements, de façon à permettre de réparer les légères dégradations qui se produiraient pendant la marche du convoi. Ces caisses sont placées sur le dessus de passage de l'un des fourgons à vivres;

16° Des traits de rechange avec étuis. Chaque paire

de traits de rechange est renfermée dans un étui, sauf toutefois les paires de traits de rechange en corde des harnais de circonstance;

17° Des boîtes aux lettres, suspendues aux voitures de transport du matériel (trésor et postes);

18° Des coffres à charbon, qui contiennent 132 kilogrammes de charbon et sont transportés par les chariots de parc. La forge roulante modèle 1892 contient, outre les coffres d'outils de ferrage, de serrurier et de menuisier, une caisse contenant 90 kilogrammes de charbon.

Rechanges. — Les rechanges portés par les voitures comprennent :

1° Des écrous d'essieu n° 1 et n° 2 ou des clavettes à anneau, dites 1 et 2, de bout d'essieu de rechange.

Les écrous d'essieu sont filetés, celui de la fusée de droite de l'essieu à droite, celui de la fusée de gauche à gauche, de manière qu'ils ne puissent se dévisser pendant les marches; il doit, dans tous les cas, entrer un écrou de chaque espèce dans les rechanges d'une même voiture.

2° Des timons ferrés de rechange; il y en a de trois modèles :

(*a*) Le timon ancien modèle, pour chariot de parc modèle 1874 et forge roulante modèle 1852;

(*b*) Le timons précédent modifié pour chariot de parc modèle 1874-1901 organisé pour l'attelage de trois chevaux de front;

(*c*) Le timon modèle 1897, ou ancien modèle transformé, type n° 1, pour chariots-fourragères de tous modèles, voitures postes télégraphiques modèles 1874 et 1874-1879, chariots télégraphiques modèles 1877 et 1877-1890 et chariots de parc modèle 1900;

(*d*) Le timon modèle 1897, ou ancien modèle transformé, type n° 2, pour toutes les autres voitures à 4 roues des équipages militaires non désignées ci-dessus;

(*f*) Le timon modèle 1897 de circonstance, qui n'est autre qu'un timon n° 2 en deux pièces, et qui est affecté comme rechange à la voiture à viande modèle 1897.

3° Des traits de rechange; il y en a de quatre modèles différents :

    1° Traits de harnais de tilbury;
    2° Traits de harnais de circonstance;
    3° Traits modèle 1854-1861;
    4° Traits modèle 1861.

OUTILS. — Les outils portés par les voitures comprennent :

Des haches, des pelles et des pioches.

Ils peuvent être utilisés, pendant la marche, pour combler au besoin les ornières et réparer les mauvais passages; au bivouac, pour créer des rigoles, construire des cuisines, etc.

Les haches sont placées dans les chariots de parc du service du train (2 par chariot).

Les pelles et les pioches sont fixées à des ferrures. Il y en a environ 1/5 du nombre des voitures dans chaque formation.

En outre, les coffres des forges roulantes contiennent les outils nécessaires aux réparations à faire au matériel, en même temps que les outils de ferrage.

Classification des voitures régulières.

258. Les voitures régulières appartenant au matériel des équipages militaires peuvent être groupées comme il suit, par nature de service :

SER-VICES.	DESIGNATION du MATÉRIEL.	INDICATION du CHARGEMENT.
	Petite voiture pour blessés, à deux roues, modèle 1889..	Deux blessés couchés.
	Petite voiture pour blessés, à deux roues, modèle 1874-1888.	Idem.
	Petite voiture pour blessés, à deux roues, modèle 1874..	Deux blessés couchés et quatre brancards.
1. Service de santé.	Grande voiture pour blessés, modèle 1889.	Quatre blessés couchés ou dix assis, ou cinq assis et deux couchés et huit brancards.
	Grande voiture pour blessés, modèle 1874-1888.	Idem.
	Grande voiture pour blessés, à quatre roues, modèle 1874.	Idem.
	Voiture de chirurgie........	Médicaments et instruments de chirurgie; 1.400 pansements.
	Voiture d'administration. . .	Conserves, denrées et outils et 20 brancards.

SER-VICES.	DESIGNATION du MATÉRIEL.	INDICATION du CHARGEMENT.
I. *Service de santé.* (Suite).	Fourgon du service de santé.	Approvisionnements de réserve, médicaments, vin, eau-de-vie, etc. (Les fourgons E et F portent une tente Tortoise.)
	Voiture-transport du personnel, modèle 1894..........	Personnel non monté. (Voiture commune à différents services).
	Fourgon à vivres et à bagages, modèle 1874........	Denrées à préserver des intempéries.
	Fourgon à vivres et à bagages, modèle 1874-1900...	Idem.
	Fourgon à vivres et à bagages, modèle 1887.......	Bagages et archives, denrées.
II. *Service vétérinaire.*	Voiture de pharmacie vétérinaire.	Produits chimiques, ustensiles, instruments.
III. *Service des subsistances.*	Fourgons à vivres et à bagages.	Comme pour le service de santé.
	Chariot de parc, modèle 1874.	Vivres de réserve, rechanges, outils et objets de toute nature.
	Chariot de parc, modèle 1900.	Idem.
	Voiture à viande, modèle 1897.	Transporte la viande fraîche.
IV. *Service du Trésor et des postes.*	Tilbury.	Dépêches des divisions d'infanterie et de cavalerie et des quartiers généraux.
	Fourgons de correspondance.	Dépêches des quartiers généraux.
	Voiture-transport du personnel.	Personnel attaché aux quartiers généraux.
	Voiture-transport du matériel.	Matériel du service; pourvue d'un coffre pour fonds et d'une boîte aux lettres.
V *Service de la télégraphie.*	Voiture du matériel et d'archives.	Appareils, outils, objets de bureaux, accessoires.
	Voiture-poste télégraphique, modèle 1884.	Appareils, quelques outils et accessoires; sert de poste, transporte le personnel du poste.
	Voiture-poste télégraphique, modèle 1874-1884.	Idem.
	Chariot télégraphique, modèle 1889.	Matériel télégraphique.
	Chariot télégraphique, modèle 1877-1890.	Idem.

SER-VICES.	DESIGNATION du MATÉRIEL.	INDICATION du CHARGEMENT.
V. *Service de la télégraphie.*	Chariot télégraphique, modèle ancien.	Matériel télégraphique.
	Chariot à perches. . . . . :	Perches en bois.
	Voiture dérouleuse télégraphique, modèle 1889.	Câble et divers appareils et outils.
	Voiture dérouleuse télégraphique, modèle ancien.	Idem.
	Voiture légère télégraphique de cavalerie.	Matériel télégraphique.
	Voiture-transport du personnel, modèle 1884.	Personnel.
	Fourgons à vivres et à bagages.	»
VI. *Service des états-majors.*	Voiture-bureau.	Secrétaires d'état-major.
	Voiture d'imprimerie typographique.	Matériel typographique.
	Voiture-transport des cartes.	Cartes.
	Voiture pour chef d'état-major.	Peut servir de bureau.
	Fourgons à archives et bagages à vivres.	»
VII. *Service des troupes du train.*	Forge roulante, modèle 1852.	Ferrures et outils pour le ferrage et la réparation du matériel.
	Forge roulante, modèle 1892.	Idem.
	Chariot-fourragère suspendu.	Fourrages et transports divers.
	Chariot-fourragère suspendu, modèle 1900.	Idem.
	Chariot de parc, modèle 1874-1901.	Subsistances.
	Chariot de parc, modèle 1900.	Idem.
	Chariot de parc modèle 1874, avec siège.	Idem.
VIII. *Service des troupes de diverses armes.*	Voiture d'outils de pionniers (1), modèles 1889, 1874-1888, 1874.	Outils.
	Voitures de compagnie, modèles 1887-1891, 1891.	Munitions et outils de pionniers.

(1) Cette voiture, qui transporte les outils destinés à un régiment, est encore en usage pour les régiments territoriaux de campagne et quelques formations de réserve.

SER-VICES.	DESIGNATION du MATÉRIEL.	INDICATION du CHARGEMENT.
VIII. *Service des troupes de diverses armes.* (Suite.)	Voiture médicale régimentaire, modèle 1888.........	Pansements, instruments de chirurgie, médicaments et brancards.
	Voiture médicale régimentaire, modèle ancien.......	Idem.
	Voiture médicale régimentaire, modèle 1891.........	Idem.
	Voiture-colombier............	Pigeons voyageurs.
	Fourgon-forge..............	Bagages et instruments de ferrage (pour les régiments de cavalerie).
	Voiture de cantinière.......	Les cantinières s'en pourvoient à leurs frais.
IX. *Services administratifs.*	Four roulant...............	Destiné à la cuisson du pain.
	Chariot-fournil.............	Destiné à la fabrication des levains et transporte quelques ustensiles.

Toutes ces voitures sont considérées comme faisant partie du matériel roulant des équipages militaires, bien que les voitures légères télégraphiques de cavalerie, la voiture de pharmacie vétérinaire et celles du groupe VIII ne soient pas attelées par le train, et que, d'autre part, les voitures du groupe IX, attelées par le train, appartiennent aux services administratifs.

Caractères d'une **voiture**.

259. Pour caractériser une voiture, on indique son nom, sa destination et le service de l'armée à laquelle elle appartient. On peut aussi indiquer :

1° Le nombre des roues, deux ou quatre; si elles sont égales, à moyeux en bois ou en bronze, etc...;

2° Le mode de réunion des trains : à suspension ou à contre-appui;

3° Le mode d'attelage : à la française (chevaux sur une seule file) ou à l'allemande (deux ou plusieurs chevaux de front); avec ou sans palonnier; avec timon ou limonière;

4° Le mode de conduite : en selle ou en guides;

5° Le mode de suspension : à ressorts ou non suspendue;

6° Le tournant : limité ou complet;

7° La voie;

8° Le système d'enrayage : à patins ou à sabots;

9° Le type des équipages du commerce dont la voiture se rapproche et les particularités du corps de la voiture; caisse fermée ou à claire voie; avec ou sans siège; couverte ou découverte; avec ou sans galerie; avec cabriolet ou non sur le devant, etc...;

10° L'aménagement intérieur de la voiture, qui varie essentiellement avec sa destination;

11° Les accessoires, outils et rechanges portés normalement par la voiture;

12° Le chargement technique, s'il y a lieu;

13° Le chargement variable : blessés ou bien denrées et effets de toute nature;

14° Le poids de la voiture vide et celui de la voiture chargée, ainsi que le poids à traîner par cheval.

Conditions générales imposées aux voitures.

260. Outre les conditions particulières qui résultent de leur destination spéciale, les voitures doivent avoir certaines qualités générales :

1° Au point de vue du mouvement, ces qualités sont :

a) La facilité du tirage;

Elle dépend de l'organisation du véhicule, en vue de vaincre la résistance au roulage. On diminue cette dernière en réduisant le chargement, en employant des roues élevées et des fusées d'essieu de faible diamètre; en adoptant, pour les fusées et les boîtes de roues, des métaux durs, à surfaces polies et bien graissées, en équilibrant convenablement le chargement des voitures à 2 roues et en chargeant surtout l'essieu de derrière de celles de 4 roues.

b) La facilité de la conduite; elle dépend beaucoup de la grandeur du tournant;

c) La flexibilité; elle varie essentiellement avec le mode de réunion des trains qui assure plus ou moins leur indépendance réciproque. Cette indépendance doit être aussi complète que possible pour les voitures qui doivent accompagner les troupes dans tous les terrains;

d) La sécurité des mouvements; elle dépend surtout de la hauteur du centre de gravité du véhicule au-dessus du sol, de sa voie, du diamètre des roues, du tournant, du mode de retenue dans les descentes;

e) Enfin la longueur des voitures attelées ne doit pas être exagérée, afin de réduire la profondeur des colonnes; cette longueur dépend surtout du système des voitures et du mode d'attelage.

Pour le transport des vivres, bagages et effets divers, il y a intérêt à employer des voitures à 4 roues, à surface de chargement assez grande. Par exception, les voitures à 2 roues sont utilisées dans l'armée comme voitures médicales, voitures d'outils, etc..., parce qu'elles sont plus légères, se plient mieux au terrain et qu'elles ont un tournant plus restreint; mais elles ont le défaut de se renverser facilement en arrière et sur les côtés; elles ne peuvent recevoir qu'un chargement assez faible, et, par conséquent, ont un poids mort élevé; enfin, elles exigent un personnel relativement nombreux et allongent les colonnes.

2° Au point de vue de la construction, de l'entretien et de l'emploi, les qualités du matériel roulant de l'armée sont :

a) La solidité, la durée et le bon marché, qui dépendent de la nature des matières premières employées dans la construction;

b) La simplicité dans l'organisation générale comme dans l'agencement des diverses parties, en vue de faciliter les réparations, les remplacements et les rechanges ;

c) La commodité de l'entretien et de la conservation du matériel ;

d) Enfin les dispositions convenables selon la charge à transporter.

ARTICLE II.

GÉNÉRALITÉS SUR LES VOITURES.

TIRAGE DES VOITURES.

261. On appelle **tirage** la force à exercer sur une voiture pour la maintenir en mouvement.

Le tirage est proportionnel au poids de la voiture.

Il augmente avec le frottement des fusées d'essieu dans les boîtes de roues; on diminue beaucoup ce frottement en maintenant toujours les roues suffisamment graissées.

Le tirage diminue, au contraire, quand le diamètre des roues augmente.

Il varie aussi avec la façon dont le chargement est placé sur la voiture.

L'expérience a montré que, dans les voitures à deux roues, le chargement devait être placé au-dessus de l'essieu et que, dans les voitures à quatre roues, l'essieu de derrière devait être plus chargé que l'essieu de devant.

Le tirage varie enfin avec la nature et la pente du sol. Dans les terrains glaiseux, il augmente par suite des chocs que supporte la voiture ; la présence de ressorts qui amortissent ces chocs le diminue donc sensiblement.

Dans les montées, le tirage augmente d'autant plus que la pente est plus forte.

Dans les descentes, au contraire, il diminue : il peut arriver que les chevaux n'aient plus à exercer aucun effort de traction, et même qu'ils soient obligés de faire effort pour retenir la voiture. On peut diminuer cet effort et même le supprimer au moyen d'un frein.

Pour mettre une voiture en marche, il faut exercer sur elle un effort plus grand que pour la maintenir en mouvement. L'effort peut être très considérable si la voiture doit passer brusquement de l'arrêt au trot.

Il y a donc intérêt, pour la conservation des chevaux, à éviter les départs et les arrêts brusques, et à passer progressivement de l'arrêt au mouvement, et inversement.

VOIE ET STABILITÉ (1).

262. La **stabilité** des voitures dépend en partie de la largeur de la **voie**, c'est-à-dire de l'écartement des deux roues, d'un même essieu, mesuré sur le sol parallèlement à l'essieu du milieu du cercle de l'une des roues au milieu du cercle de l'autre. Plus la voie est large, moins la voiture est exposée à verser. On donne la même voie aux deux trains ; les roues de derrière passant ainsi dans les mêmes ornières que les roues de devant, le tirage est diminué.

La voie des voitures des équipages militaires est de 1 m. 52.

La vitesse et le mode de suspension influent aussi sur la stabilité ; une voiture au trot verse plus facilement qu'une voiture au pas; une voiture munie de ressorts verse plus facilement en terrain accidenté qu'une voiture non suspendue.

TOURNANT.

263. Le **tournant** d'une voiture est l'espace qui lui est nécessaire pour faire un demi-tour.

Il y a tout avantage à ce que le tournant soit aussi restreint que possible; on diminue ainsi les circonstances où les changements de direction sont impossibles.

On a une valeur approchée du tournant d'une voiture à deux roues en ajoutant 0 m. 50 à la longueur totale (y compris le cheval) de la voiture supposée attelée.

Une voiture à 4 roues est dite à **tournant complet;**

---

(1) Une voiture est d'autant plus stable qu'elle a moins de tendance à verser par suite des inégalités ou de l'inclinaison du sol.

quand elle est organisée de façon que le timon puisse faire un angle quelconque avec l'axe de l'arrière-train, la roue de l'avant-train passant sous la voiture ; elle est à **tournant limité**, quand cet angle ne peut pas dépasser un certain angle maximum, qu'il atteint quand les roues de devant viennent toucher l'arrière-train.

Le tournant d'une voiture à 4 roues à *tournant complet* est égal à environ la longueur totale de la voiture, y compris le timon (ou l'attelage de derrière, s'il dépasse en avant le timon), augmentée de 1 mètre et diminuée de la distance qui sépare les deux essieux.

C'est l'espace minimum qui correspond au demi-tour de pied ferme décrit au n° 361, 1re partie, et représenté par la figure 9.

Pour avoir le tournant d'une voiture à 4 roues à *tournant limité*, on dispose l'avant-train, en portant le timon de côté, de manière que l'une des roues de devant vienne près de la caisse de la voiture sans la toucher; on fait mouvoir la voiture en maintenant l'avant-train dans la même position par rapport à l'arrière-train, jusqu'à ce que celui-ci se trouve dans une direction exactement opposée à celle qu'il avait avant de commencer le mouvement; on mesure alors directement sur le terrain, en se guidant sur les traces laissées par les roues sur le sol, la largeur de l'espace parcouru par la voiture et l'attelage de derrière (en supposant la voiture attelée) pendant le demi-tour.

Ce tournant correspond au demi-tour en avançant. Pour exécuter le demi-tour en reculant, décrit au n° 363, 1re partie, et représenté par la figure 10, il suffit d'un espace en largeur égal à environ la longueur totale de la voiture, y compris l'attelage de derrière.

MODE DE RÉUNION DES DEUX TRAINS.

261. Dans toutes les voitures, les deux trains ne sont pas réunis de la même façon. Pour un certain nombre d'entre elles (canons, caissons, chariots de batterie, forges, etc.), la lunette de crosse ou de flèche reçoit un crochet-cheville ouvrière placé en arrière et au-dessous de l'essieu.

L'arrière-train est réellement suspendu à l'avant-train. Ils sont indépendants l'un de l'autre: c'est ainsi qu'une roue de l'arrière-train passant sur une pierre ne fait pas soulever l'avant-train. Ce mode de réunion constitue le **système à suspension.**

Dans toutes les voitures attelées par le train, au contraire, l'avant-train porte une bande circulaire dont le centre est marqué par la cheville ouvrière, et l'extrémité de la flèche de l'arrière-train repose sur toute l'étendue de cette bande. Les deux trains sont ainsi solidaires l'un de l'autre, et la voiture est plus exposée à verser que dans le cas du système précédent; d'autre part, le poids de l'arrière-train suffit pour maintenir le timon horizontal sans qu'il y ait besoin de servante ou de branches de support. Ce mode de réunion constitue le **système à contre-appui.**

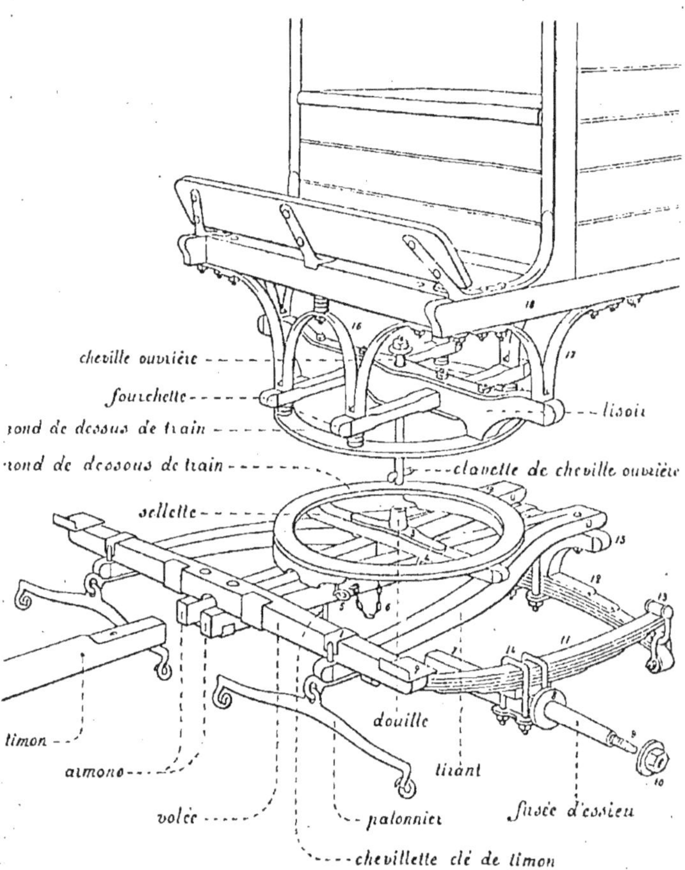

Fig. 88. — Mode de réunion de l'avant-train avec l'arrière-train.

Légende : 1. Étrier de volée. — 2. Marchepied. — 3. Plaque de sellette. — 4. Bande de sellette. — 5. Crochet porte-boîte à graisse. — 6. Chaînette de chevillette clef de timon. — 7. Corps d'essieu. — 8. Rondelle de collet d'essieu. — 9. Bout fileté. — 10. Écrou d'essieu. — 11. Ressort latéral. — 12. Ressort transversal. — 13. Menotte de ressort. — 14. Étrier de ressort. — 15. Échantignolle de ressort transversal. — 16. Support de fourchette. — 17. Support de lisoir. — 18. Brancard.

ORGANISATION DES VOITURES A DEUX ROUES.

265. Une voiture à deux roues est, à quelques différences près, organisée comme l'arrière-train d'une voiture à quatre roues.

Les brancards sont rallongés à l'avant, de manière à former les deux bras de la *limonière* dans laquelle est attelé le cheval.

Dans certaines voitures à deux roues, le corps de voiture est élevé à une certaine hauteur au-dessus des brancards, qui prennent alors le nom de *brancards de limonière*. Dans ce cas, le corps de voiture comporte, en outre, des *brancards de caisse*.

Il n'y a pas de lunette de cheville ouvrière.

La voiture porte généralement une ou deux *servantes* pouvant s'abattre à volonté et servant à maintenir les brancards horizontalement quand la voiture est dételée. Quand la voiture est attelée, les chambrières sont relevées et maintenues dans cette position par la *chaînette de servante*.

Au lieu de chambrières, certaines voitures à deux roues portent à l'arrière une *quille de repos* qui prend appui sur le sol quand on élève la limonière et empêche la voiture de basculer.

ÉLÉMENTS DES VOITURES.

Essieu. — L'essieu est la pièce par l'intermédiaire de laquelle les roues supportent la voiture.

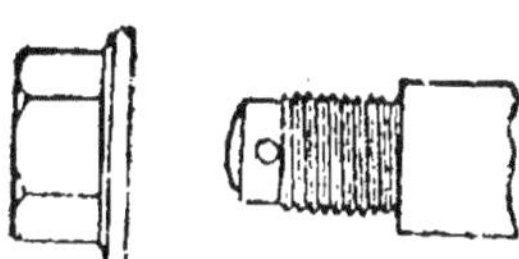

Fig. 90. — *Ecrou d'essieu.*

Les voitures des équipages militaires ont des essieux en fer.

Dans un essieu, on distingue le corps de l'essieu et les fusées.

Fig. 89. — Essieu.

Le *corps de l'essieu*, qui supporte les armons ou les brancards, est, pour les voitures suspendues et le fourgon modèle 1874, à section carrée dans la partie qui

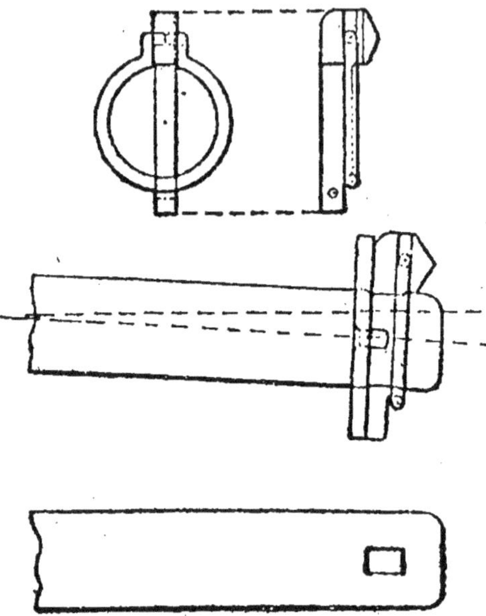

Fig. 90 bis. — *Fusée d'essieu avec clavette à anneau.*

supporte directement le poids, et cylindrique entre les deux parties à section carrée. Il y a quatre modèles de ces corps d'essieu, suivant le genre de voiture.

Pour le chariot de parc et la forge roulante modèle 1852 (voitures non suspendues), on emploie un corps d'essieu à section carrée sur toute sa longueur.

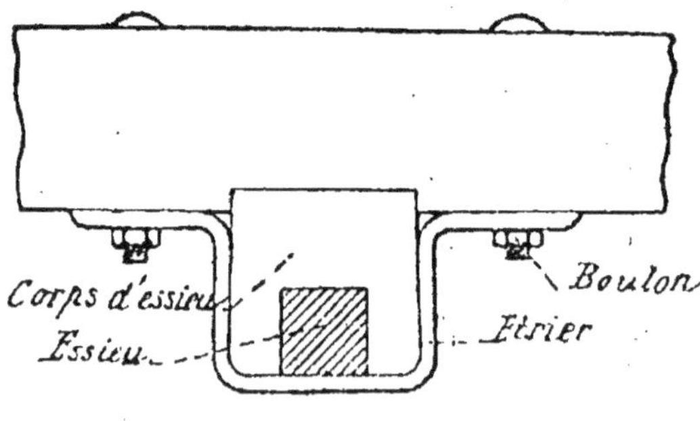

Fig. 91.

Les *fusées* sont destinées à porter les roues. Elles sont coniques pour diminuer la résistance due au frottement, tout en conservant la plus grande base possible.

à la fusée ; cette disposition facilite d'ailleurs la mise en place de la roue.

La fusée présente une partie filetée pour recevoir *l'écrou d'essieu*. Cet écrou est à 6 pans ; une *goupille* en fer l'empêche de tourner. D'ailleurs, il est vissé dans le sens du mouvement de rotation des roues, ce qui tend à augmenter son serrage.

Les écrous d'essieu seront remplacés par des clavettes à anneau (*fig. 90 bis*). Les deux essieux d'une même voiture seront toujours organisés de façon identique, soit avec écrous, soit avec clavettes à anneau.

La fusée se termine du côté du corps de l'essieu par une surface plane perpendiculaire à son axe ; c'est contre cette surface que s'appuie le moyeu, par l'inter-

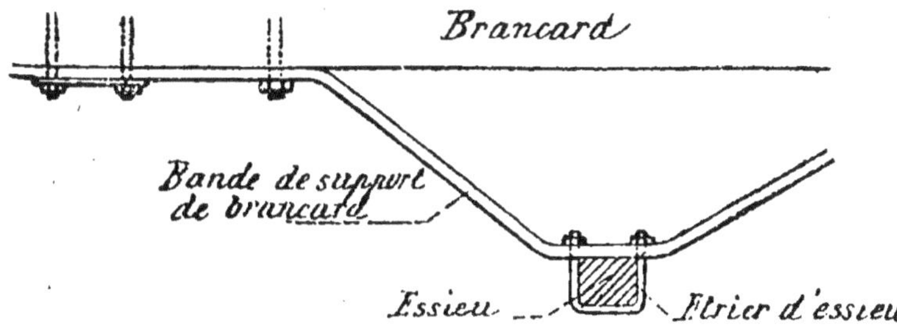

Fig. 92.

médiaire d'une rondelle de cuir appelée *rondelle d'é-paulement*. Les écrous d'essieu présentent une embase qui tient lieu de rondelle de bout d'essieu.

L'axe de la fusée est dans le même plan vertical que l'axe du corps de l'essieu, mais n'est pas dans son prolongement. Son inclinaison, qui empêche la roue de

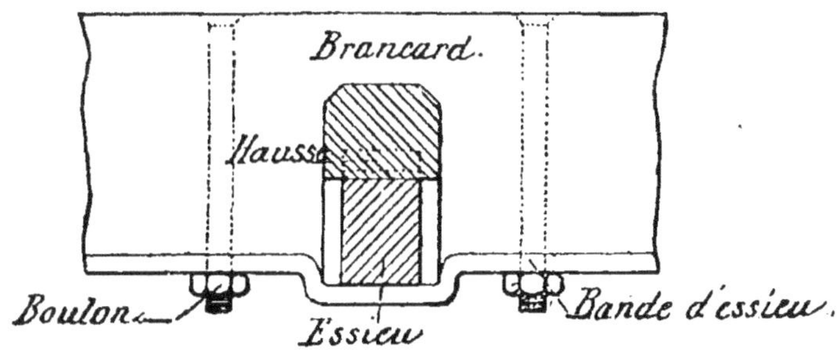

Fig. 93.

s'échapper, est nécessaire également à cause de l'écuanteur des roues, dont il sera parlé plus loin.

Cette disposition s'appelle *le carrossage*.

L'essieu est relié à la voiture à l'aide de pièces intermédiaires qui augmentent la surface d'appui et par des *étriers*, des *bandes d'essieu* ou des *bandes de supports* (fig. 92, fig. 93).

Ressorts. — Dans la plupart des voitures attelées par le train des équipages, des ressorts sont interposés entre les essieux et le corps de la voiture ; ces voitures sont dites *suspendues*.

Les ressorts amortissent les chocs, ménagent la voiture, facilitent le roulement en diminuant le tirage, et sont nécessaires pour la conservation du chargement.

Les ressorts sont composés de feuilles d'acier ajustées l'une sur l'autre et de longueurs décroissantes ; l'épaisseur des feuilles est variable.

Il y en a de deux sortes : les ressorts *droits*, les plus communément employés, et les ressorts à *pincettes*,

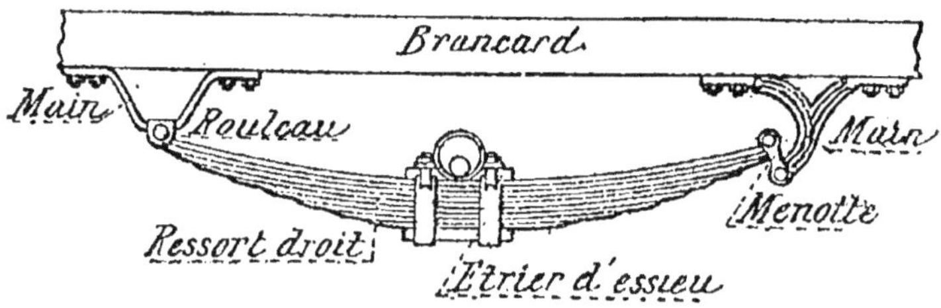

Fig. 94. — Ressorts droits.

composés de deux ressorts superposés à courbure inverse et reliés par des rouleaux. La flexibilité des ressorts à pincettes est double de celle des ressorts droits.

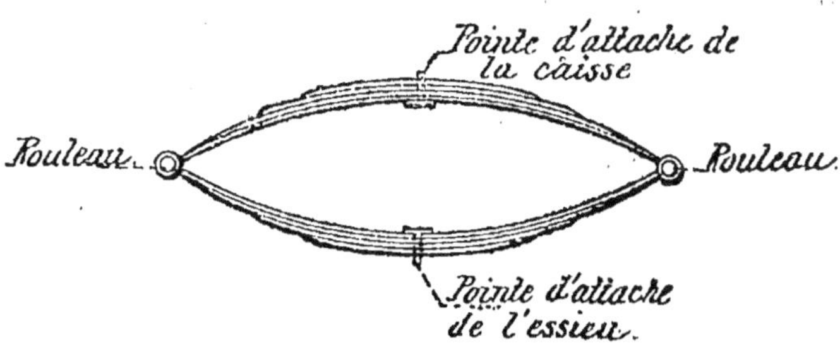

Fig. 95. — Ressorts à pincettes.

Dans le matériel des équipages militaires, les deux trains du coupé du chef d'état-major et l'avant-train du chariot-fourragère ont seuls des ressorts à pincettes.

Les ressorts sont terminés par des *rouleaux*, dans lesquels passent des boulons qui les relient aux *mains* fixées aux brancards. L'un des rouleaux est relié à la main correspondante par l'intermédiaire d'une *me-nolte*, qui permet au ressort de s'allonger sous la charge.

Le nombre de ressorts adaptés aux voitures dépend de la destination et de la forme de ces voitures. Les voitures à deux roues sont montées sur 2, 3 ou 4 ressorts, celles à 4 roues sur 4, 5 ou 6 ressorts.

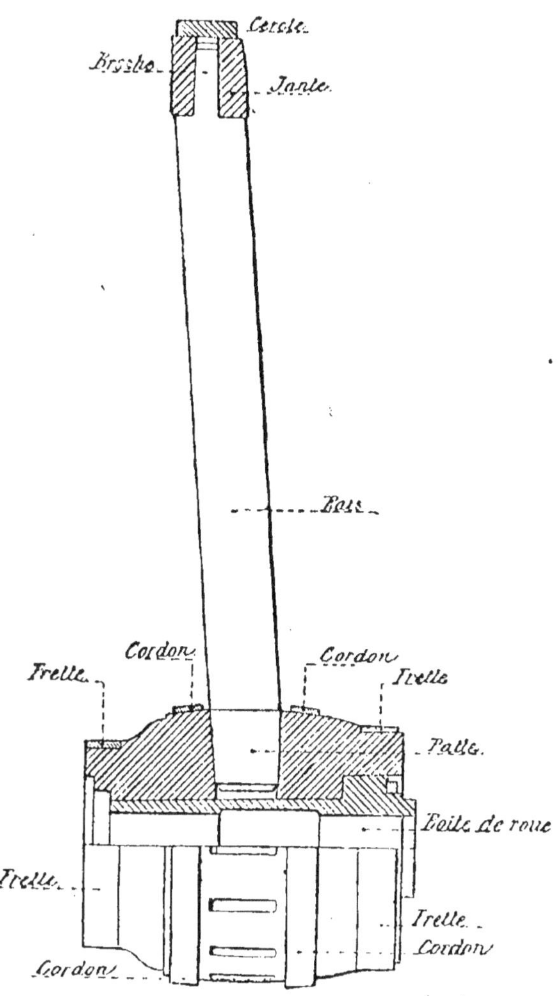

Fig. 96. — *Moyeu ancien modèle.*

Roues. — Les roues ont besoin d'avoir une grande solidité, pour supporter la charge tout entière de la voiture, et assez d'élasticité pour pouvoir céder, en se déformant, aux chocs violents qu'elles subissent et reprendre ensuite leur forme circulaire.

Les parties principales d'une roue sont : le *moyeu*, les *rais*, les *jantes* et le *cercle*.

Les roues à moyeux en bois sont les seules employées

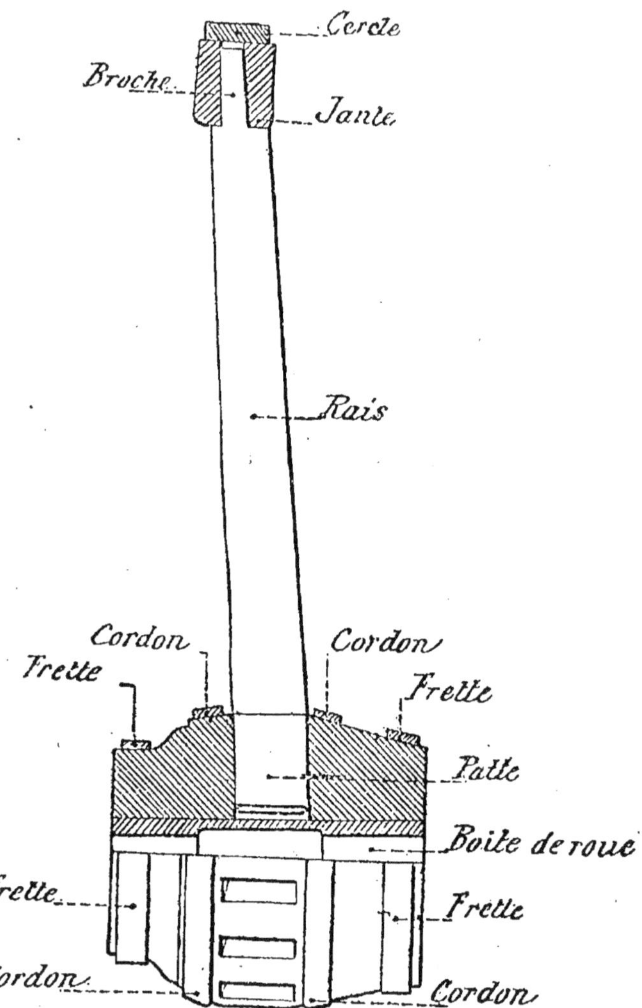

Fig. 97. — *Moyeu transformé pour être employé avec clavette à anneau.*

dans la construction des équipages militaires. Le moyeu est formé d'un bloc en orme (quelquefois en chêne) percé d'un trou central destiné à recevoir la *boîte de roue* en bronze, dans laquelle pénètre la fusée. Vers son milieu, cette boîte porte un dégagement qui permet de conserver la graisse. Le moyeu est garni de 4 cercles en fer qui resserrent les fibres du bois (*2 frettes et 2 cordons*).

La partie centrale, appelée *bouge*, est percée de mortaises destinées à recevoir les extrémités des rais.

Les rais unissent le moyeu aux jantes. Dans un rais, on distingue : la *patte* qui pénètre dans le moyeu et la *broche* qui pénètre dans la jante ; avant la pose du cercle en fer, chaque broche est forcée dans sa mortaise par un petit coin en bois dur.

Les rais, au lieu d'être dans un même plan, forment une espèce de cône ; cette disposition constitue l'*écuanteur* ; elle est telle que, sur un terrain horizontal, le rais inférieur est sensiblement vertical.

Si les rais étaient dans un même plan, les pattes et les broches auraient à supporter des pressions de dedans en dehors, ou inversement, chaque fois qu'une roue se trouverait plus basse que l'autre. Ce mouvement d'ébranlement amènerait une prompte dislocation. Avec la forme adoptée, les pressions se produisent, en général, dans le même sens. L'élasticité d'une roue conique est, en outre, supérieure à celle d'une roue plane ; enfin, sa résistance dans le sens transversal est plus grande, de même que la résistance d'un cornet est supérieure à celle d'une feuille de papier.

Les jantes constituent la partie circulaire en bois de la roue ; elles sont assemblées à leurs extrémités au moyen de goujons. Il y a une jante pour deux rais. Le cercle ou bandage en fer est fixé sur les jantes par les boulons.

Dans les voitures des équipages militaires, on emploie sept modèles différents de roues.

Timon. — Le timon, en chêne, se termine du côté de la voiture par un têtard. Le têtard est percé d'un trou destiné à recevoir la chevillette-clef de timon, et porte un arrêtoir de timon qui vient buter contre une bride de têtard de timon lorsqu'on met le timon en place entre les deux bras de la fourchette. Le timon porte à son extrémité antérieure deux chaînes de bout de timon, sur lesquelles agissent les chevaux de derrière.

Sabot d'enrayage. — Frein.

266. Les voitures attelées par le train des équipages sont munies généralement d'un *sabot d'enrayage* ou d'un *frein à patin*.

Le **sabot d'enrayage** se compose du *sabot* proprement dit, que l'on place sous la roue gauche dans les descentes ; le sabot est rattaché au brancard de gauche au moyen de la *chaîne de sabot* ; cette chaîne porte une *clef* permettant de laisser échapper le sabot quand on veut désenrayer. Quand le sabot ne sert pas, il est accroché à un *crochet porte-sabot*, que l'on engage dans un *œil* pratiqué dans le sabot.

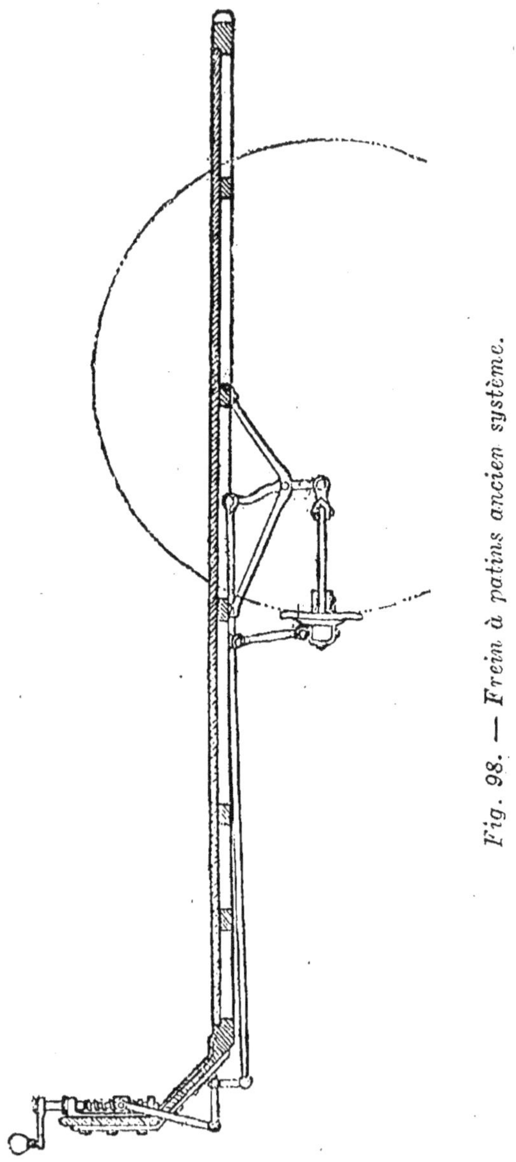

Fig. 98. — *Frein à patins ancien système.*

Le **frein** se compose de deux *patins*, que le conducteur met en contact avec les cercles de roues, en exerçant une pression plus ou moins grande suivant qu'il veut retenir la voiture avec plus ou moins d'énergie. A cet effet, les patins sont commandés par un système de leviers qui communiquent avec une *vis de frein*, que le

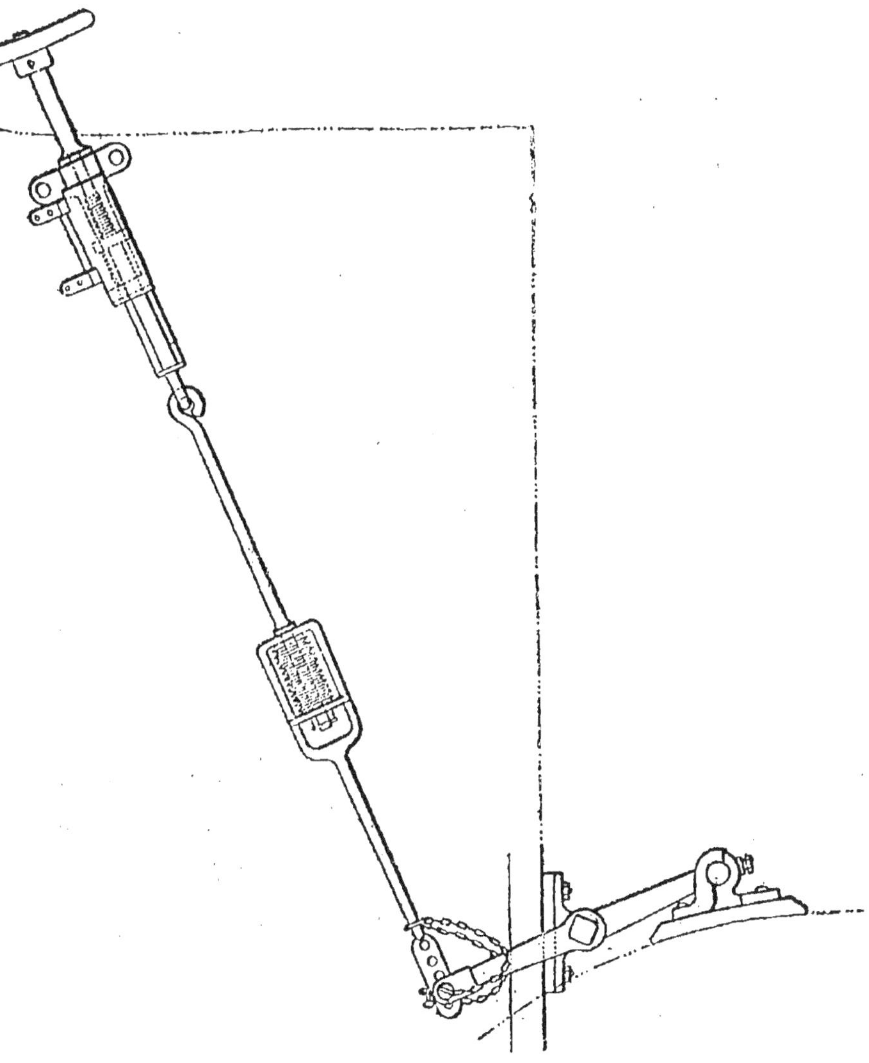

Fig. 99. — Frein à patins.

conducteur manœuvre en restant sur son siège au moyen d'une *manivelle* ou d'un *volant de frein* placé à portée de sa main ; dans quelques voitures de modèle ancien, on fait agir le frein au moyen d'un *levier* placé sous l'arrière de la voiture et mis en mouvement au moyen d'une chaîne de traction.

Le frein à patins offre sur le sabot d'enrayage les avantages suivants :

1° On peut graduer ses effets ;

2° On enraye aussi facilement pendant la marche qu'au repos ;

3° L'enrayage et le désenrayage sont plus rapides et plus commodes qu'avec le sabot.

Par contre, ce système complique le matériel, est coûteux, et exige un entretien, consistant dans le nettoyage et graissage de la manivelle à vis et de son écrou.

On peut, à défaut d'un mécanisme particulier, enrayer de différentes manières : soit au moyen d'une perche passée en travers des roues à la partie postérieure de la voiture et venant s'appuyer contre le dessous de celle-ci ; soit au moyen d'une chaîne ou d'une corde fixée à la voiture et qui embrasse une jante et un ou plusieurs rais.

Systèmes d'attelages.

267. **1° Un cheval.** — Dans l'attelage à un cheval, l'animal est placé entre les brancards ; les harnais dont il est pourvu se composent de : un collier, ou plutôt une bricole avec traits, pour porter le véhicule en avant ; une sellette avec sous-ventrière et une dossière, pour supporter les brancards ; une avaloire et deux courroies ou chaînes, pour faire reculer la voiture.

Les traits sont accrochés à la volée ou plus généralement à un palonnier (toutes les voitures des équipages militaires sont munies d'un palonnier).

Le palonnier est une tige de fer, quelquefois de bois, mobile autour d'un axe vertical, fixée au milieu de la volée ; les traits sont accrochés aux crochets de palonnier qui sont à chaque extrémité.

Le palonnier a l'avantage de permettre aux traits de prendre un mouvement longitudinal de va-et-vient, et de suivre les oscillations des épaules en leur laissant beaucoup de liberté.

2° Deux chevaux. — Dans l'attelage à deux chevaux, l'un est attelé à droite du timon (sous-verge), l'autre à gauche (porteur).

Les attelages à deux chevaux de toutes les voitures des équipages militaires sont pourvus de harnais pour la conduite en guides. Le conducteur est placé sur le siège de la voiture et conduit ses animaux à l'aide d'une paire de guides.

Par exception, et quand on ne peut faire autrement, les deux chevaux peuvent être attelés en *flèche*, c'est-à-dire l'un devant l'autre (*attelage à la française*), les traits du cheval de devant étant fixés aux crochets de tête de trait du cheval de derrière ou limonier, ou encore à l'extrémité des brancards.

3° Trois chevaux. — Dans l'attelage à trois, les chevaux sont conduits en guides et attelés de front directement à l'avant-train.

Dans les passages étroits, l'attelage normal à trois chevaux de front peut être transformé en un attelage à deux chevaux de front conduits en guides ; le 3° cheval est attelé en flèche au moyen de son palonnier placé sur le timon de l'attelage à deux ; il est conduit en main.

4° Quatre chevaux. — Dans l'attelage à quatre chevaux, les deux chevaux de devant sont attelés *trait sur trait* sur ceux de derrière.

Ce système présente quelques inconvénients : les traits des chevaux de derrière supportent tout l'effort du tirage et peuvent être tendus par les chevaux de devant sans que les chevaux de derrière participent à la traction de la voiture. Cette disposition nécessite de la part des chefs de voiture une surveillance attentive, pour s'assurer d'après la position relative de la longe de trait et du crochet de tête de trait, que les chevaux de derrière participent bien au tirage.

Dans l'attelage dit plus spécialement *à l'allemande*, les chevaux de devant sont attelés à une volée mobile munie généralement de 2 palonniers. Ce procédé est défectueux à cause de l'accord qu'il nécessite dans les efforts des chevaux de devant. Il faut, en effet, que les chevaux tirent également ; sans cela la volée pivote autour de son point d'attache.

Avantages et inconvénients de la bricole.

268. Les avantages de la bricole sur le collier sont : une plus grande simplicité, un poids et un volume moindres et une plus grande facilité d'ajustage. Cette dernière qualité est précieuse à cause du nombre considérable de chevaux de réquisition à pourvoir rapidement de harnais.

Par contre, avec la bricole, le cheval ne tire pas également, car la surface de contact étant peu étendue, et le tirage s'exerçant principalement par la pointe des épaules, il s'ensuit que ce tirage a lieu par intermittence, à cause des mouvements alternatifs des membres.

La bricole mal ajustée blesse plus facilement et plus dangereusement que le collier. On a renoncé, en France, au collier, depuis 1861, pour les voitures de l'armée ;

l'armée allemande en fait encore un usage presque exclusif.

Effort maximum dont un cheval est susceptible.

269. L'effort maximum de traction qu'un cheval peut exercer dépend de son poids, de la nature du sol sur lequel il prend appui, de sa taille, de sa vigueur et de son mode d'attelage.

Toutes choses égales d'ailleurs, l'effort de traction est proportionnel au poids de l'animal, son maximum paraissant voisin de ce poids.

Il peut toutefois dépasser cette valeur dans certains cas, notamment lorsque le cheval est en situation d'agir par choc.

L'effort du cheval est limité par la valeur du coefficient de frottement des fers sur le sol ; il est d'autant plus faible que le sol est plus glissant.

Le collier permet au cheval d'exercer un effort plus grand que la bricole ; mais il présente les inconvénients signalés plus haut, qui en ont fait rejeter l'emploi, pour les équipages de campagne.

L'effort maximum qu'un cheval peut exercer dépend encore de l'inclinaison des traits. L'expérience a démontré qu'il y a intérêt pour le cheval à exercer son effort légèrement de bas en haut. L'inclinaison des traits qui paraît être la plus favorable est d'environ 7 degrés pour un cheval monté et de 10 à 12 degrés pour un cheval non monté.

Effort moyen exigible d'un cheval.

270. L'effort moyen qu'on peut exiger d'un cheval dans un travail continu varie avec le poids et la force de l'animal, l'allure de la marche, et les conditions de travail.

Au pas de 4 kilom. 500 à l'heure, un cheval de trait ordinaire peut fournir, pendant 10 heures par jour, un effort moyen de 50 kilogrammes, ce qui équivaut à traîner une voiture pesant 850 kilogrammes environ, en admettant que le rapport entre l'effort de traction et le poids de la voiture soit de 1/17.

Avec les voitures des équipages militaires, un cheval n'a qu'exceptionnellement à traîner un poids supérieur.

Dans le commerce, on admet que, sur une bonne route, un fort cheval peut tirer 1.000 kilogrammes de poids utile, c'est-à-dire non compris le poids de la voiture.

Il est évident qu'au trot on ne peut demander aux animaux qu'un effort bien moindre.

En campagne, plusieurs causes diminuent l'effort moyen que l'on peut exiger d'un cheval ; les chevaux sont exposés à des privations ; dans les attelages à la Daumont, l'un des chevaux est monté, ce qui est une cause de fatigue pour lui ; enfin, les chevaux agissent bien rarement avec une simultanéité parfaite, de telle sorte que l'effort total moyen est inférieur à la somme des efforts développés par chaque cheval pris isolément.

Pour toutes ces raisons, on ne peut guère demander aux attelages des voitures devant circuler dans tous les terrains, un effort moyen supérieur à 40 kilogrammes par animal, ce qui équivaut à traîner 320 kilogrammes en terrain mou.

Les voitures des équipages militaires imposent parfois des efforts supérieurs (415 à 900 kilogrammes même). Mais il est essentiel d'observer que ces voitures ne sont guère appelées à circuler que sur les routes et au pas. Or, sur celles-ci, le rapport entre l'effort de tirage et le poids de la voiture est toujours inférieur à 1/8 (1).

ENTRETIEN DU MATÉRIEL. — SOINS A DONNER AUX VOITURES.

271. Pour éviter des accidents ou des causes de retard pendant les marches, il est nécessaire de donner des soins particuliers à diverses parties des voitures.

Les mesures d'entretien qui, outre les vérifications journalières, doivent être appliquées une ou deux fois par semaine sont : 1° *le graissage des roues ;* 2° *le graissage des bandes circulaires ;* 3° *le lavage;* 4° *le serrage des boulons.*

Ces opérations sont effectuées, en principe, par le personnel du train des équipages après que les voitures ont été déchargées.

En temps de paix, l'entretien du matériel de mobilisation des équipages militaires remisé dans les hangars est dans les attributions du service de l'artillerie, ou des différents services dont dépendent ces hangars.

Le matériel confié à chaque escadron pour le service de garnison, les corvées ou l'instruction, est placé sous la responsabilité du chef de corps, qui prend toutes les mesures nécessaires pour en assurer la garde, la conservation et l'entretien.

Chaque capitaine commandant est responsable du bon état de service du matériel qui est destiné, à la mo-

---

(1) Le tableau suivant fait connaître le rapport qui existe entre l'effort de tirage et le poids total de la voiture chargée, en raison de la nature du terrain sur lequel celle-ci roule :

NATURE DU TERRAIN.	RAPPORT.
Terrain ferme et uni	1/30
Route bien entretenue	1/33
Route pavée	1/33
Chaussée en sable et cailloux récemment placés	1/8

bilisation, aux détachements que fournit sa compagnie. Il est également responsable du contenu des coffrets, coffres et caisses fermés au moyen de cadenas, dont les clefs varient d'un équipage à l'autre et qui restent entre les mains de cet officier.

Une fois par an, le matériel roulant subit une épreuve de roulement. C'est après cette épreuve que les capitaines passent la visite annuelle prescrite par les instructions ministérielles.

Cette visite a pour objet :

1º La constatation du nécessaire, d'après les instructions sur la composition et le chargement des divers équipages ;

2º L'indication motivée des réparations et des remplacements.

Le résultat de la visite est consigné dans un procès-verbal.

Examen des différentes parties d'une voiture.

Visite des roues. — On frappe sur les rais, principalement près des pattes et des broches, pour s'assurer qu'ils ne sont pas fendus ; sur les jantes, pour reconnaître qu'il n'y a pas d'éclats à leur jonction ; sur les cordons et les frettes, pour voir s'ils joignent bien, s'ils ne sont pas cassés, s'ils sont retenus par des caboches ; sur les cercles pour voir s'ils s'appliquent bien sur le bois.

On examine si les épaulements des rais portent bien sur le moyeu et sur les jantes ; dans le cas contraire, il y aurait lieu de faire châtrer la roue.

On sonde tous les assemblages avec une pointe à tracer, particulièrement sur le moyeu, pour s'assurer que le bois n'est pas pourri.

On s'assure que les boîtes de roue ne jouent pas et que l'épaisseur des cercles n'a pas été trop diminuée par le service.

On examine s'il n'y a pas trop d'écuanteur, ce qui indiquerait de la fatigue.

On doit voir si les roues sont bien graissées, si les rondelles d'épaulement et de bout d'essieu sont en place, si les écrous d'essieu sont bien munis d'une cheville ou d'une goupille.

Visite des avant-trains. — On vérifie la longueur des chaînes de bout de timon et l'applicage des anneaux à pattes et des lamettes sur les volées.

On constate que les crochets d'attelage peuvent recevoir aisément les diverses mailles de la chaîne de bout de trait.

On enlève le timon et on le remet en place.

Visite du corps de la voiture. — On sonde les assemblages partout où l'on peut craindre que la peinture ne recouvre du bois en mauvais état.

On s'assure que les étriers et les brides sont bien appliqués. On examine les boulons et les écrous.

On place le sabot d'enrayage, pour les voitures qui en comportent, et on le fait fonctionner.

On manœuvre les freins ; on fait jouer les ressorts ; on rabat les marchepieds ; on visite les couvertures des voitures et les bâches ; on ouvre toutes les portes et tous les tiroirs ; on essaie les clefs.

On reconnaît le bon état des courroies de suspension dans les voitures de transport des blessés, on relève ou on abat les banquettes, et on essaye les petits chariots servant à l'introduction des brancards.

On relève les coussins de siège et on s'assure que les couvercles d'attache sont bien fixés.

On examine les appareils installés dans les voitures du service télégraphique.

On fait jouer le soufflet de la forge.

Visite des rechanges et des accessoires. — On s'assure que les timons de rechange, les pelles, pioches, boîtes à graisse, réservoirs, etc., sont en bon état et qu'ils se placent facilement.

On essaie les timons et les clefs à écrous.

On examine l'état des lanternes et des lampes.

Visite des caisses. coffres. etc. — On essaye les clefs, on s'assure que les charnières jouent bien.

On vérifie si les outils et les approvisionnements sont au complet et en bon état.

Visite des marques et de la peinture. — On vérifie les marques distinctives et complémentaires : les premières font connaître la dénomination de la voiture et, s'il y a lieu, son emploi spécial ; les secondes indiquent le service auquel la voiture est affectée, l'armée ou le corps d'armée, puis, selon le cas, la division, la brigade, le corps de troupe, le convoi ou le parc, ou enfin la partie prenante isolée.

On examine l'état de la peinture, qui ne doit être ni écaillée, ni usée.

Graissage des roues. — Disposer le cric verticalement près de la roue, au-dessous de l'essieu, et relever ce dernier, de façon que la roue ne touche plus le sol. Enlever la clavette, puis l'écrou de serrage avec la clef (enlever l'esse de bout d'essieu quand la voiture en est pourvue) ; deux hommes attirent alors la roue à eux, en lui imprimant, si elle résiste, un mouvement de balancement de droite à gauche et de gauche à droite, dans le sens du roulement, et en penchant légèrement en avant la partie supérieure.

Mettre de la graisse dans l'évidement de la boîte et sur la fusée ; à cet effet, employer un morceau de bois taillé en spatule et *qu'on ne doit jamais poser à terre.* On doit, en effet, faire en sorte de ne jamais mêler à la graisse du sable ou du gravier, car non seulement on détériorerait la fusée et la boîte, mais on s'exposerait encore à de graves embarras pendant la marche.

Replacer la roue en penchant légèrement sa partie supérieure et en lui imprimant un mouvement de roulement ; remettre l'écrou et la clavette.

Si l'on ne dispose pas d'un cric, engager sous l'essieu, près de la roue, l'extrémité d'un levier tel que le timon de rechange, en l'appuyant sur la traverse d'une chevrette ou, à défaut de chevrette, sur un bloc de bois ou sur tout autre corps assez résistant, assez élevé et présentant une assiette suffisante ; exercer sur l'autre extrémité une pesée pour soulever la roue, deux hommes maintenant le levier jusqu'à la fin de l'opération.

Nota. — Ne pas oublier que le pas de vis des fusées est taraudé de façon que l'écrou se serre toujours dans le sens de la marche en avant et que les roues qui posent à terre doivent être soigneusement calées pour éviter tout avancement ou recul de la voiture.

En route, on graisse, en principe, tous les cinq jours, parce que la roue et la fusée insuffisamment graissées peuvent être mises hors de service après une seule marche.

Il faut environ 120 grammes de graisse par essieu.

La graisse employée de préférence est la graisse consistante. A défaut de graisse consistante, on prend une graisse quelconque du commerce fondue avec de l'huile, si elle est trop dure.

Graissage des bandes circulaires. — Peser sur le timon, pour séparer à l'avant la bande de l'arrière-train de celle de l'avant-train ; le soulever, au contraire, pour les séparer à l'arrière. Introduire et étendre la graisse au moyen de la spatule, pendant chacune de ces opérations, sur la surface de contact des deux bandes circulaires.

Lavage. — Laver à la brosse et à grande eau, aussi souvent que possible, les parties couvertes de boue et de poussière.

Serrage des boulons. — Vérifier tous les boulons et serrer, à l'aide de la clef pour écrous divers, tous les écrous qui seraient desserrés.

Vérification journalière. — Pendant les marches, à chaque étape, frapper sur les rais et sur les jantes des roues ; le son produit permet de reconnaître s'ils sont fendus. S'assurer que les cercles de roue ne jouent pas. Visiter avec soin les chaînes et les freins. Vérifier si les clavettes, rondelles, écrous, lanières, etc., n'ont pas été perdus. Resserrer au besoin les écrous.

Réparation rapide et provisoire d'une voiture.

En marche, le matériel doit être réparé le plus promptement possible. On procédera de la manière suivante, laquelle suffira généralement pour terminer l'étape du jour.

Timon, volée, brancard, etc. — Presque toujours cassés en sifflet ; il faut réunir les deux bouts, les maintenir par des éclisses en bois clouées et reliées fortement à l'aide d'une corde à fourrage. Si l'on a du feuillard (fer plat), on l'emploiera avantageusement pour remplacer les éclisses, en l'enroulant et en le clouant sur les bouts à retenir.

Les épars, ranchets, ridelles, etc..., cassés pendant une marche seront faciles à réparer ou à remplacer dans la première localité venue.

Roue. — Les rais fendus sont consolidés par des liens de rais qui se trouvent dans le coffre d'outils de serrurier de la forge ou par des ligatures quelconques.

Les jantes sont consolidées par des liens de jantes ou des éclisses.

Une roue brisée peut être remplacée par une roue requise sur place ; cette dernière doit avoir à peu près le même diamètre que la première, et une boîte un peu plus grande que la fusée d'essieu.

En cas d'impossibilité, on remplace la roue par une forte perche passant sous la fusée d'essieu et solidement amarrée par des cordages à la fusée, d'une part, et au corps de la voiture, de l'autre, ce qui permet de gagner le gîte le plus proche.

Si une roue a besoin d'être châtrée et qu'on n'ait ni le temps ni les moyens de le faire, on peut combattre momentanément le jeu entre tous les organes de la roue en la jetant dans l'eau.

Essieu. — Un essieu brisé ne peut se remplacer sur place ; il faut alors démonter la voiture et en répartir les morceaux avec le chargement sur les autres voitures du convoi.

La forge possède un coffre d'outils d'ouvriers en fer et en bois qui permet d'exécuter rapidement ces diverses réparations.

En arrivant au gîte, on complète ces réparations, et

si on a des timons et des roues de rechange, on remplace les timons et les roues cassés.

Pour *changer un timon*, retirer la chevillette-clef de timon, tirer sur le timon en maintenant la volée. Si le têtard, gonflé par l'humidité, se détache difficilement, essayer de le faire sortir en l'ébranlant et en le tirant à soi avec de petits mouvements latéraux. Si ce moyen ne suffit pas, desserrer avec la tête de la cheville-clef de timon les écrous des boulons qui réunissent les brides à la fourchette.

Pour mettre en place le nouveau timon, l'enfoncer franchement d'un seul coup jusqu'à l'arrêtoir. Si le têtard gonflé par l'humidité est trop gros, enlever un peu de bois sur les côtés. S'il est au contraire trop petit, le renforcer avec de petites plaques de bois, pour supprimer le jeu qui amènerait sa rupture.

Pour *changer une roue*, employer le cric contenu dans le chariot de parc à soulever l'essieu de la roue cassée et remplacer la roue pendant que la voiture est soutenue par le cric.

ARTICLE III.

DESCRIPTION DES VOITURES (1).

I. — VOITURES DU MATÉRIEL
DES ÉQUIPAGES MILITAIRES ATTELÉES
PAR LE TRAIN.

272.   Voitures du service de santé.

Grande voiture pour blessés, modèle 1889.

4 roues; suspendue; à tournant complet, 2 chevaux.

Cette voiture est destinée à transporter quatre blessés couchés sur des brancards suspendus, que l'on introduit dans la voiture au moyen de petits chariots métalliques roulant sur des rails et qui forment deux

(1) Les accessoires des diverses voitures énumérés au cours de cette description sont ceux qu'elles peuvent comporter. L'instruction pour la composition et le chargement des équipages en indique la répartition.

plans superposés, ou bien 10 hommes assis sur deux banquettes à 5 places chacune.

Ces banquettes sont à charnières mobiles fixées aux parois latérales de la voiture.

Lorsqu'on doit transporter des malades couchés, ces banquettes sont relevées et maintenues contre les parois. Par suite de cette disposition, les malades peuvent être 5 assis d'un côté de la voiture et 2 couchés de l'autre.

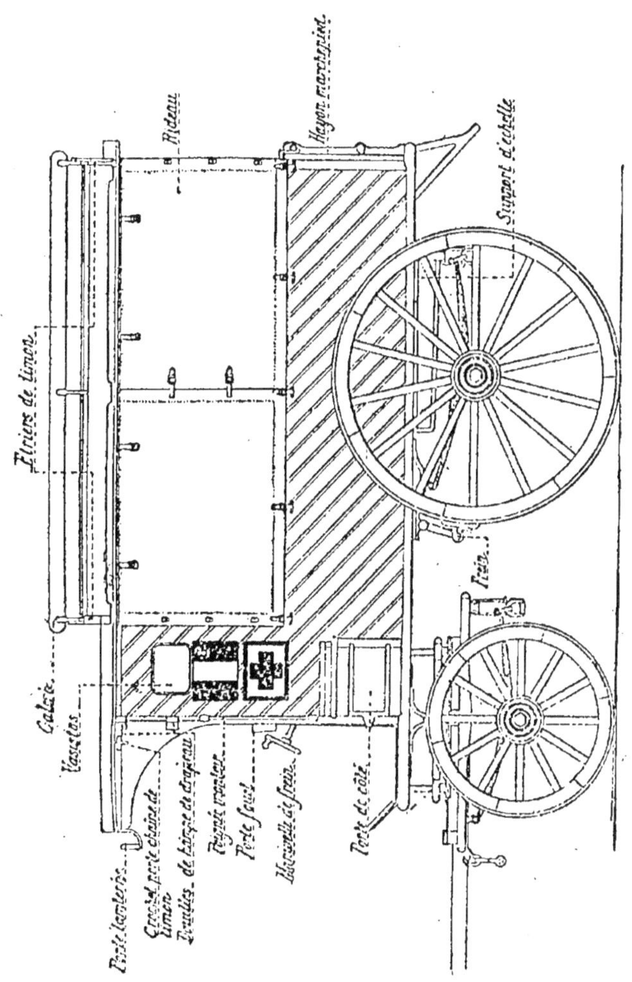

Fig. 100. — *Grande voiture pour blessés, modèle 1889.*

D'autre part, le montant porte-brancard pouvant être relevé en même temps que les banquettes, tout

234   IV. — DESCRIPTION DU MATÉRIEL.

l'intérieur du coffrage devient disponible pour le transport d'objets encombrants, d'un poids peu considérable.

La voiture est surmontée d'une galerie qui peut recevoir huit brancards de champ de bataille, les effets et les armes des blessés.

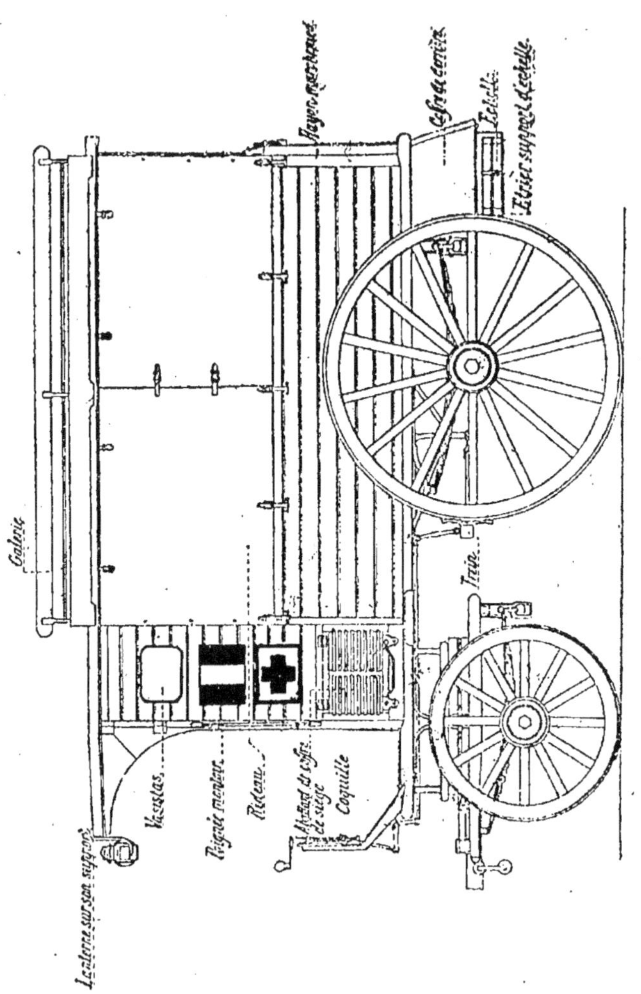

Fig. 101. — *Grande voiture pour blessés, modèle 1874.*

Le conducteur et deux infirmiers peuvent trouver place sur le siège du cabriolet.

Sous ce siège sont trois compartiments, dont les deux extrêmes contiennent chacun un réservoir d'eau d'une contenance d'environ 25 litres chacun ; celui du milieu est réservé au bidon à l'huile, aux traits de rechange, aux écrous et à la clef à écrous, et enfin aux bagages du conducteur.

Une échelle articulée est fixée sous le coffre ; elle sert à monter dans la voiture par l'arrière.

Les côtés, le devant et le derrière sont garnis de rideaux en toile, qui préservent les blessés des intempéries et permettent d'aérer l'intérieur.

La voiture est munie de quatre ressorts latéraux et de deux ressorts transversaux, d'un frein à vis et à patins, et d'un hayon marchepied.

Accessoires. — Bâche de galerie, échelle et chariots de brancards du bas, porte-brancards du haut. — 1 lanterne, 2 cadenas, 1 clef à écrous d'essieu, 1 bidon à huile avec ciseaux et mèches, 2 hampes de drapeaux (Convention de Genève et couleurs nationales), 1 boîte à graisse ou un seau d'abreuvoir, 2 réservoirs (fournis par le service de santé).

Rechanges. — Timon, une paire de traits, deux écrous d'essieu.

Grande voiture pour blessés, modèle 1874-1888.

Cette voiture ne diffère de la voiture précédente que par quelques détails de construction peu importants.

Grande voiture pour blessés, modèle 1874.

Cette voiture ne diffère guère de la voiture modèle 1889 que par l'installation d'un coffre placé à l'arrière, par le mode de suspension des brancards, par la disposition de la vis du frein et par l'aménagement du support d'échelle.
La porte de côté est remplacée par un abattant.

Petite voiture pour blessés, modèle 1889.

A 2 roues, suspendue, un cheval.
Cette voiture est destinée à transporter deux blessés couchés sur des brancards, que l'on introduit dans la voiture au moyen de chariots roulant sur des rails. Un coffre est ménagé et des ferrures sont fixées vers l'arrière de la voiture pour recevoir les effets et les armes des blessés.

Elle a un siège dont les deux tiers sont garnis d'une galerie pour recevoir des havresacs.

Le dessus de la voiture est formé de trois cerceaux en fer, ayant la forme d'anse de panier et garnis d'une toile imperméable formant couverture. Le devant, les côtés et le derrière sont garnis de rideaux également en toile imperméable.

Sous le siège se trouve un casier pour bidon à huile ; un réservoir d'eau est placé intérieurement vers l'arrière de la voiture.

La voiture est munie de trois ressorts.

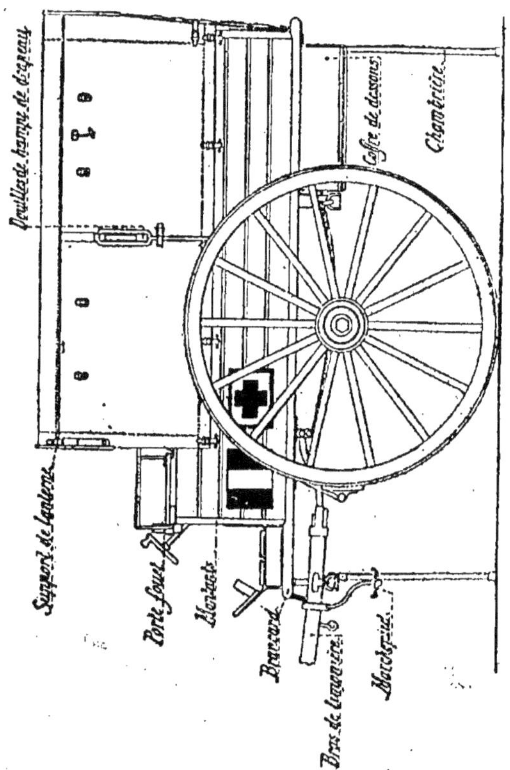

Fig. 102. — Petite voiture pour blessés, modèle 1889.

Accessoires. — Couverture et rideaux, chariots porte-brancards, un réservoir, une lanterne, un bidon à huile avec ciseaux et mèches, une clef à écrous d'essieu, deux hampes de drapeaux.

Rechanges. — Une paire de traits, deux écrous d'essieu.

Petite voiture pour blessés, modèle 1874-1888.

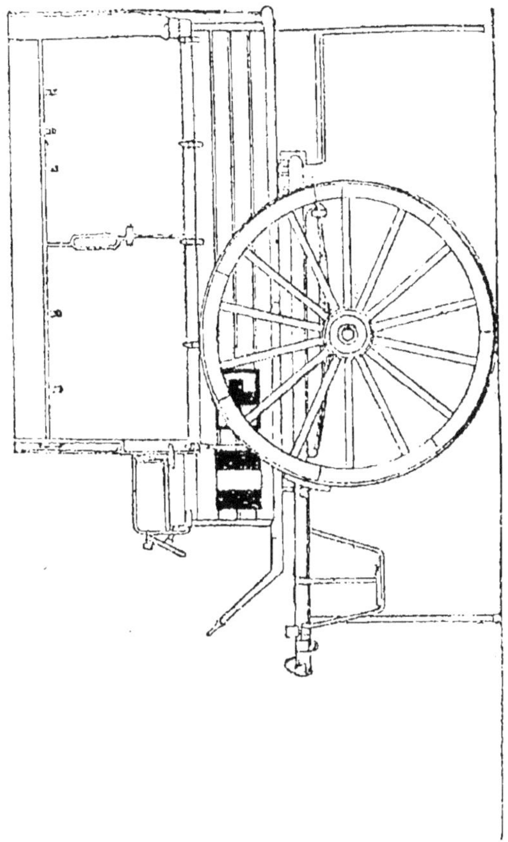

Fig. 103. — Petite voiture pour blessés, modèle 1874-1888.

Cette voiture ne diffère guère de la précédente que par le mode de suspension de la caisse de la voiture, qui est composée d'un cadre auquel sont attachés les ressorts. La transformation de la voiture modèle 1874 en modèle 1888 a eu pour objet de réduire le poids de la voiture, d'empêcher le transport d'objets étrangers au chargement réglementaire et de changer le mode d'introduction des brancards ; enfin, la voiture a été munie d'un palonnier.

Petite voiture pour blessés, modèle 1874.

Cette voiture ne diffère de la précédente que par son mode d'introduction et de suspension des brancards et par son genre de couverture, qui se compose d'un pavillon pour les malades et d'un cabriolet pour le conducteur. Le pavillon est surmonté d'une galerie avec bâche destinée à recevoir quatre brancards et les effets et armes des blessés.

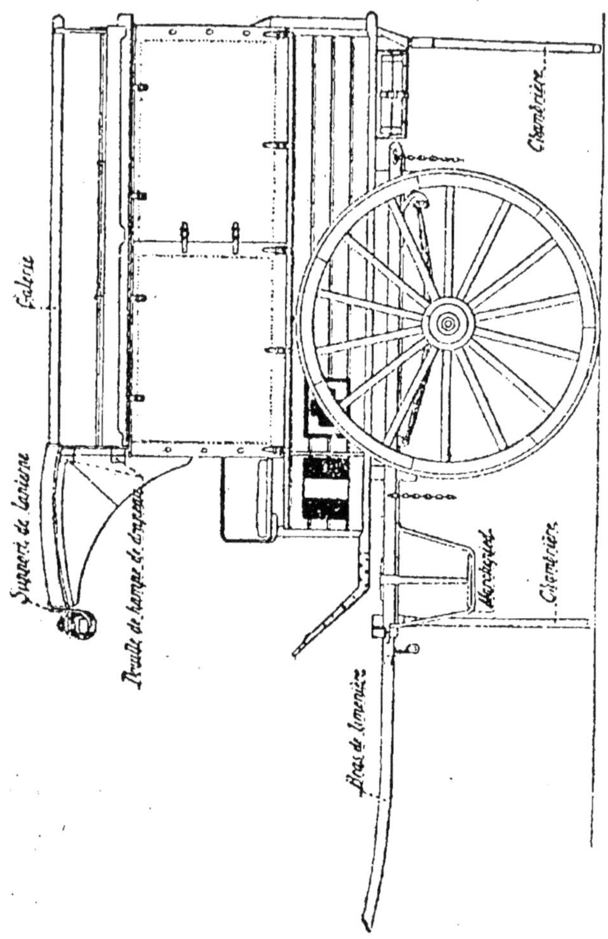

Fig. 104. — Petite voiture pour blessés, modèle 1874.

Deux infirmiers peuvent prendre place sur le siège à côté du conducteur. La voiture est munie de deux chambrières. Elle est notablement plus lourde que la voiture modèle 1889.

Voiture de chirurgie.

A quatre roues, suspendue, à tournant complet, quatre chevaux.

Cette voiture est destinée au transport d'objets de pansement, d'instruments et d'appareils chirurgicaux, de médicaments, etc.

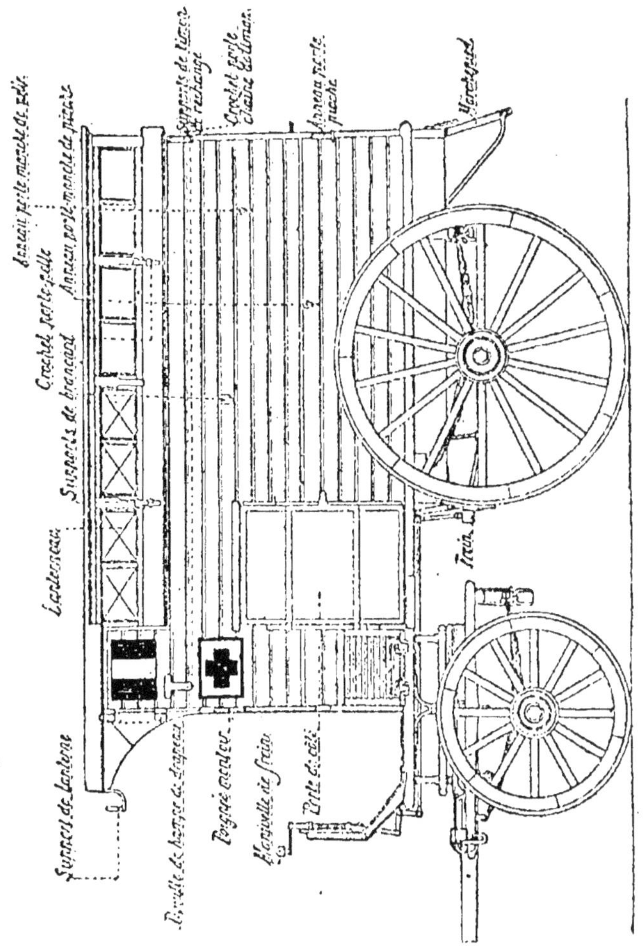

Fig. 105. — *Voiture de chirurgie, modèle 1890.*

Elle est à parois pleines, percée d'ouvertures avec portes en tôle, et surmontée d'un dessus à galerie. Elle est desservie par un couloir longitudinal, qui s'ouvre par une porte à l'arrière, et qui est éclairé par des carreaux d'un lanterneau disposés sur vasistas mobiles. De chaque côté de ce couloir sont des tiroirs et des casiers contenant divers objets. Un marchepied permet l'accès par l'arrière.

La voiture a un cabriolet avec siège à trois places ; ce siège est compartimenté comme celui de la grande voiture pour blessés modèle 1889.

Elle est munie d'un frein à patins et à vis et de six ressorts.

Accessoires. — Deux réservoirs, lanterne, bidon à huile, clef à écrous d'essieu, deux hampes de drapeaux, deux cadenas, une boîte à graisse ou un seau d'abreuvoir, une pelle ou une pioche.

Rechanges. — Une paire de traits, timon, deux écrous d'essieu.

L'ancienne voiture, dite « de pharmacie » a été transformée en voiture de chirurgie, et a reçu des modifications qui la rapprochent beaucoup de celle-ci.

Voiture d'administration.

A quatre roues, suspendue, à tournant complet, quatre chevaux.

Cette voiture est destinée au transport des aliments nécessaires aux premiers besoins des blessés sur le champ de bataille.

Elle présente les mêmes dispositions générales que la voiture de chirurgie ; mais elle ne possède pas de lanterneau, et elle est surmontée d'une galerie couverte par une bâche ; les côtés de la caisse et la porte de derrière sont à claire-voie dans leur partie supérieure. Des rideaux empêchent la pluie de pénétrer par les côtés.

A l'intérieur de la caisse est disposée une sorte de chambre entourée d'étagères pour recevoir des ustensiles, de coffres et de compartiments destinés à renfermer des denrées alimentaires. Aux parois sont suspendus quelques instruments (marteau, hache, pelle à main, etc...); enfin, sur le devant est une armoire divisée en casiers, dans lesquels sont placés des fournitures de bureau, des ustensiles à l'usage des malades, du linge et divers objets d'un emploi spécial (moulin à café, cafetière, lanternes, etc...).

Dans le coffre, sous le siège de devant sont des seaux en toile, les traits de rechange, les écrous d'essieu et la clef. C'est là aussi que se placent les effets et les vivres du conducteur. Sur le dôme sont placés vingt brancards.

Dans les compartiments, à droite et à gauche de la

voiture, sous le siège, se trouvent un réservoir en bois pour le vin et le café, et un en fer battu pour l'eau. Le compartiment de gauche contient, en outre, le bidon à huile.

Accessoires. — Rideaux, bâche, lanterne, cadenas, clef à écrous d'essieu, réservoirs, bidon à huile, usten-

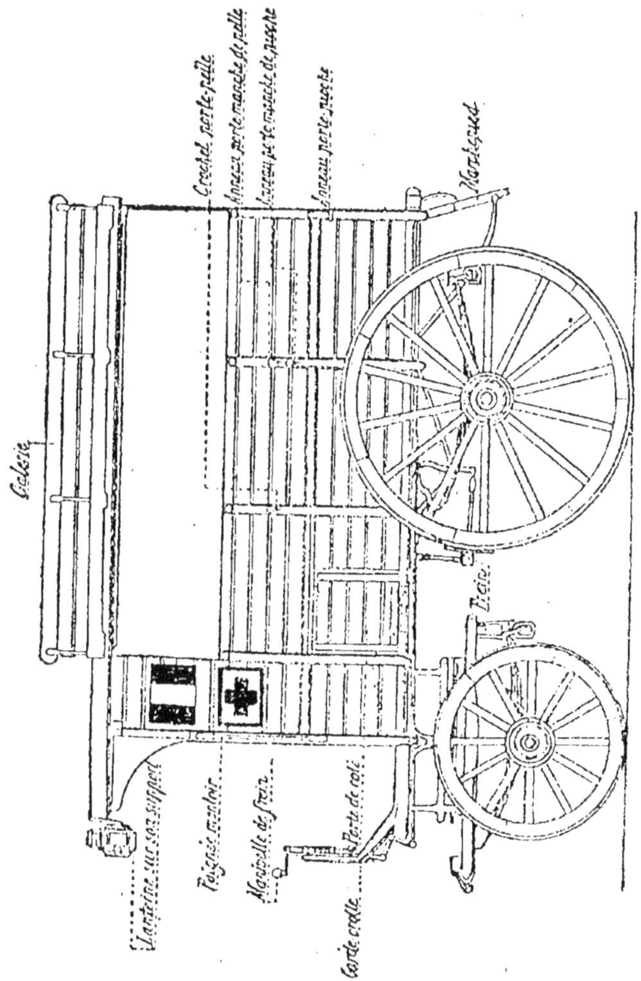

Fig. 106. — *Voiture d'administration.*

siles de cuisine, deux hampes de drapeaux, boîte à graisse, pelle, pioche.

Rechanges. — Timon, traits, écrous d'essieu.

Fourgon du service de santé.

A quatre roues, suspendu, à tournant complet, deux chevaux.

Cette voiture est principalement destinée au transport des approvisionnements de réserve du service des ambulances.

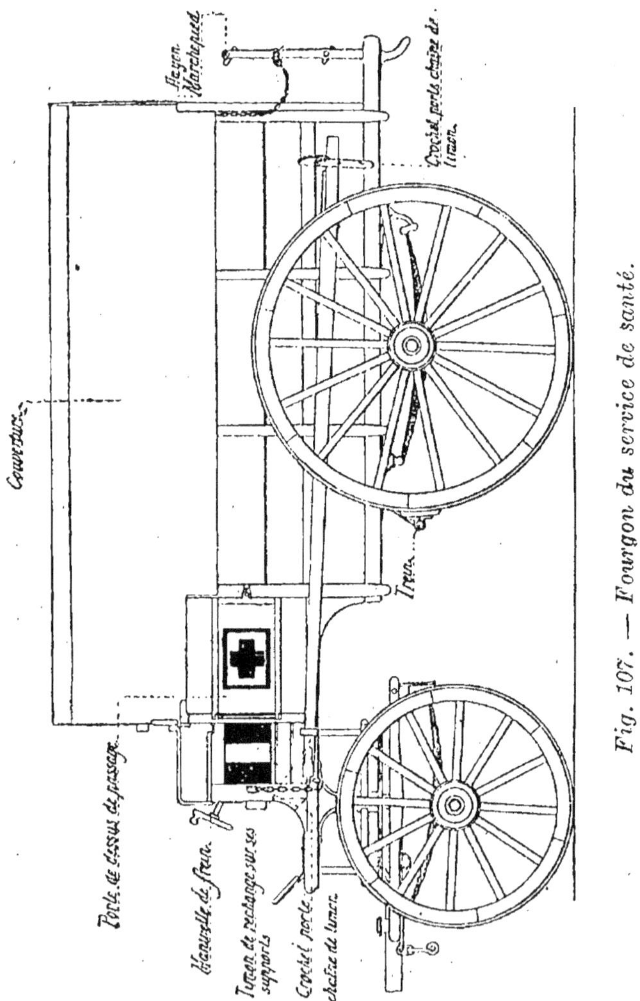

Fig. 107. — Fourgon du service de santé.

Elle ne diffère du fourgon modèle 1887, qui sera décrit plus loin, que par sa longueur, plus grande de 15 centimètres, et par des dispositifs permettant le transport de brancards à l'intérieur de la voiture. Les fourgons dénommés E et F sont munis de fausses ridelles destinées à supporter la tente Tortoise.

Accessoires. — Rideaux, bâche, cadenas, lanterne, bidon à huile avec ciseaux et mèche, pelle, pioche, clef à écrous, boîte à graisse, seau d'abreuvoir.

Rechanges. — Traits, timon, écrous d'essieu.

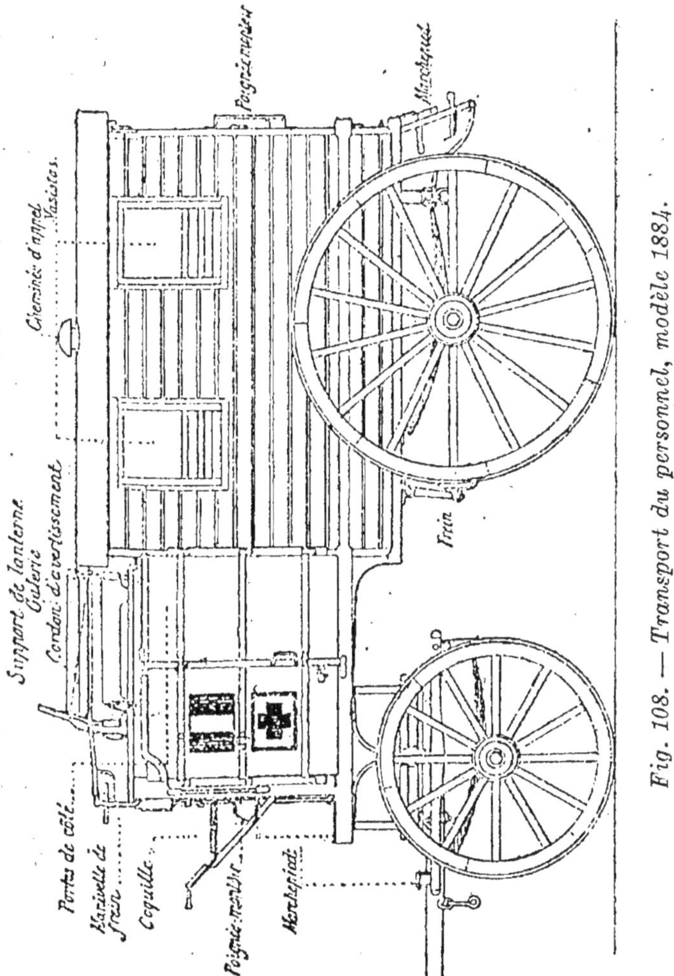

Fig. 108. — Transport du personnel, modèle 1884.

Voiture-transport du personnel, Modèle 1884.

A quatre roues, suspendue, à tournant complet, deux chevaux.

Cette voiture est destinée au transport du personnel

non monté attaché à divers services ; l'intérieur peut contenir huit personnes. Elle est, en outre, disposée pour recevoir les bagages que ce personnel emporte à sa suite.

Le corps de la voiture, qui est couvert d'un dessus muni d'une galerie et percé d'une cheminée d'aération, se divise en deux parties principales, savoir : à l'avant, un compartiment qui s'ouvre sur le côté et qui est destiné à contenir les bagages ; à l'arrière, un compartiment plus vaste, qui est disposé à l'intérieur comme un omnibus, avec ses fenêtres à vitrages mobiles, sa porte, son marchepied et ses deux banquettes longitudinales.

Un siège élevé avec marchepied et coquille est établi à l'avant et sur le sommet de la voiture.

Un cordon avertisseur met les personnes placées à l'intérieur en communication avec le conducteur.

L'avant-train présente les mêmes dispositions que celui de la grande voiture pour blessés modèle 1889, mais les roues sont plus hautes; l'essieu et les ressorts sont d'un modèle différent.

Accessoires. — Boîte à graisse ou seau d'abreuvoir, lanterne, cadenas, bidon à huile avec ciseaux et mèches, coussins de banquette, bâche, clef à écrous, deux hampes de drapeaux (pour les voitures affectées au service de santé).

Rechanges. — Traits, timon, deux écrous d'essieu.

273. Voitures du service des subsistances.

Fourgon modèle 1874.

A quatre roues, non suspendu, à tournant complet, deux chevaux.

Les fourgons sont en grande partie employés dans les convois de subsistances, et renferment, de préférence, les denrées qui doivent être le mieux préservées des intempéries ; ils sont aussi affectés au transport des bagages et archives. Il existe un certain nombre de fourgons dans presque toutes les formations.

Cette voiture est munie d'un hayon et d'un frein à vis et à patins ; une porte ménagée sur le côté permet l'accès du dessus de passage.

Accessoires. — Couverture, fourragère avec chaîne, clef à écrous d'essieu, boîte à graisse, cadenas, objets de campement, seau d'abreuvoir, pelle, pioche.

Rechanges. — Traits, écrous d'essieu, timon.

Fourgon modèle 1874-1879.

Le fourgon modèle 1874-1879 ne diffère du fourgon modèle 1874 que par l'addition d'un coffre sur le dessus de passage. On accède dans ce coffre par une porte ménagée sur le côté gauche de la voiture.

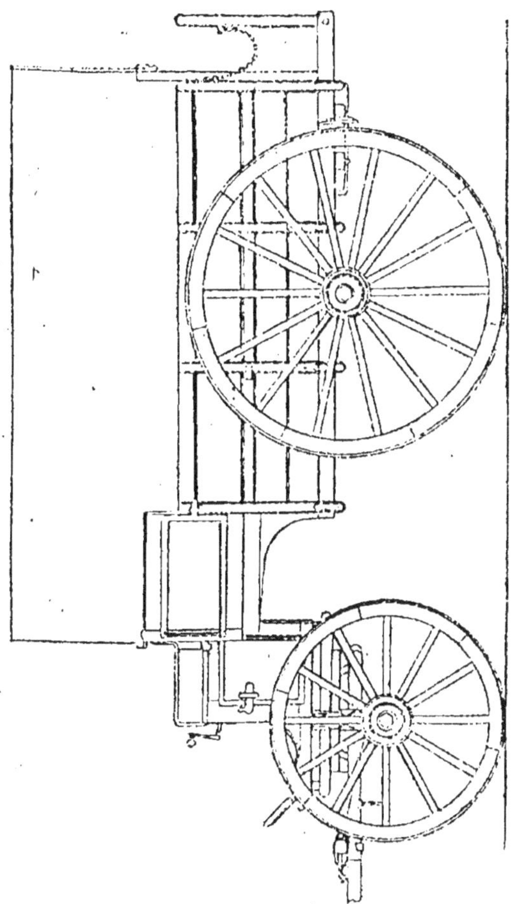

Fig. 109. — Fourgon modèle 1874.

Fourgon modèle 1887.

Le fourgon modèle 1887 ne diffère du précédent que par sa suspension sur ressorts. Son avant-train est celui de la voiture transport du personnel modèle 1884.

Il est spécialement affecté au transport des bagages dans les états-majors, les corps de troupe et les convois ; il doit renfermer, de préférence, les denrées qu'il est le plus nécessaire de préserver à la fois des cahots et des intempéries.

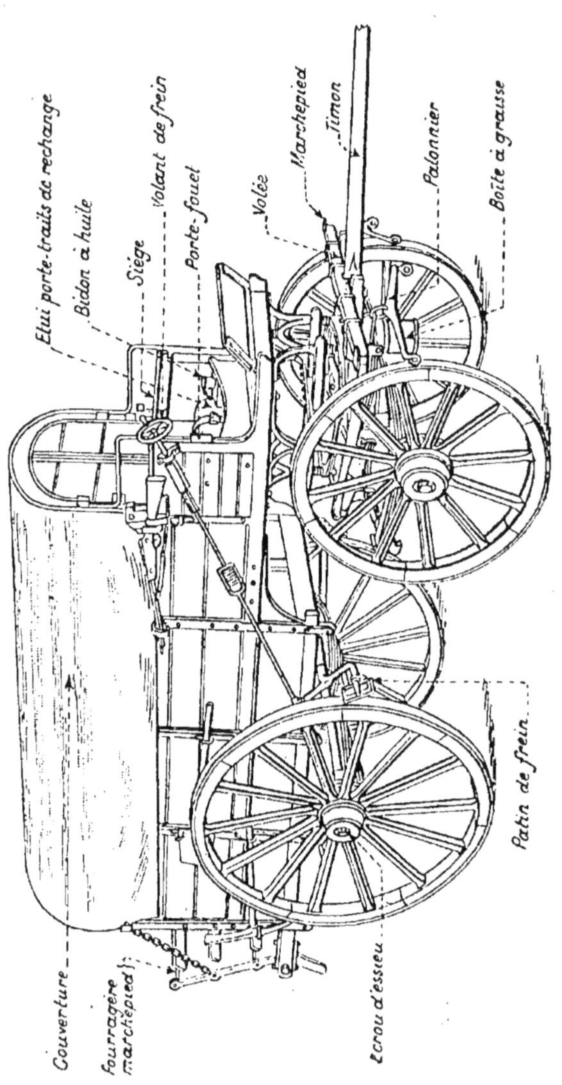

Fig. 110. — Fourgon modèle 1887.

274. Voitures du service de la trésorerie
et des postes.

Tilbury.

A deux roues, suspendu, à un cheval.
Cette voiture est destinée à desservir les bureaux éta-

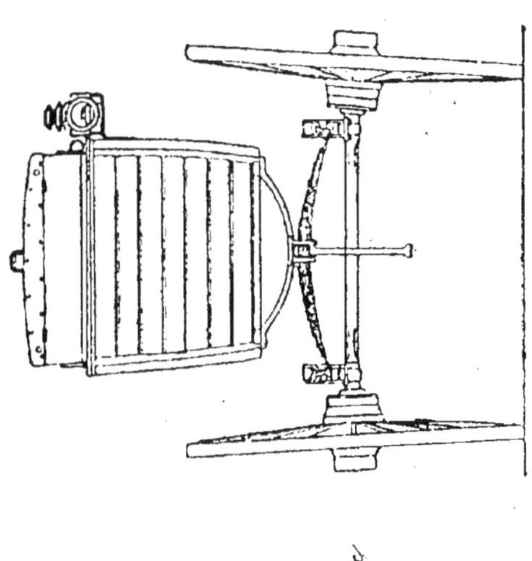

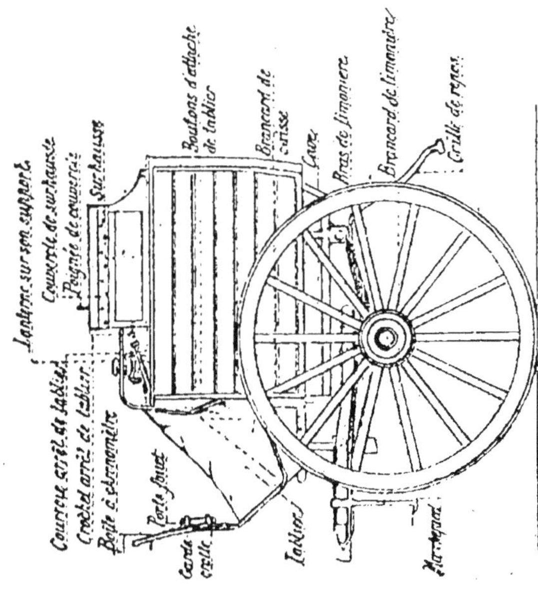

Fig. 111. — Tilbury.

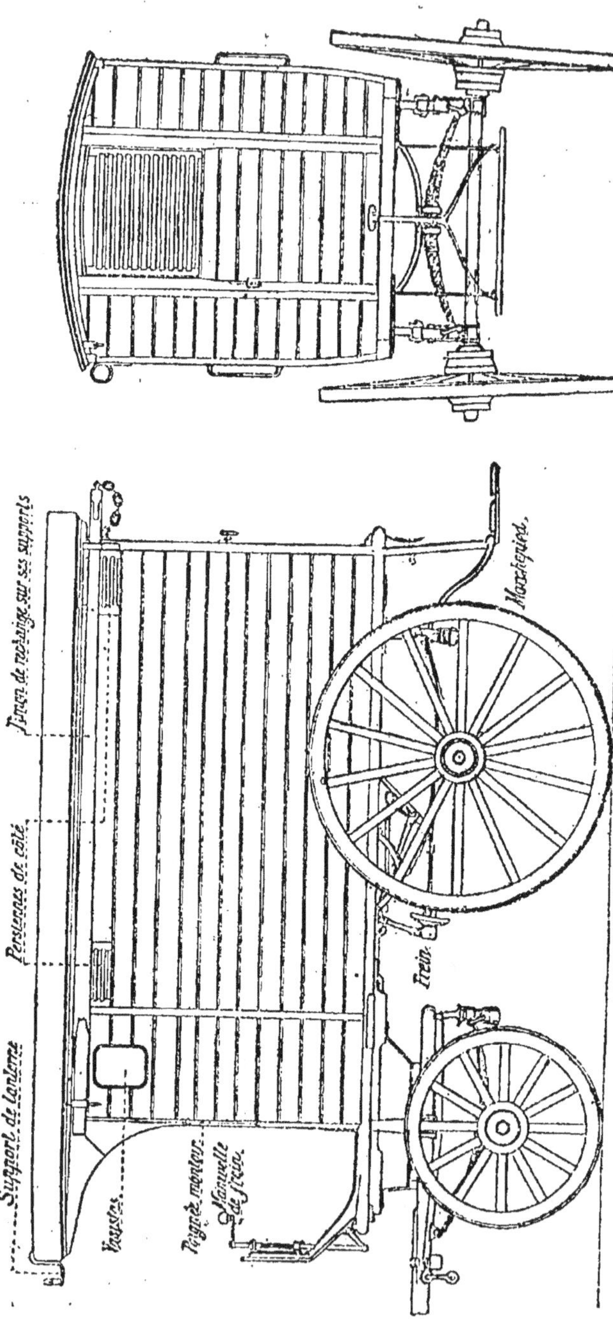

Fig. 112. — Fourgon de correspondance.

blis dans les quartiers généraux. Dans certaines circonstances, elle peut être employée au transport de caisses à argent.

Elle est analogue à celles qu'emploie l'administration civile des postes et des télégraphes.

Elle a, sur le devant, un siège élevé avec tablier et garde-crotte. Sa caisse, presque cubique, s'ouvre par en haut, et contient des compartiments pour les dépêches. Un coffret ménagé sous le plancher qui est en avant du siège renferme une clef à écrous et deux écrous d'essieu.

Une boîte à chronomètre est fixée sur le garde-crotte.

La voiture est munie d'un marchepied, d'une quille de repos et de quatre ressorts.

Accessoires. — Chronomètre, clef à écrous, coussin de siège, lanternes, deux écrous d'essieu.

Rechanges. — Traits (fixés à des courroies dans la caisse).

Fourgon de correspondance.

Cette voiture, attelée de deux chevaux, est destinée au transport des dépêches.

Elle se rapproche, dans sa forme et sa construction, de la voiture d'administration, mais elle n'a pas de galerie, le cabriolet est plus profond et muni de deux châssis vitrés. Ses côtés pleins sont percés, dans le haut, chacun de deux petites ouvertures munies de persiennes fixes. On accède dans l'intérieur par une portière ménagée à l'arrière.

Accessoires. — Bidon à huile, clef à écrous, coussin de siège, lanterne.

Rechanges. — Traits, timon.

Voiture transport du personnel.

A quatre roues, suspendue, à tournant complet, deux chevaux.

Cette voiture est destinée au transport du personnel du Trésor et des postes attaché aux quartiers généraux.

Elle est disposée pour recevoir quatre employés, et le dessous des banquettes peut contenir quatre caisses à argent; ces sortes de compartiments sont fermés par des portes.

Elle est du même type que les voitures de chirurgie et d'administration du service de santé. Mais elle a un cabriolet plus profond sur le devant ; son pavillon n'a pas de galerie ; chacun des côtés de la caisse est muni de deux grands châssis vitrés. L'intérieur présente deux banquettes longitudinales munies de coussins ; on y accède par une portière ménagée à l'arrière. Elle contient, en outre, contre le fond un bureau, un casier à lettres et un porte-timbre, enfin un casier pour bidon à huile (sous le siège).

Les côtés du bureau forment deux armoires fermant à clef.

Accessoires. — Lanterne, clef à écrous, bidon à huile, coussins, seau d'abreuvoir.

Rechanges. — Traits, écrous d'essieu (sous le siège).

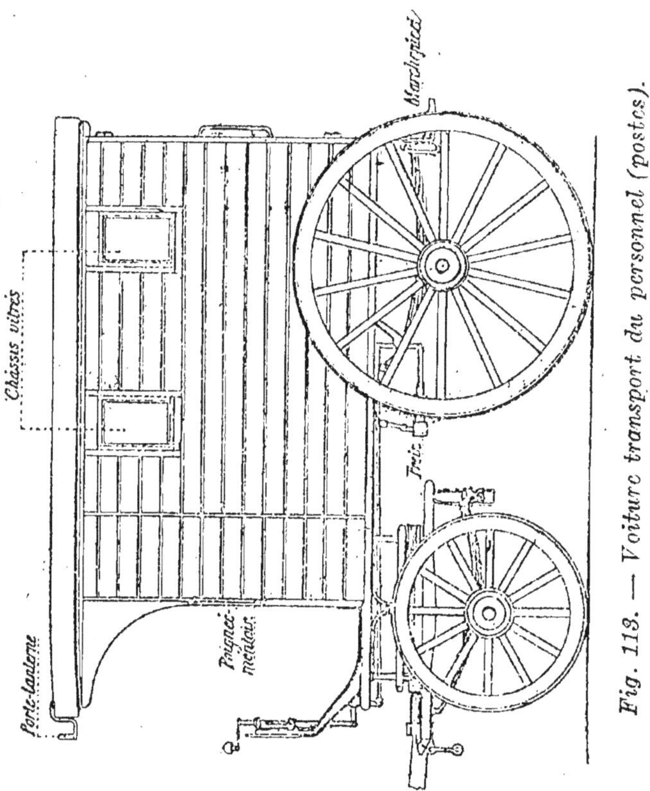

Voiture transport du matériel, modèle 1879.

Cette voiture n'est autre que le fourgon modèle 1874 (non suspendu sur ressorts) approprié au service de la trésorerie. Elle n'en diffère que par l'addition d'une boîte aux lettres, d'une lanterne et d'un coffre pour fonds.

Elle comporte un casier pour bidon à huile.

Accessoires. — Bidon à huile, boîte aux lettres, boîte à graisse, cadenas, clef à écrous, lanterne, objets de campement, pelle, pioche.

Rechanges. — Traits, deux écrous d'essieu, timon.

Voiture transport du matériel, modèle 1903.

Cette voiture n'est autre qu'un fourgon modèle 1887 (suspendu sur ressorts) comportant un coffre blindé, une boîte aux lettres et une lanterne.

Mêmes accessoires et rechanges que pour la voiture transport du matériel, modèle 1879.

275. Voitures du service de la télégraphie.

Voiture de matériel et d'archives.

A quatre roues, suspendue, à tournant complet, quatre chevaux.

Cette voiture, destinée à transporter des appareils, des outils, des objets de bureau et des accessoires du service, est spécialement affectée aux parcs télégraphiques et aux sections d'étapes et de chemins de fer.

Il n'existe qu'un petit nombre de ces voitures, les voitures-postes télégraphiques ayant été appelées à remplacer celles qui ont été réformées.

Elles présentent l'aspect d'un fourgon, dont les côtés sont munis de vasistas, et à l'intérieur duquel on pénètre par une portière située à l'arrière. Elles sont munies d'un frein à patins et à levier, actionné au moyen d'une chaîne.

L'intérieur est divisé en deux compartiments : l'un à l'avant et l'autre en arrière. Ces compartiments sont aménagés de manière que chacun des objets qui composent le chargement soit parfaitement arrimé.

Accessoires (1). — Lanterne, seau d'abreuvoir, boîte à graisse, clef à écrous.

Rechanges. — Traits, deux écrous d'essieu.

Voiture-poste télégraphique, modèle 1884.

A 4 roues, suspendue, à tournant complet, 2 chevaux.

Cette voiture sert spécialement de poste télégraphique, chargé d'assurer les communications dans la zone de terrain occupée par les troupes.

Elle ne reçoit que des appareils, quelques outils et accessoires; elle transporte, en outre, le personnel chargé du fonctionnement des appareils.

---

(1) L'huile nécessaire à l'entretien de la lanterne est contenue dans un bidon porté par l'un des fourgons.

Elle a un haut cabriolet sur le devant, un coffrage percé de deux ouvertures de chaque côté : celles du côté gauche fermées par des vitres fixes, celles du côté droit par des vasistas ; le dessus est percé par une cheminée d'appel. On pénètre par une portière, située à l'arrière, dans l'intérieur de la voiture, et une porte de chaque côté donne accès dans un coffre ménagé sur le dessus de passage. Le pavillon n'a pas de galerie.

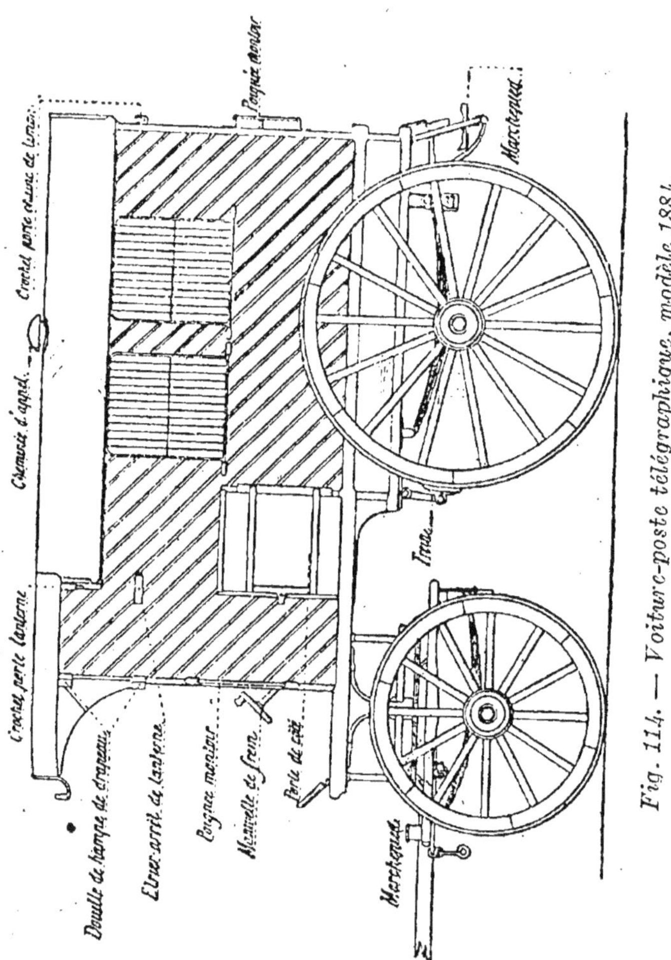

Fig. 114. — Voiture-poste télégraphique, modèle 1884.

L'aménagement intérieur de la voiture comporte : à gauche, des appareils de transmission, montés sur des tablettes en bois ; à droite, des banquettes le long des parois, et des compartiments divers pour piles et autres objets. Elle contient, en outre, une armoire.

Accessoires. — 2 cadenas, coussin de siège, 4 stores,

lanterne, réservoir à eau, appareils d'éclairage intérieur, un bidon à huile, une boîte à graisse ou un seau
d'abreuvoir, clef à écrou.

Rechanges. — Traits, un timon, 2 écrous d'essieu.

Voiture-poste télégraphique, modèle 1874-1884.

Cette voiture est plus spécialement affectée au service télégraphique du grand quartier général d'un
groupe d'armées.

Elle ne diffère de la précédente que par quelques dé-

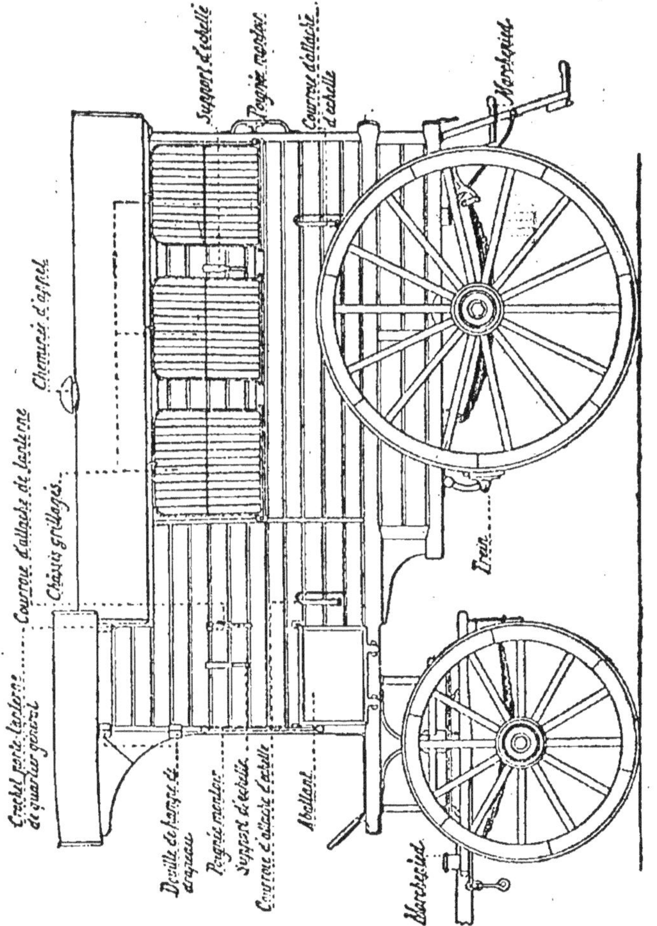

Fig. 115. — *Voiture-poste télégraphique, modèle 1874-1884.*

254   IV. — DESCRIPTION DU MATÉRIEL.

tails de construction. Le corps d'avant-train est le même que celui du chariot télégraphique. Son chargement et son aménagement intérieurs sont identiques à ceux de la voiture-poste modèle 1884.

Extérieurement, elle se distingue de cette dernière par l'existence de trois ouvertures de chaque côté au lieu de deux.

Chariot télégraphique, modèle 1889.

A 4 roues, suspendu, à tournant complet, 4 chevaux. Les chariots télégraphiques contiennent les approvi-

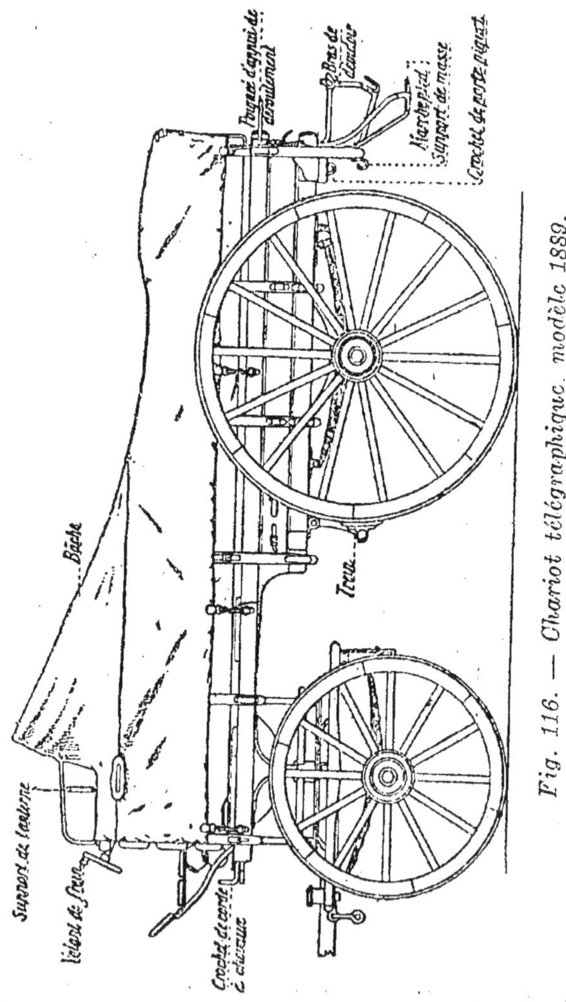

Fig. 116. — Chariot télégraphique, modèle 1889.

sionnements nécessaires pour étendre les communications aux grandes distances ; ils sont munis, suivant leur affectation, des dispositifs nécessaires pour le transport des approvisionnements, outils et accessoires des formations télégraphiques ; c'est ainsi qu'on peut distinguer les chariots d'approvisionnements de câble et ceux de fil nu ; ceux de travail, de réserve ou de forge.

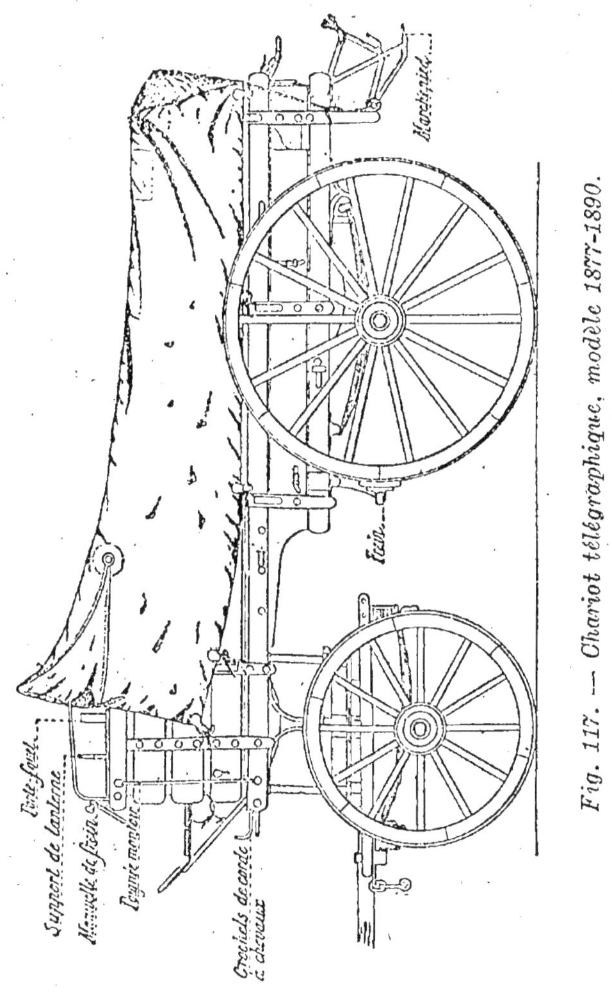

Fig. 117. — Chariot télégraphique, modèle 1877-1890.

L'aménagement intérieur comprend un certain nombre de dispositifs qui permettent le transport de tous les objets qui composent le chargement du chariot.

Le chariot est muni de cinq ressorts, d'un frein à vis et à patins et de dispositifs particuliers pour le transport d'une caisse à eau, de perches, de fiches de piquetage, etc.

Accessoires. — Dévidoir, lanterne, bidon à huile, pelle, 2 pioches, clef à écrous, objets de campement, boîte à graisse, seau d'abreuvoir.

Rechanges. — Timon, traits, écrous d'essieu.

Chariot télégraphique, modèle 1877-1890.

Cette voiture provient de la transformation du chariot télégraphique modèle 1877. Sa construction se rapproche beaucoup de celle du chariot télégraphique modèle 1889 et son aménagement intérieur permet de transporter le même chargement que le chariot précédent.

Chariot télégraphique, modèle 1877.

Cette voiture ressemble au chariot de parc des équipages militaires, qui sera décrit plus loin ; la seule différence essentielle est qu'il est suspendu et à tournant complet.

Il est pourvu, suivant son affectation, de dispositifs permettant de transporter une partie du matériel télégraphique qui est attribué au service télégraphique du grand quartier général d'un groupe d'armées et aux sections techniques de télégraphie militaire.

Les chariots modèle 1877 et modèle 1877-1890 sont notablement plus lourds que le chariot modèle 1889.

Chariot à perches.

A 4 roues, suspendu, à tournant complet, 4 chevaux.

Cette voiture est destinée au transport des perches en bois pour supports de câble aérien dans les sections techniques de télégraphie militaire.

Dans son ensemble, ce chariot ressemble au chariot télégraphique modèle 1889 ; mais il est notablement plus long que ce dernier.

L'avant-train est celui de la voiture « *transport du personnel* », modèle 1884.

L'arrière-train (ressorts et un frein à vis) est aménagé d'une manière spéciale ; il contient une case compartimentée s'ouvrant à l'arrière, deux séparations longitudinales, trois portes et une fourragère marche-pied à l'arrière.

Accessoires. — Lanterne, bidon à huile, bâche, pelle, pioche, clef à écrous d'essieu, boîte à graisse ou seau d'abreuvoir.

Rechanges. — Traits, timon, écrous d'essieu.

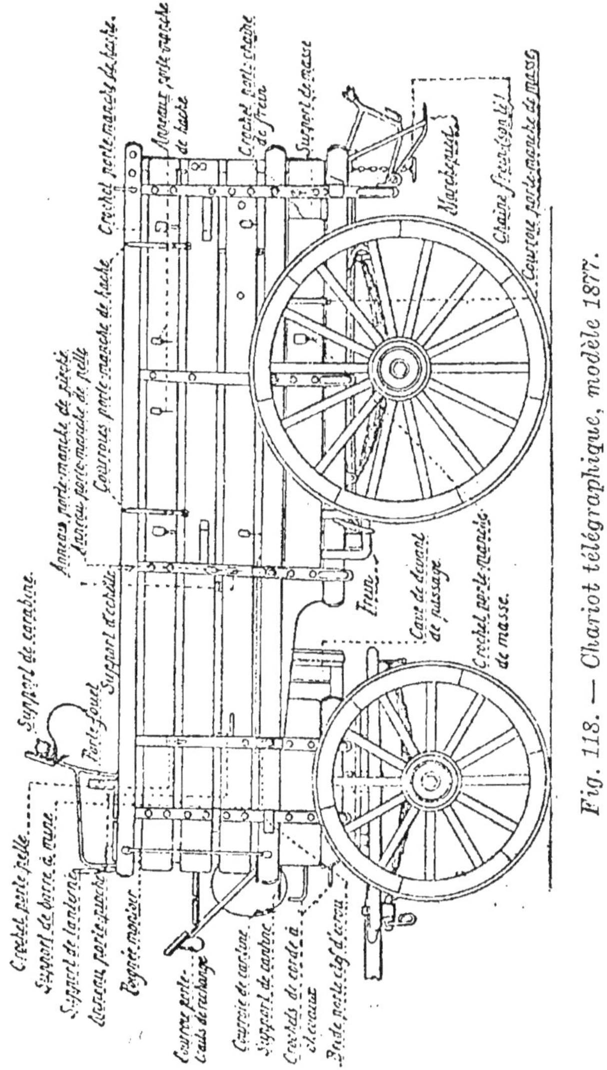

Fig. 118. — *Chariot télégraphique, modèle 1877.*

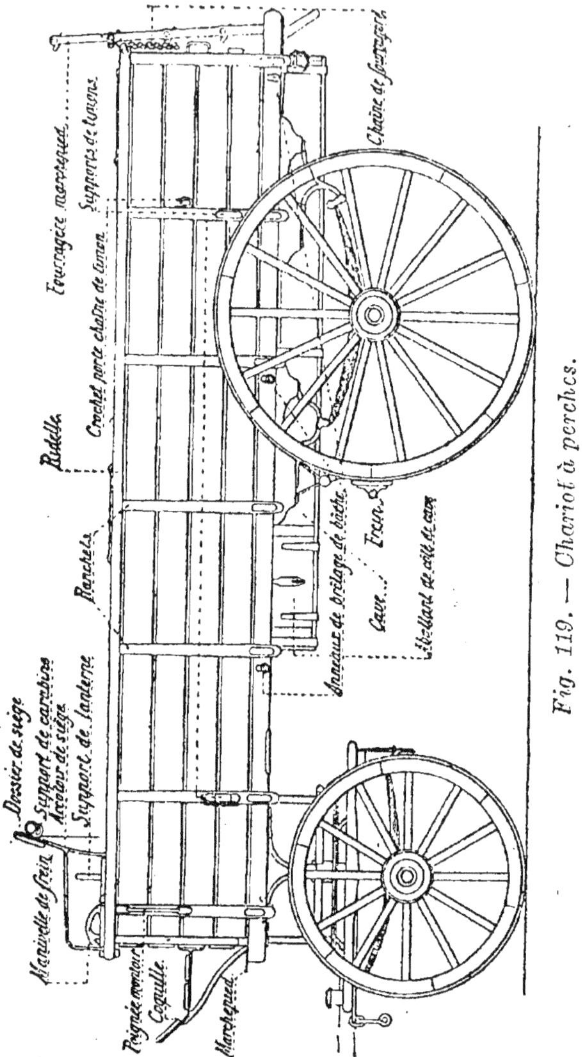

Fig. 119. — Chariot à perches.

Voiture dérouleuse télégraphique, modèle **1889**.

A 2 roues, suspendue, à 1 cheval.

Cette voiture est destinée au transport du câble et de divers appareils et outils appartenant au matériel technique du service de la télégraphie militaire, ainsi qu'au déroulement et à l'enroulement du câble télégraphique. Elle est spécialement affectée aux sections techniques de télégraphie militaire.

Cette voiture contient un coffre servant de siège sur le devant ; elle est munie d'une chambrière, de deux galeries, d'un marchepied avec quille de repos, d'un frein à vis et à patins et de deux ressorts.

Accessoires. — Bâche, caisse à eau, deux axes pour bobines, clef à écrous, boîte à graisse petite, une pelle et une pioche, lanterne.

Rechanges. — Traits : 2 écrous d'essieu.

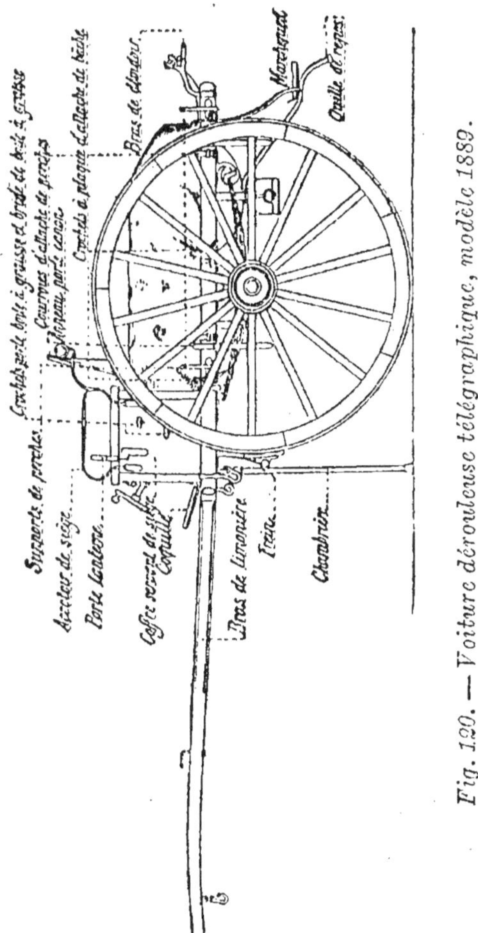

Fig. 120. — *Voiture dérouleuse télégraphique, modèle 1889.*

Voiture dérouleuse télégraphique, modèle ancien.

Cette voiture diffère de la précédente par les côtés, formés de ranchets, de planches et de ridelles, au lieu et place des galeries en fer dont est pourvue la voiture modèle 1889. Les ridelles de derrière sont surmontées de galeries en fer. L'aménagement intérieur comporte

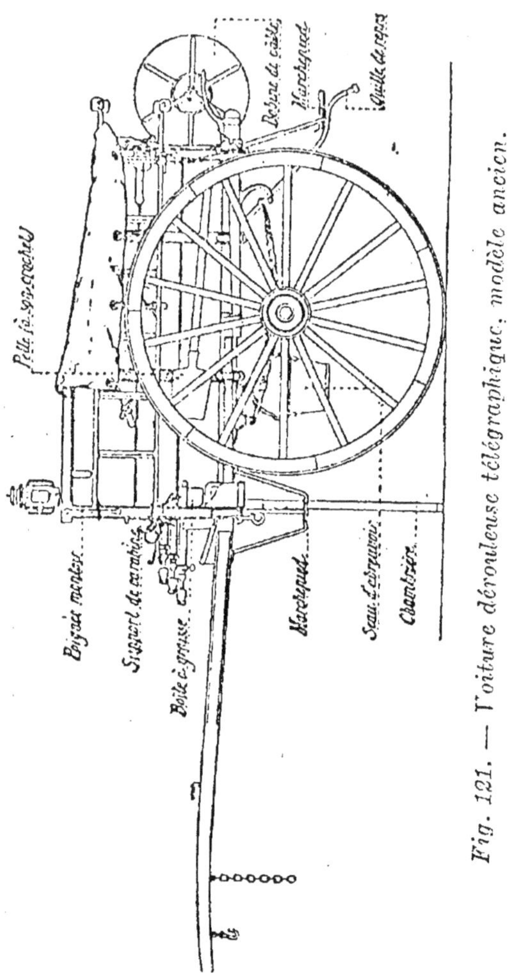

Fig. 121. — Voiture dérouleuse télégraphique, modèle ancien.

des châssis porte-bobines au lieu d'augets en tôle. Elle a deux marchepieds, un de devant et un de derrière, mais elle n'a pas de frein.

276.   Voitures du service d'état-major.

Voiture-bureau.

A 4 roues, suspendue, à tournant complet, à 2 chevaux.

Cette voiture est destinée au transport des secrétai-

res d'état-major dans les quartiers généraux d'armée
et de corps d'armée.

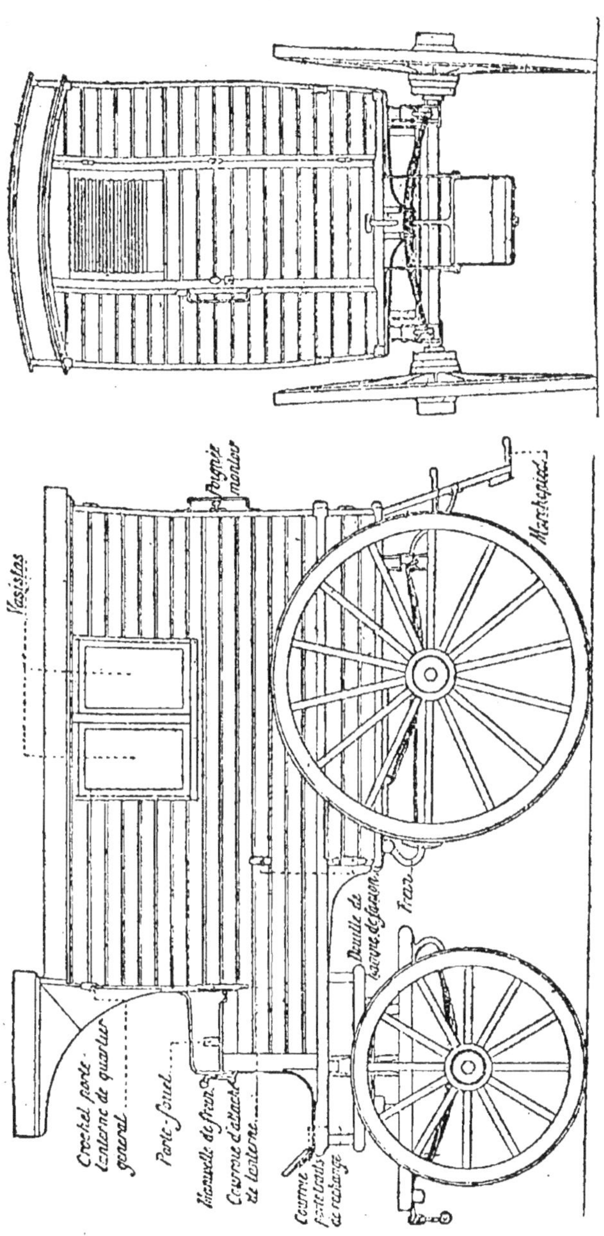

Fig. 122. *Voiture-bureau.*

Ses dispositions générales se rapprochent de celles de la voiture-poste télégraphique, mais l'avant-train n'a pas de ressort transversal.

Elle présente à l'intérieur une table de travail, deux banquettes, dont certaines parties sont mobiles et d'autres fixes, et deux casiers occupant le fond de la voiture.

Deux châssis vitrés ouverts sur chacun des côtés de la caisse éclairent la table pendant le jour ; deux appareils d'éclairage intérieur servent à éclairer pendant la nuit.

Accessoires. — Lanterne, bidon à huile, seau d'abreuvoir, boîte à graisse, clef à écrous, pelle, pioche.

Rechanges. — Traits.

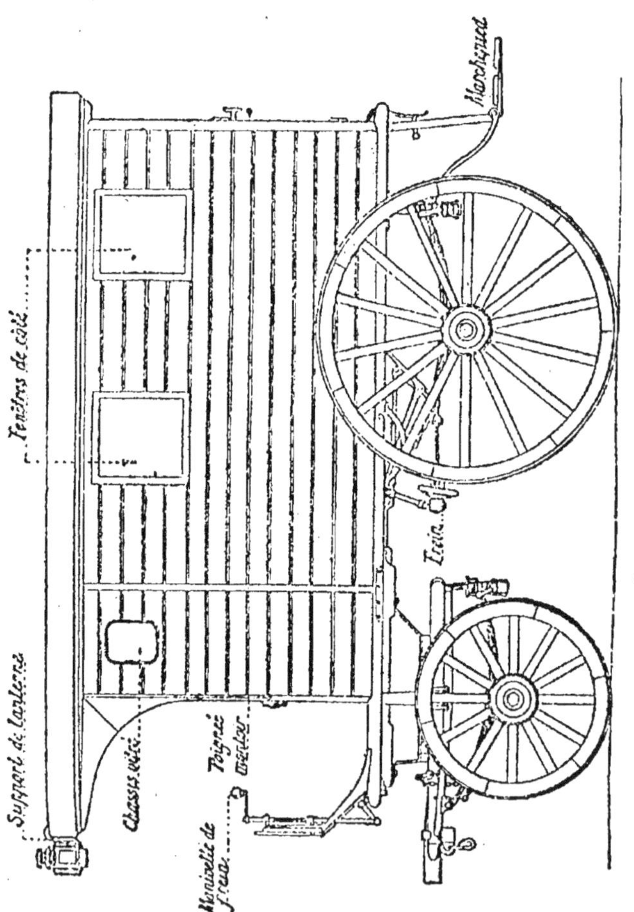

Fig. 123. — Voiture d'imprimerie typographique.

Voiture d'imprimerie typographique.

A 4 roues, suspendue, à tournant complet, à 2 chevaux. Cette voiture est analogue à la voiture de chirurgie ou à celle d'administration (service de santé). Mais elle n'a pas de galerie, et sa caisse présente deux châssis vitrés sur chacun des côtés; chacun des côtés du cabriolet est également percé d'un châssis vitré.

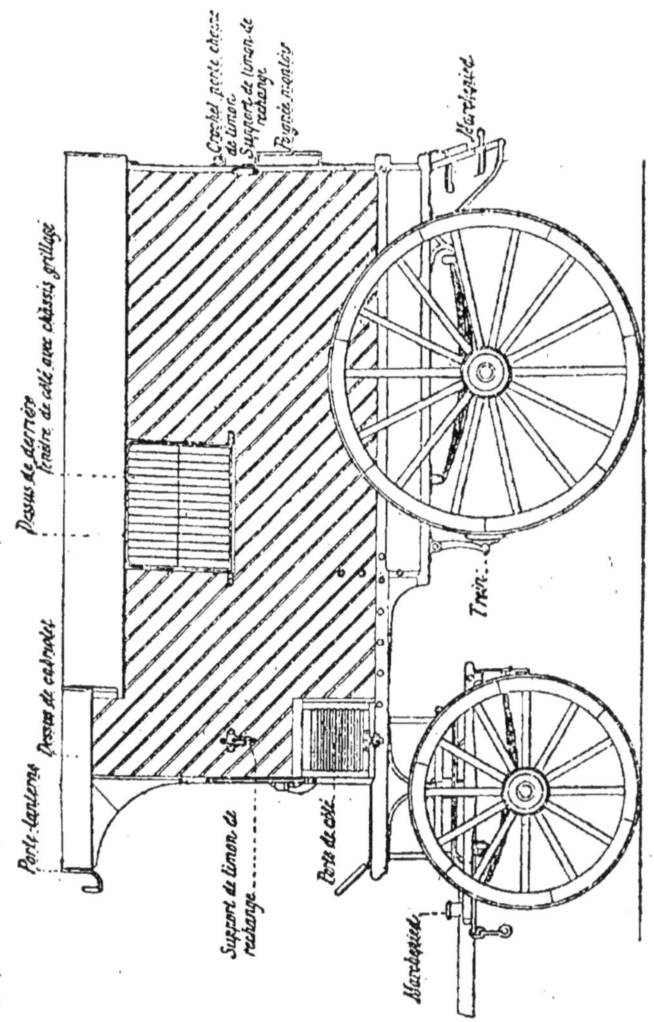

Fig. 124. — Transport des cartes.

Elle est destinée au service de l'imprimerie dans une armée.

L'aménagement intérieur comporte une presse et deux systèmes de rayons destinés à supporter les casses. L'un de ces rayons est placé contre le fond de la voiture; il sert de table au compositeur, l'autre est placé sur le côté gauche. La presse est fixée sur une table mobile.

Accessoires. — Boîte à graisse, clef à écrous, lanterne, bidon à huile, coussin de siège.

Rechanges. — 2 écrous d'essieu, traits.

Voiture-transport des cartes.

A 4 roues, suspendue, à tournant complet, 2 chevaux.

Cette voiture est destinée à porter à la suite des quartiers généraux d'armée et de corps d'armée un approvisionnement de cartes de mobilisation.

L'avant-train est celui de la voiture « *transport du personnel* » modèle 1884.

L'arrière-train, qui présente bien des analogies avec celui de la voiture-bureau, n'a que deux ressorts ; ses côtés sont percés de fenêtres, et, sur le côté gauche, une porte ouvre sur un compartiment où se trouve placé un réservoir à eau.

L'aménagement intérieur comprend deux étagères, une de chaque côté de la voiture, sur lesquelles sont placés des cartons renfermant les cartes, et une table qui, placée contre le fond de la voiture, est disposée pour recevoir une presse autographique.

Accessoires. — Pelle, pioche, bidon à huile, lanterne, clef à écrous, objets de campement, boîte à graisse ou seau d'abreuvoir, table mobile, pliant, réservoir à eau et deux appareils d'éclairage intérieur.

Rechanges. — Timon, traits, écrous d'essieu.

Voiture pour chef d'état-major.

A quatre roues, suspendue, à tournant complet, deux chevaux.

Cette voiture, ayant la forme d'un coupé, fait partie des quartiers généraux d'armée. Elle est aménagée à l'intérieur avec sa table, ses casiers divers, et ses compartiments, avec ses appareils de chauffage et d'éclairage, de façon à permettre au chef d'état-major de travailler la nuit comme le jour pendant la marche.

Accessoires. — Clef à écrous, seau à incendie, boîte à graisse et objets divers de bureau.

Rechanges. — Deux écrous d'essieu.

277. **Voitures des compagnies
du train des équipages militaires.**

Forge roulante modèle 1852.

A quatre roues, non suspendue, à tournant limité,
quatre chevaux conduits en selle.

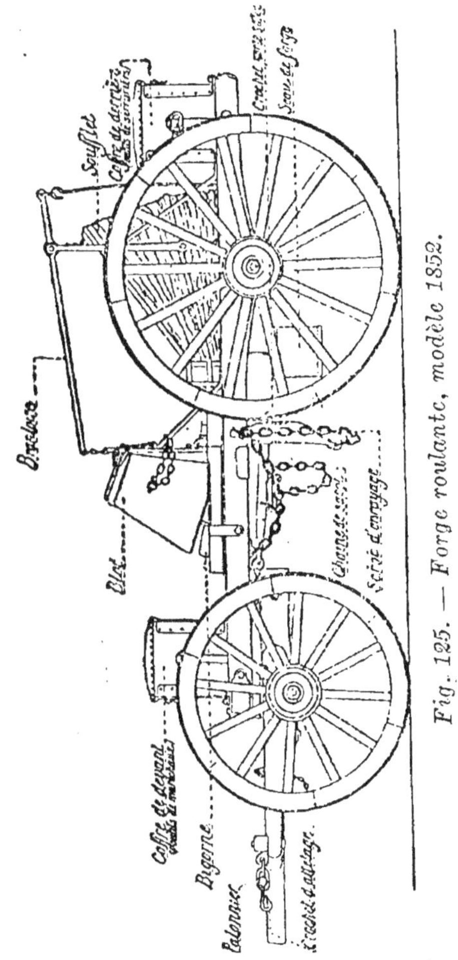

Fig. 125. — Forge roulante, modèle 1852.

Cette voiture est destinée au ferrage des chevaux des
compagnies du train et aux réparations du matériel
des équipages militaires dans les parcs de corps d'armée.

La composition de son outillage diffère suivant qu'elle est affectée à une compagnie du train ou à un parc de corps d'armée.

Elle porte deux coffres de forge, un de devant et un de derrière, qui ne diffèrent entre eux que par leur

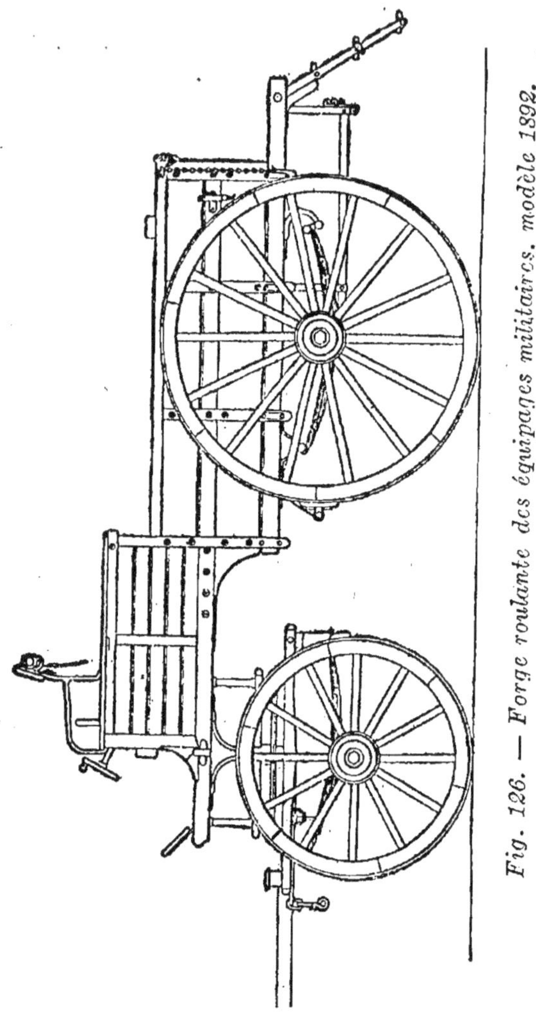

Fig. 126. — Forge roulante des équipages militaires, modèle 1892.

garniture intérieure; celui de devant porte les outils de maréchal, celui de derrière les outils d'ouvriers en fer et bois. Ce dernier comprend les clefs anglaises pour le graissage des voitures de réquisition.

Une caisse à charbon est au milieu de l'arrière-train. L'arrière-train porte, en outre, un soufflet en cuir et en bois, une bigorne et son bloc, un âtre avec plaque de dessus, contre-cœur et garde-fraisil, une planche d'établi, une branloire ; il est muni d'une servante.

Cette voiture est pourvue d'un sabot d'enrayage.

Accessoires. — Seau de forge, pelle ronde, cadenas.

Rechanges. — Traits.

Forge roulante modèle 1892.

A quatre roues, suspendue, à tournant complet, quatre chevaux, les deux de derrière conduits en guides.

Cette voiture est destinée à remplacer la forge modèle 1852. Elle présente les mêmes dispositions comme véhicule que le fourgon modèle 1887, mais sans être couverte. Son avant-train est celui de la voiture : *transport du personnel*, modèle 1884. Chacun des côtés est limité par deux ridelles, celle de devant plus élevée que celle de derrière.

Elle est munie d'un frein à vis et à patins.

A l'avant, sous le siège, se trouve un coffre non fermé et contenant un casier pour bidon à huile et les courroies porte-traits de rechange. Adossé à ce coffre est le coffre de dessus de passage, qui contient les outils et les approvisionnements.

A l'arrière et sous la voiture, se trouve un coffre de dessous, contenant une caisse d'outils de maréchal à droite, et à gauche, accolée à la première, une caisse à charbon.

Le derrière est fermé par un hayon, qui peut s'enlever, et, en outre, une fourragère-marchepied peut se rabattre.

La voiture transporte une forge portative, une bigorne et son bloc, une grande caisse à fers de rechange, deux petites caisses à fers de rechange, et un établi de menuisier. En dessous est suspendu un seau de forge.

Des courroies permettent de fixer l'arme du conducteur au dossier du siège, et des ferrures sont disposées pour le transport des accessoires et du fouet.

Accessoires. — Une lanterne, un bidon à huile, une boîte à graisse, une pelle, une pioche, une clef à écrous, cadenas.

Rechanges. — Timon, traits, deux écrous d'essieu.

Chariot-fourragère suspendu modèle 1884.

A quatre roues, suspendu, à tournant complet; quatre chevaux.

Cette voiture est principalement destinée au transport des fourrages, et subsidiairement, aux transports divers nécessités par le service de la compagnie du train des équipages militaires.

Malgré l'installation d'un siège fixé à la fourragère de devant, les chevaux de derrière sont conduits en selle.

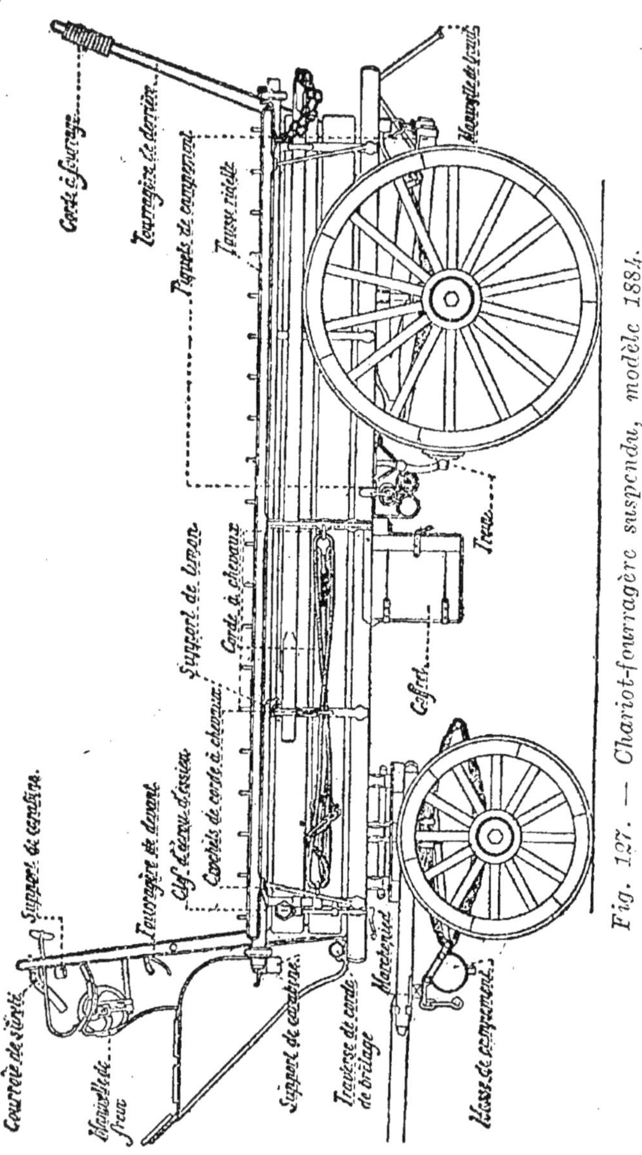

Fig. 127. — Chariot-fourragère suspendu, modèle 1884.

L'avant-train est muni de deux ressorts-pincettes, l'arrière-train de deux ressorts droits et d'un frein à patins et à vis.

La voiture est pourvue de deux trésailles avec treuil, et de deux fourragères. Les fausses ridelles ont des dents en fer et les ranchets sont en fer. Les planches des côtés et de fond ne sont pas jointives. Sous la fourragère se trouve un coffret avec tiroir et deux portes.

Accessoires. — Bâche, six grands et six petits piquets, trois cordes à chevaux, trois masses, deux cordes

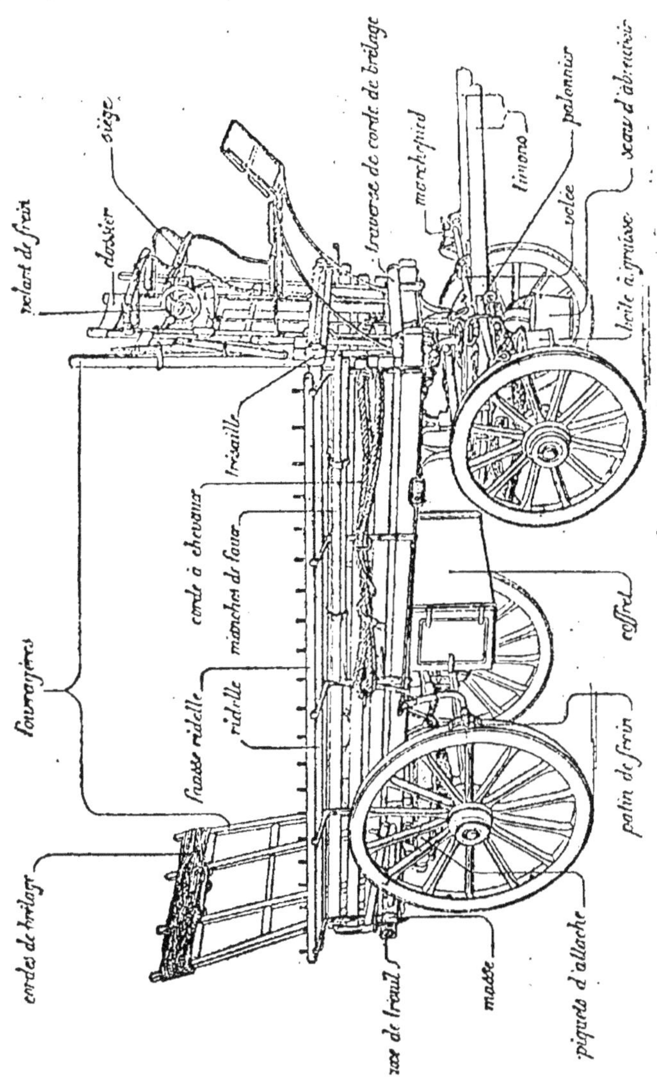

Fig. 128. — *Chariot-fourragère à trois chevaux de front, modèle 1900.*

de brêlage, une boîte à graisse et un seau d'abreuvoir, clef à écrous, deux faux et un jeu d'accessoires de faux.

Rechanges. — Timon, traits, écrous d'essieu.

Chariot-fourragère à 3 chevaux de front, modèle 1900.

(*Voir fig. 128.*)

Chariot de parc modèle 1874.

A quatre roues, non suspendu, à tournant limité, quatre chevaux.

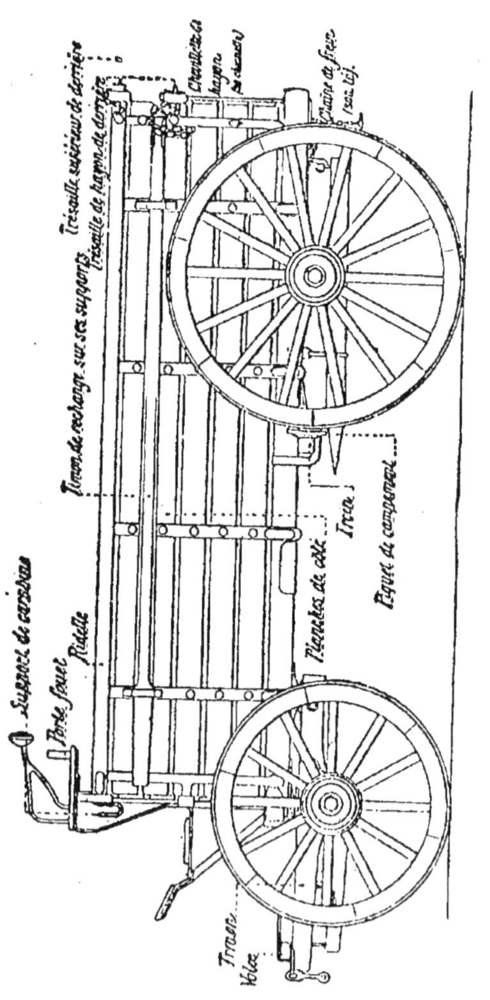

Fig. 129. — *Chariot de parc modèle 1874.*

Cette voiture est destinée au transport des subsistances dans les convois et au service du train des équipages militaires en campagne. Il se prête au transport des objets les plus encombrants, les plus lourds et les plus variés.

Les chevaux de derrière sont conduits en guides, ceux de devant en selle.

L'avant-train est semblable à celui de la forge roulante modèle 1852.

L'arrière-train est muni d'un hayon à l'avant, d'une trésaille et d'un hayon à l'arrière, et d'un frein avec levier.

Accessoires. — Bâche, clef à écrous d'essieu, collection complète d'objets de campement, un seau d'abreuvoir, une boîte à graisse, deux haches, une pelle et une pioche, cadenas, deux caisses aux lanternes (six lanternes par caisse), deux chevrettes, coffre à charbon, un cric.

Rechanges. — Timon, traits, écrous d'essieu, palonniers.

II. — VOITURES FAISANT PARTIE
DU MATÉRIEL DES ÉQUIPAGES MILITAIRES
MAIS NON CONDUITES PAR LE TRAIN.

---

278. Voitures attelées par les soins de l'infanterie.

Voiture de compagnie
modèle 1877-1891 et modèle 1891.

Ces voitures, à deux roues, sont destinées au transport des munitions et des outils de pionniers dans les compagnies des régiments d'infanterie et des bataillons de chasseurs à pied.

La VOITURE MODÈLE *1877-1891* présente les dispositions générales des voitures à deux roues (deux brancards avec épars supportant le fond, deux bras de limonière, volée avec palonnier, un hayon, un frein à patins, côtés formés de ranchets et de planches). Elle est munie d'un dispositif permettant d'atteler deux chevaux de front.

Elle n'est pas couverte. Elle comporte deux coffres à munitions, une case sous le fond de la voiture, fermant à l'arrière par un abattant, et destinée à recevoir les outils de pionniers de la compagnie.

Accessoires. — Deux chambrières, une boîte à graisse, un seau d'abreuvoir, une clef à écrous.

Rechanges. — Traits, écrous d'essieu.
Des dispositifs permettent de fixer l'arme du conducteur et le fouet.

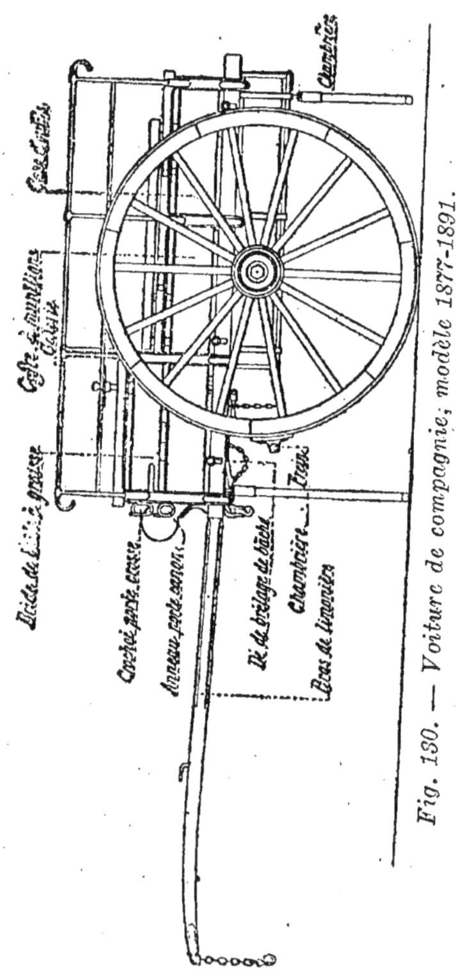

Fig. 130. — Voiture de compagnie, modèle 1877-1891.

La VOITURE MODÈLE *1891* présente les mêmes dispositions, mais, en outre, elle est suspendue.

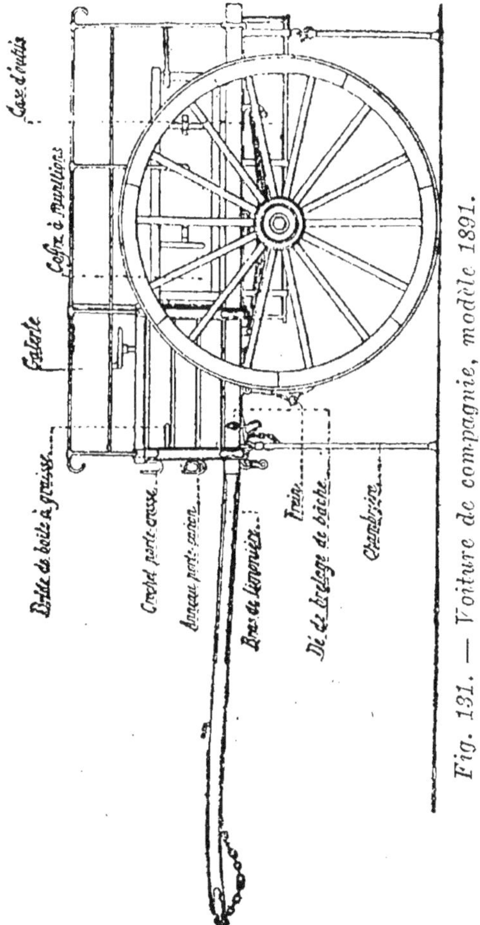

Fig. 131. — *Voiture de compagnie, modèle 1891.*

Voiture médicale régimentaire modèle 1888.

Cette voiture à deux roues, attelée à un cheval, est suspendue. Comme véhicule, elle présente les mêmes dispositions générales que la voiture de compagnie modèle 1891.

Elle est destinée au transport d'objets de pansement, d'instruments de chirurgie, de médicaments, etc., contenus dans une collection de quatre paniers régimentaires, et dans une paire de paniers de réserve placés dans la partie arrière de la voiture. Un tonnelet d'une contenance de trente litres est arrimé entre les deux cantines.

La partie avant de la voiture est compartimentée pour recevoir deux lanternes marines, un bidon à hui-

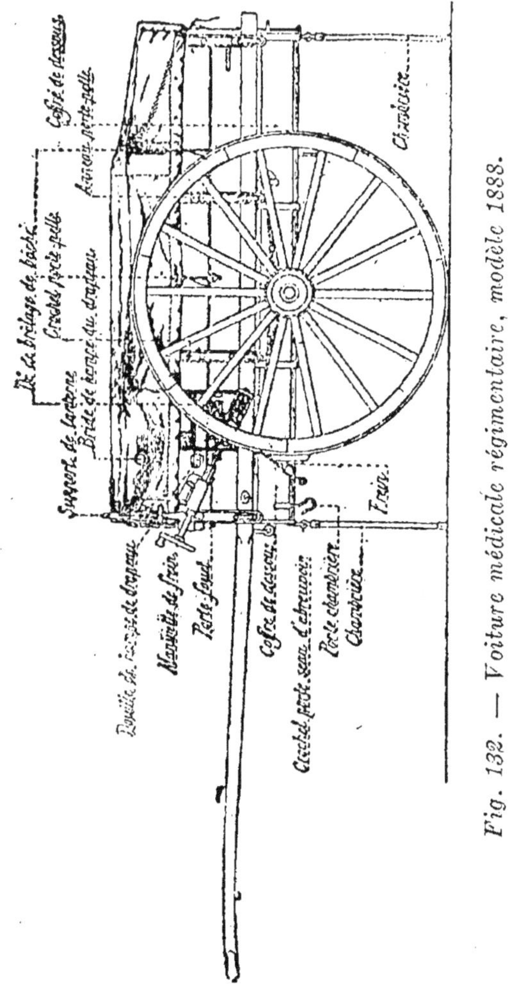

Fig. 132. — *Voiture médicale régimentaire, modèle 1888.*

le, des bidons de un litre, des musettes de pansement, des imprimés, etc.

Un coffre de dessous est destiné à recevoir huit brancards de champ de bataille.

Accessoires. — Une lanterne, une bâche, deux hampes de drapeaux d'ambulance, une pelle, une pioche, clef à écrous d'essieu, boîte à graisse, un seau d'abreuvoir.

Voiture médicale régimentaire modèle ancien.

Cette voiture diffère de la précédente par l'absence de coffre sous son fond et par une disposition spéciale de son compartiment intérieur.

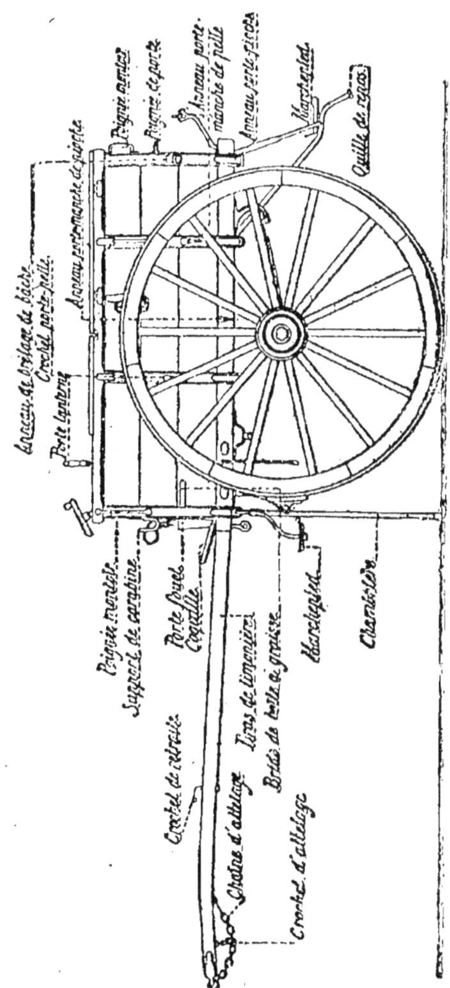

Fig. 133. — *Voiture légère télégraphique de cavalerie, modèle 1888.*

279. Voitures attelées par les soins de la cavalerie.

Voiture légère télégraphique de cavalerie.

(Voir fig. 133.)

A deux roues, suspendue, à un cheval.

Cette voiture sert particulièrement au transport du matériel télégraphique attribué aux brigades de cavalerie. Des dispositifs permettent de dérouler et d'enrouler le câble pendant la marche.

Elle ressemble à une grande charrette à bras, à parois pleines.

Elle possède une chambrière sous le devant de la voiture, un coffrage formé de trois coffres, dont deux longitudinaux et un transversal, un siège à deux places, une portière, deux marchepieds, l'un à l'avant, l'autre à l'arrière, et un frein.

Accessoires. — Lanterne, boîte à graisse petite, bidon à huile, bâche, clef à écrous d'essieu, une pelle, une pioche, un seau d'abreuvoir.

Rechanges. — Traits, écrous d'essieu.

Voiture de pharmacie vétérinaire.

Cette voiture, attelée de deux chevaux, est destinée à transporter des médicaments, des ustensiles et les instruments nécessaires pour donner des soins aux chevaux.

Elle est à peu près semblable à la voiture de chirurgie du service de santé; elle ne diffère de cette dernière que par l'absence de dispositifs pour recevoir des brancards d'ambulance, et, en outre, ses côtés sont pleins au lieu d'être percés d'ouvertures.

Voiture médicale régimentaire modèle **1891**.

A quatre roues, suspendue, à tournant complet, deux chevaux.

Cette voiture présente, comme véhicule, les mêmes dispositions générales que le fourgon modèle 1887, mais sans être couvert; elle a le même avant-train que la voiture *transport du personnel, modèle 1884, et,* par suite, que le fourgon. Les côtés de l'arrière-train sont formés de ranchets et de planches, et sont surmontés d'une galerie.

Elle est destinée au transport d'objets de pansement,

VOITURES ATTELÉES PAR LES SOINS DE LA CAVALERIE. 277

d'instruments de chirurgie, de médicaments, etc., contenus dans deux cantines médicales et dans deux paniers de réserve placés dans la partie arrière de la voiture. Un tonnelet de 30 litres est arrimé dans un coffre sous le siège. Un autre coffre, sur le dessus de passage, peut recevoir un bidon à huile, des musettes

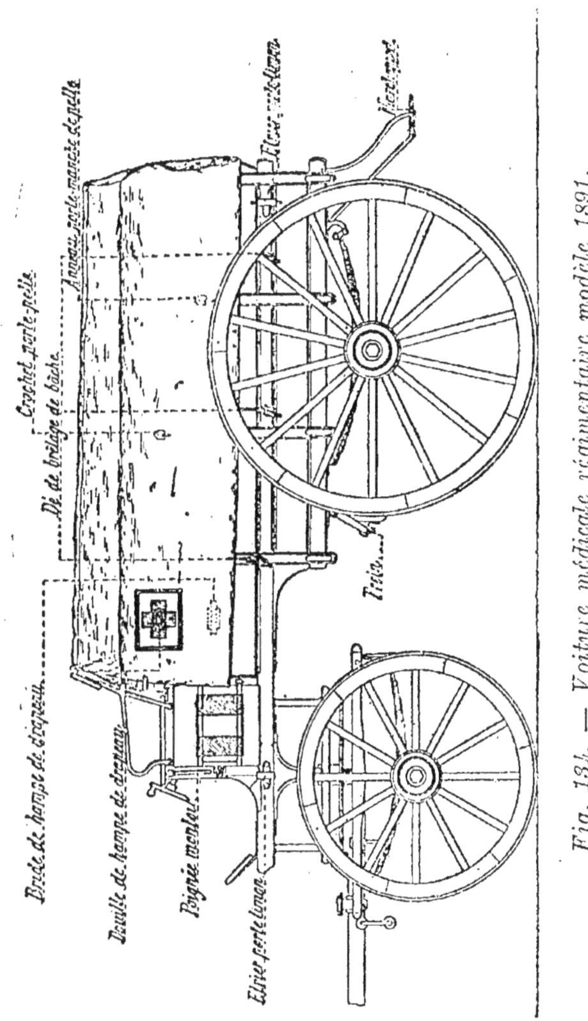

Fig. 134. — Voiture médicale régimentaire modèle 1891.

de pansement, deux lanternes marines, des imprimés, des bidons d'eau, des brassards et drapeaux d'ambulance.

A des supports sur les côtés intérieurs, sont fixés huit brancards.

L'intérieur, dans lequel on accède par une portière

à l'arrière, est compartimenté de façon à arrimer d'une manière convenable les objets qui composent le chargement.

Accessoires. — Une lanterne, une bâche, deux hampes de drapeaux d'ambulance, une pelle, une pioche, une clef à écrous, une boîte à graisse, un seau d'abreuvoir.

Rechanges. — Timon, deux écrous d'essieu, traits.

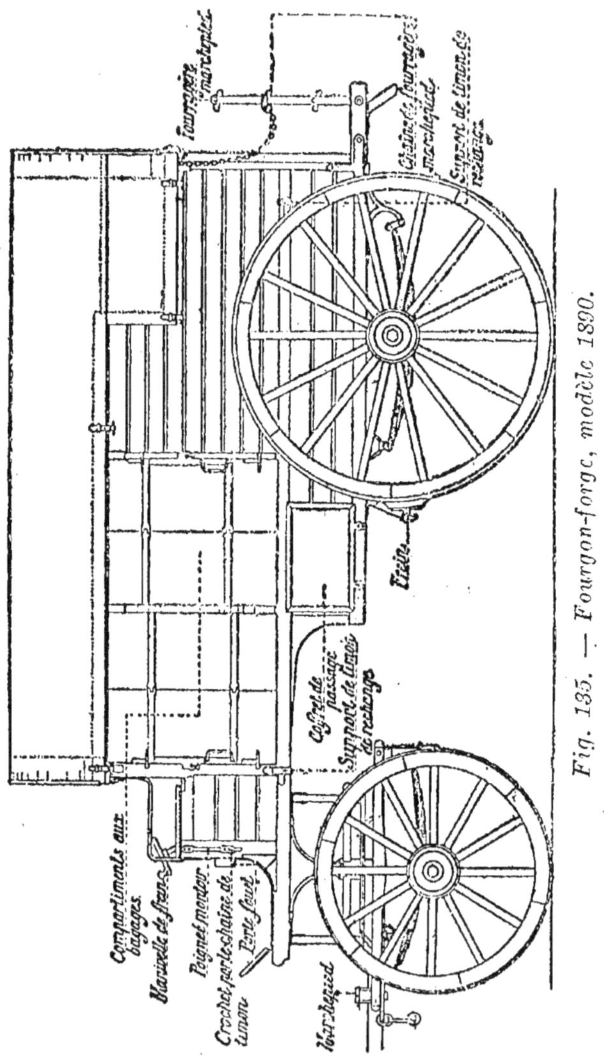

Fig. 135. — *Fourgon-forge, modèle 1890.*

Voiture-colombier.

A deux roues, suspendue, à un cheval.

Cette voiture est destinée au transport des pigeons

voyageurs. Elle provient de la transformation de la voiture régimentaire modèle 1874. Elle comporte deux coffres latéraux, et, sous la couverture supportée par des cerceaux, un grillage de cage formé de cerceaux et de barreaux en fil de fer; la partie arrière de la cage s'ouvre au moyen d'une portière.

Fourgon-forge.

Cette voiture, attelée de quatre chevaux, se rapproche beaucoup dans sa forme du fourgon modèle 1887, dont elle diffère par le compartimentage de son coffrage et par sa longueur un peu plus considérable. Elle est destinée aux régiments de cavalerie pour le transport des bagages et en même temps pour le ferrage des chevaux.

L'intérieur de cette voiture est divisé en cinq compartiments, non compris celui qui est ménagé sous le siège du conducteur, et dans lequel ce dernier place ses bagages et ses vivres.

Le premier compartiment, situé au-dessus du passage, est destiné à recevoir les caisses à bagages, les cantines à vivres, etc...

Le deuxième doit renfermer la caisse d'outils et de pièces d'armes.

Les troisième et quatrième, auxquels on accède par l'arrière, reçoivent : une caisse à charbon, une caisse à outils de maréchal ferrant, des caisses à fers; une forge portative; une bigorne et son bloc.

Le cinquième compartiment, situé au-dessus du premier et sous la couverture, est destiné à renfermer les sacs des hommes non montés.

La voiture transporte les mêmes accessoires et rechanges que le fourgon modèle 1887.

280. Voiture commune aux divers corps de troupe.

Voiture de vivandière-cantinière.

A quatre roues, suspendue, à tournant complet, un ou deux chevaux.

Aux termes de l'arrêté ministériel du 22 janvier 1875, les cantinières doivent être pourvues, à leurs frais, d'une voiture du modèle ci-dessous; mais elles peuvent en modifier l'aménagement intérieur à leur convenance.

Des chapes placées sur la volée permettent de disposer les bras de limonière d'une manière spéciale, suivant que la voiture est attelée de un ou de deux chevaux.

La voiture est couverte d'un dessus avec galerie; une porte, à deux battants à l'arrière, donne accès à l'intérieur. Le siège, placé sous le cabriolet, n'a que deux places.

Cette voiture a quatre ressorts et un frein à vis et à patins.

Accessoires. — Une lanterne, une pelle, une pioche.

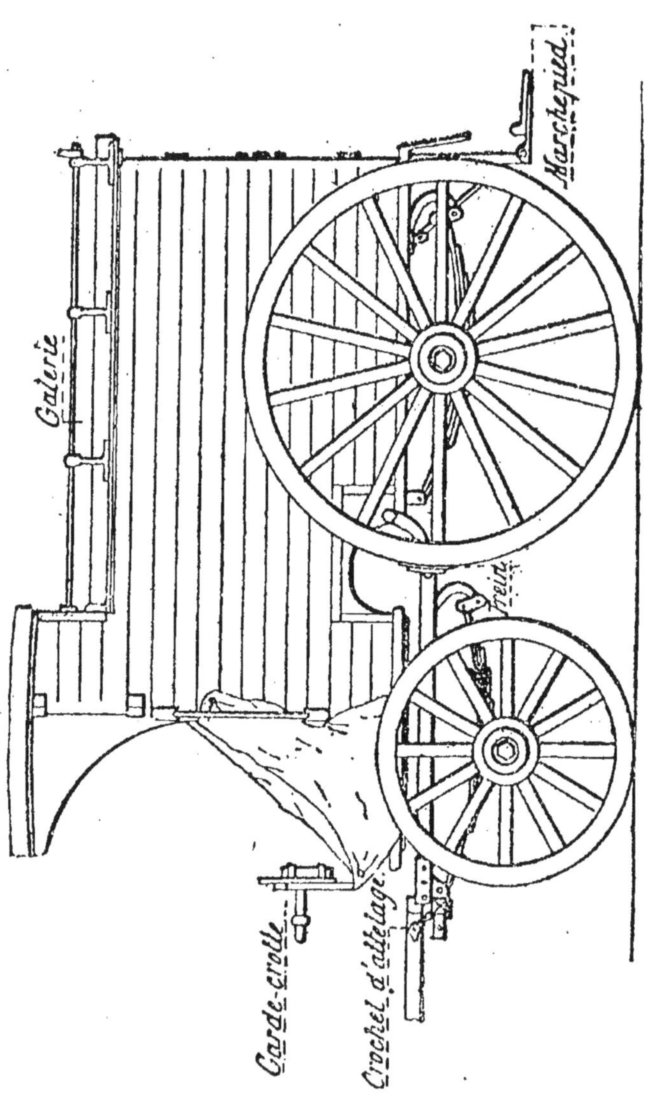

Fig. 136. — Voiture de cantinière.

III. VOITURES APPARTENANT A DIVERS SERVICES ET ATTELÉES PAR LE TRAIN.

281.   Voitures appartenant aux services administratifs.

Four roulant.

A quatre roues, suspendu, à tournant complet, quatre chevaux; les chevaux de derrière conduits en guides; frein à patins.

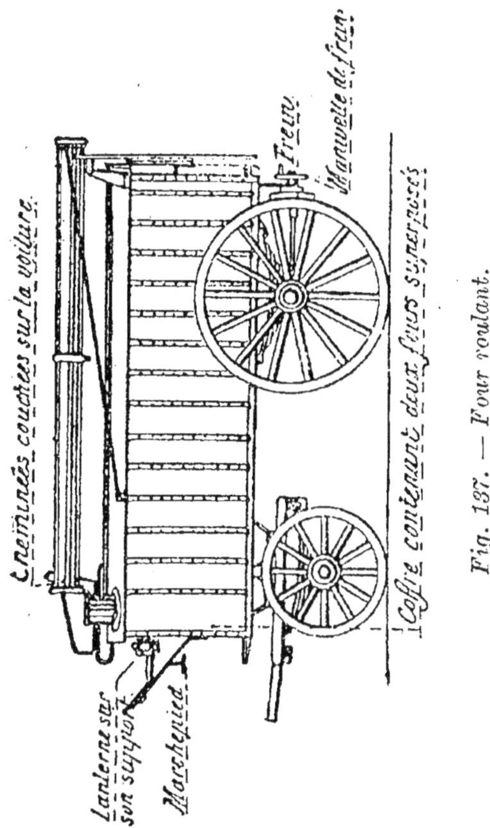

Fig. 137. — Four roulant.

Le four roulant est destiné à la cuisson du pain ordinaire ou biscuité pour la troupe.

Le corps de la voiture comprend deux fours superposés et indépendants l'un de l'autre, à double paroi métallique, avec interposition d'amiante. Une cheminée placée vers l'avant se rabat pendant la route. Les deux fours peuvent être chauffés isolément. On peut admettre qu'en campagne la production moyenne d'un four roulant est, par vingt-quatre heures, de 1.800 rations en pain ordinaire ou de 1.200 en pain biscuité.

Chariot-fournil.

Le chariot-fournil est monté sur le même train que le four locomobile. Il est divisé en deux parties : celle

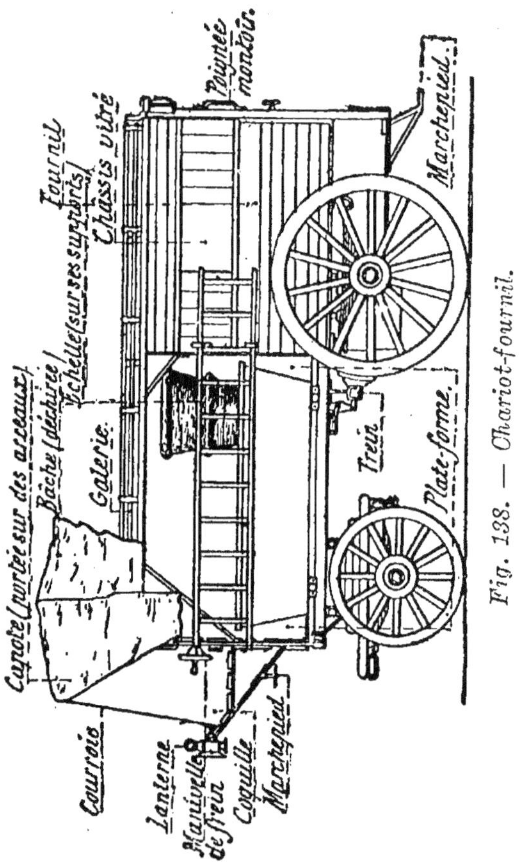

Fig. 138. — Chariot-fournil.

d'avant ou *chariot*, se compose d'une plate-forme couverte fermée de chaque côté par un rideau, et sert au transport de divers ustensiles et objets; on y place, en particulier, les effets des hommes; la partie arrière, ou *fournil*, se compose d'une chambre close, et sert à la fabrication des levains pendant la route. Deux ouvriers peuvent y prendre place pour le travail et trois sur le siège.

Le chariot-fournil peut desservir deux fours roulants.

282. Poids et mode d'attelage des voitures des équipages militaires.

DESIGNATION des VOITURES.	NOMBRE DE CHEVAUX conduits			POIDS DE LA VOITURE.			LONGUEUR AVEC BRANCARD OU TIMON
	en selle.	en guides.	TOTAL	Vide.	Chargée.	Poids traîné par cheval.	
				kilog.	kilog.	kilog	mèt.
SERVICE DE SANTÉ.							
Petite voiture pour blessés, à deux roues, modèle 1889..	»	1	1	450	(a) 830	830	4,95
Petite voiture pour blessés, à deux roues, modèle 1874-1888.	»	1	1	500	(a) 880	880	4,95
Petite voiture pour blessés, à deux roues, modèle 1874...	»	1	1	540	(a) 940	940	4,95
Grande voiture pour blessés, à quatre roues, modèle 1889.	»	2	2	970	1,840	920	6,10
Grande voiture pour blessés, à quatre roues, modèle 1874-1888.	»	2	2	970	1,840	920	6,10
Grande voiture pour blessés à quatre roues, modèle 1874.	»	2	2	970	1,840	920	6,10
Voiture de chirurgie........	2	2	4	1,025	1,800	450	6,30
Voiture d'administration. . .	2	2	4	1,000	1,760	440	6,00
Fourgon du service de santé.	»	2	2	850	(b) 1,550	775	6,80
Voiture-transport du personnel, modèle 1884..........	»	2	2	1,070	1,970	985	6,45
Voiture-ambulance de garnison.	(c)	2	2	1,030	Variable.		
SERVICE DES SUBSISTANCES ET TRAINS RÉGIMENTAIRES.							
Fourgon modèle 1874-1900...	»	2	2	750	(d) 1,400	70′	6,70
Fourgon modèle 1874........	»	2	2	750	1,400	700	6,70
Fourgon modèle 1887........	»	2	2	850	1,500	750	6,70
Voiture à viande modèle 1897.	»	2	2	950	1,450	725	6,35
SERVICE DE LA TRÉSORERIE ET DES POSTES.							
Tilbury.	»	1	1	500	870	870	4,00
Fourgon de correspondance.	»	2	2	955	1,500	750	6,10
Voiture-transport du personnel.	»	2	2	915	1,970	985	5,00
Voiture-transport du matériel, modèle 1879..........	»	2	2	765	1,380	690	6,70
Voiture-transport du matériel, modèle 1903..........	»	2	2	»	»	»	6,70

(a) Trois hommes, leurs bagages et leurs armes, et éventuellement six brancards de rechange.
(b) 1.400 kilogrammes pour les fourgons E et F.
(c) Peut également s'atteler à un cheval, si le poids des hommes à transporter le permet.
(d) Poids moyen.

DESIGNATION des VOITURES.	NOMBRE DE CHEVAUX conduits			POIDS DE LA VOITURE.			LONGUEUR AVEC BRANCARD OU TIMON
	en selle.	en guides.	TOTAL.	Vide.	Chargée.	Poids traîné par cheval.	
				kilog.	kilog.	k o lg	mèt.
SERVICE DE LA TÉLÉGRAPHIE.							
Voiture de matériel et d'archives.	2	2	4	1,370	2,200	550	6,70
Voiture-poste modèle 1884...	»	2	2	1,020	1,520	760	6,70
Voiture-poste modèle 1874-1884.	»	2	2	1,170	1,670	833	6,70
Chariot télégraphique modèle 1889.	2	2	4	900	1,790	450	6,70
Chariot télégraphique modèle 1877-1890.	2	2	4	1,000	1,890	470	6.70
Chariot télégraphique modèle ancien.	2	2	4	1,300	2,500	625	6,70
Chariot à perches.	2	2	4	960	1,250	340	7,80
Voiture dérouleuse télégraphique modèle 1889.	»	1	1	420	(a) 740	740	4,50
Voiture dérouleuse télégraphique modèle ancien.	»	1	1	440	760	760	4,50
SERVICE D'ÉTAT-MAJOR.							
Voiture-bureau.	»	2	2	930	1,500	750	6,10
Voiture d'imprimerie typographique.	»	2	2	1.030	1,700	850	6,70
Voiture-transport des cartes.	»	2	2	1,000	1,530	765	6,70
Voiture pour chef d'état-major.	»	2	2	800	1.100	550	»
SERVICE DES TROUPES DU TRAIN DES ÉQUIPAGES.							
Forge roulante modèle 1852.	4	»	4	950	1.660	415	5,50
Chariot-fourragère suspendu.	4	»	4	1,140	(b) 1,960	285	7,30
Chariot-fourragère suspendu modèle 1900.	3 chevaux de front.				(c)		
Chariot de parc modèle 1874-1901.							
Chariot de parc modèle 1900.							
Chariot de parc modèle 1874, avec siège.	2	2	4	900	(d) 2,100	525	7,00
Forge modèle 1892.	2	2	4	800	1,740	455	6,55
VOITURES DES ÉQUIPAGES MILITAIRES NON ATTELÉES PAR LE TRAIN.							
Voitures de compagnie, modèles 1887-1891 et 1891.	»	2	2	450	1,045	525	4,05
Voiture médicale régimentaire modèle 1888.	»	1	1	42	800	800	4,55

(a) Poids moyen.

(b) Le poids moyen du chargement ne doit pas excéder 1.200 kilogrammes.

(c) Pour mémoire; attendu que ces voitures ne seront respectivement construites ou modifiées que progressivement.

(d) Le poids moyen du chargement ne doit pas excéder 1.500 kilogrammes.

DESIGNATION des VOITURES.	NOMBRE DE CHEVAUX conduits			POIDS DE LA VOITURE.			LONGUEUR AVEC BRANCARD OU TIMON
	en selle.	en guides.	TOTAL.	Vide.	Chargée.	Poids traîné par cheval.	
				kilog.	kilog.	kilog.	mèt.
VOITURES DES ÉQUIPAGES MILITAIRES NON ATTELÉES PAR LE TRAIN. (*Suite.*)							
Voiture médicale régimentaire modèle ancien.......	»	1	1	449	800	800	4,55
Voiture médicale régimentaire modèle 1891.........	»	2	2	730	1,090	545	6,55
Voiture-colombier.	»	1	1	440	700	700	4.05
Fourgon-forge.	2	2	4	950	2,450	540	7,10
Voiture de cantinière-vivandière.	»	2	2	655	955	480	4,70
Voiture légère télégraphique de cavalerie.	»	1	1	430	760	760	4,40
Voiture de pharmacie vétérinaire.	»	2	2	1,125	1,700	850	6,30
VOITURES DES SERVICES ADMINISTRATIFS (ATTELÉES PAR LE TRAIN).							
Four roulant.	2	2	4	»	2,800	700	6,40
Chariot-fournil.	2	2	4	1,600	2,600	650	6,90

NOTA. — Toutes les voitures ont les chevaux de derrière conduits en guides, sauf la fourragère et la forge roulante modèle 1852.

Toutes sont suspendues, sauf les chariots de parc, la voiture-transport du matériel ancien modèle, la voiture de compagnie modèle 1887, les fourgons modèles 1874 et 1874-1901 et la forge roulante modèle 1852.

Toutes sont à tournant complet, sauf les chariots de parc modèle 1874 et la forge modèle 1852.

Les trains des voitures à quatre roues sont réunis à contre-appui.

Toutes ont une voie uniforme de 1 m. 52.

IV. — TRANSPORT DES MALADES OU BLESSÉS DANS LES VOITURES D'AMBULANCE.

1° Voitures à quatre roues.

Transport des malades couchés.

283. La voiture étant placée le plus avantageusement possible pour permettre le chargement par l'arrière, le conducteur cale les roues, puis il relève les rideaux qui sont en avant et sur les côtés de la voiture et les maintient avec les courroies. Il abaisse le marchepied et les deux montants, qu'il fixe, s'assure que les crampons qui doivent supporter les brancards sont solides et bien assujettis. Il amène le chariot roulant de droite à l'extrémité postérieure du rail, et examine si la chaînette est libre; puis il se porte à la tête de ses chevaux, pour les maintenir pendant l'opération du chargement.

CHARGER LA VOITURE.

En principe, le chargement des malades ou blessés dans les voitures est exécuté par un personnel spécial (infirmiers, brancardiers); mais, à défaut d'un nombre d'hommes suffisant, les conducteurs du train des équipages prennent part à cette opération et sont de même employés au déchargement de leurs voitures.

Le brancard est déposé en arrière de la voiture, la tête du malade en avant; les quatre brancardiers nécessaires pour charger sont placés en dehors des hampes du brancard, deux à la tête, deux aux pieds, se faisant face.

Au commandement : *Attention*, les quatre brancardiers saisissent les hampes.

Au commandement : *Enlevez*, ils soulèvent le brancard à hauteur du plancher de la voiture; ceux de devant placent les pieds du brancard dans le chariot roulant du côté droit, puis ils se portent sur le siège de la voiture.

Au commandement : *Poussez*, les deux brancardiers d'arrière dirigent doucement le brancard jusqu'à l'extrémité antérieure du rail.

Les deux brancardiers d'avant, placés sur le siège de la voiture, prennent chacun la poignée de la hampe de son côté; les brancardiers d'arrière montent sur le marchepied et saisissent les hampes.

Au commandement : *Enlevez*, tous les quatre soulèvent le brancard jusqu'aux crampons-supports les plus élevés.

Au commandement : *Placez*, ils mettent les hampes dans les crampons; ils s'assurent que le brancard est bien suspendu.

Au commandement : *Bouclez*, les brancardiers assujettissent le brancard dans les supports en bouclant les courroies.

Au commandement : *Rompez*, ils descendent de la voiture.

La même manœuvre est successivement répétée pour le chargement des autres malades; le deuxième est couché en dessous du premier; le troisième et le quatrième sont placés du côté opposé et dans le même ordre.

Le chargement terminé, le marchepied est relevé et l'arrière de la voiture fermé.

Les rideaux de la voiture sont déroulés et, selon la température et les prescriptions du médecin, ils sont hermétiquement fermés ou entr'ouverts. Les bretelles des brancards sont placées dans le coffre du siège du conducteur.

Les armes et les effets des malades et les brancards de la voiture qui sont disponibles sont placés sur l'impériale, en observant l'ordre d'installation des malades dans la voiture; ils sont cordés et attachés par des sangles à la galerie.

On doit s'assurer préalablement que les armes sont déchargées.

L'échelle ployante, placée sous le marchepied, sert au chargement de ces objets.

Avant de se mettre en route, on examine si la lanterne est pourvue de mèche et d'huile en quantité suffisante pour le trajet.

DÉCHARGER LA VOITURE.

Le conducteur place sa voiture de façon à faciliter le déchargement, puis il relève et replie les rideaux et abaisse le marchepied; il s'assure que le chariot est placé au fond de la voiture et que la chaînette est libre; puis il se porte à la tête de ses chevaux pour les maintenir.

Deux brancardiers se placent sur le siège et les deux autres à l'arrière de la voiture.

Au commandement : *Débouclez*, les quatre brancardiers déroulent les courroies qui fixent le brancard du plan inférieur dans ses crampons.

Au commandement : *Enlevez*, ils dégagent les hampes des crampons et déposent doucement le brancard sur le plancher de la voiture, les deux pieds de devant dans le chariot.

Au commandement : *Tirez*, les brancardiers d'arrière amènent le brancard jusqu'à l'extrémité postérieure du rail; les deux autres descendent et se portent en arrière de la voiture; chacun saisit la poignée de la hampe de son côté.

Au commandement : *Soulevez*, les quatre brancardiers enlèvent avec ensemble le brancard.

Au commandement : *Marche*, ils l'éloignent de la voiture.

Au commandement : *Halte — Posez*, ils le déposent à terre sans secousse.

La même manœuvre est répétée pour le déchargement du malade qui occupe la place supérieure, du même côté, et successivement pour les deux autres.

Le déchargement terminé, on débarrasse l'impériale des armes, sacs et effets, et on les remet aux brancardiers qui doivent accompagner les malades.

Le conducteur de voiture veille à ce que les brancards appartenant à la voiture y soient replacés.

Transport des malades assis.

Avant de faire monter les malades, on abaisse les banquettes; les montants sont relevés et fixés au plafond.

Les blessés montent un à un, aidés par un brancardier, et prennent place; les plus malades montent d'abord.

Lorsqu'un des côtés de la voiture doit être occupé par des malades couchés, ceux-ci sont chargés les premiers.

Les blessés descendent de la même façon, et, s'il y en a de couchés, ceux-ci sont déchargés avant ceux qui sont assis.

2° Voitures à deux roues.

Le chargement des malades dans la voiture à deux roues s'exécute comme celui des malades couchés dans les voitures à quatre roues; après avoir calé les roues, le conducteur abat la chambrière.

Les bretelles des brancards sont placés dans le coffre de la voiture.

Aménagement des voitures improvisées
pour le transport des blessés (1).

A la suite des batailles, le nombre des voitures d'ambulance est souvent insuffisant. Il faut recourir, pour le transport des blessés, aux voitures régimentaires, aux fourgons, aux voitures de toutes sortes (calèches, breaks, tapissières, charrettes, etc.), qu'on se procure par réquisition.

On les dispose le mieux que l'on peut pour que les blessés y soient commodément et n'aient pas trop à souffrir des cahots et des accidents de la route.

Les voitures sur ressorts sont les meilleures et doivent être réservées aux grands blessés.

Les blessés capables de voyager *assis* sont mis dans

______

(1) Pour plus de détails, voir le Décret du 31 octobre 1892 sur le service de santé en campagne, notice 11.

des voitures munies de sièges. On en organise, au besoin, avec des bancs, des planches, qui sont placés transversalement ou le long des parois latérales du véhicule, et que l'on fixe ou que l'on suspend à l'aide de cordes, de courroies ou par d'autres moyens ; on se sert aussi de bottes de paille.

Les voitures affectées aux blessés qui ne peuvent être transportés que *couchés* sont garnies de matelas, de paillasses ou seulement de paille ou de foin, sur lesquels on étend une couverture, un manteau ou une capote. On égalise préalablement, s'il y a lieu, le fond de la voiture avec des planches. Il y a le plus grand intérêt à ce que ces voitures soient suspendues. C'est pourquoi le règlement du service de santé prescrit au chef de campement de l'ambulance de requérir pour le transport des malades toutes les voitures suspendues.

Le transport dans des *voitures non suspendues* est pénible et fatigant pour les malades. On cherche à remédier à ce défaut d'élasticité de la voiture en disposant intérieurement une sorte de lit suspendu sur des cordes passant d'un côté à l'autre de la voiture et supportant des matelas ou des planches couvertes de paille ou de foin. On peut suspendre de la même manière un brancard ou une civière dans une charrette.

Si l'on dispose de voitures à ridelles, la suspension au moyen de cordes est très pratique.

Ce procédé est en particulier utilisable avec les voitures lorraines : une corde longitudinale est fixée à la traverse antérieure, surélevée par un rondin en avant, au milieu de la voiture et en arrière, puis engagée dans le treuil, sur lequel elle est tendue fortement lorsque quatre cordes ou huit, suivant leur solidité, auront été attachées transversalement aux ridelles, en passant par-dessus la corde longitudinale et en laissant 25 centimètres libres à chaque extrémité. Quatre brancards sont placés deux à deux sur les cordes dans le sens de la longueur. Un brancard peut être placé entre les ridelles sur le fond de la voiture, reposant sur une couche épaisse de paille.

On peut fixer des perches aux ridelles en unissant leur partie supérieure par des traverses, de manière à former des cadres auxquels on suspend les brancards.

Il est possible encore d'amortir les cahots des voitures sans recourir à la suspension, en interposant entre le fond de la voiture et les brancards des objets plus ou moins élastiques, tels que des bottes de paille, des fagots. Les fagots possèdent une grande élasticité.

Les voitures ouvertes seront recouvertes, pour préserver les blessés du soleil, de la poussière ou de la pluie, de bâches ou de toiles soutenues par des cerceaux ou des branchages fréquemment renouvelés.

V. — CHARGEMENT ET DÉCHARGEMENT
DES VOITURES DE SUBSISTANCES

284. Équipe de chargeurs. — Pour charger ou décharger les voitures de subsistances, on forme des équipes de quatre à six hommes, y compris les conducteurs du train des équipages, qui doivent participer à l'opération.

Dans chaque équipe, les hommes sont employés comme il suit :

Un dans la voiture, pour arrimer;

Un ou deux au pied de la voiture, pour prendre les colis des mains des porteurs et les remettre à l'arrimeur.

Les autres prennent aux piles et portent les colis ou les brouettent.

Durée. — Il faut en moyenne douze minutes pour charger une voiture à deux chevaux, et dix-sept minutes pour une voiture à quatre chevaux; le déchargement dure un peu moins.

Le temps nécessaire pour le chargement ou le déchargement des fractions de convoi est indiqué dans le tableau suivant :

DESIGNATION DES CONVOIS ou fractions de convoi.	NOMBRE D'É-QUIPES.	DURÉE	
		du chargement.	du déchargement
Un train régimentaire......	1	1 heure.	1 heure.
Une section de convoi administratif.	4	2 h. 3/4.	2 h. 1/2.
Un convoi auxiliaire à 150 voitures.	7	4 heures.	3 h. 1/2.

DONNÉES SUR LE CHARGEMENT DES VOITURES.

(Rations de 750 grammes pour le pain ordinaire,
de 700 grammes pour le pain biscuité, de 600 grammes pour le pain
de guerre.)

DENRÉES OU LIQUIDES.	FOURGONS A DEUX CHEVAUX. Charge maximum : 800 à 900 kilogr.			CHARIOT DE PARC à quatre chevaux. Charge maximum : 1,260 à 1,500 kilogr.			VOITURES DE RÉQUISITION (1).
	Nombre de colis.	Nombre de rations.	Poids brut.	Nombre de colis.	Nombre de rations.	Poids brut.	
			qx.			qx.	
Pain ordinaire { en sacs...	20	800	6,22	27	1,080	8,40	Comme pour les fourgons à deux chevaux.
{ en vrac..	525 pains	1,050	7,88	»	1,050	7,88	
Pain biscuité { en sacs...	20	800	5,82	»	1,080	7,86	
{ en vrac..	525 pains	1,050	7,35	»	1,050	7,35	
Pain de guerre (en caisses).............	17	1,088	8,50	26	1,664	13,00	
Riz (sacs).............	8	8,000	8,69	13	13,000	13,15	
Légumes secs (sacs)..	8	8,000	8,09	13	13,000	13,15	
Sel ordinaire (sacs)...	10	40,000	8,11	17	68,000	13,79	
Sucre ... { ordinaire (sacs)..	12	27,100	8,53	19	42,900	13,51	
{ cristallise (doubles sacs)...	8	25,800	8,18	14	45,150	14,31	
Café torréfié { en grains (sacs).....	20	33,340	8,44	30	50,000	12,66	
{ en tablettes (caisses)..	24	32,000	8,88	40	53,320	14,80	
Conserves de viande (caisses).............	11	2,212	8,47	19	3,648	14,63	
Potage condensé (caisses).............	15	21,000	8,73	26	36,400	15,13	
Eau-de-vie (barils)....	14	11,200	8,40	23	18,400	13,80	
Avoine (sacs).........	12	156	8,53	19	247	13,51	
Blé (sacs de 80 kilogr.).	10	»	»	14	»	»	
Farine (sacs de 100 kilogr.).............	8	»	»	12	»	»	
Foin (en balles pressées de 85 kilogr.)..	10	»	»	17	»	»	

(1) Dans le cas où on serait obligé de faire emploi de voitures de réquisition à un cheval, le chargement ne devrait pas excéder 5 quintaux par voiture.

(2) 5 tierçons de 150 kilogrammes ou 15 barils de 50 kilogrammes.

CHAPITRE II.

MATÉRIEL DE TRANSPORT A DOS DE MULET.

Formations comportant des animaux de bât.

285. Les détachements du train des équipages qui comprennent des mulets de bât sont ceux qui sont affectés aux formations suivantes :

1° Ambulances des quartiers généraux des corps d'armée, ambulances des divisions d'infanterie et ambulances de montagne ;

2° Boulangeries légères de campagne ;

3° Convoi des subsistances des troupes de montagne.

Ambulances. — Les détachements de mulets des ambulances des quartiers généraux et des ambulances divisionnaires comprennent des mulets de bât. Ces détachements servent, en principe, à transporter les malades des postes de secours aux ambulances.

Ils comportent des mulets de cacolets et des mulets de litières.

Le cacolet est utilisé pour le transport des blessés assis, la litière pour le transport des blessés couchés.

Ces détachements comportent, en outre, un mulet chargé de caisses d'outils et des mulets haut-le-pied.

Les ambulances affectées aux troupes de montagne ne comportent que des mulets de cacolets. Outre les cacolets, ces mulets transportent des cantines médicales, contenant les approvisionnements du service de santé, des caisses de transport renfermant des outils, une forge, les approvisionnements des ouvriers, enfin des caisses à bagages.

Les mulets des détachements d'ambulance sont chargés en outre, d'accessoires, tels que des bâches, une par bât, des objets de campement pour l'attache des chevaux et des mulets, comprenant des cordes de seize mètres, des masses et des petits piquets et des seaux d'abreuvoir en toile.

Boulangeries de campagne. — Les boulangeries légères de campagne sont destinées à fonctionner dans les régions inaccessibles aux boulangeries de campagne.

Le matériel d'une boulangerie légère de campagne comprend : des fours de divers modèles, des collections d'ustensiles d'armement de four, des étagères de ressuage, une tente Cauvin, une cantine de comptabilité et des chaises en fer.

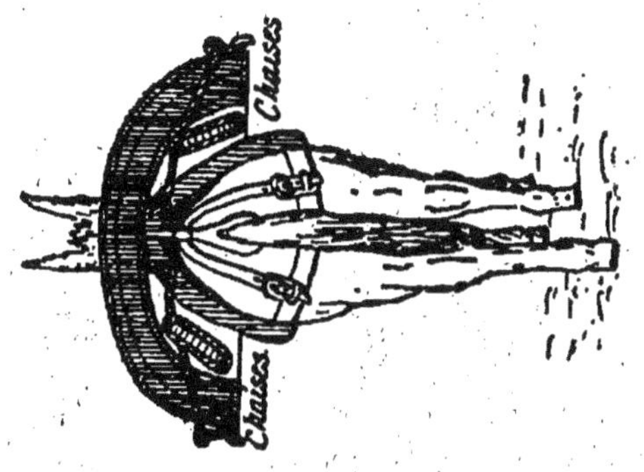

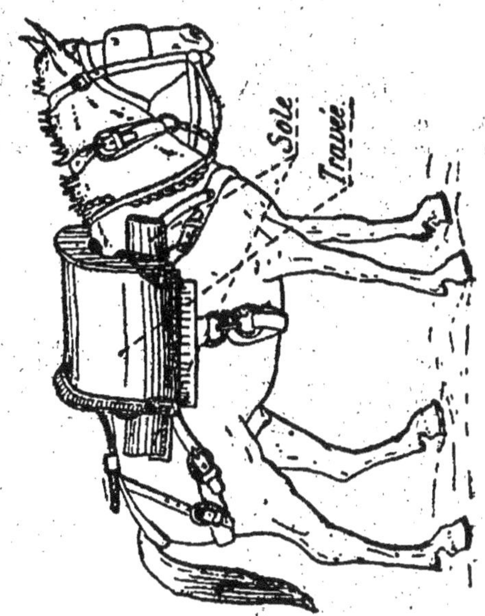

Fig. 139. — *Four démontable. (Mulet portant une travée et deux panneaux de sole.)*

Placer sur le bât *deux chaises*, une contre chaque arcade, engagée par ses trous dans les boulons à gorge. Placer une travée sur les chaises; la clef de voûte de travée repose sur le haut des arcades et les pieds droits sur les chaises; — placer les panneaux de sole à droite et à gauche entre l'espace vide compris entre le mulet et les côtés de la travée.

Brêler le tout.

(Pour un four, 5 mulets de travée, 1 mulet d'accessoires.)

La boulangerie est divisée en un certain nombre de sections correspondant au transport et à l'emploi de deux fours, et comportant chacune des mulets de bât.

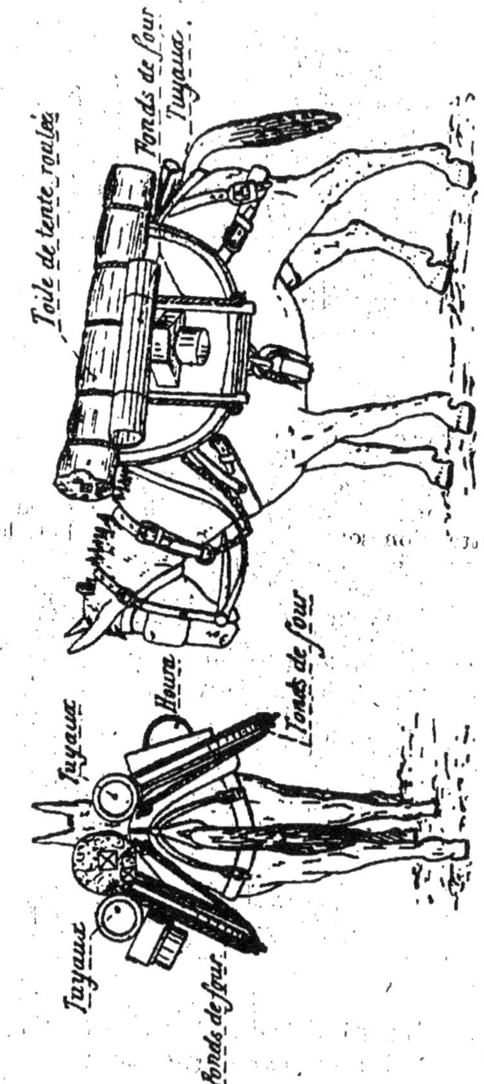

Fig. 140. — *Four démontable. (Mulet chargé des accessoires.)*

Convois des subsistances. — Les convois des subsistances des troupes de montagne transportent des vivres, des liquides et de l'avoine.

L'arrimage sur les mulets se fait soit directement,

soit au moyen de corbeilles en osier munies de chaînes de suspension.

En Afrique, les compagnies mixtes exécutent à dos de mulet des transports de toute nature.

Le chargement et le déchargement des mulets sont effectués par le personnel technique des diverses formations, les hommes du train n'intervenant que comme auxiliaires, et n'ayant à opérer que le chargement ou le déchargement de leurs propres approvisionnements.

Description et entretien du matériel de transport à dos.

(Voir titre III, n° 239 et suivants.)

286. Les bâts et harnais de bât sont conservés en temps de paix dans les établissements d'artillerie chargés de conserver tout le harnachement de réserve de l'escadron.

On les répartit en autant de lots qu'il y a de parties prenantes en cas de mobilisation.

Dans les visites du matériel de transport à dos, les principales parties du bât sur lesquelles on doit porter son attention sont : les garnitures de bât, les panneaux, les crochets de charge, les supports de cacolet, les lanières. Il faut s'assurer que les courroies et les cordes de charge sont en bon état.

Ensuite, on examine les litières et les cacolets ; on les accroche au bât et on les ouvre. On enlève les coussins, pour voir si les bandelettes de fer ne sont pas oxydées. On regarde le fond des litières, les oreillers et les rideaux ; on s'assure que tous ces objets sont munis de leurs lanières.

Charge des mulets de bât.

287. Les vivres sont arrimés directement ou contenus dans des corbeilles en osier du poids de 14 kilogrammes environ chacune vide, et de 50 kilogrammes environ pleine. Chaque mulet porte deux de ces corbeilles.

Les mulets peuvent aussi être chargés de deux caisses, soit à vivres, soit à bagages, soit de comptabilité, ou de deux cantines médicales ou vétérinaires, ce qui équivaut à une charge de 100 kilogrammes au plus.

C'est aussi le poids approximatif, mais maximum, qu'on impose aux mulets des boulangeries légères.

En sus de leur chargement propre, les mulets de chaque formation ont à transporter certains objets en surcharge, tels que les cordes et les piquets d'attache, des outils (faucilles, haches, pelles, pioches), des havresacs, des sacs-tente-abris, s'il y a lieu, etc., qu'il faut répartir sur les mulets les plus forts ou dont le chargement est le moins lourd.

Choix des mulets de bât.

288. Les mulets de bât présentent des différences très sensibles au point de vue de la résistance, suivant les régions de production mulassière.

En principe, il faut choisir comme mulets de cacolets et de litières les animaux les plus vigoureux, de taille moyenne, à rein court, trapus, calmes, dociles et d'une grande régularité d'allure.

Chargement des blessés sur les cacolets et sur les litières.

289. (Voir *n° 434 et suivants, 1re partie*).

CHAPITRE III.

CONCOURS DE CONDUITE DE VOITURES.

---

290. Des concours de conduite de voitures sont organisés chaque année dans les corps de troupe du train des équipages.

A cet effet, chaque capitaine commandant, vers la fin des manœuvres, désigne, parmi les cavaliers de sa compagnie, les 4 conducteurs qu'il juge les plus adroits.

Ces hommes prennent part au concours de conduite de voitures, dans lequel sont décernés, pour chaque escadron, des prix à raison de 10 francs par compagnie. La valeur des prix va en décroissant suivant une progression fixée par le chef de corps.

291. Le concours s'exécute avec des fourgons modèle 1874, attelés à 4 chevaux.

Chaque voiture doit parcourir une piste de 2 mètres de large, conforme à la figure 141; les demi-tours et le parcours du reculer sont tracés à l'aide de piquets espacés de 0 m. 50 et légèrement inclinés en dehors ; des jalons placés en S, en T et en V servent de point de direction dans la ligne droite.

L'épreuve consiste :

, A parcourir au trot cette piste, arrêter en arrivant au point P, exécuter un reculer à droite et sortir en R.

Une commission, dont les membres sont désignés par le chef de corps, est chargée d'arrêter le classement et de régler les points qui donneraient lieu à contestation, tels que : ralentissement d'allure, tâtonnements dans le reculer, etc...

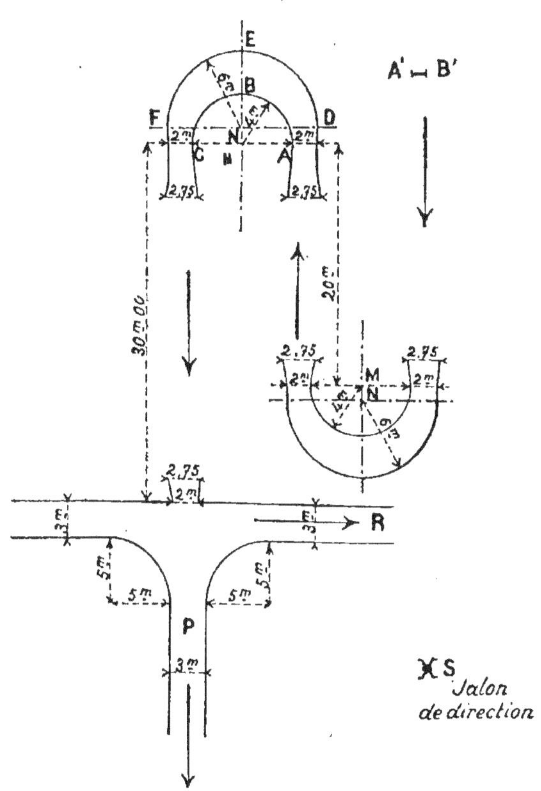

Fig. 141.

Les voitures sont classées par ordre de mérite, en raison inverse du nombre de piquets abattus par leurs conducteurs, augmenté des points que la commission aura jugé à propos d'ajouter pour les imperfections dans l'exécution des mouvements.

292. Le concours de conduite de voitures peut, si le temps et les circonstances le permettent, comprendre un exercice de célérité, dans lequel peuvent intervenir divers incidents de route et la façon d'y remédier :

Prendre les chevaux nus, garnir, atteler et se mettre en marche ; changer un timon, une roue, remplacer un attelage, changer un trait, etc...

Le calme dans les opérations, la régularité dans le harnachement, l'observation des allures réglementaires sont les meilleures bases d'opération.

Ce concours de célérité sera exécuté au trot seulement.

TITRE VI

SERVICE DU TRAIN DES ÉQUIPAGES

MILITAIRES EN CAMPAGNE.

CHAPITRE I.

RECONNAISSANCES TOPOGRAPHIQUES.

293. L'instruction sur la lecture des cartes doit être faite le plus simplement possible, et dégagée de toute considération scientifique ; elle est donnée aux sous-officiers, dans chaque compagnie, par un officier, et elle est dirigée de telle sorte qu'un sous-officier puisse faire une reconnaissance de chemins et être en mesure de conduire une colonne par les chmins qu'il aura reconnus.

Cette instruction devra porter sur les points suivants :

Etude des signes conventionnels relatifs à la planimétric et adoptés pour la carte de France ;

Représentation du terrain : courbes, hachures, cotes ;

Lecture des cartes au 1/80,000 et au 1/320,000 ;

Comparaison de la carte au terrain : reconnaissance d'une route, d'un cours d'eau ;

Orientation de la carte sur le terrain dans les cas les plus simples.

294. Reconnaissances. — Les cartes topographiques même les plus détaillées, ne peuvent donner tous les renseignements dont on a besoin à la guerre ; les indications qu'elles contiennent doivent être complétées au moyen de reconnaissances spéciales, qui font l'objet de rapports succincts.

Les officiers et les sous-officiers doivent être exercés à ce genre de travaux. Dans les reconnaissances de route, ils relateront le mode de construction de la route : pavée, empierrée, en remblai, en déblai ; la largeur totale et celle de la partie pavée ou empierrée ; l'état d'entretien, les pentes, les embranchements; les objets remarquables que l'on rencontre : villages, fermes, châteaux, maisons isolées, bois, ouvrages d'art, etc...

Dans les reconnaissances de cours d'eau ou de canaux, ils indiqueront la direction, la largeur, la profondeur, la nature des rives et leur commandement, les ponts, gués, bacs, les écluses, digues, barrages, etc...

Dans les reconnaissances de terrains, la nature du sol (praticable ou non aux voitures), la nature des cultures, les dimensions des bois, les pentes du terrain, les chemins, leur viabilité, la route à suivre pour occuper un emplacement quelconque en restant défilé, et les travaux à faire pour l'occuper ; consolidation des ponts, fossés à combler, etc...

L'officier chargé de diriger ces travaux ne devra pas oublier qu'il importe, avant tout, d'encourager par tous les moyens les efforts des sous-officiers, et que les renseignements rapportés par eux à la suite des reconnaissances ne doivent être donnés que sous forme de notes prises sur le terain, le but de l'instruction n'étant ni de leur apprendre à dessiner, ni de leur faire faire des rapports, mais bien de les exercer à lire une carte et à rendre compte de ce qu'ils voient dans ces reconnaissances.

295. Procédés d'orientation. — Si l'on peut reconnaître sur la carte le point où l'on se trouve, ainsi que certains points remarquables qu'on aperçoit dans la campagne (ponts, clochers, arbres isolés, fermes, etc...) ces renseignements suffisent généralement pour orienter la carte.

On peut encore orienter approximativement la carte si l'on connaît la direction du Nord. Cette direction s'obtient le jour par la position du soleil à telle heure de la journée, la nuit au moyen de l'étoile polaire ou, en tout temps, avec la boussole.

Au moyen du soleil. — Pour reconnaître la direction du Nord au moyen du soleil, on tourne à midi le dos au soleil ; le prolongement sur l'horizon de l'ombre projetée par le corps donne la direction du Nord.

En regardant le Nord, on a le Sud derrière soi, l'Est à sa droite, l'Ouest à sa gauche.

Le soleil est à l'Est à 6 heures du matin, au Sud à midi, à l'Ouest à 6 heures du soir.

A une heure quelconque du jour, on peut reconnaître facilement la direction du Nord au moyen d'une montre. Si on calcule, à une heure donnée, le nombre d'heures qui se sont écoulées depuis minuit, et si on place dans la direction du soleil le numéro du cadran de la montre correspondant à la moitié de ce nombre, la ligne VI-XII du cadran indique la direction « Sud-Nord ».

Il est encore plus simple de placer la petite aiguille exactement au-dessus de son ombre, la direction Nord-Sud est alors donnée par la bissectrice de l'angle que forment les lignes VI-XII et la petite aiguille (1).

Au moyen de l'étoile polaire. — La nuit, quand les étoiles sont apparentes, on s'oriente à l'aide de l'étoile polaire, qui donne constamment la direction du Nord. Cette étoile se trouve sur le prolongement des deux étoiles de derrière de la Grande Ourse.

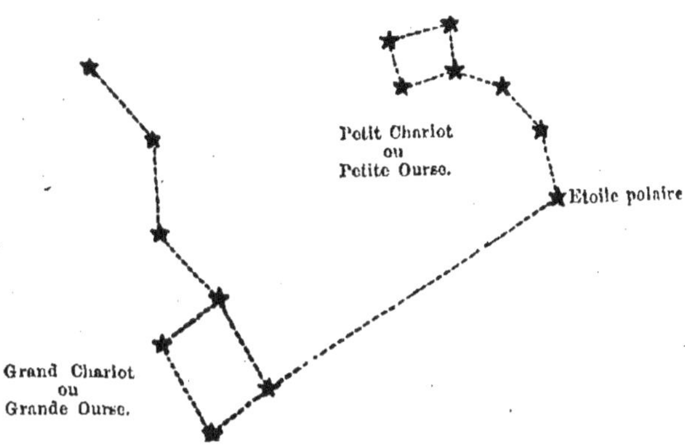

Au moyen de la boussole. — L'aiguille aimantée de la boussole donne sensiblement la direction Nord-Sud, la pointe bleue de l'aiguille étant toujours tournée vers le Nord.

______

(1) En effet, si on place une montre de manière que la ligne VI-XII soit orientée : Sud-Nord, on voit que le soleil, se levant à l'Est dans la direction III et se couchant à l'Ouest dans la direction IX, aura parcouru en douze heures le demi-cadran, tandis que la petite aiguille l'aura parcouru tout entier.

Par suite, dans le même temps, la direction du soleil effectue un trajet moitié moindre que la petite aiguille. A 2 heures de l'après-midi, par exemple, soit 14 heures après minuit, la direction du soleil sera donnée par 14 : 2, ou 7 heures.

Ce procédé ne s'applique d'une manière précise que dans les journées moyennes où le soleil se lève à 6 heures du matin pour se coucher à 6 heures du soir. Mais on peut l'utiliser à toute époque.

CHAPITRE II.

DÉTAILS SUR LES INSTALLATIONS DES ABRIS, CUISINES ET FEUILLÉES.

296. Abris. — Les abris consistent en deux piquets placés en terre et réunis à leur sommet par une perche horizontale, à laquelle on fait supporter une espèce d'appentis fait avec des menus branchages ou avec de

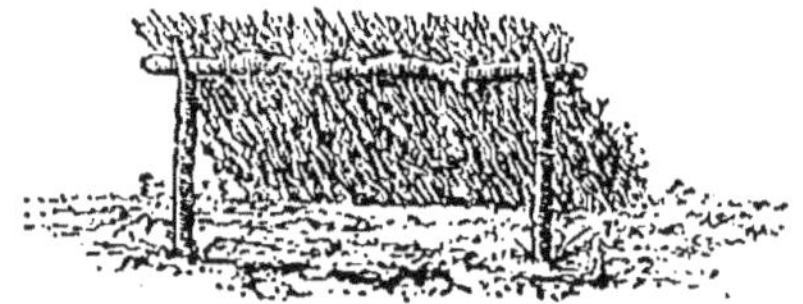

Fig. 142. — Abri.

la paille disposée les épis en bas, ou en clayonnage. On leur donne quelquefois une forme circulaire, en enveloppant complètement, sauf d'un seul côté (celui ou va la fumée), un espace libre au milieu duquel on dispose

Fig. 143. — Abri.

le foyer. Si le sol est détrempé, il est bon de construire des claies pour isoler les hommes du sol.

297. Cuisines. — Les cuisines sont installées à 10 mètres des tentes ou de l'emplacement affecté aux hommes. Quand la direction et la force du vent le rendent utile et quand on le peut, on place les cuisines à droite et à gauche du bivouac, de manière qu'on soit gêné le moins possible par la fumée.

Les cuisines sont des foyers constitués par deux ou quatre pierres adossées, quand on le peut, à un mur et sur lesquelles reposent les marmites.

A défaut de pierres, on creuse dans le sol de simples rigoles, assez étroites pour que les marmites puissent

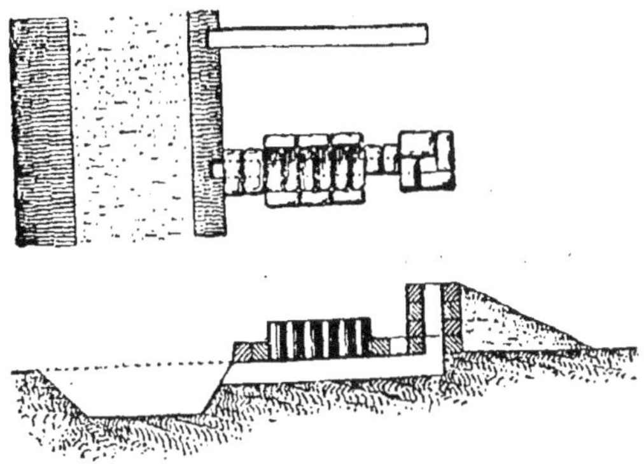

Fig. 144. — Cuisines.

reposer en travers sur les bords, et juste assez profondes pour que l'on puisse y placer le bois.

La longueur de la rigole est calculée d'après le nombre des marmites qu'elle doit recevoir. Le feu est mis du côté d'où vient le vent. De ce côté, afin de faciliter le travail des cuisiniers, on creuse une tranchée de 0 m. 50 environ de profondeur, si l'on n'a pas pu profiter d'un fossé existant ou d'une disposition favorable du terrain. Il est bon, quand on a le temps, de faire à l'extrémité de chacune de ces rigoles une cheminée en gazon, d'une hauteur de 0 m. 50 environ, que l'on consolide avec les terres de la tranchée, on garnit en gazon les bords des rigoles, le long des marmites, et l'entrée de chaque fourneau. Si, par la disposition du sol, ces rigoles risquent d'être envahies par l'eau de pluie, il vaut mieux établir les cuisines en saillie.

La forge, quand elle doit être allumée, est placée près de la ligne des feux, sous le vent du bivouac.

298. Feuillées.—Les feuillées sont placées à 60 mètres de la ligne des feux; on les établit de façon que le vent ne ramène pas leurs émanations sur le campement et qu'elles soient suffisamment éloignées des prises d'eau, que leur voisinage pourrait infecter.

Les feuillées consistent en une série de sillons parallèles de 1 mètre de longueur, espacés de 1 m. 50 n'ayant pas plus de largeur que le fer de la pelle réglementaire et aussi profonds que la pioche permet de les creuser. La terre de déblai est rejetée à 0 m. 30 à droite et à gauche du sillon, qui doit être assez étroit pour que l'homme, mettant les pieds l'un à droite et l'autre à gauche, soit comme à cheval sur la fosse; les parois de la tranchée doivent être taillées à pic.

On creuse autant de ces sillons que l'effectif le rend nécessaire, et on les prolonge de jour en jour, s'il en est besoin.

Deux fois par jour, le matin et au coucher du soleil, on jette dans les fossés une couche de terre, les cendres des foyers, et on y verse, quand on en a à sa disposition, une solution composée de : sulfate de fer, 25 grammes ; eau, 250 grammes (par homme et par jour), ou bien un lait de chaux (25 grammes de lait de chaux par homme et par jour).

Quand les sillons sont à moitié remplis, on les comble et on foule fortement la terre de remplissage ; avant de quitter le campement, on comble la feuillée complètement, et on place, à ses deux extrémités, des branchages ou des pierres faisant saillie, afin qu'une troupe de passage ne vienne ni stationner ni fouiller le sol à cet endroit.

On entoure les feuillées de feuillages. Il est avantageux de disposer au-dessus des feuillées un léger clayonnage qui protège les hommes contre l'ardeur du soleil ou contre la pluie et qui leur permette de trouver facilement, pendant la nuit, l'emplacement du sillon ; la nuit, d'ailleurs, une lanterne indique cet emplacement.

CHAPITRE III.

FANIONS. — LANTERNES. — BRASSARDS.

FANIONS ET LANTERNES.

299. En campagne, il est attribué aux autorités militaires et aux services énumérés ci-après des fanions et des lanternes destinés à signaler leur emplacement de jour et de nuit.

Général commandant en chef un groupe d'armées. — (I de la planche.)

Major général d'un groupe d'armées. — (II de la planche.)

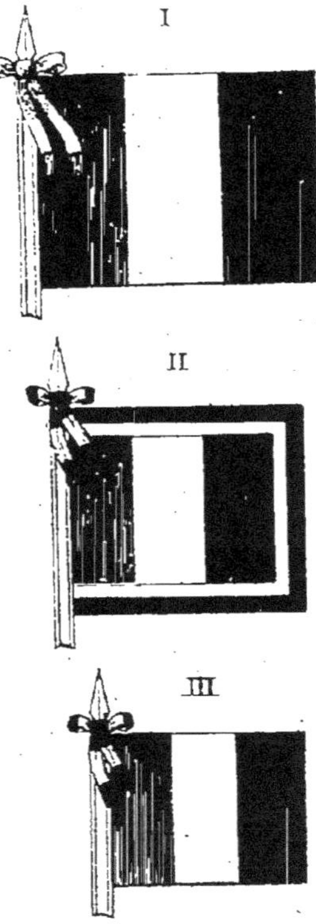

Fanions

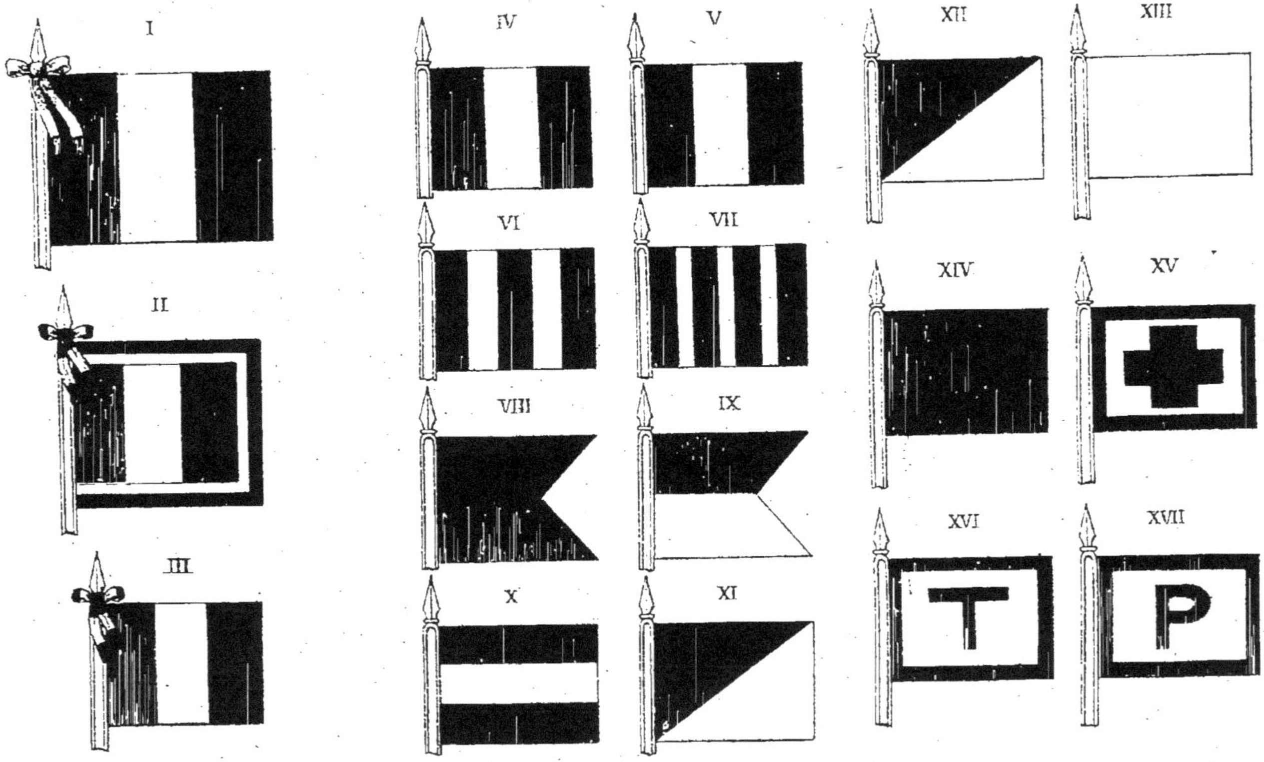

l[illegible]
h[illegible]

[illegible]

f[illegible]

a[illegible]

Général commandant d'armée. — (III de la planche.)

Général commandant un corps d'armée. — (IV de la planche.)

Général commandant la 1re division d'infanterie d'un corps d'armée. — (V de la planche.)

Général commandant la 2e division d'infanterie. — (VI de la planche.)

Général commandant la 3e division d'infanterie d'un corps d'armée. — (VII de la planche.)

Général commandant une division d'infanterie non comprise dans un corps d'armée. — (X de la planche.)

Général commandant la brigade d'artillerie d'un corps d'armée. — (VIII de la planche.)

Général commandant la brigade de cavalerie d'un corps d'armée. — (IX de la planche.)

Général commandant un corps de cavalerie. — (XI de la planche.)

Général commandant une division de cavalerie. — (XII de la planche.)

Sections de munitions d'infanterie. — (XIII de la planche.)

Sections de munitions d'artillerie, sections de parc. — (XIV de la planche.)

Ambulances et hôpitaux de campagne. — (XV de la planche.)

Postes télégraphiques. — (XVI de la planche.)

Service de la poste aux armées. — (XVII de la planche.)

BRASSARDS.

Officiers du service d'état-major.

300. État-Major particulier du Président de la République. — Tricolore, avec foudres (le bleu en haut).

État-Major particulier du Ministre de la guerre. — Blanc, avec foudres.

État-Major de l'armée. — Blanc et rouge, avec foudres (le blanc en haut).

État-Major général d'armée. — Blanc et rouge, avec foudres (le blanc en haut).

État-Major de corps d'armée. — Tricolore, avec foudres et numéro du corps d'armée (le bleu en haut).

État-Major de division d'infanterie. — Rouge avec grenade et numéro.

État-Major de division de cavalerie. — Rouge avec étoile et numéro.

État-Major de brigade d'infanterie. — Bleu avec grenade et numéro.

État-Major de brigade de cavalerie. — Bleu avec étoile et numéro (en chiffres arabes pour les brigades de cavalerie de corps, en chiffres romains pour les brigades des divisions de cavalerie).

État-Major de l'artillerie d'un corps d'armée. — Bleu, avec canons croisés et numéro du corps d'armée.

État-Major du génie d'un corps d'armée. — Bleu avec cuirasse surmontée d'un casque et numéro du corps d'armée.

État-Major des gouverneurs de places fortes. — Rouge ou bleu (suivant que le gouverneur est général de division ou général de brigade), avec foudres.

Vélocipédistes.

Ils portent tous deux vélocipèdes cousus au revers du collet de la vareuse.

Ils ont, en outre, un brassard en drap du fond de la vareuse, avec numéros ou attributs :

Garance . . . .
- Chiffres romains pour les quartiers généraux de corps d'armée.
- Chiffres arabes pour les corps de troupe d'infanterie.
- Chiffres arabes (surmontés du numéro de corps d'armée en chiffres romains) pour les divisions et brigades d'infanterie. Pot en tête et cuirasse pour le génie.

Bleu de ciel pour la cavalerie . . . .
- Chiffres romains surmontés d'une étoile pour les divisions, attributs spéciaux des subdivisions d'arme en dessous.
- Chiffres arabes surmontés des attributs spéciaux des subdivisions d'arme pour les régiments.
- Les brigades de corps ont une étoile surmontée du numéro de corps d'armée en drap garance.

Jonquille...... { Chiffres arabes pour les chasseurs à pied.

Infirmiers régimentaires et tout le personnel, militaire ou non, de toutes les formations sanitaires. — Brassard blanc à croix rouge (avec timbre du Ministère de la guerre, numéro d'ordre et lettre spéciale à chaque société, pour les sociétés civiles).

Conducteurs de voitures régimentaires et d'état-major. — Brassard en drap du fond, avec passepoil distinctif et attributs de l'arme.

Brancardiers des corps de troupe. — Brassard en drap du fond, avec croix de Malte en drap blanc.

Personnel du service de la Trésorerie et des Postes. — Brassard en drap gris de fer, avec passepoil garance portant l'inscription : Trésorerie et Postes.

Conducteurs d'animaux et de voitures de réquisition, hommes employés dans le service d'alimentation. — Brassard cachou avec plaque métallique portant l'inscription : Réquisitions militaires.

Gardes des voies de communication. — Brassard en toile bleue, avec l'inscription G. C.

Personnel des commissions de réception du service de ravitaillement. — Brassard vert.

CHAPITRE IV.

CONVENTION DE GENÈVE

POUR L'AMÉLIORATION DU SORT DES MILITAIRES BLESSÉS DANS LES ARMÉES EN CAMPAGNE.

---

301. Les établissements où sont soignés des militaires blessés ou malades, ainsi que les voitures servant à leur transport, sont reconnus neutres et, comme tels, protégés et respectés par les belligérants aussi longtemps qu'il s'y trouve des malades et des blessés.

Le personnel de ces établissements ou voitures participe au bénéfice de la neutralité tant qu'il reste des blessés à relever ou à secourir.

Ce personnel peut, même après l'occupation par l'ennemi, continuer à remplir ses fonctions dans l'établissement qu'il dessert ou se retirer pour rejoindre le corps auquel il appartient.

Dans ce dernier cas, les formations qui accompagnent les troupes sur le champ de bataille ont seules le droit de conserver leur matériel.

Les établissements ou voitures servant à soigner ou transporter les blessés et malades sont signalés par un drapeau blanc à croix rouge accompagné du drapeau national, ou par les mêmes signes peints sur les voitures.

Le personnel attaché à ces établissements ou voitures doit porter d'une façon apparente un brassard blanc à croix rouge.

302. Les militaires blessés ou malades sont recueillis et soignés, à quelque nation qu'ils appartiennent.

Tout blessé recueilli et soigné dans une maison y sert de sauvegarde.

TITRE VII.

INSBRUCTION SUR LA TENUE

ET LE PAQUETAGE.

CHAPITRE I.

TENUE ET PAQUETAGE DE CAMPAGNE (1).

ARTICLE I.

TENUE DE CAMPAGNE.

I. — OFFICIERS.

303. **L'officier** aura **sur lui :**

Plaque d'identité avec cordon, suspendue au cou, au-dessous de la chemise.

Paquet individuel de pansement, porté dans une poche intérieure de la vareuse.

Képi (sans jugulaire).

Bonnet de police.

Vareuse.

Culotte de drap, avec *bottes* ou *jambières en cuir noir* portées avec *brodequins* munis *d'éperons à la chevalière.*

Gants de peau de chien, de nuance rouge brun.

Étui de revolver, contenant un revolver (2) avec un cordon et *12 cartouches*.

---

(1) La **tenue de route** est la même que la tenue de campagne; moins les vivres du sac, les cartouches et la plaque d'identité.

(2) Au cantonnement, les officiers ne sont armés que du revolver dans son étui. Les hommes de troupe portent l'étui de revolver ou la giberne, à l'exclusion du sabre.

Sabre et *dragonne de cuir.*

Ceinturon.

Jumelle, d'un modèle facultatif, en sautoir de l'épaule droite à la hanche gauche.

Sifflet.

Porte-cartes (facultatif), — placé du côté droit du ceinturon ou sur les sacoches.

Boussole breloque (modèle facultatif).

304. Charge du cheval.

Selle et bride complètes.

Porte-sabre.

Manteau, de drap ou de caoutchouc, sur le trousse-quin de la selle.

Tapis de selle, avec *couverture de laine* placée en dessous;

Bissac de campagne.

Musette-mangeoire.

Tablier de cheval (facultatif).

Pour tous les services à pied, les officiers sont autorisés à faire usage d'un pantalon d'ordonnance et de chaussures éperonnées. En dehors du service ou lorsqu'ils sont appelés à monter à bicyclette, ils pourront porter la culotte avec les jambières en drap.

Tous les officiers et assimilés doivent être pourvus, dès le temps de paix, de *caisses à bagages* qui sont destinées au transport de leurs effets personnels en campagne.

Le nombre des caisses à bagages allouées aux officiers ou assimilés des différents grades est indiqué ci-après :

Lieutenant-colonel.	3
Chef d'escadron.	2
Capitaine, lieutenant et sous-lieutenant.	1

Les officiers sont, en outre, autorisés à emporter en campagne une *couverture de campement*, du poids de deux kilogrammes au maximum, qui est chargée avec la caisse à bagages.

305. Vivres du sac. — Les vivres du sac des officiers sont portés sur les voitures. La ration, pour chaque espèce de denrée, est la même que celle qui est attribuée à la troupe (voir n° 312).

Le nombre des rations allouées par grade est donné par le tableau ci-dessous :

Officiers supérieurs ou assimilés...	3 rations.
Capitaines ou assimilés..............	2 rations.
Lieutenants, sous-lieutenants ou assimilés.	1 r. 1/2.

II. ADJUDANTS ET ASSIMILÉS.

306. Adjudants. — Les adjudants ont la même tenue que les officiers, moins les bottes à l'écuyère (1); l'usage de la jumelle est pour eux facultatif.

Le paquetage des adjudants est fait comme celui des officiers; mais il est placé sur un harnachement de selle de troupe ne comportant pas de bissac.

Les adjudants et assimilés reçoivent à titre gratuit, au moment de la mobilisation, chacun une caisse à bagages pour le transport de leurs effets personnels.

III. — TROUPE.

1er. — Répartition du personnel des unités du train en hommes montés et en hommes non montés.

307. Dans les compagnies sur le pied de guerre, sont considérés comme **hommes montés :**

Les hommes gradés du cadre, les maréchaux ferrants, les trompettes, les ordonnances et les hommes qualifiés hommes montés sur les tableaux d'effectifs de guerre.

En outre, dans les détachements attelant les services d'une division de cavalerie, les ouvriers et les bourreliers.

Sont considérés comme **hommes non montés :**

Les ouvriers, les bourreliers, les brigadiers et hommes qualifiés hommes non montés sur les tableaux d'effectifs de guerre.

Sont considérés comme **hommes montés voyageant à pied :**

Les hommes qui, bien qu'équipés en hommes montés, ne sont pas pourvus d'un cheval de selle ou d'un attelage, d'après le tableau des effectifs de guerre, savoir :

Les aides-maréchaux non montés, les conducteurs en excédent du nombre d'attelages (tous les soldats or-

---

(1) Les adjudants sont autorisés à user les pantalons de cheval dont ils sont actuellement détenteurs.

Les approvisionnements de réserve pour les adjudants de réserve ne comporteront la culotte et les jambières qu'au fur et à mesure de l'épuisement des pantalons de cheval existants.

donnances d'officiers, sans exception, font partie de cette catégorie), les ouvriers et les bourreliers dans les détachements affectés aux divisions de cavalerie.

§ 2. — Composition des approvisionnements en effets d'habillement et d'équipement.

308. Effectif de paix. — Chaque compagnie existant en temps de paix doit posséder constamment dans son magasin un nombre de collections d'effets (tenue de guerre) égal à son effectif de paix, tel qu'il est fixé par la loi des cadres ou par une décision ministérielle spéciale.

La composition de ces collections, fixée par les tableaux annexés à la circulaire ministérielle du 17 juillet 1891, doit être telle qu'elle permette de doter chaque homme de l'effectif de paix de la tenue de campagne qui correspond à son grade ou à son emploi en temps de guerre.

309. Réserve de guerre. — Les lots d'effets de la réserve de guerre doivent être constitués séparément pour chaque unité et correspondre à ses besoins réels, c'est-à-dire au nombre des réservistes nécessaires à sa mise sur pied de guerre, après dédoublement, s'il y a lieu. (*Instruction ministérielle confidentielle du 26 juin 1889, art. 22.*)

310. § 3. Nomenclature des effets emportés en campagne par la troupe.

DESIGNATION DES EFFETS OU OBJETS EMPORTÉS.	SOUS-OFFICIERS.	TROMPETTES, MARÉCHAUX ET SOLDATS ORDONNANCES.	HOMME monté. à cheval.	HOMME monté. Voyageant à pied.	HOMME non monté. Conducteur en guides ou de mulets de bât.	HOMME non monté. Voyageant à pied.	OBSERVATIONS.
1° Sur l'homme.							
Plaque d'identité avec cordon.	1	1	1	1	1	1	
Pansement individuel (Paquet de).	1	1	1	1	1	1	
HABILLEMENT.							
Ceinture de flanelle.	1	1	1	1	1	1	
Pantalon d'ordonnance.	»	»	»	»	1	1	
Pantalon de cheval (1).	1	1	1	1	»	»	
Veste (galonnée pour les gradés).	1	1	1	1	1	1	
Képi.	1	1	1	1	1	1	
CHAUSSURES (2).							(A) Éperonnés.
Brodequins (paire de).	(A) 1	(A) 1	(A) 1	(A) 1	1	1	
GRAND ÉQUIPEMENT.							(B) Pour les conducteurs de mulets de bât seulement.
Bretelle de carabine ou de mousqueton.	»	»	»	»	(B) 1	1	(c) Pour les trompettes seulement.
Cartouchière (4).	»	»	»	»	»	»	
Ceinturon d'homme non monté.	»	»	»	»	1	1	(D) Brigadiers et tous les hommes montés pourvus d'un attelage, ou voyageant à pied, faisant partie d'une formation sanitaire.
Ceinturon d'homme monté (3).	1	(c) 1	(D) 1	(D) 1	»	»	
Etui et lanière de revolver.	1	1	»	»	»	»	
Giberne avec banderole (4).	»	»	1	1	1	1	(E) Trompettes exceptés.
Havresac (avec le paquetage).	»	(E) 1	»	1	»	1	

(1) Au fur et à mesure de l'épuisement de l'approvisionnement des pantalons de cheval, cet effet sera remplacé par la culotte et les jambières. (Loi du 1er juillet 1900.)

(2) Les sous-officiers et les hommes montés voyageant à cheval reçoivent une paire de bottines éperonnées à la place des brodequins jusqu'à épuisement des approvisionnements de bottines.

(3) Le ceinturon des maréchaux des logis chefs est, comme celui des adjudants, en cuir verni.

(4) Lorsque les gibernes existant dans les approvisionnements seront épuisées, elles seront remplacées par la cartouchière modèle 1901.

DÉSIGNATION DES EFFETS OU OBJETS EMPORTÉS.	SOUS-OFFICIERS.	TROMPETTES, MARÉCHAUX ET SOLDATS ORDONNANCES.	HOMME monté.		HOMME non monté.		OBSERVATIONS.
			à cheval.	Voyageant à pied.	Conducteur en guides ou de mulets de bât.	Voyageant à pied.	
PETIT ÉQUIPEMENT.							
Bretelles (paire de)	1	1	1	1	1	1	(F) Seulement pour les aides maréchaux ferrants non montés et les soldats ordonnances.
Caleçon	1	1	1	1	1	1	
Chemise	1	1	1	1	1	1	
Cravate	1	1	1	1	1	1	
Cuiller	»	(F) 1	»	1	1	1	
Etui-musette (avec un repas)	»	(F) 1	»	1	1	1	(G) Conducteurs de mulets de bât seulement.
Fouet	»	»	1	»	(G) 1	»	
Mouchoir	1	1	1	1	1	1	
Quart	1	1	1	1	1	1	
Sifflet de signal	1	»	(H) 1	»	»	(H) 1	(H) Brigadiers seulement.
CAMPEMENT.							
Petit bidon avec étui	1	1	1	1	1	1	(I) Conducteurs de mulets de bât seulement.
Courroie de petit bidon	1	1	1	1	1	1	
ARMEMENT.							
Carabine de cavalerie	»	»	»	1	»	»	(J) Les soldats ordonnances ne reçoivent qu'un seul paquet de cartouches qu'ils placent dans l'étui de revolver.
Mousqueton d'artillerie avec sabre-baïonnette	»	»	»	»	(I) 1	1	
Revolver	1	1	»	»	»	»	
Sabre de cavalerie légère	»	»	»	»	»	»	
Cartouches de carabine ou de mousqueton (paquets de)	»	»	3	3	3	3	(K) Pour les hommes faisant partie de formations sanitaires.
Cartouches de revolver (paquets de)	2	(J) 2	»	»	»	»	
Sabre-baïonnette série Z	»	»	»	»	(K) 1	(K) 1	

2° Dans le paquetage de l'homme, ou sur les chevaux, ou sur les voitures.

DÉSIGNATION DES EFFETS OU OBJETS EMPORTÉS.	SOUS-OFFICIERS.	TROMPETTES, MARÉCHAUX ET SOLDATS ORDONNANCES.	HOMME monté.		HOMME non monté.		OBSERVATIONS.
			à cheval.	Voyageant à pied.	Conducteur en guides ou de mulets de bât.	Voyageant à pied.	
HABILLEMENT (1).							
Bourgeron blouse (L)	1	1	1	1	1	1	(L) Galonné pour les gradés.
Bonnet de police (L)	1	1	1	1	1	1	
Capote	»	»	»	»	1	1	
Manteau	1	1	1	1	»	»	
CHAUSSURES.							
Brodequins (paire de) (2)	1	1	1	1	1	1	
Souliers	»	»	»	»	1	1	

(1) L'attribution du bourgeron-blouse et de la besace aux sous-officiers et aux brigadiers fourriers est admise en principe par le Ministre. (Décision du 30 mars 1899.)

La constitution des lots de ces effets sera réalisée dès que les ressources disponibles le permettront.

(2) Dans chaque compagnie du train, un approvisionnement de 20 paires de brodequins éperonnés de rechange est transporté par les voitures.

DESIGNATION DES EFFETS OU OBJETS EMPORTÉS.	SOUS-OFFICIERS.	TROMPETTES, MARÉCHAUX ET SOLDATS ORDONNANCES.	HOMME monté. à cheval.	HOMME monté. Voyageant à pied.	HOMME non monté. Conducteur en guides ou de mulets de bât.	HOMME non monté. Voyageant à pied.	OBSERVATIONS.
GRAND ÉQUIPEMENT.							(M) Pour les hommes énumérés aux renvois (C) et (D). (N) Conducteurs de mulets de bât seulement. (O) Conducteurs en guides seulement. (P) Trompettes et aides maréchaux ferrants montés seulement. (Q) Aides maréchaux ferrants non montés exceptés. (R) Chaque demi-jeu comprend : 1 *brosse à habits* et 1 *brosse double à chaussures.* ou bien : 1 *boîte double à graisse* (2) et 1 *brosse pour armes.* Les ordonnances d'officiers sans troupe ont le jeu complet. (S) Avec un repas froid pour tous les sous-officiers et hommes montés. (T) Sont remplacés par un jeu de brides et sous-pieds lorsque l'homme porte des jambières.
Dragonne de sabre.....	1	(M) 1	(N) 1	»	»	»	
Havresac (avec le paquetage).	»	»	»	»	(N) 1	»	
Bretelle de carabine ou de mousqueton........	»	»	1	»	(O) 1	»	
PETIT ÉQUIPEMENT.							
Besace.	1	1	1	»	(O) 1	»	
Caleçon.	1	1	1	1	1	1	
Chemise.	1	1	1	1	1	1	
Courroie de manteau ou de capote.	1	1	1	1	1	1	
Cuiller.	1	(P) 1	1	»	»	»	
Etui-musette.	1	(P) 1	1	»	»	»	
EFFETS DE PANSAGE (1).							
Brosse en soie...........	»	(Q) 1	1	»	1	»	
Ciseaux de pansage.....	1	»	»	»	»	»	
Corde à fourrage.......	1	(Q) 1	1	»	1	»	
Eponge.	1	(Q) 1	1	»	1	»	
Etrille.	»	(Q) 1	1	»	1	»	
Musette de pansage....	»	1	1	1	1	1	
Sac à avoine...........	1	1	1	1	1	1	
Torchon serviette.	»	(Q) 1	1	»	1	»	
Demi-jeu d'effets de petite monture (R).....	1	1	1	1	1	1	
Gamelle individuelle (nécessaire individuel de campement pour tous les isolés (S)).........	1	1	1	1	1	1	
Guêtres de toile (paire de).	»	»	»	»	1	1	
Livret individuel.	1	1	1	1	1	1	
Morceau de savon......	1	1	1	1	1	1	
Mouchoir.	1	1	1	1	1	1	
Pantalon de treillis.....	1	1	1	1	1	1	
Sous-pieds de rechange (pour pantalon de cheval) [paire de] (T)...	1	1	1	1	»	»	
Sous-pieds de rechange pour guêtres de toile (paire de).	»	»	»	»	1	1	
Trousse garnie.	1	1	1	1	1	1	

(1) Les hommes montés voyageant à pied, et, en général, les cavaliers qui n'ont pas d'animaux à conduire et à panser ne reçoivent point d'effets de pansage; ils emportent simplement une musette de pansage et un sac à avoine.

(2) La boîte double à graisse doit contenir d'un côté de la graisse pour armes et une pièce grasse et de l'autre de la graisse pour les chaussures. La graisse d'armes doit remplir les conditions énoncées dans la note ministérielle du 25 octobre 1899. La graisse pour les chaussures ne doit pas fondre trop facilement et il convient d'employer le suif ou une graisse contenant une forte proportion de suif.

<table>
<tr>
<th rowspan="2">DESIGNATION
DES EFFETS
OU OBJETS EMPORTÉS.</th>
<th rowspan="2">SOUS-OFFICIERS.</th>
<th rowspan="2">TROMPETTES, MARÉCHAUX ET SOLDATS ORDONNANCES.</th>
<th colspan="2">HOMME monté.</th>
<th colspan="2">HOMME non monté.</th>
<th rowspan="2">OBSERVATIONS.</th>
</tr>
<tr>
<th>à cheval.</th>
<th>Voyageant à pied.</th>
<th>Conducteur en guides ou de mulets de bât.</th>
<th>Voyageant à pied.</th>
</tr>
<tr>
<td colspan="7">CAMPEMENT.</td>
<td rowspan="17">La répartition de ces effets de campement est faite entre les portions du détachement conformément aux ordres du commandant de l'unité.

(u) Les sacs tentes abris et les couvertures ne sont attribués en France qu'à certaines troupes et en vertu de décisions spéciales.
Le sac tente abri avec accessoires se compose de : une toile de tente, un support brisé, trois petits piquets, un cordeau de tirage, deux cordeaux à piquet.

(v) Conducteurs en guides seulement.

(x) Trompettes seulement.

(y) Voir renvoi (b), page 313.

(z) Voir le renvoi (a), page 314.</td>
</tr>
<tr>
<td>Sachets pour vivres de réserve. . . . .</td>
<td>2</td><td>2</td><td>2</td><td>2</td><td>2</td><td>2</td>
</tr>
<tr>
<td>Gamelle de campement avec étui et courroie..</td>
<td colspan="6">1 pour quatre hommes.</td>
</tr>
<tr>
<td>Marmite de campement avec étui et courroie..</td>
<td colspan="6">1 pour quatre hommes.</td>
</tr>
<tr>
<td>Hachette. . . . .</td>
<td colspan="6">1 pour huit hommes.</td>
</tr>
<tr>
<td>Moulin à café. . . . .</td>
<td colspan="6">1 pour quinze hommes.</td>
</tr>
<tr>
<td>Seau en toile. . . . .</td>
<td colspan="6">1 par groupe de quatre hommes ou moins de quatre hommes, aux isolés des quartiers généraux et des états-majors de formation de campagne. Chaque soldat ordonnance d'officier sans troupe reçoit un seau en toile.</td>
</tr>
<tr>
<td>Sac à distribution. . . . . .</td>
<td colspan="6">12 par compagnie du train, 1 sac à distribution par groupe d'isolés des quartiers généraux et des états-majors de formation de campagne comptant au moins quatre hommes.</td>
</tr>
<tr>
<td>Sac tente-abri (u). . . . . .</td>
<td>»</td><td>»</td><td>»</td><td>»</td><td>»</td><td>»</td>
</tr>
<tr>
<td>Petite couverture (u). . .</td>
<td>»</td><td>»</td><td>»</td><td>»</td><td>»</td><td>»</td>
</tr>
<tr>
<td colspan="7">ARMEMENT.</td>
</tr>
<tr>
<td>Carabine de cavalerie. . .</td>
<td>»</td><td>»</td><td>1</td><td>»</td><td>»</td><td>»</td>
</tr>
<tr>
<td>Mousqueton d'artillerie.</td>
<td>»</td><td>»</td><td>»</td><td>»</td><td>(v)1</td><td>»</td>
</tr>
<tr>
<td>Sabre de cavalerie légère. . . . .</td>
<td>1</td><td>(x)1</td><td>(y)1</td><td>»</td><td>»</td><td>»</td>
</tr>
<tr>
<td>Nécessaire d'armes. . . .</td>
<td colspan="6">1 pour quatre hommes.</td>
</tr>
<tr>
<td>Cartouches de carabine ou de mousqueton (paquets de). . . . .</td>
<td>»</td><td>r</td><td>3</td><td>3</td><td>3</td><td>3</td>
</tr>
<tr>
<td>Cartouches de revolver (paquets de). . . . .</td>
<td>3</td><td>(z)3</td><td>»</td><td>»</td><td>»</td><td>»</td>
</tr>
</table>

311. § 4. — Harnachement et ferrure (1),

Par cheval de selle.
- Un harnachement de selle.
- Une couverture et son surfaix.
- Une musette-mangeoire.
- Une ferrure (40 clous, 32 crampons à glace) (2).

Par attelage
- Un harnachement d'attelage à la Daumont ou à grandes guides avec fouet.
- Deux couvertures et leurs surfaix.
- Deux musettes mangeoires.
- Un bissac pour le sous-verge (sauf dans les harnais à grandes guides).
- Une ferrure par animal (40 clous, 32 crampons à glace).

(1) Les approvisionnements de ferrures de réserve à entretenir en temps de paix sont constitués à raison de :

Pour les animaux de l'effectif de paix, une ferrure complète entretenue par le maréchal abonnataire.

Pour les animaux à recevoir de la mobilisation, une ferrure et demie, sauf pour les unités de dépôt, pour lesquelles il n'est constitué qu'une ferrure par animal.

(2) La ferrure de réserve des chevaux d'officier et des chevaux affectés au service de la selle et les crampons à glace sont transportés dans le coffre d'avant-train de l'une des forges de la compagnie; celle des chevaux de trait est transportée sur les voitures.

Dans les détachements qui ne comportent pas de forge, la ferrure de réserve des chevaux de selle est chargée sur les voitures.

Il en est de même de celle des mulets de bât lorsque le détachement comporte des voitures.

Toutes ces ferrures doivent être réparties de telle sorte qu'on les ait toujours sous la main au moment du besoin.

Lorsqu'on ne dispose pas de voitures, les ferrures sont placées dans les poches à fers des selles, sellettes ou bâts.

312. § 5. — Vivres et fourrages alloués en campagne à la troupe.

NOMENCLATURE DES DENRÉES.	TAUX des RATIONS	NOMBRE DE RATIONS ALLOUÉES ET DÉSIGNATION DES VOITURES OÙ ELLES SONT CHARGÉES.				OBSERVATIONS.
		Vivres de réserve.	Vivres du train régimentaire (2)	Vivres de débarquement	Vivres de chemin de fer par jour de voyage.	
Pain ordinaire ou Pain biscuité	0k750 ou 0 750	»	2 (fourgons à vivres affectés au détachement).	2 (3)	1	(1) Toutes les rations sont calculées sur le taux de la ration forte de campagne: la ration normale n'est allouée qu'en cas de séjour prolongé. (Pour le tarif de la ration normale, voir l'Instruction du 14 juin 1900 sur l'alimentation en campagne).
Pain de guerre	0 600	2 dans le paquetage.	»	»	»	
Viande fraîche	0 500	»	1 (Voiture à viande).	»	»	
Lard (6)	0 030	»	2	»	»	(2) Par exception, les détachements qui conduisent les convois administratifs n'ont pas les vivres du train régimentaire. Hommes et chevaux doivent vivre sur le pays ou sur la portion des vivres du convoi administratif qui leur est affectée.
Viande de conserve (4)	0 250	2 dans le paquetage.	2	»	»	
Potage condensé national ou Guibourgé	0 025 ou 0 040	2 *Idem.*	2 Fourgons à vivres affectés au détachement.	»	»	
Petits vivres: Légumes secs ou riz	0 100	2 *Idem.*	2	2 Chargés sur les voitures de chaque détachement.	»	(3) Emportés par les hommes au départ de la garnison pour être consommés pendant les transports stratégiques et remplacés en cours de route.
Petits vivres: Sel	0 020	2 *Idem.*	2	2	»	
Petits vivres: Sucre	0 031	2 *Idem.*	2	2	»	

NOMENCLATURE DES DENRÉES.	TAUX des RATIONS	NOMBRE DE RATIONS ALLOUÉES ET DÉSIGNATION DES VOITURES OU ELLES SONT CHARGÉES.				OBSERVATIONS.
		Vivres de réserve.	Vivres du train régimentaire. (2)	Vivres de débarquement.	Vivres de chemin de fer par jour de voyage.	
Petits vivres { Café en grains.	0ᵏ024					(4) Portée exclusivement par les conducteurs en selle, les conducteurs en guides et les conducteurs de mulets de bât.
ou		2 { dans le paquetage.	2 { Fourgons à vivres affectés au détachement.	2 { Chargés sur les voitures de chaque détachement.	»	(5) En général, les vivres du train régimentaire comprennent une journée de café en grains et une autre en tablettes: les vivres de réserve comprennent deux journées de café en tablettes.
Café en tablettes (5)......	0 0225					
Pour tout homme bivouaqué ou exceptionnellement. { Vin..........	0 260					(6) Le lard vient normalement en surplus de la viande fraîche. Il remplace la ration de saindoux qui figurait antérieurement dans les approvisionnements.
Bière..........	0 560	1	»	»	»	Le potage condensé vient normalement en surplus de la viande de conserve.
ou						
Eau-de-vie.....	0 0625					(7) Achetés par les ordinaires
Repas froids (7)...........	»	»	»	»	1	(8) En général, à l'arrivée au cantonnement, on consommera l'avoine portée par les voitures et on la remplacera par l'avoine de jour, portée par la fourragère, à son arrivée.
Foin............	2ᵏ500	»	»	»		
Paille..........	2 000	»	»	»	(8) 1 (5 kilogr.) (wagon.)	
Avoine..........	5 750	1 { Voiture de chaque détachement.	2 { Fourgons à vivres.	1 Fourragère.	(8) 1 (2 kilogr.) (wagon.)	

§ 6. — Vivres du jour.

313. Les vivres de consommation journalière sont distribués, en principe, chaque soir, le pain, les petits vivres et l'avoine pour toute la journée du lendemain; la viande, le foin, la paille et le combustible pour la soirée et la matinée du lendemain. Ils ont la composition indiquée ci-après :

Pain ordinaire. . . $0^{kg}750$
ou
Pain biscuité. . . . 0 700
} Porté par l'homme ou les chevaux.

Viande fraîche. . . 0 500
Lard. 0 030
} Moitié consommée au cantonnement, moitié portée par l'homme ou les chevaux.

Légumes secs ou riz .... $0^{kg}100$
Sel. 0 020
Sucre. 0 031
Café en grains ou café en tablettes. 0 024
} En bloc pour chaque détachement, dans l'une des voitures du détachement.

Pour tout homme bivouaqué ou exceptionnellement.
{ Vin. . . .. $0^l 250$
ou
Bière. 0 500
ou
Eau-de-vie. 0 0625

Foin. 2 500
Paille. 2 000
} Consommés au cantonnement.

Avoine. 5 750
{ Dont 2 kil. pour la route dans le paquetage et le reste sur les chariots de parc et chariots fourragères du détachement.

§ 7. — Observations relatives à la tenue de campagne de la troupe.

314. Par exception aux règles indiquées ci-dessus, la tenue de campagne de la troupe est modifiée pour certaines catégories de militaires, comme il est dit ci-après :

Les *trompettes* sont pourvus d'une trompette avec son *cordon*.

L'armement des sous-officiers et soldats, qui font partie du personnel affecté aux *formations sanitaires*, est réglé comme il suit :

1° Les adjudants et les maréchaux des logis chefs conservent leur armement normal. Les autres sous-officiers et tous les hommes montés, qu'ils soient pourvus d'attelage ou qu'ils voyagent à pied. conservent seulement le sabre de cavalerie légère (ils n'emportent ni revolver ou carabine, ni étui et lanière ou bretelle de carabine et giberne, ni cartouches). Les hommes non montés reçoivent un sabre-baïonnette série Z, aux lieu et place du mousqueton ou de la carabine de gendarmerie (ils n'emportent ni mousqueton, ni carabine, ni bretelle de mousqueton ou de carabine, ni giberne, ni cartouches). Ces prescriptions ne sont applicables qu'en cas de guerre avec une puissance signataire de la *Convention de Genève*. Dans tout autre cas, hors d'Europe, en particulier, ce personnel conserve l'armement normal;

2° Les brigadiers, qui sont indiqués comme non montés par les tableaux d'effectifs de guerre sont effectivement habillés et armés en hommes non montés;

3° Dans les détachements affectés aux divisions de cavalerie, les ouvriers et bourreliers sont habillés, équipés et armés en hommes montés;

4° Dans les détachements conduisant les dépôts de remonte mobile, tous les gradés et hommes de troupe sont armés du revolver. Seuls, les sous-officiers et les brigadiers (brigadier maréchal excepté) sont armés du sabre. Le grand équipement de ce personnel est modifié en conséquence;

5° Les sous-officiers et soldats attachés à une formation sanitaire et les ordonnances de médecin reçoivent le *brassard* de la convention de Genève, conférant la neutralité (ces brassards sont délivrés par le service de santé) ;

6° Les militaires employés au service de la trésorerie et des postes aux armées (ordonnances exceptés) portent un *brassard gris de fer foncé* avec passepoil garance, portant l'inscription : Trésorerie et postes. Il y a deux modèles de brassard : un pour les sous-officiers et un pour les brigadiers et soldats. Ils sont fournis par le service de l'habillement ;

7° Les estafettes montées sont pourvues, pour le transport des dépêches, d'une paire de sacoches, qui se fixe sur le devant de la selle, et, pour le transport des valeurs, d'un portefeuille qui se met en sautoir de l'épaule droite à la hanche gauche, la ceinture du revolver engagée dans les passes du portefeuille. Ces objets sont fournis par le service de l'habillement.

315. Vélocipédistes. — Les vélocipédistes reçoivent les effets indiqués ci-après :

1° *Manteau à capuchon*, en drap, du modèle des chasseurs alpins;

2° *Vareuse-dolman* du modèle des chasseurs alpins, avec attribut (vélocipède, sur le collet avec brassard en drap de la couleur du fond de la vareuse portant attribut et numéro);

3° *Jersey* du modèle des chasseurs alpins;

4° *Pantalon d'ordonnance* du train des équipages ;

5° *Ceinture de laine* du modèle des chasseurs alpins;

6° *Képi* du train des équipages;

7° Les effets de *linge* réglementaires; toutefois, les vélocipédistes ont en plus une cravate de rechange, et leurs deux chemises sont en flanelle de coton avec col;

8° Deux paires de *chaussures* réglementaires du modèle dit *de repos* et une paire de *bandes molletières* de chasseurs alpins.

L'équipement comprend :

1° L'*étui-musette* du modèle réglementaire;

2° Un *sac à dépêches;*

3° La *cartouchière*, du modèle de la cavalerie, maintenue par une courroie-ceinture;

4° Le *petit bidon avec quart adhérent* du modèle de la cavalerie;

5° Le *havresac* du modèle réglementaire pour les troupes à pied; cet objet est porté sur les voitures.

L'armement est constitué par le *mousqueton d'artillerie modèle 1892* sans sabre-baïonnette; il est protégé par une gaine de cuir, arrimée sur la machine. Les munitions comprennent *12 cartouches.*

Les dispositions qui précèdent ne s'appliquent qu'aux hommes définitivement affectés comme vélocipédistes et convoqués pour les manœuvres d'automne, ou en cas de mobilisation.

Dans tous les autres cas, les hommes employés comme vélocipédistes conservent la tenue de leur corps; ils montent sans armes, et, dans les troupes à cheval, ils font usage du pantalon sans basane et d'une chaussure d'homme à pied.

ARTICLE II.

PAQUETAGE DE CAMPAGNE.

———

I. — OFFICIERS.

———

§ 1. — Préparer les effets pour le paquetage.

316. Rouler le manteau d'officier pour le placer sur la selle. — Le manteau étant déployé dans son entier, la doublure en dessous, étendre les manches parallèlement à la couture du milieu du dos, de manière que la distance totale de leurs côtés extérieurs (y compris la largeur de chaque manche) soit de 0 m. 65.

Relever le bas de la jupe de 0 m. 20 et former un

pli perpendiculaire à la ligne du milieu; rabattre les
deux côtés l'un vers l'autre, les deux plis parallèles et
à 0 m. 25 l'un de l'autre, le manteau affectant la forme
d'un rectangle ayant 0 m. 65 de largeur. Renverser
ensuite l'extrémité inférieure du manteau de 0 m. 20 à
0 m. 22 pour faire le portefeuille. Rouler aussi serré
que possible, en commençant par le côté du collet et
en appuyant le genou au fur et à mesure sur la partie roulée, pour la conduire et l'introduire dans le
portefeuille.

Le manteau forme ainsi un rouleau dont la longueur est égale à celle d'un fourreau de sabre-baïonnette plus une largeur de main (0 m. 65 environ).

§ 2. — Faire le paquetage.

317. Garnir d'abord les **sacoches** de la musette-
mangeoire et autres objets laissés au choix de l'officier, et boucler les contre-sanglons de sacoches et de
recouvrements.

Prendre le rouleau formé par le **manteau**, l'aplatir
légèrement et le placer sur les pointes d'arçon, la
fente du rouleau en avant et tournée vers le haut; le
fixer d'abord avec la courroie du milieu, et ensuite
avec les courroies latérales, qu'on place en éventail
(avec un écartement de 0 m. 15) et qu'on serre de manière à cintrer un peu le manteau suivant la forme du
troussequin.

Engager le **bissac** sous le manteau, par-dessus les

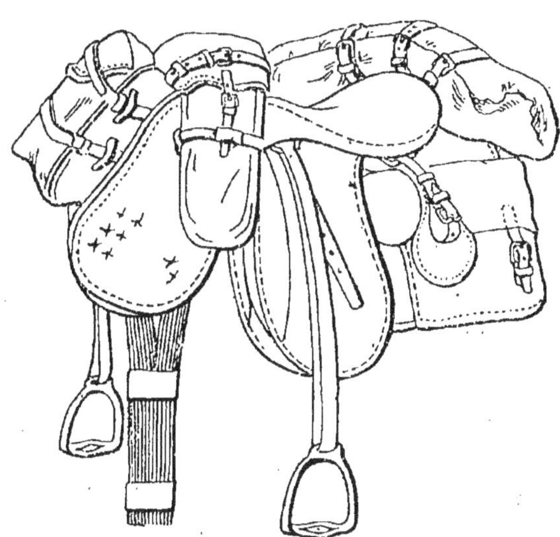

*Fig. 145. — Selle d'officier paquetée pour la tenue
de campagne.*

pointes d'arçon et le maintenir vers l'avant en engageant les contre-sanglons de la selle dans ses contre-sanglons d'attache.

Fixer le **sabre** au porte-sabre, la garde en avant, par-dessus la poche gauche du bissac.

II. — TROUPE.

A) HOMME MONTÉ.

(Cadres, conducteurs en selle, cavaliers plantons.)

§ 1. — Manière de porter et d'ajuster les effets.

318. Les effets d'habillement délivrés à l'homme monté doivent remplir les conditions suivantes :

Le **képi** emboîtant la tête et porté d'aplomb.

La **veste** (1), sans être trop ample, doit permettre l'aisance des mouvements, même lorsque l'homme por-

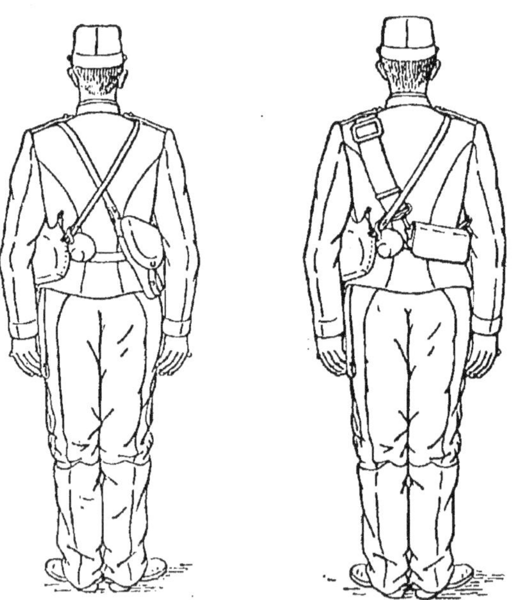

Fig. 146. — Homme monté en tenue réglementaire de campagne.

(1) Le paquet de pansement individuel est emporté en campagne dans la poche intérieure de la veste, du côté droit.

te en dessous un gilet de tricot; elle doit descendre à 15 centimètres en dessous des pointes des hanches. Le collet doit recevoir facilement la cravate sans gêner l'homme.

Le **pantalon de cheval** monte de manière à bien emboîter les hanches, l'entre-jambes touchant sans gêner, le fond suffisamment large; sa longueur doit être de 0 m. 05 supérieure à celle du pantalon d'ordonnance qui conviendrait à l'homme. Les poches en sont toujours boutonnées.

Lorsque le **manteau** est porté, il doit arriver à 33 centimètres de terre environ; il est toujours endossé par-dessus la veste et doit être assez ample pour ne pas gêner l'homme dans ses mouvements. Les boutons sont constamment boutonnés (à cheval, la fente postérieure est déboutonnée) et, dans les marches, les pans sont relevés et fixés aux boutons extrêmes de la martingale.

En tenue de campagne réglementaire, l'homme monté a sur lui les effets et objets énumérés à l'article 1er.

L'ajustage des effets d'équipement se fait de la manière suivante (*fig. 146*) :

L'**étui de revolver** contenant un **revolver** (modèle 1873 ou 1892) et **12 cartouches**, se porte en sautoir de l'épaule gauche à la hanche droite, la banderole engagée sous la patte de la veste; la ceinture est bouclée autour du corps sans faire faire de pli au vêtement et de manière que sa boucle se trouve entre les deux premiers boutons de la veste; l'étui repose à plat en arrière de la hanche droite; la banderole est ajustée (*sans s'occuper de la place qu'occupe la boucle*) à une hauteur telle que le dessus de la passe de l'étui ne porte pas sur la ceinture (on doit pouvoir passer un ou deux doigts entre le dessus de la ceinture et le haut de la passe). La **lanière** roulée est fixée à l'étui et au revolver comme il est dit ci-après :

Fixer la **lanière** par sa ganse à la partie antérieure de la banderole, faire à partir de cette ganse une boucle de 12 à 15 centimètres de longueur, enrouler la partie libre autour de cette boucle depuis la ganse jusqu'à l'extrémité de la boucle, introduire le bout de la lanière doublée dans l'extrémité de la boucle, serrer le tout et fixer la lanière à l'anneau de calotte du revolver.

Mettre dans l'étui, le revolver et la lanière roulée. Lorsque le cavalier veut sortir le revolver de son étui, une simple saccade suffit pour dérouler la lanière.

La **giberne** (1), contenant trois paquets de cartou-

---

(1) Lorsque la giberne est remplacée par la cartouchière modèle 1901, on doit substituer à l'alinéa concernant la giberne l'alinéa suivant :
Cartouchière modèle 1901. — La cartouchière, contenant 4 paquets de

ches de carabine, se porte en sautoir sur l'épaule gauche, la banderole engagée sous la patte de la veste, la boucle en arrière, le dessous du coffret à hauteur de la taille, la martingale boutonnée au bouton postérieur de la veste.

Le **petit bidon** (1) se porte en sautoir de l'épaule droite à la hanche gauche. La courroie engagée sous la patte d'épaule droite, la boucle en avant, passe par-dessus la banderole de l'étui de revolver ou de la giberne; elle est ajustée de manière que le corps du bidon se trouve placé un peu en arrière de la hanche gauche, son milieu à hauteur de la taille. La courroie est fixée au bidon de telle sorte que le bouton double se trouve près du petit goulot.

Le **quart** est suspendu par son anse à la courroie du petit bidon du côté du petit goulot, l'intérieur tourné vers le corps de l'homme. Il doit pouvoir glisser librement le long de la courroie.

Pour les hommes munis du **ceinturon,** cet effet se met autour de la taille, par-dessous la veste. Il doit être serré sur le corps sans gêner l'homme et sans faire plisser le pantalon. La bélière pend sur le côté gauche, en arrière et contre la couture du pantalon, son extrémité boutonnée sur le bouton double.

La **plaque d'identité** est suspendue au cou de l'homme par son cordon, en dessous de la chemise.

La **ceinture de flanelle** est portée directement sur le ventre.

§ 2. — Préparer les effets pour le paquetage.

319. Rouler le manteau. — Le manteau étant déployé dans son entier, la doublure en dessous et la martingale déboutonnée, étendre les manches en les

---

cartouches, se porte avec la banderole en sautoir de l'épaule gauche à la hanche droite. La banderole est engagée sous la patte de la veste et ajustée indépendamment de la place qu'occupe la boucle, de manière qu'elle porte tout le poids de la cartouchière. La courroie de ceinture est bouclée autour du corps, sans faire plisser le vêtement et de manière que la boucle se trouve entre les deux premiers boutons de la veste. Le coffret repose à plat au-dessus de la fesse droite, à une hauteur telle que la courroie de ceinture reste horizontale, le côté droit du coffret à un centimètre en arrière du coude (le bras étant placé dans la position du cavalier à pied).

(1) Lorsque la giberne est remplacée par la cartouchière modèle 1901, on doit substituer à l'alinéa concernant le petit bidon l'alinéa suivant :

Petit bidon. — Le petit bidon se porte de l'épaule droite à la hanche gauche; la courroie, engagée sous la patte d'épaule droite, la boucle en avant, passe par-dessus la banderole de la cartouchière; elle est ajustée de manière que le corps du bidon se trouve placé un peu en arrière de la hanche gauche, son milieu à hauteur de la taille pour l'homme monté, le gros goulot à 2 centimètres environ au-dessous du havresac, dans le cas où ce dernier est porté. La courroie est fixée au bidon de telle sorte que le bouton double se trouve près du petit goulot.

croisant l'une sur l'autre et détrousser les parements ; rabattre le grand collet par-dessus les manches, de manière que les devants couvrent exactement ceux du manteau et que la couture du milieu corresponde à celle du manteau ; faire deux plis de part et d'autre de la ligne du milieu du grand collet, pour répartir convenablement l'épaisseur du drap.

La fente postérieure étant boutonnée, relever l'extrémité inférieure du manteau de manière à former un pli perpendiculaire à cette fente à environ 0 m. 15 du bas du manteau ; replier chacune des extrémités des devants du manteau en formant deux plis parallèles à la fente et distants de 1 m. 70 environ ; renverser ensuite l'extrémité inférieure du manteau pour faire un portefeuille de 0 m. 16 à 0 m. 18 de largeur en son milieu et un peu plus étroit aux extrémités ; renverser également le haut du manteau de la quantité nécessaire pour donner à l'effet plié une forme rectangulaire ; rouler en serrant fortement à partir du côté opposé au portefeuille. (On ne doit pas voir la doublure quand l'effet est roulé.)

Le manteau ainsi roulé doit avoir 1 m. 75 de longueur environ (la longueur du sac à avoine augmentée de sa largeur). Il peut être placé sur la selle, sur le havresac ou porté en sautoir.

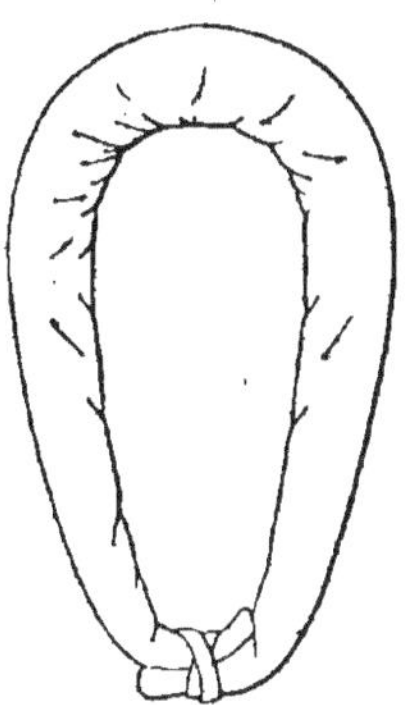

Fig. 147. — *Manteau roulé et préparé pour être porté en sautoir.*

Quand le manteau doit être porté en sautoir, on le double sur lui-même, la fente du rouleau à l'extérieur, en rapprochant les deux bouts, qu'on croise l'un sur l'autre sur une longueur de 12 centimètres environ (*fig. 147*). Lier ensuite les deux bouts au milieu de la partie doublée, avec deux tours de la courroie de manteau, qu'on serre fortement.

Faire la besace. — 1° Prendre le bourgeron et l'étendre à plat ; replier les côtés de manière à arriver à une largeur de 0 m. 60; rabattre ensuite les manches le long des côtés du vêtement, en ayant soin qu'elles ne débordent pas ; plier le bourgeron en trois, placer ensuite le bonnet de police et rouler plat en commençant par le col. •

On obtient ainsi un rouleau ayant environ 0 m. 20 de longueur. Introduire ce rouleau dans la besace et le pousser vers l'un des bouts.

2° Plier le pantalon de treillis en deux, les jambes l'une sur l'autre, rabattre ensuite les côtés du fond de manière à obtenir une largeur de 0 m. 20; rouler plat en commençant par la ceinture.

Introduire dans la besace le rouleau ainsi obtenu et le pousser vers le bout opposé au bourgeron.

3° Saisir la besace par le milieu et, par de légères secousses, faire descendre le bourgeron et le pantalon de treillis de manière que ces effets remplissent bien les bouts.

Garnir le sac à avoine pour le placer sur le devant de la selle (*Cadres et cavaliers-plantons*). — 1° Mettre dans la musette de pansage la moitié de l'avoine de route (1 kg. environ); rouler la musette en commençant par les bords et la lier avec sa sangle.

2° Mettre dans la musette-mangeoire l'autre moitié de l'avoine de route; rouler la musette en commençant par les bords et la lier avec sa corde de suspension.

3° Retourner le sac à avoine, froncer le fond en faisant des petits plis superposés, et le lier au moyen du cordon d'attache; remettre le sac à l'endroit, y introduire la musette de pansage et la pousser vers le fond, puis la musette-mangeoire qu'on maintient près de l'ouverture; froncer l'ouverture en faisant des petits plis superposés et la lier au moyen du cordon d'attache.

Les musettes roulées doivent être placées de manière que leur longueur soit dans le sens de la longueur du sac à avoine et le long de la couture du grand côté.

4° Replier de 10 centimètres environ le bout de l'ouverture; faire glisser, s'il y a lieu, les musettes de manière à les placer contre les deux bouts du sac et rouler le sac dans sa longueur en commençant par le côté des musettes.

La manière de procéder indiquée ci-dessus s'applique au sac à avoine réglementaire (sac de couleur cachou pourvu de deux cordons d'attache).

Avec le sac ancien modèle, on procède de même, sauf qu'on prend un bout de ficelle pour lier le fond à 5 centimètres du bout du sac.

Le sac à avoine doit contenir 2 kilogrammes d'avoine environ.

Les sous-officiers, qui n'ont pas de musette de pan-

sage, mettent la moitié de l'avoine de route en vrac
dans le fond du sac à avoine.

Rouler la corde à fourrage. — La corde à fourrage peut être roulée en boudin sur une longueur de
0 m. 30 environ ou en anneau de bivouac *(fig. 148)*.

Pour faire l'*anneau de bivouac*, plier la corde en deux
en faisant dépasser d'environ 0 m. 20 l'extrémité libre
de la corde ; prendre, à partir de l'anneau en fer formant poulie, une longueur de la corde doublée d'environ 0 m. 50 autour de laquelle on enroule l'autre partie de la corde doublée, en laissant une boucle de
0 m. 04 environ.

Fig. 148. — Corde à fourrage roulée en anneau de bivouac.

Afin d'obtenir un enroulement suffisamment serré
pour assurer la solidité du système, l'opération doit
être faite en tirant fortement sur la corde, dont l'extrémité est maintenue fixe.

En arrivant à l'anneau en fer, on y engage l'extrémité de la corde doublée ainsi que le bout libre, puis on
fait passer dans la boucle l'extrémité de la corde doublée ; l'anneau est ainsi formé.

L'extrémité de la corde doublée, où l'on a soin de conserver une boucle, est ensuite passée autour de l'autre
côté de l'anneau de corde, pour former la traverse, et
revient s'enrouler sur elle-même jusqu'à la boucle.

On engage dans la boucle le bout libre, avec lequel on
fait un nœud qui maintient tout le système.

Garnir les sachets à vivres. — Mettre dans le
premier sachet, d'un côté, le riz, et de l'autre, le sel ;
mettre dans l'autre sachet d'un côté, le sucre, et de l'autre le café. Fermer les sachets en les attachant avec les
cordons.

Plier le sac-tente-abri. — Fixer les deux cordeaux
à piquets dans les œillets de toile de tente ; plier la toile
en deux perpendiculairement à la couture du milieu ;
rabattre l'un sur l'autre les deux bouts de la toile ainsi
pliée, de manière à lui laisser une longueur de 0 m. 60
environ ; renverser le côté du gros pli de 0 m. 12 environ
de manière à faire le portefeuille ; rouler la toile à plat

en commençant par le côté opposé, et engager le tout dans le portefeuille.

Disposer les petits piquets et les supports brisés du montant du sac-tente-abri. — Placer les deux supports près de l'autre, la douille et le biseau du même côté. Placer les trois petits piquets le long des supports brisés et au milieu de leur longueur, les tenons en dehors. Serrer le tout avec un cordeau de tirage, dont un tour isolera les montants des petits piquets, et dont les autres tours seront disposés entre les tenons et les pointes des trois petits piquets.

§ 3. — Charger les chevaux.

a) PORTEUR ET CHEVAL DE SELLE DE TROUPE.

320. Avant de garnir les sacoches, s'assurer que celles-ci sont bien fixées à la selle et que les courroies d'intérieur de sacoche sont serrées à fond.

Garnir la sacoche gauche. — Placer dans la sacoche gauche, dans l'ordre ci-après :
Deux *sachets à vivres* garnis ;
Deux *rations de pain de guerre* (24 galettes) enveloppées dans un mouchoir noué ;
Un *surfaix de couverture*, convenablement plié ;
Une *courroie de manteau* roulée ;
Une *trousse garnie* (avec la clef à crampons) (1) ;
Un *nécessaire d'armes*, s'il y a lieu ;
Un *étui-musette*, convenablement plié ;
Une *gamelle individuelle* contenant le *pain* et la *viande froide*, placée le couvercle en dessus (le reste de la ration de pain est, s'il y a lieu, placé au-dessus du couvercle de la gamelle) ;
Une *cuiller*, placée entre la gamelle et le chapelet.
Boucler ensuite le contre-sanglon supérieur de sacoche et celui de recouvrement.

Garnir la sacoche droite. — Prendre les brodequins et engager le talon de l'un dans le contrefort de l'autre, rabattre sur le côté les quartiers des deux brodequins, qui sont ensuite ficelés avec les lacets, près des talons.
Placer les *brodequins* ainsi préparés dans la sacoche droite, contre le devant de cette sacoche, les talons en haut, la semelle touchant le chapelet, et les enfoncer le

---

(1) La trousse garnie contient une clef pour crampons à glace; clef à *pointe* pour les conducteurs, clef *à taraud* pour les sous-officiers, brigadiers et hommes montés en chevaux de selle.

plus possible ; engager ensuite la *brosse double à chaus-sures*, la *brosse à habits* ou bien la *boîte à graisse* et la *brosse d'armes* entre le dessus de sacoche et l'empeigne du brodequin ; mettre *trois paquets de cartouches de ca-rabine* ou de *revolver* et une *paire de sous-pieds de pan-talon de cheval de rechange* au fond de la sacoche.

Rouler ensemble une *chemise* et un *caleçon* pliés de manière que le rouleau ait environ 20 centimètres de hauteur ; aplatir un peu ce rouleau et l'enfoncer debout contre le derrière de la sacoche; glisser le *livret indivi-duel* entre ce rouleau et le chapelet ; enfoncer la *brosse en soie* debout le long des brodequins; placer l'*éponge*, le *morceau de savon*, et achever de remplir la sacoche avec l'*étrille*, qu'on enveloppe dans le *torchon-serviette* et qu'on pose ensuite à plat sur le chargement.

Boucler le contre-sanglon supérieur de sacoche et ce-lui de recouvrement.

Fixer la charge de devant (*fig.* 149).

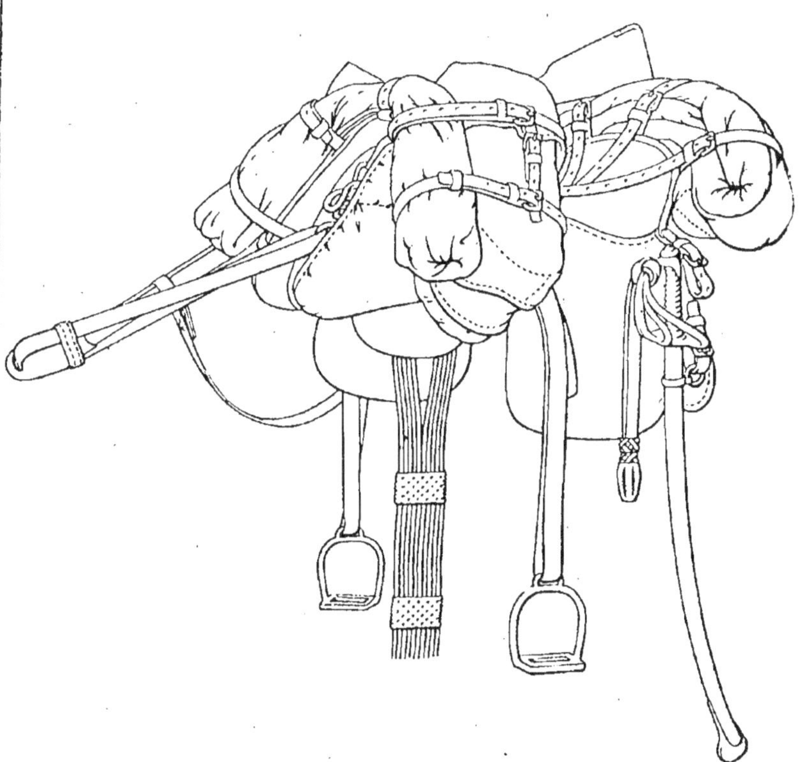

Fig. 149. — Selle de brigadier paquetée pour la tenue de campagne (vue par devant).

PORTEUR.

Boucler les contre-sanglons inférieurs de sacoches par-dessus les recouvrements; boucler ensuite les courroies d'arcade, en plaçant toutes les boucles sur une même ligne et en engageant les extrémités des courroies dans les passants coulants convenablement placés.

La courroie de pommeau, qui n'est pas utilisée, est bouclée au dernier trou, la boucle en dessus; l'extrémité du contre-sanglon sortant du passant fixe est ensuite engagée dans le dé de pommeau et dans le passant fixe du chapelet.

Les conducteurs désignés placent en avant et contre la sacoche droite une *hachette*, maintenue par les deux courroies, le fer à plat contre la sacoche, du côté opposé au cheval.

CHEVAL DE SELLE DE TROUPE.

Le *sac à avoine* ayant été garni comme il a été dit, le tordre par le milieu pour lui donner l'étranglement nécessaire; le fixer par ce milieu avec la courroie de pommeau. Attacher les bouts contre le devant des sacoches au moyen des courroies d'arcade et des boucleteaux inférieurs de sacoche, de manière que le bord extérieur du sac soit contre les sacoches et que les bouts se trouvent à hauteur du bas des dessus de sacoche. Placer les boucles des cinq courroies de charge de devant sur une même ligne.

Si le cavalier doit se trouver isolé, il place dans la poche à fers de chaque sacoche un fer, dix clous et huit crampons.

Fixer la charge de derrière (*fig.* 150).

Les trois courroies de troussequin étant engagées de haut en bas dans leurs crampons, placer contre le troussequin et sur les pointes de la selle la *besace* relevée à 45 degrés vers l'avant, la laçure en dessus; tourner une fois la courroie du milieu autour de la besace et l'engager de nouveau dans son crampon, si c'est possible. Engager la courroie de gauche de haut en bas dans la passe correspondante de la besace; faire tourner la partie droite de cette dernière d'un tour complet pour tordre la besace en son milieu, et engager de même la courroie de droite dans l'autre passe.

Prendre le manteau roulé, le poser sur la besace, la fente du rouleau en dessus et tournée vers l'avant, la couture du milieu vis-à-vis du milieu du troussequin;

replier les deux bouts et les ramener entre la besace et le rouleau principal ; cintrer le tout de manière à lui faire suivre le contour du troussequin et dissimuler le plus possible les bouts du manteau. Serrer les courroies en ramenant les boucles contre le troussequin.

La courroie du milieu serre à la fois la besace, le rouleau principal et les deux bouts qui se recroisent ; les courroies latérales sont placées en éventail, leur partie supérieure à 0 m. 25 environ de la courroie du milieu.

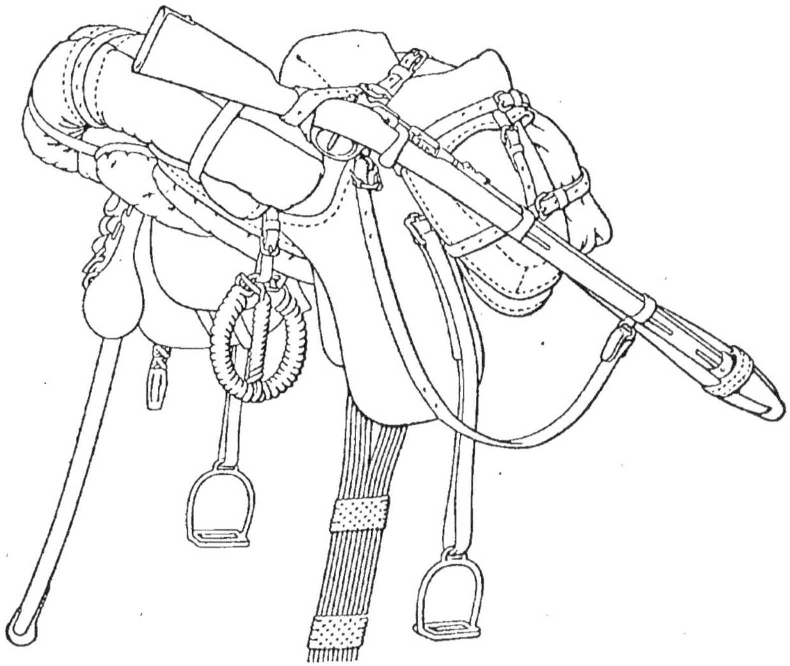

Fig. 150. — *Selle de brigadier paquetée pour la tenue de campagne (vue par derrière).*

La longueur, entre verticales, du manteau ainsi placé doit être d'environ 0 m. 55.

Suspendre à la courroie trousse-étrier de droite : une *corde à fourrage* roulée en anneau de bivouac ou roulée en boudin (les bouts réunis de manière à former un cercle).

Suspendre au porte-sabre : un *sabre* placé la garde en avant et portant une *dragonne*.

Pour fixer la dragonne au sabre, engager la ganse par le côté des branches latérales, passer le gland dans la ganse et serrer ce nœud coulant sur la réunion des trois branches en laissant pendre la dragonne le long de la branche principale.

Placer la *carabine* à la botte (trompettes et maréchaux exceptés).

Pour placer l'arme à la botte, engager le bout du canon dans le corps de la botte, la bretelle en dessous et débouclée, ramener la crosse en arrière, l'enrouler par deux tours de la courroie de crosse et boucler cette courroie.

Poids de la selle paquetée : 35 kilogrammes environ.

OBSERVATIONS.

321. 1° *Lorsque la troupe est pourvue de sacs-tentes-abris,* la toile de tente, pliée comme il a été dit, est placée au-dessus du manteau (la fente du portefeuille en dessous et tournée vers l'avant) de manière à être cintrée comme lui. Elle est maintenue par les trois courroies de troussequin.

Les supports brisés, liés avec les petits piquets au milieu de leur longueur, sont placés par derrière et contre le manteau, maintenus par les deux courroies extrêmes, la douille et le biseau à droite, les petits piquets en arrière.

2° *Lorsque les hommes à cheval ont reçu l'ordre de mettre leur manteau ou de le prendre en sautoir* (embarquement en chemin de fer), ils fixent la besace en arrière de la selle à l'aide des trois courroies de troussequin. A cet effet, ils entourent la besace une fois de plus avec la courroie du milieu, avant de la boucler.

S'ils sont pourvus de sacs-tentes-abris, ils enfilent les supports brisés et les petits piquets à l'intérieur du rouleau formé par la toile de tente et fixent le tout contre la besace avec les courroies extrêmes.

b) CHEVAL DE SELLE DE SOUS-OFFICIER.

322. Même paquetage que pour le cheval de selle de troupe, sauf les différences suivantes :

Sacoche droite. — Cette sacoche ne contient ni étrille, ni brosse en soie, ni torchon-serviette. On y ajoute une *paire de ciseaux de pansage* (1).

Le sac à avoine ne contient pas de musette de pansage.

Il n'y a pas de carabine.

---

(1) Lorsque les sous-officiers ne disposent pas de la besace ni du bougeron-blouse qui leur ont été attribués en principe par décision ministérielle du 30 mars 1899, et qui leur seront distribués lorsque les ressources disponibles le permettront, ils doivent placer au fond de la sacoche droite le bonnet de police et le pantalon de treillis roulé.

c) SOUS-VERGE.

323. Placer le *bissac* sous les poches à fers, par-dessus les courroies de charge, la passe du dessous de chaque poche à fers entre les deux sangles du bissac, la sangle fixe en arrière, les contre-sanglons à droite (*fig. 151*).

Garnir ensuite le bissac de la manière suivante :

A droite : Une *musette de pansage*, une des *musettes-mangeoires* de l'attelage, et, s'il y a lieu, un *moulin à café* ou une *boîte de viande de conserve* ou bien encore une *boîte de viande de conserve* et une *boîte de potage condensé*.

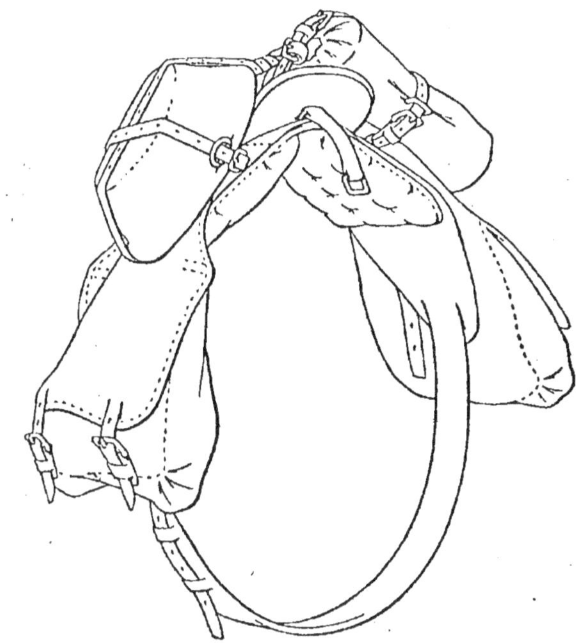

Fig. 151. — *Sellette de sous-verge paquetée pour la tenue de campagne.*

A gauche : L'autre *musette-mangeoire*, le *sac à avoine*, le *surfaix de couverture du sous-verge* et, pour les 12 conducteurs désignés, un *sac à distribution*.

L'avoine de route de l'attelage (4 kilogr. environ) est répartie entre les deux musettes-mangeoires de manière à équilibrer la charge.

Dans chaque poche à fers (1) : 2 fers (donnant en-

____

(1) Voir le renvoi (2) de la page 317.

semble une ferrure complète) et 20 clous sur un petit bottillon de paille.

En outre, un certain nombre de sous-verges portent des ustensiles de campement, qu'on place de la manière suivante :

A droite : Une *marmite*.

Introduire du haut en bas une courroie d'ustensile dans le passant de poche à fers ; placer une marmite enveloppée dans son étui sur la poche à fers, et la fixer au moyen de la courroie d'ustensile entourant verticalement la marmite ; passer la courroie de charge dans les crampons verticaux de la marmite et boucler cette courroie.

A gauche : Une *gamelle* et un ou deux *seaux en toile*.

Introduire de haut en bas une courroie d'ustensile dans le passant de poche à fers ; placer sur la poche à fers une gamelle enveloppée de son étui et contenant un seau en toile, l'anse au fond ; engager le bout supérieur de la courroie d'ustensile (celui qui porte la boucle) successivement dans le croisillon du seau, puis dans la courroie de la marmite, et la réunir à l'autre extrémité en entourant la gamelle ; passer la courroie de charge dans les chapes de la gamelle disopsées verticalement et boucler cette courroie par-dessus le fond de l'ustensile.

Lorsqu'il y a lieu de placer deux seaux en toile dans la même gamelle, ces deux seaux sont appliqués l'un sur l'autre, ouverture contre ouverture ; la courroie de gamelle est engagée dans le croisillon du seau qui est en contact avec la poche à fers.

Maintenir les boucles des courroies de charge contre les crampons postérieurs de la sellette et les boucles des courroies d'ustensiles entre les deux ustensiles.

Lorsqu'on doit se servir des ustensiles, on procède comme ci-après : déboucler les courroies de charge et d'ustensile, dénouer le cordon de l'étui, retirer l'ustensile, engager la courroie d'ustensile dans les deux mortaises de l'étui et la reboucler ; reboucler également la courroie de charge. Avant le départ, les ustensiles sont replacés comme il est prescrit.

Maréchaux ferrants montés.

324. Les maîtres maréchaux et les aides maréchaux ferrants montés doivent être pourvus chacun, aux frais de l'abonnataire, d'une sacoche double et d'une collection d'outils de ferrage (1 boutoir, 1 mailloche, 1 rogne-pied, 1 râpe, 1 repoussoir, 1 paire de tricoises). En *tenue de campagne,* ils placent sur le derrière de la selle cette sacoche double renfermant les outils, des fers et des clous.

B) HOMME MONTÉ VOYAGEANT A PIED.

§ 1. — Manière de porter et d'ajuster les effets.

325. *En tenue de campagne réglementaire*, l'homme monté voyageant à pied porte sur le dos son havresac chargé comme il est dit plus loin. Il a sur lui les effets énumérés n° 310.

L'ajustage des effets d'équipement se fait de la manière suivante *(fig. 152)* :

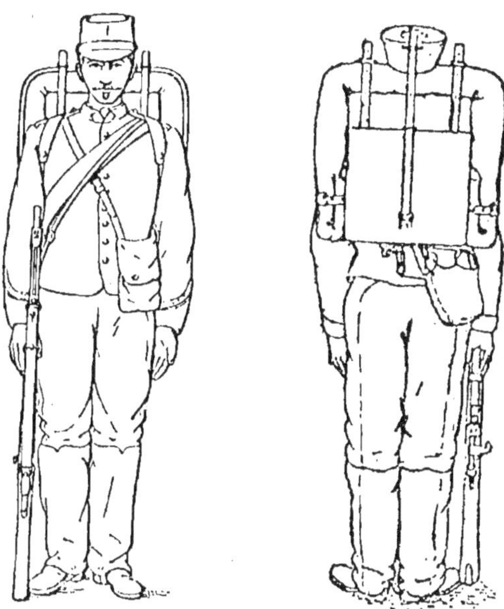

Fig. 152. — Homme monté voyageant à pied en tenue réglementaire de campagne.

Le **havresac** est placé de manière que son dessus arrive à hauteur de la ligne des épaules, pour les hommes de grande taille, et un peu au-dessus de cette ligne, pour les hommes de petite taille, les bretelles passant par-dessus les pattes de la veste.

L'étui de revolver *(maréchaux ferrants non montés et soldats-ordonnances)* est ajusté comme il est prescrit pour l'homme monté, sauf que le corps de l'étui est ramené en avant du côté droit.

La **giberne** (1) contenant *3 paquets de cartouches*

____

(1) Voir le renvoi 1 page 325.

de carabine est placée comme il est prescrit pour l'homme monté, n° 318, sauf que la banderole est ajustée de manière que le dessus du coffret se trouve à environ un travers de main au-dessous de la partie inférieure du havresac.

L'étui-musette contenant le *quart*, la *cuiller*, le *pain* et la *viande froide* est porté en sautoir de l'épaule droite à la hanche gauche. La sangle, engagée sous la patte d'épaule droite, passe sous la banderole de la giberne ou de l'étui de revolver ; elle est ajustée de manière que le haut de l'étui-musette se trouve un peu au-dessus de la pointe de la hanche (entre le 2° et le 3° bouton de la veste), le devant tombant verticalement

Fig. 153. — Homme monté voyageant à pied sans havresac.

à 5 centimètres environ à gauche de la ligne des boutons de la veste.

Le **petit bidon** (1) est porté en sautoir de l'épaule gauche à la hanche droite. La courroie engagée sous la patte d'épaule gauche, la boucle en avant, passe par-dessus la banderole de la giberne ou de l'étui de revolver ; elle est ajustée de manière que le corps du bidon se trouve placé en arrière de la hanche droite, l'extrémité des goulots à environ un travers de main au-

____

(1) Voir le renvoi 1, page 326.

dessous de la partie inférieure du havresac. La courroie est fixée au bidon de telle sorte que le bouton double se trouve près du petit goulot.

La plaque d'identité est placée comme il est dit pour l'homme monté (n° 318).

La tenue de campagne réglementaire peut être modifiée par une ou plusieurs des indications ci-après :

1° *Les havresacs des hommes montés voyageant à pied seront chargés sur les voitures.*

Ce mode sera toujours employé en campagne pour les soldats-ordonnances et habituellement aussi pour les autres hommes montés voyageant à pied, ceux-ci ne devant pas, en principe, porter le sac, toutes les fois qu'on pourra, sans inconvénient le charger sur les voitures.

Les hommes portent alors la giberne ou l'étui de revolver, comme il est prescrit pour l'homme monté voyageant à cheval n° 318.

2° *Les hommes montés voyageant à pied porteront le manteau en sautoir.*

Dans ce cas, la giberne ou l'étui de revolver et le petit bidon sont placés comme dans le cas précédent ; le manteau, roulé comme il a été dit n° 319 et maintenu par sa courroie est placé diagonalement de l'épaule droite à la hanche gauche pour les hommes armés du revolver, la fente du rouleau à droite et la courroie sur le côté gauche.

Les hommes armés de la carabine portent le manteau en sautoir de l'épaule gauche à la hanche droite.

Les havresacs sont alors chargés sur les voitures.

3° *Les hommes montés voyageant à pied porteront le pantalon de treillis.*

Cette tenue sera généralement adoptée pour les marches quand la température le permettra.

§ 2. — Préparer les effets pour le paquetage.

326. Rouler le manteau pour le placer sur le havresac. — Se conformer à ce qui est prescrit n° 319.

Rouler le bourgeron et le pantalon de treillis. — Étendre le bourgeron-blouse, l'ouverture en dessus, les bords de l'ouverture se croisant de 15 centimètres environ, les deux côtés de la martingale rabattus sur le dessus, les manches dans le prolongement l'une de l'autre.

Plier le pantalon de treillis en deux, jambe sur jambe, le replier ensuite en trois dans l'autre sens, en commençant par le côté de la ceinture, de manière à lui donner une longueur de 30 à 32 centimètres.

Rabattre les manches et les côtés du bourgeron vers le milieu, de manière à former un paquet ayant 34 à 35 centimètres de largeur. Replier l'extrémité inférieure du bourgeron de 12 à 16 centimètres pour former le portefeuille.

Plier le col sur les manches; replier une seule fois vers le bas tout le gros paquet sur une longueur de 20 centimètres et l'engager dans le portefeuille. Le paquet ainsi formé a environ 35 centimètres de long sur 20 centimètres de large.

Garnir les sachets à vivres. — Comme pour l'homme monté (n° 319).

Plier le sac-tente-abri. — Fixer les deux cordeaux à piquets dans les œillets de la toile de tente; plier la toile de tente suivant une diagonale; étendre le triangle ainsi formé, le sommet dirigé vers l'homme. Rabattre l'un vers l'autre les angles adjacents à la base, de manière que la distance entre les deux plis ainsi déterminés soit telle que la tente-abri embrasse les trois côtés du havresac surmonté du rouleau formé dans le bourgeron et du manteau. Replier la toile de tente sur elle-même, en allant du sommet à la base, de manière à former un rectangle de 15 à 20 centimètres de large. Renverser la base sur cette largeur pour former le portefeuille, dans lequel on engage le dernier pli.

Les hommes équipés en hommes montés ne reçoivent pas de couverture de campement.

Disposer les petits piquets et les supports brisés du montant de sac-tente-abri. — Comme pour l'homme monté (n° 319), sauf qu'on attache les petits piquets à l'extrémité des supports brisés, leurs têtes arasant la douille et le biseau.

CAS OÙ LES HOMMES VOYAGENT EN PANTALON

DE TREILLIS.

327. Rouler le pantalon de cheval dans le sac à avoine. — Plier le pantalon de cheval en deux, les jambes l'une sur l'autre, le replier en deux dans l'autre sens en ramenant la ceinture vers le bas des basanes; faire déborder l'une des basanes obliquement par rapport à l'autre, de manière à donner à l'effet plié la même largeur aux deux extrémités; rouler le pantalon en commençant par le bas, la ceinture en dedans.

Étendre le sac à avoine, y introduire le pantalon de cheval roulé comme il vient d'être dit ; le placer à 20 centimètres environ de l'ouverture du sac, de manière que le grand côté de l'effet plié soit dans le sens de la largeur du sac et que l'un des bouts touche l'un des grands côtés, replier l'excédent de largeur du sac et rouler l'effet dans le sac à avoine.

§ 3. — Charger le havresac.

328. Le havresac étant posé à plat sur une table et ouvert, y placer les objets dans l'ordre suivant :

Deux rations de pain de guerre (24 galettes environ) disposées sur deux piles contre le bas du sac ;

Deux sachets à vivres entre les deux piles de pain de guerre ;

Une chemise roulée de la longueur du sac, placée au-dessus du pain de guerre, contre le bas du sac ;

Un caleçon roulé de même, placé au-dessus du pain de guerre et contre la chemise ;

Un mouchoir plié de manière à couvrir l'espace laissé libre par le pain de guerre et mis à plat dans le fond du sac ;

Un livret individuel............
Un bonnet de police............ } Placés à plat sur le
Une paire de sous - pieds de } mouchoir.
pantalon de cheval de rechange. }

Une paire de brodequins (disposés les dessus l'un contre l'autre et les talons opposés) placés les semelles de champ, contre le haut du sac ;

Répartir ensuite dans les espaces vides (1) :

Une brosse à habits, une bros- } Placés de préférence
se double à chaussures............ } à l'intérieur des
ou bien } contreforts des ta-
Une boîte double à graisse et } lons des brode-
une brosse pour armes............ } quins.
Une trousse garnie ;

---

(1) Le chargement est décrit pour le havresac modèle 1882, modifié pour l'artillerie par décision ministérielle du 16 juin 1883.

Pour mettre en place les courroies de charge, opérer comme il suit :

Engager les *courroies de flanc* dans les mortaises postérieures des flancs et les faire ressortir par les mortaises antérieures.

Engager les *courroies latérales* d'avant en arrière, la chair en dessus, dans les passes du dessus du sac.

Engager de même la *grande courroie* dans les chapes du dessus de sac, la passer ensuite dans la chape qui est au bas de la patelette, puis une deuxième fois dans la chape qui est en haut de la patelette.

Une courroie de manteau;

Un nécessaire d'armes, s'il y a lieu ;

Un morceau de savon ;

Trois paquets de cartouches de carabine (1) *ou de mousqueton.*

Placer par-dessus le chargement :

Une musette de pansage.

Fermer le devant du sac en bouclant les courroies et en nouant les lanières, étendre sur le devant du havresac le sac à avoine convenablement plié, rabattre la patelette et boucler ses trois contre-sanglons, dont on rentre les bouts en les engageant dans les passants, en dessous des contre-sanglons.

Fixer sur le dessus du sac, à l'aide des deux courroies latérales, le rouleau formé dans le *bourgeron,* ainsi que le *manteau* roulé (ces rouleaux sont placés, le premier la fente en dessous et tournée vers l'avant, le second la fente en dessus et tournée du même côté). Rouler (2) l'extrémité des courroies latérales à la partie supérieure de la charge.

Au-dessus du manteau, placer la gamelle individuelle (le couvercle en dessus, la chaînette en avant) et la maintenir avec la grande courroie, qui passe par-dessus le couvercle en traversant les deux anses et l'anneau. Incliner légèrement la gamelle en arrière, pour qu'elle ne puisse pas atteindre la coiffure de l'homme. Rentrer l'extrémité de la grande courroie sous le bourgeron.

Rabattre les bouts du manteau le long des flancs du sac et les fixer à l'aide des deux courroies de flanc, dont on maintient les boucles à hauteur du milieu des flancs du sac. Rentrer l'extrémité des contre-sanglons de ces courroies à l'intérieur du sac après les avoir engagées dans les chapes.

Le havresac ainsi chargé peut être porté sur le dos ou chargé sur les voitures.

329. Étiquettes de havresac. — Pour permettre à l'homme de retrouver son sac, on lui donne une étiquette en toile portant son nom et son numéro matricule. Cette étiquette est placée en fourreau autour de la

---

(1) Sauf pour les maréchaux ferrants non montés, qui placent dans le havresac trois paquets de cartouches de revolver, et pour les soldats-ordonnances armés du revolver, qui n'emportent pas de cartouches dans leur paquetage.

(2) Pour rouler l'extrémité d'un contre-sanglon qui présente un excédent de longueur, opérer comme il suit : dès que l'ardillon est engagé dans le trou convenable, engager l'extrémité du contre-sanglon dans le passant fixe en revenant vers la boucle, et rouler l'excédent, la chair du cuir en dehors. Serrer le plus possible.

courroie gauche, entre la boucle et la passe du dessus de sac, lorsqu'on fait le paquetage de campagne (1).

Poids du havresac chargé : 14 kilogrammes environ.

OBSERVATIONS.

330. a) *Lorsque les hommes montés voyageant à pied doivent porter le manteau en sautoir,* la courroie de manteau n'est pas mise dans le havresac, le rouleau formé dans le sac à avoine est seul placé au-dessus du havresac, où il est maintenu par les deux courroies latérales dont les extrémités sont roulées comme il a été dit. La gamelle est placée d'aplomb sur ce rouleau. Les courroies de flanc sont bouclées de manière à être tendues, les boucles au milieu des flancs, les extrémités des contre-sanglons rentrées à l'intérieur du sac.

b) *Lorsque la troupe est pourvue de sacs-tentes-abris, vent porter le pantalon de treillis,* le pantalon de cheval est roulé dans le bourgeron comme il est dit (n° 327) et le bourgeron, convenablement plié, est placé dans le havresac sur la musette de pansage.

c) *Lorsque la troupe est pourvue de sacs tentes-abris,* la toile de tente, pliée comme il a été dit, est placée sur le manteau roulé, qu'elle entoure au-dessus et sur les côtés. Elle est maintenue par les courroies de charge.

Si le manteau est porté en sautoir, la toile de tente est ramenée le long des flancs du havresac, entourant le rouleau formé dans le bourgeron.

Les supports brisés de sac-tente-abri sont fixés en arrière et à gauche du havresac, par rapport à l'homme chargé, le biseau et la douille en l'air; l'extrémité opposée arasant le bas de la charge est prise dans la courroie de flanc. On maintient en outre ces supports en les enveloppant d'un tour de la courroie latérale de gauche (*voir fig. 154*).

331. Ordonnances d'officier. — Les ordonnances d'officier ajoutent, dans le havresac, une *brosse en soie,* une *étrille,* une *éponge,* un *torchon-serviette* et une *corde à fourrage.* Ils placent dans la patelette le mouchoir, le livret individuel et le bonnet de police.

Ils ne mettent pas de cartouches dans le havresac.

332. Hommes démontés. — Lorsqu'un homme

---

(1) Ces étiquettes sont confectionnées, à l'avance, sans frais, par les soins des commandants de compagnies et conservées sans inscription par eux dans leurs magasins (pour les compagnies mères et les compagnies de dédoublement).

cède, pour une raison quelconque, son cheval de selle ou son attelage à un homme voyageant à pied, il lui remet en même temps ses effets de pansage et sa besace ; il reçoit en échange le havresac de l'homme voyageant à pied.

C) HOMME NON MONTÉ.

(Conducteur en guides.)

§ 1er. — Manière de porter et d'ajuster les effets.

333. Les effets d'habillement délivrés à l'homme non monté doivent remplir les conditions suivantes :

Le **képi** et la **veste**, comme pour l'homme monté.

Le **pantalon d'ordonnance** monte de manière à bien emboîter les hanches; il tombe droit sur le cou-de-pied sans y former de pli, le derrière descendant à 5 centimètres de terre. Les poches en sont toujours boutonnées.

La **capote** doit arriver à 0 m. 33 de terre ; elle n'est portée que par-dessus la veste et doit être ample, pour ne pas gêner l'homme dans ses mouvements. Tous les boutons sont constamment boutonnés et, dans les marches, les pans sont relevés et fixés aux boutons inférieurs des pattes de poche.

En *tenue réglementaire de campagne*, l'homme non monté a sur lui les effets ou objets énumérés dans la première partie du tableau (n° 310).
L'ajustage des effets d'équipement se fait de la manière suivante :

La **giberne**, comme pour l'homme monté (n° 318); l'**étui-musette**, le **petit bidon**, le **quart** et la **plaque d'identité**, comme pour l'homme monté voyageant à pied (n° 325).

Le **ceinturon** se met autour de la taille, par-dessous la veste. Il doit être serré sur le corps, sans gêner l'homme et sans faire plisser le pantalon, de manière que le sabre-baïonnette se trouve placé en arrière et contre le passepoil gauche du pantalon.

§ 2. — Préparer les effets pour le paquetage.

334. Rouler la capote. — Déplier entièrement la capote, la doublure en dessous, détrousser les parements des manches, qu'on étend jusqu'aux bords des côtés; relever l'extrémité inférieure de la capote, de

manière à former un pli perpendiculaire à la fente à
0 m. 15 environ du bas de la capote, rabattre sur elles-
mêmes les extrémités des côtés, de manière que la distance entre les deux plis ainsi formés soit égale à
1 m. 70 environ (deux fois la longueur du sabre-baïonnette dans son fourreau, plus deux fois la longueur
de la poignée). Renverser ensuite l'extrémité inférieure de la capote de 16 à 18 centimètres pour faire le portefeuille; renverser également le haut de la capote de
la quantité nécessaire pour donner à l'effet plié une
forme rectangulaire; rouler en serrant fortement à
partir du côté opposé au portefeuille (on ne doit pas
voir la doublure quand l'effet est roulé).

La capote roulée, la doubler sur elle-même et croiser
les deux bouts, qu'on lie avec la courroie de capote,
comme il est prescrit pour le manteau (nº 319).

La capote ainsi roulée peut être portée en sautoir
ou placée sur le havresac ou sur la voiture.

Faire la besace. — Placer dans la besace : à chaque bout, la moitié *du pain de guerre* (12 galettes); au
milieu, la *boîte de viande de conserve* et la *boîte de potage condensé*, s'il y a lieu, les *deux sachets à vivres
garnis* et le *livret individuel*. Lacer la besace.

Garnir la musette de pansage. — Placer dans
la musette de pansage : la *trousse garnie* (1), le *morceau de savon*, la *paire de sous-pieds de guêtres de toile*
de rechange, le *demi-jeu d'effets de petite monture*, le
nécessaire d'armes, s'il y a lieu, la *brosse en soie*, l'*é-
ponge*, l'*étrille* et le *torchon-serviette*. Ficeler la musette à l'aide de sa sangle.

Rouler le *pantalon de treillis* d'une longueur à peu
près égale à celle de la besace; rouler de même le *bourgeron* contenant le *bonnet de police*, puis la *chemise*
contenant le *caleçon* et le *mouchoir*.

Placer l'*avoine de route* (2 kilogrammes environ)
dans la *musette-mangeoire* de chaque cheval et ficeler
la musette avec la corde de suspension.

§ 3. — Faire le paquetage.

335. Le sac à avoine étant étendu, y introduire la
besace garnie comme il a été dit et les rouleaux formés
avec le *pantalon de treillis*, le *bourgeron* et la *chemise*.
Disposer ces effets dans le sens de la largeur du sac.

Placer ensuite la *paire de guêtres de toile*, les *3 paquets de cartouches* (2) *de mousqueton*, la *musette de
pansage* garnie et les *souliers*.

---

(1) La trousse garnie renferme une clef à pointe.
(2) Le personnel des formations sanitaires n'a pas de cartouches.

Rouler la partie libre du sac jusqu'à ce qu'elle touche le paquetage et ficeler le tout avec la *corde à fourrage*.

Placer la *gamelle individuelle* sur le paquetage et l'y maintenir à l'aide du bout libre de la corde à fourrage.

Le paquetage étant ainsi fait, le conducteur en guides le charge sur sa voiture; il y place également sa *capote* roulée, le *campement*, s'il y a lieu, la *couverture du sous-verge* attachée avec les *deux surfaix de couverture*, les *musettes-mangeoires* garnies, *2 ferrures, 80 clous et 64 crampons*. Enfin, il accroche son mousqueton au porte-mousqueton.

Dans les attelages conduits à grandes guides, le porteur seul a sa couverture. Les courroies de devant et de derrière du panneau de porteur sont roulées. Il n'y a pas de bissac.

Le conducteur de voiture à 1 cheval charge également sur sa voiture : son paquetage, sa capote roulée, une musette-mangeoire contenant l'avoine de route, une *ferrure, 40 clous, 32 crampons* et le campement, s'il y a lieu.

Dans toutes les **voitures pourvues d'un coffre de dessous de siège**, le conducteur en guidés y place son paquetage. Dans ce but, il dispose les différents objets dans le sac à avoine, de manière à donner à son paquetage une forme appropriée à celle du coffre ; il peut même, s'il y a lieu, mettre ses effets directement dans le coffre et conserver son sac à avoine disponible.

Si la troupe est pourvue de sacs-tentes-abris, le conducteur enfile les supports brisés et les petits piquets à l'intérieur du rouleau formé par la toile de tente, comme il est dit nᵒˢ 319 et 321, puis il place le tout sur sa voiture.

Placer les ustensiles de campement. — On peut placer sur le panneau du porteur d'un attelage en guides une marmite, une gamelle et un ou deux seaux en toile.

On opère comme il suit :

A gauche : placer la marmite à plat sur le panneau, la douille en arrière; la maintenir avec la courroie d'ustensile passée dans les crampons verticaux de la marmite et engagée d'une part sous l'étrivière gauche, contre le porte-étrivière, d'autre part dans la courroie de paquetage de gauche de derrière convenablement roulée.

A droite : placer la gamelle contenant un ou deux seaux en toile à plat sur le panneau, les chapes verticales; la maintenir avec la courroie d'ustensile passée dans les chapes de la gamelle et dans le croisillon du seau, puis engagée d'une part sous l'étrivière droite, contre le porte-étrivière, d'autre part dans la courroie de paquetage de droite convenablement roulée.

Détacher ensuite la courroie du milieu de paquetage de devant et s'en servir pour réunir les deux courroies d'ustensiles, en arrière et contre les étrivières, en passant par-dessus le panneau.

§ 4. — Attelage en guides haut-le-pied.

336. Le conducteur d'un attelage en guides haut-le-pied, portant son mousqueton à la grenadière, marche à pied entre ses deux chevaux qu'il conduit par la figure. Les guides des chevaux sont repliées et attachées sur le panneau du porteur. Le fouet est arrimé par le milieu du manche, la poignée en bas, contre le côté gauche du panneau, à l'aide de la courroie de charge de ce côté. On utilise sa lanière pour le consolider dans cette position et l'empêcher de glisser pendant la marche. Le paquetage du conducteur, sa capote, les musettes-mangeoires, le moulin à café, s'il y a lieu, etc. sont habituellement chargés sur l'une des voitures de la colonne comme il vient d'être dit.

Le conducteur en guides ne doit placer son paquetage sur le porteur qu'en cas de nécessité absolue, lorsqu'il est obligé de se transporter en un point quelconque avec tous ses effets et ses chevaux non attelés.

Dans ce cas, il ajoute dans le sac à avoine qui contient son paquetage : la gamelle individuelle, la corde à fourrage, les musettes-mangeoires garnies, les ferrures et le campement s'il y a lieu, puis il ferme l'ouverture au moyen du cordon d'attache.

Il répartit les objets aux deux extrémités du sac à avoine, tord celui-ci de manière à l'étrangler dans son milieu, le place sur le panneau du porteur, et le fixe avec les courroies de paquetage, en évitant de comprimer le garrot. Il place la couverture du sous-verge sur le dos de celui-ci et l'y maintient avec le surfaix de couverture. Enfin, il porte sa capote en sautoir.

Si la troupe est pourvue de sacs-tentes-abris, le conducteur fixe le rouleau formé avec la toile de tente sur le derrière du panneau, à l'aide des courroies de paquetage de derrière.

D) HOMME NON MONTÉ VOYAGEANT A PIED.

Les brigadiers non montés rentrent dans cette catégorie (n° 314, § 2).

§ 1er. — Manière de porter et d'ajuster les effets.

337. *En tenue de campagne réglementaire, l'hom-*

me non monté voyageant à pied porte sur le dos son havresac (1) chargé comme il est dit plus loin. Il a sur lui les effets énumérés dans la première partie du tableau (n° 310).

L'ajustage des effets d'équipement se fait de la manière suivante :

Le havresac, la giberne, l'étui-musette, le petit bidon et la **plaque d'identité,** comme pour l'homme monté voyageant à pied (n° 325).

Le **ceinturon,** comme pour l'homme non monté conducteur en guides (n° 333).

La tenue réglementaire de campagne peut être modifiée comme pour l'homme monté voyageant à pied (n° 325).

§ 2. — Préparer les effets pour le paquetage.

328. Rouler la capote pour la placer sur le havresac. — Se conformer à ce qui est dit (n° 334).

Rouler le bourgeron et le pantalon de treillis. — Comme pour l'homme monté voyageant à pied (n° 326).

Garnir les sachets à vivres. — Comme pour l'homme monté (n° 319).

Plier la couverture de campement. — Étendre la couverture, replier les petits côtés de 10 centimètres chacun environ et plier la couverture en trois parallèlement aux petits côtés.

La couverture doit ainsi former un rectangle ayant une longueur égale à son petit côté et une largeur de 0 m. 50 environ (largeur du havresac augmentée de deux fois l'épaisseur de la capote roulée).

A partir d'un petit côté du rectangle, faire une série de plis alternés distants de 10 à 12 centimètres, de manière à plier la couverture en accordéon. Avant de former le premier et le dernier pli, rentrer les lisières qui se trouvent aux extrémités.

La couverture de campement a environ 1 m. 65 de long sur 1 m. 15 de large.

Plier le sac-tente-abri. — Comme pour l'homme monté voyageant à pied (n° 326), sauf que la distance des deux plis formés doit être telle que la tente-abri embrasse les trois côtés du havresac surmonté du

---

(1) Dans chaque détachement, les havresacs des hommes voyageant à pied sont chargés sur les voitures, toutes les fois que cela est possible, de manière à ne pas entraver le service auquel les voitures sont destinées.

rouleau formé dans le bourgeron, de la capote et de la couverture de campement.

Disposer les petits piquets et les supports brisés du montant de sac-tente-abri. — Comme pour l'homme monté voyageant à pied (n° 326).

CAS OÙ LES HOMMES DOIVENT VOYAGER

EN PANTALON DE TREILLIS.

339. Rouler le bourgeron et le pantalon d'ordonnance. — Opérer comme il est dit (n° 326), en appliquant au pantalon d'ordonnance ce qui est dit pour le pantalon de treillis.

§ 3. — Charger le havresac.

340. Opérer comme il est prescrit pour l'homme monté voyageant à pied, sauf qu'on ne met ni paire de sous-pieds de pantalon de cheval de rechange, ni fouet, et qu'on applique à la capote ce qui est prescrit pour le manteau. La paire de brodequins est remplacée par une paire de souliers, et l'on ajoute une paire de guêtres de toile et une paire de sous-pieds de guêtres de toile.

341. Étiquettes de havresac. — Les hommes non montés voyageant à pied sont pourvus d'une étiquette de havresac qui est confectionnée et placée comme il est dit pour l'homme monté voyageant à pied (n° 329).

OBSERVATIONS.

342. a) *Lorsque les hommes non montés voyageant à pied doivent porter la capote en sautoir ;*

et,

b) *Lorsque les hommes non montés voyageant à pied doivent porter le pantalon de treillis ;*

on se conforme, pour charger le havresac, à ce qui est prescrit dans les mêmes circonstances pour les hommes montés voyageant à pied (n° 330) ;

c) *Lorsque la troupe est pourvue de sacs-tentes-abris et de couvertures de campement,* la couverture de campement, pliée comme il a été dit, est placée sur la capote roulée à la partie supérieure du havresac; la toile de tente entoure la capote sur les côtés et la couverture en dessus. Ces deux objets sont maintenus avec les cinq courroies de charge, et la gamelle est placée d'aplomb au-dessus de la toile de tente *(fig. 154)*.

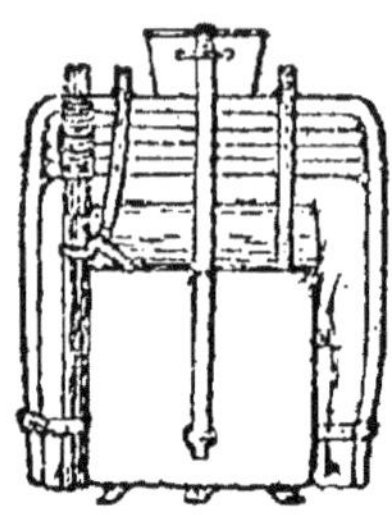

Fig. 154. — Havresac chargé portant une tente-abri et une couverture de campement.

Si la capote est portée en sautoir, la toile de tente est ramenée le long des flancs du havresac, entourant le rouleau formé dans le bourgeron et la couverture.

Les supports brisés de sac-tente-abri sont fixés sur le havresac comme il est prescrit pour l'homme monté voyageant à pied (n° 330).

DISPOSITIONS SPÉCIALES POUR LES EXERCICES D'EMBARQUEMENT EN CHEMIN DE FER.

343. Pour les embarquements en chemin de fer, on prend la tenue réglementaire de campagne modifiée comme il est dit ci-après :

1° Tous les hommes, montés ou non montés, portent l'étui-musette et le manteau ou la capote en sautoir ;

Les havresacs sont chargés sur les voitures ;

2° Dans le paquetage des chevaux de selle, la musette-mangeoire vide est portée extérieurement sur le pommeau de la selle, maintenue par la courroie de pommeau, l'avoine qu'elle doit renfermer restant en vrac dans le sac à avoine ;

3° Dans le paquetage des chevaux de selle et des porteurs à la Daumont, le surfaix de couverture roulé en anneau et maintenu par un nœud fait avec le contre-sanglon, est suspendu à la courroie trousse-étrier de gauche ;

4° Dans le paquetage des sous-verges à la Daumont, le bissac est placé sur la sellette, la sangle fixe par-dessous les courroies de charge et en arrière des crampons postérieurs de la sellette, la sangle libre par-dessus les courroies de charge et serrée par ces courroies ;

5° Dans les attelages conduits en guides, les musettes-mangeoires vides sont portées extérieurement sur le panneau de porteur, maintenues par la courroie du milieu de paquetage de devant. Pour les chevaux attelés seuls, la musette mangeoire est placée sur la sellette, maintenue par la courroie de dossière.

L'avoine de route de tous les chevaux conduits en guides est réunie dans un ou plusieurs sacs à avoine, qu'on charge sur les voitures.

E) CONDUCTEUR DE MULETS DE BAT.

§ 1er. — Manière de porter et d'ajuster les effets.

344. Le conducteur porte et ajuste ses effets comme il a été expliqué pour l'homme non monté voyageant à pied (n° 337).

§ 2. — Préparer les effets pour le paquetage.

345. Rouler la capote pour la placer sur le mulet. — Rouler la capote comme pour la porter en sautoir (n° 334).

Charger le havresac. — Garnir le havresac à l'intérieur comme il est dit pour l'homme non monté voyageant à pied, sauf qu'on ne met dans le havresac ni courroie de capote, ni musette de pansage.

Former avec le pantalon de treillis et la boîte de viande de conserve, placée dans le bourgeron, un rouleau d'une longueur égale à la largeur du havresac et fixer ce rouleau sur la partie supérieure du havresac au moyen de deux courroies latérales.

Plier la couverture de campement. — Étendre la couverture, la plier en trois dans le sens de la longueur et ensuite en quatre dans le sens de la largeur.

Disposer les petits piquets et les supports brisés du montant de tente-abri. — Comme il est prescrit pour l'homme monté voyageant à pied (n° 326).

Plier le sac-tente-abri. — Fixer les deux cordeaux à piquets dans les œillets de la toile de tente ; plier cette toile suivant une diagonale; étendre le triangle ainsi formé le sommet dirigé vers l'homme. Rabattre les deux angles latéraux de manière à former deux plis perpendiculaires au premier et distants d'une longueur égale à celle des supports brisés. Replier la toile de tente sur elle-même en allant du sommet à la base, de manière à former un rectangle de 15 à 20 centimètres de large contenant entre deux de ses plis les supports brisés et les petits piquets disposés comme il est dit ci-dessus. Renverser la base sur cette largeur pour former le portefeuille, dans lequel on engage le dernier pli.

Disposer le sac à avoine. — Replier l'un des côtés du sac, dans le sens de la longueur, de 10 centimètres environ, de manière que le sac ait ainsi une largeur égale à la hauteur du havresac complètement chargé ; plier ensuite le sac sur lui-même, en allant du fond du sac vers l'ouverture et en formant des plis de 30 centimètres environ de largeur, dont le dernier sera engagé dans l'ouverture du sac formant portefeuille.

Plier la bâche. — Plier la bâche, les cordes et les lanières en dedans, d'abord en trois dans le sens de la longueur, puis en quatre dans l'autre sens, de manière à former un carré de 65 à 70 centimètres de côté.

Rouler la corde à fourrage. — Opérer comme il est dit pour l'homme monté (n° 319).

Garnir la musette de pansage. — Placer dans la musette de pansage : la brosse en soie, la corde à fourrage roulée comme il est dit ci-dessus, l'éponge, l'étrille, le torchon-serviette et le surfaix de couverture.

§ 3. — Placer le paquetage sur le bât.

346. Les deux courroies de surcharge étant passées dans leurs chapes, les boucles pendant à droite, et les cacolets placés sur le bât, si ce dernier en comporte.

Placer dans la poche à fers : 4 fers, 40 clous et 32 crampons à glace; reboucler les contre-sanglons (1).

Placer la couverture de campement, pliée comme il est dit ci-dessus, sur la poche à fers, entre les arcades.

Placer sur la couverture le havresac, la patelette en dessus, le bas du sac touchant la contre-bandelette de derrière du bât ; disposer la grande courroie du havresac de manière que le boucleteau dépasse, en avant, d'environ 10 centimètres, le rouleau formé par le bourgeron et le pantalon de treillis, le contre-sanglon restant libre en arrière du bât.

Disposer sur le havresac : à gauche, la tente-abri, à droite, le sac à avoine.

Recouvrir le chargement avec la bâche, placer le gros pli en avant et le fixer avec les deux courroies de surcharge bien serrées.

---

(1) Voir le renvoi (2) de la page 317.

Placer la capote sur la bâche, la courroie de capote en arrière; engager dans cette courroie le contre-sanglon de la grande courroie du havresac.

Placer la gamelle sur la bâche au milieu du chargement, et la fixer en passant le contre-sanglon de la grande courroie du havresac dans les anses et dans l'anneau du couvercle.

Achever de fixer la capote et la gamelle, en entourant la partie antérieure de la capote avec le contre-sanglon de la grande courroie du havresac et en bouclant ensuite cette courroie.

Suspendre aux crochets de charge de devant :

A gauche : Une musette-mangeoire contenant l'avoine de route (2 kilogrammes environ) et fixée avec les trois lanières des panneaux.

A droite : La musette de pansage.

Placer sous la musette de pansage, contre l'arcade de devant, le surfaix de charge roulé à plat sur une longueur de 0 m. 40 environ; fixer avec les trois lanières des panneaux la musette de pansage et le surfaix.

Ustensiles de campement. — Les ustensiles de campement sont portés par les mulets et disposés de la manière suivante :

A gauche : Une marmite.

Engager la courroie d'ustensile, la chair en dessus, la boucle en arrière, sous les courroies de surcharge, placer une marmite enveloppée de son étui sur la courroie d'ustensile, en la disposant horizontalement la douille en l'air; boucler cette courroie par-dessus l'ustensile, en l'engageant dans les crampons situés le long des bords de l'ouverture de la marmite.

A droite : Une gamelle et un ou deux seaux en toile.

Placer dans une gamelle un seau en toile, le croisillon vers l'extérieur (ou deux seaux, le croisillon du seau qui est en dessus vers l'extérieur) et envelopper la gamelle de son étui. Disposer une gamelle ainsi préparée sur le côté droit de la charge, l'ouverture contre la bâche et les chapes verticales. Engager la courroie d'ustensile sous les courroies de surcharge en la faisant passer dans le croisillon du seau, et la boucler par-dessus l'ustensile, après l'avoir engagée dans les deux chapes.

OBSERVATIONS.

317. a) Les moulins à café sont placés dans des gamelles, où ils sont emballés avec du foin, après avoir été séparés en leurs deux parties.

b) Lorsque la troupe n'est pourvue ni de couvertures

de campement, ni de tentes-abris, on dispose le sac à avoine de manière à lui donner les dimensions du havresac non chargé. Le sac à avoine est alors placé entre la poche à fers et le havresac.

c) Lorsque les hommes doivent porter la capote sur eux, la grande courroie du havresac ne maintient que la gamelle.

d) Lorsque les hommes doivent voyager en pantalon de treillis, le pantalon d'ordonnance est roulé dans le bourgeron.

e) Les *mulets de cacolet* ne doivent jamais porter qu'un seul ustensile de campement; celui-ci est alors placé entre les deux côtés de la capote, en arrière de la gamelle individuelle, et maintenu comme celle-ci par la grande courroie du havresac (1).

CHAPITRE II.

TENUE ET PAQUETAGE DE MANŒUVRE.

I. — OFFICIERS.

348. La **tenue de manœuvre** diffère de la tenue de campagne par les points suivants :

On ne prend pas l'étui de revolver.

Pour tous les exercices dans lesquels les officiers n'ont pas à monter à cheval, ils sont autorisés à porter le *pantalon d'ordonnance* et suspendent le *sabre* au *ceinturon*.

La *jumelle* n'est prise que pour les exercices dans lesquels les officiers auront à s'en servir.

Pour le **service de place**, la *jugulaire* est passée sous le menton.

Les chevaux portent le harnachement de campagne, moins le licol, la couverture et le bissac. Le *manteau de drap ou de caoutchouc* n'est pris que si l'ordre en est donné.

Les sacoches sont vides.

A moins que la tenue de campagne soit spécialement ordonnée, les officiers prennent la tenue de manœuvre toutes les fois qu'ils exercent un commandement, tant dans les manœuvres exécutées dans les garnisons ou leur voisinage, qu'au service en campagne, à

---

(1) Cette disposition permet à un homme de prendre place sur le cacolet sans être gêné par les ustensiles de campement.

l'exclusion des routes et des manœuvres d'automne, pour lesquelles la **tenue de route** est de règle (voir n° 303).

II. — TROUPE.

349. En **tenue de manœuvre**, les hommes portent sur eux les mêmes effets d'habillement qu'en tenue de campagne.

La *jugulaire* est toujours passée sous le menton.

Le *petit bidon* n'est pris que pour le service en campagne ou quand l'ordre en est donné.

Les hommes non montés ne prennent pas l'étui-musette.

Les hommes montés armés du revolver ne prennent l'*étui de revolver* (1) que pour les manœuvres à pied, lorsque ces manœuvres ont lieu en armes.

Le *sabre* est suspendu au ceinturon pour les manœuvres à pied seulement, lorsque ces manœuvres ont lieu en armes.

Le *bourgeron-blouse* est toujours porté par-dessus la veste ou sans la veste pendant les instructions de la première période. Il peut l'être également pour les autres instructions, si le chef de corps en donne l'ordre. Le *ceinturon* est alors porté par-dessus le bourgeron-blouse, même pour les manœuvres sans armes.

Les chefs de corps ont, en outre, la latitude de prescrire l'emploi du *pantalon de treillis* soit seul, soit, pour les hommes non montés, par-dessus le pantalon d'ordonnance. Les hommes montés ont toujours le pantalon de cheval pour monter à cheval.

Les **chevaux** portent le harnachement, sans chaîne, ni collier d'attache, ni paquetage d'aucun genre. Seul le *manteau* est placé sur la selle, quand l'ordre en est donné (2).

Les sacoches sont vides et les courroies d'arcade sont bouclées.

Les gradés, hommes de cadre ont le sabre suspendu au porte-sabre.

Les **adjudants** se conforment, pour leur tenue personnelle, à ce qui est prescrit pour les officiers, et, pour celle de leur cheval, à ce qui est prescrit pour les chevaux de troupe.

---

(1) Sans lanière.
(2) L'ordre de prendre le manteau est, à moins de prescription supérieure contraire, donné par le commandant de la manœuvre.

CHAPITRE III.

TENUE DU JOUR ET TENUE DE PARADE.

350. Pour les **parades** et les **revues** autres que celles qui sont passées en tenue de campagne, on adopte la grande tenue ou la tenue du jour.

I. — OFFICIERS.

351. La **grande tenue** comporte : le *képi de première tenue* avec *pompon*, le *dolman* avec *pattes en argent*, les *gants blancs*, le *pantalon* et les *bottines éperonnées* (à cheval : la *culotte* et les *bottes à l'écuyère*), le *sabre* avec la *dragonne en or* et le *ceinturon*. Le *plumet* est pris quand l'ordre en est donné.

352. La **tenue du jour** comporte : le *képi*, le *dolman* avec *pattes noires*, les *gants blancs*, le *pantalon* et les *bottines éperonnées* (à cheval : la *culotte* et les *bottes à l'écuyère*), le *sabre* avec la *dragonne en cuir* et le *ceinturon*.

Les chevaux ont la même tenue que pour la manœuvre.

II. — TROUPE.

353. La **grande tenue** comporte le *képi*, le *dolman*, les *gants*, le *pantalon d'ordonnance* et les *brodequins*, pour les hommes équipés en hommes non montés; le *pantalon de cheval* (la *culotte* et les *jambières*) et les *brodequins éperonnés* pour les hommes équipés en hommes montés; à pied, tous les sous-officiers portent le *pantalon d'ordonnance*.

354. La **tenue du jour** ne diffère de la précédente qu'en ce que le dolman est remplacé par la *veste* pour les brigadiers et les cavaliers.

Dans l'une ou l'autre de ces tenues, la troupe est en *armes* et porte la *jugulaire* sous le menton.

Pour les revues et parades, on ne prend le *revolver* et le *havresac* que lorsque l'ordre en est donné.

355. Adjudants. — Les adjudants se conforment pour leur tenue personnelle à ce qui est prescrit pour les officiers.

356. Tenue de ville des sous-officiers rengagés.
— Les sous-officiers rengagés ou commissionnés, pourvus d'une *tenue de ville*, sont autorisés à revêtir cette tenue tous les jours fériés ou non, mais seulement en dehors du service, et à condition qu'elle comprenne tous les effets de cette catégorie.

La tenue de ville des sous-officiers rengagés comprend : un *dolman*, un *pantalon* et un *képi* en drap fin, un *ceinturon en cuir verni* et une *dragonne du modèle adopté pour les officiers*. De plus, les sous-officiers rengagés ou commissionnés sont autorisés à remplacer, en tenue de ville, les chaussures réglementaires par des *chaussures en cuir ciré* ne présentant ni boutons, ni piqûres, ni lacets apparents.

Les sous-officiers rengagés ou commissionnés peuvent porter, dans l'intérieur du quartier et pour les travaux ou corvées en armes, les effets de tenue de ville qui ne sont plus susceptibles d'être maintenus dans la collection d'extérieur.

Pareille mesure est autorisée pour les dolmans et pantalons d'ordonnance des sous-officiers non rengagés.

357. Le paquetage de parade des chevaux ne diffère du paquetage de manœuvre que par les points suivants :

Pour les chevaux de troupe, on prend le *collier* et la *chaîne d'attache*.

TABLE DES MATIÈRES.

2ᵉ PARTIE.

TITRE I.

BASES GÉNÉRALES DE L'INSTRUCION.

TITRE IV.

DESCRIPTION DU MATÉRIEL DES ÉQUIPAGES MILITAIRES.

CHAPITRE I.

CHAPITRE II.

CHAPITRE III.

TITRE VI.

SERVICE DU TRAIN EN CAMPAGNE.

CHAPITRE I.

CHAPITRE II.

CHAPITRE III.

CHAPITRE IV.

TITRE VII.

INSTRUCTION SUR LA TENUE ET LE PAQUETAGE.

CHAPITRE 1er.

Tenue et paquetage de campagne.

CHAPITRE II.

CHAPITRE III.

Paris et Limoges. — Imp. et libr. milit. Henri CHARLES-LAVAUZELLE.